工业和信息化普通高等教育“十三五”规划教材立项项目
21世纪高等学校会计学系列教材

ACCOUNTING INFORMATION SYSTEMS

会计信息系统理论与实务（用友U8）第2版

◆ 杜娟 饶兴明 主编

人民邮电出版社
北京

图书在版编目（CIP）数据

会计信息系统理论与实务 : 用友U8 / 杜娟，饶兴明主编. -- 2版. -- 北京 : 人民邮电出版社，2016.6（2020.1重印）
21世纪高等学校会计学系列教材
ISBN 978-7-115-41843-2

Ⅰ. ①会… Ⅱ. ①杜… ②饶… Ⅲ. ①会计信息－财务管理系统－高等学校－教材 Ⅳ. ①F232

中国版本图书馆CIP数据核字(2016)第077388号

内容提要

本书全面讲解了电算化会计信息系统的基础知识和用友ERP-U872财务软件的使用方法和技巧，本书分为理论和上机两部分。理论部分讲述了会计信息系统的基础知识。上机部分以用友ERP-U872为例，介绍了软件的环境设置及安装，同时对软件的各个模块的功能及实现功能的步骤进行了详细的讲解。

本书既可作为普通院校“会计电算化”或“财务软件应用”课程的配套用书，也可作为初级会计电算化培训的辅助教材，还可作为在职财会人员岗位培训上机实验指导教材。

◆ 主　　编　杜　娟　饶兴明
责任编辑　武恩玉
执行编辑　刘向荣
责任印制　沈　蓉　彭志环

◆ 人民邮电出版社出版发行　　北京市丰台区成寿寺路11号
邮编　100164　　电子邮件　315@ptpress.com.cn
网址　http://www.ptpress.com.cn
涿州市京南印刷厂印刷

◆ 开本：787×1092　1/16
印张：15.25　　2016年6月第2版
字数：413千字　　2020年1月河北第3次印刷

定价：36.00元

读者服务热线：(010)81055256　印装质量热线：(010)81055316
反盗版热线：(010)81055315

前　言 Preface

本书主要由电算化会计信息系统理论与用友 ERP-U872 软件上机实验指导组成，具有如下特色。

（1）本书精心编排，尽力做到以图例讲解代替大量的文字描述，使得图文紧密结合，理论讲解深入浅出，同时强调应用技能的快速掌握，使得本书简单易懂，是学习“会计电算化”课程一本不可多得的书。

（2）本书内容精练，重点突出，具有较强的适用性。通过学习本书，既可提高读者的会计电算化理论水平，又可以提高其会计电算化系统的操作技能，进而达到掌握会计电算化初级知识的目的。

（3）本书不仅要教会大家如何使用某一个财务管理软件，更教大家如何掌握财务软件的应用精髓和了解软件开发者的管理思路，同时分析这些不同财务管理软件的设计思想和使用技巧，最终达到能够根据自己的实际情况和设计需求，将这一设计思想和使用技巧运用到提升自身实践技能当中。

（4）本书把平时在上机实验时遇到的各种问题通过各种知识点的详细讲解、重点提示，使得读者不必事先学习各种软件，就可以掌握用友 ERP-U872 财务软件的知识要点，这样大大节省了学生的学习时间，为学习者提供一套先进、完整、可操作的实验体系。

全书共分为两部分。

第一篇为理论部分，共计 4 章，主要介绍了电算化会计信息系统的基础知识。第 1 章介绍了电算化会计信息系统概述，第 2 章讲述了电算化会计信息系统实施与管理，第 3 章介绍了电算化会计信息系统的内部控制，第 4 章介绍了会计电算化审计。

第二篇为用友 ERP-U872 财务软件的运用，共计 9 章。第 5 章主要介绍用友 ERP-U872 管理软件的安装、安装 U872 全产品的软件要求及环境配置、环境检测、安装后常见问题及解决方法。第 6 章介绍了系统管理与基础设置。第 7 章～第 13 章分别对总账管理、UFO 报表、固定资产、应收款管理、应付款管理、薪资管理、供应链管理等功能模块进行了介绍。

本书由汉口学院管理学院杜娟主编设计写作大纲与编写要求，并负责全书的总撰工作。第 1 章～第 4 章及第 11 章由杜娟编写，其他 8 章由饶兴明编写，同时，参加实验编写的还有晏丽娟、费明军、谭俊敏、肖昌雷。

计算机会计是一个发展极为迅速的领域，其理论框架和实验方法体系还处于逐步发展和不断完善的阶段，因此在本书的编写过程中我们虽然做了不少的努力，但由于作者本身的局限，其缺点、错漏处在所难免，敬请读者对本书的不足之处给予批评指正。

编　者

2016 年 3 月

目 录 Contents

第1篇　电算化会计信息系统的基础知识

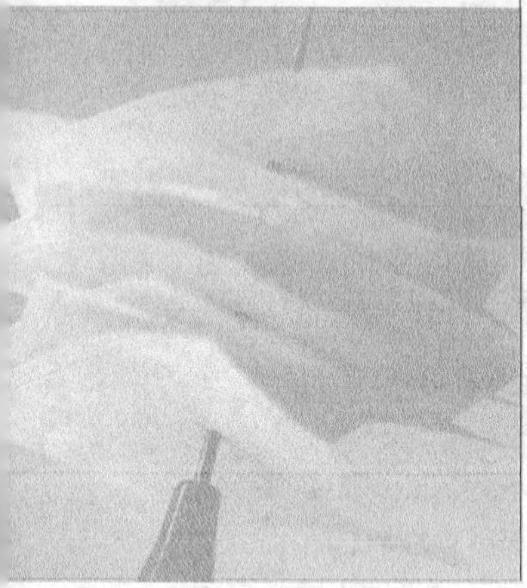

第1篇 电算化会计信息系统的基础知识

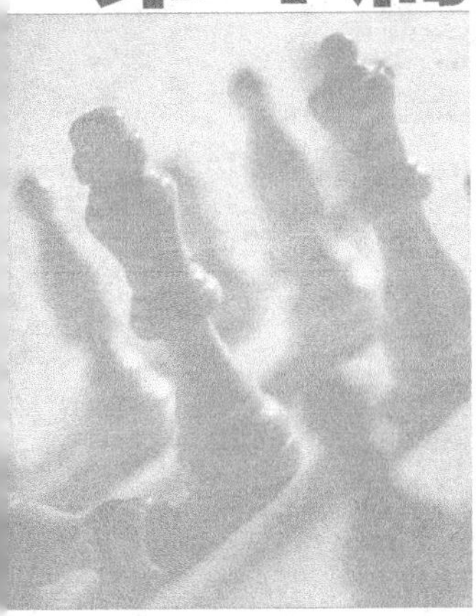

第1章 电算化会计信息系统概述

【学习目标】

通过本章的学习，学生可以全面了解电算化会计信息系统的基本概念，会计信息系统的产生、发展，电算化会计信息系统的特点，电算化会计信息系统的结构。

1.1 电算化会计信息系统基本概念

电算化会计信息系统是企业管理信息系统的重要组成部分，并在其中发挥着举足轻重的作用。它是用计算机代替人工对经济业务进行信息输入、处理、存储和输出。它是会计发展史上的一次重要的革命。本章首先介绍有关电算化会计信息系统的基本概念。

1. 数据

数据（Data）是反映客观事物的性质、形态、结构和特征的符号，并能对客观事物的属性进行描述。研究数据就是对数据进行收集、分类、录入、存储、分析、检验等一系列活动的统称。数据的表现形式可以是具体的数字、文字或图形等形式。

会计数据则是用于描述经济业务属性的数据。在会计工作中，从不同来源、渠道取得的各种原始资料、原始凭证、记账凭证等都是大量描述经济业务属性的数据，都称做会计数据。

2. 信息

信息是经过加工、具有一定含义的、对决策有价值的数据。信息是数据加工的结果，可以用数字、文字或图形等形式对客观事物的性质、结构和特征等方面进行反映，是对数据加工的结果。例如，“100 人”是一项数据，但这一数据只有数字上的含义，没有实质的内容。而“这个教室能容纳 100 人”就可以反映教室大小的信息，对教学管理者来说是有意义的。

一般来讲信息具有以下特征。

（1）共享性：同一内容的信息可以在同一时间被多个人使用，并且可以被反复使用。信息不会像物质一样因为共享而减少，反而可以因为共享而衍生出更多的内容。例如，信息被多个人使用后可以产生更大的更有用的信息。

（2）普遍性：信息无处不在，我们身边处处都有信息，每天看到的、听到的无处不是信息。商品的价格打折、交通信号灯等这些都是信息。

（3）可传递性：信息通过（声、光、磁、语言、表情、文字符号、数据、图像等）载体表达出来。信息随着载体而从一个地方传递到另一个地方。信息可以通过口或通过笔，也可以通过报纸、电视、网络等传递。总之，信息不能直接传播，必须依靠媒介物体。例如，信息以广告的形式通过电视这个载体传递。

（4）时效性：信息不是一成不变的东西，会随着客观事物的变化而变化，信息要反映事物的最新变化状态才会具有效用。过时的信息，是无用的信息，不是真正的信息。昨日的消息、上午的新闻即使是十分真实的、很有价值的信息，一旦失去了时效，就会变成无人问津的东西。

（5）价值性：信息的价值就在于被人们发现并且利用，对人们的决策有帮助。例如，利用K线图提供的信息对投资者来说是有价值的信息，对投资者的决策是有帮助的。

会计信息是会计主体通过财务报告向投资者、债权人或其他信息使用者提供企业财务状况、经营成果和现金流量情况的信息。它是对会计数据，按照一定的要求进行计算、分类、汇总而形成对会计信息使用人来说有用的信息。

3. 信息系统

（1）系统。系统（System）是由一些相互联系、相互作用的若干要素，为实现某一目标而组成的具有一定功能的有机整体。我们日常生活和工作有很多系统，例如，商业系统、教育系统、经济系统、文艺系统等。系统无处不在，服务于我们的生活和工作。

一个系统应该具有的以下特点。

① 整体性。一个系统由两个或两个以上的要素组成，所有要素的集合构成了一个有机的整体。不能把系统看成孤立的要素。研究系统要着眼于要素与要素之间的相互作用和影响。

系统是要素的有机集合而不是简单相加，系统整体的功能不等于各要素的功能之和，而应大于各要素的功能之和，应具有不同于各组成要素的新的功能和属性。

② 目的性。任何系统都具有共同的目标，系统全部的活动都是为了达到这个目标。虽然各个组成部分的分工不同，但是整体目标是相同的，都是为实现一定的功能而存在。这是区别不同系统的重要标志。

③ 相关性。一个系统整体与部分之间，各要素之间相互联系、密不可分。同时，系统与外部环境也是有关联的。通过这些关联，使系统有机地联系在一起，发挥其特定功能。

④ 动态性。任何系统都不是静止的，都是时刻运动着、发展着的，即任何系统都处在变化和发展之中。系统总是不断地接收外部的输入，并对输入进行加工处理，最终将处理结果向外部输出。

⑤ 层次性。系统从结构看是分层的。一个系统必然地被包含在一个更大的系统内，一个系统内部的要素本身也可能是一个个小的系统。

系统可分为三类：人工系统、自动系统、电算化系统。人工系统的大部分工作都是由人工完成的，如手工会计系统。自动系统大部分工作是由机器自动完成的，如室内恒温系统、数控机床系统等。电算化系统大部分工作是由计算机自动完成的，如电算化会计信息系统、ATM。

（2）信息系统。人类社会需要信息更需要处理信息，而信息处理依赖于信息系统。计算机对会计信息进行处理借助于信息系统。

信息系统（Information Systems）是指基于计算机和软件信息技术，融合了各种管理理论和方法，以信息为加工处理对象，通过对信息的收集、传递、存储、加工，在规定时间向信息使用者输出所需要信息的“人机”相结合的系统。

信息系统有以下特点。

① 信息性：信息系统的目的是为了提供有用的信息。这也是信息系统的显著特征。

② 集成性：系统由各个子系统集成而成。

③ 综合性：综合的对信息进行收集、存储、加工、传输、输出等。

④ 多样性：信息系统的功能、应用领域都是多种多样的。

信息系统可分为电子数据处理系统、管理信息系统、决策支持系统。电子数据处理系统也叫业务处理系统（Electronic Data Processing Systems，EDPS），用计算机代替人工，来成批处理大量数据。管理信息系统是利用EDPS的数据和大量定量化的科学的管理方法控制整个管理系统的信息，统一处理和调节信息，采用结构系统分析、结构系统设计，是以提高效益和效率为目的人机系统。决策支持系统通过数据、模型和知识，以人机交互方式进行半结构化或非结构化决策，强调管理决策中的人的作用。

信息系统具有数据的收集、输入、加工、传递、检索和分析、存储、输出的功能。

4. 会计信息系统

会计用特定的方法对生产经营过程中的所有经济事项进行确认、计量、记录、分类和汇总，以财务报告的形式向内部、外部信息使用者提供企业经营成果和财务状况等相关信息。

会计信息系统（Accounting Information System，AIS）是企业管理信息系统（Management Information System，MIS）重要的子系统之一。它是在信息技术的进步和人们对会计理论不断完善的基础上，将信息技术与会计理论有机融合起来构建的信息系统。它是一个利用计算机和会计软件对会计信息进行收集、加工、存储和传送，利用会计信息对经济活动进行反映和监督，为内部、外部信息使用人提供有用信息的系统。会计信息系统可以是手工系统，也可以是以计算机为主要工具的电算化会计信息系统。本书阐述的是电算化会计信息系统。

1.2 会计信息系统的产生、发展

1.2.1 会计信息系统的产生

随着电子计算机的普及，1954 年美国通用电气公司通过软件第一次利用计算机处理工资，使电子计算机开始用于会计工作。它彻底改变了会计数据处理的方式。最初计算机会计业务的处理只使用在单个的业务处理上，如工资、销售统计等。1965 年以后，形成了完整的会计核算系统，出现了总账系统、应收款管理、应付款管理、财务报表等。20 世纪 70 年代开始出现决策支持系统。这时，计算机开始帮助预测、决策，如“供应管理”、“存货管理”等。20 世纪 80 年代人工智能被引入管理会计的支持系统，增强了会计的经营管理功能。20 世纪 90 年代，网络技术的发展促进了会计信息系统向企业一体化、综合化的发展，产生了 ERP 系统。

在我国，计算机应用于会计业务的处理起步比较晚。在 1979 年，长春第一汽车制造厂进行了会计电算化的试点。1981 年 8 月财政部和中国会计学会在长春召开“财务、成本、应用电子计算机”专题讨论会。1982 年 9 月，由中国人民大学财政系编写、中华人民共和国财政部教材编审委员会审定，我国公开出版第一本介绍计算机会计运用的高等财经院校试用教材《电子计算机在会计中的应用》。此后，电子计算机在会计中的应用，简称为“会计电算化”。我国会计电算化事业翻开了崭新的一页。

1.2.2 会计信息系统的发展过程

1. 国外会计电算化的发展

国外会计电算化的发展主要经历了单项处理阶段、综合处理阶段、管理信息系统阶段、决策支持系统阶段、商务智能系统阶段。

（1）单项处理阶段。20 世纪 50 年代中后期，计算机代替手工在会计领域的应用并不广泛，只是被运用在对单个会计业务的处理上，如早期的固定资产核算、工资核算、原材料的核算等。这时的会计电算化的基本特征是：程序简单，程序和数据相互不独立，没有数据库管理。但是，计算机在会计领域的应用大大减轻了会计人员的劳动强度，提高了会计工作的效率。

（2）综合处理阶段。20 世纪 50 年代后期到 60 年代中后期，利用计算机能够对会计数据进行综合处理，如工资核算与账务处理等一起构成会计核算系统。这一阶段的基本特征是：程序已经构成系统，能够对数据进行管理，程序和数据相互独立，使用比较灵活。

（3）管理信息系统处理阶段。20 世纪 60 年代后出现的各种数据库管理系统，能对会计信息进行系统的分析，并具有反馈功能；能为管理者决策提供有用的会计信息；能够利用计算机对整个管理信息系统的信息进行处理。如会计系统与其他系统结合，建立管理信息系统。这一阶段的基本特征是：以数据库作为数据管理的软件支持，数据共享度提高，数据可以被多个用户、多个应用共享使用。

（4）决策支持系统处理阶段。这一阶段的会计电算化是在管理信息系统的基础上，建立完整的数据管理系统和决策模型库。计算机以此为基础协助管理者解决多样化的、不确定的问题。为决策者提供各种决策方案，如各种经济模型处理。这一阶段的基本特征是：数据冗余度小，数据不断扩张，有分布式终端，构造网络。

（5）商务智能系统处理阶段。商务智能系统（Business Intelligence，BI）具有集成化数据管理、灵活的数据访问、强大的数据分析和可视化的报告等能力。商务智能系统可以进行企业绩效评价、企业战略分析、企业生产经营分析、企业价值分析、本量利分析、人力资源分析。通过六方面的分析展示企业战略的整体目标达成情况、财务状况、企业经营状况及其他情况，为管理人员提供决策依据。

商务智能系统自身是一个不断发展完善的系统。随着企业信息化建设的深入开展，业务数据会逐步积累到各种系统中，通过商务智能系统的建设，可以更加深入地挖掘数据内在联系，更快地分析问题和掌握企业实际情况。

从国外会计电算化发展历程我们可以看出，只有从管理信息系统处理阶段开始才可以说是真正意义上的会计电算化。而商务智能系统阶段则可以说是会计电算化的发展趋势。

2. 我国会计电算化的发展

在我国，会计信息系统经过了很长的发展历程，纵观发展历史可以总结为以下几个阶段。

（1）起步阶段（1979 年前）。1979 年前，主要依靠人工进行会计数据的收集、加工、传递和存储。只有少数单位将计算机应用到会计领域。计算机对会计信息的处理只是在单个的业务处理上，如工资核算、原材料核算等。在这一阶段，由于专业的会计电算化人才匮乏，中文的财务软件相当少，我国会计电算化发展缓慢。

（2）初步探索阶段（1979—1988 年）。以 1979 年长春第一汽车制造厂的会计电算化试点为标志，我国会计电算化进入初步探索阶段。

在这一阶段，我国掀起了研究会计电算化的热潮，许多单位纷纷开展会计电算化工作，组织开发会计软件。理论界开始研究计算机在会计中的应用，企业与高等院校、科研院所合作研究建立会计理论结构模型。但这一阶段，开发的会计软件投资大、周期长、质量不高、稳定性差。计算机技术尚未在我国广泛应用，会计电算化的发展处于初步探索阶段。

（3）快速发展阶段（1988—1998 年）。经过前一阶段的初步探索，1988—1998 年成为我国会计电算化快速发展阶段，是我国会计电算化发展的关键时期。1988 年 12 月，产生了我国第一家专业从事商品化会计软件开发与推广应用的民办高科技企业“用友财务软件服务社”，它是现在“用友软件股份有限公司”的前身。它成功开发了通用会计核算软件中的工资管理子系统、账务处理子系统和报表处理子系统，并通过了财政部评审。在之后的几年时间里，还出现了其他软件公司推出类似子系统的会计核算软件。这种会计信息系统主要在财务部门使用，具有进行全部账务处理和报表输出功能，可独立满足小型会计单位一般的会计核算要求。但对于大中型和管理要求较高的企业，仅仅满足记账、算账、报账的功能显然是不够的。

（4）普及与提高阶段（1998年—21世纪初）。自1998年以来，在中华人民共和国财政部的领导下，各级行政部门和业务主管部门进一步加强了对会计电算化的管理，许多地区和部门制定了发展规划、管理制度，有力地推动了会计电算化的普及与提高。

这一阶段，随着现代企业制度的建立，企业管理对会计工作的要求日益提高，过去记账、算账、报账核算型会计信息系统已经不能满足企业发展的需要，要求建立以管理为核心的面向整个生产经营过程的管理型会计信息系统。原来单一的只能在财务部门使用的系统需要发展为跨越多个部门的企业会计应用系统。由原来的几个孤立的子系统发展为具有财务、报表、应收、应付、固定资产、采购管理、库存管理、销售管理、成本管理、财务分析、决策支持等多功能高度集成一体化的会计信息系统。

（5）全面企业管理阶段（未来趋势）。国外企业管理信息系统大体经历了三个发展阶段：物料需求规划（Material Requirement Planning，MRP）、制造资源规划（Manufacturing Resources Planning，MRPⅡ）、企业资源规划（Enterprise Resource Planning，ERP）。21世纪初，我国一些财务软件公司开始向ERP进军，标志我国会计信息化又一新阶段的到来。

ERP系统是指建立在以系统化的管理思想基础上，为企业决策者提供决策运行手段的管理平台。它是从MRP发展而来的新一代集成化管理信息系统，其扩展了MRP的功能，核心思想是供应链管理。它对于改善企业业务流程、提高企业核心竞争力具有显著作用。

近些年来，通过不懈努力，我国也有一些软件企业和高等院校、科研院所合作，根据我国具体情况，研究开发国产的ERP系统。用友软件集团向传统的ERP挑战，提出全面实施网络财务战略，建立新型的ERP软件，使ERP集成网络财务的功能。国产的财务软件及企业管理软件在现在与未来的不断完善、提高，必将实现我国会计信息系统的管理型和网络化，推动我国企业管理水平的进一步提高，强化企业竞争能力。

1.2.3 会计信息系统的发展趋势

会计电算化随着计算机技术的产生而产生，也必将随着计算技术的发展而不断发展和完善。纵观国内外会计信息系统的发展情况，我国会计信息系统有如下发展趋势。

1. 标准化

要解决会计信息的传递、会计电算化后的审计等问题，会计电算化必须走标准化的道路。财政部作为会计电算化工作的管理者，首先，统一制定会计电算化法规制度；其次，制定统一的会计电算化发展规划并组织实施；最后，指导进行规范化的软件开发、对软件进行评审、验收。

2. 集成化

目前，会计信息在整个企业信息中占到70%以上。借助会计信息系统不仅能够提供事前预测、事中控制、事后分析，更重要的是能够实现企业信息资源的集成化管理。ERP系统就是新一代集成化管理信息系统。

3. 网络化

随着网络与电子技术的发展，企业将网络技术应用到会计领域，代替人工进行数据的收集、原始凭证的录入、记账、算账、报账，对会计信息分析、预测、决策，帮助企业加强信息传递和交流，实现财务和业务协同及远程报账、查账、审计等功能，支持电子账单、电子货币，改变信息的获取和利用方式。会计信息系统的网络多功能化正逐步增强。

4. 智能化

电算化会计信息系统以人工智能为基础，侧重于提高人工数据处理、分析、判断等方面的能力，逐步实现信息系统的智能化。利用人工智能研究新的成果，采集专家的经验和智慧，分类存入计算机，在预测、决策过程中，由决策目标确定输入以后，利用专用语言，如 PROLOG、LISP 等，经过反复推导，调出有关专家经验和智慧，辅助决策，以提高决策的可靠性。

5. 国际化

随着经济发展的全球化和国际一体化。各个国家之间交流日益增多，相互依存关系日益增强，经济信息处理需要向国际标准靠拢。我国现在使用的是财政部颁布的 2007 版本的会计准则。它与国际通用的会计准则之间还有一定的出入，在某些经济业务的处理上缺乏与国际的可比性。会计电算化走国际化的道路，是世界经济全球化的必然选择，也是企业跨国经营的要求。

1.3 电算化会计信息系统的特点

与手工会计信息系统相比较，电算化会计信息系统的有以下特点。

1. 会计处理方式电子化

利用财务会计软件，建立账套，录入记账凭证，财务软件自动记入日记账、明细账、总账，并可以自动生成财务报表，即记账凭证的会计处理在计算机系统中实现了电子化。

2. 数据处理速度明显提高

电算化会计信息系统以计算机为会计数据处理工具，因为计算机具有人工无法比拟的处理速度，所以极大提高了会计处理的速度，增强了系统的及时性。

3. 数据处理的准确性明显增强

手工会计信息系统条件下，从数据收集、数据处理、数据输出和数据存储全过程都依赖于人工。在电算化会计信息系统中，信息技术提供会计信息处理的自动化水平，而计算机具有高度准确、逻辑判断清晰等特点，使信息处理工作更准确地完成，减少了人为因素造成的差错，使得数据的准确性大大增强。

4. 内部控制程序化

会计处理方式、数据存储方式的改变，使手工条件下行之有效的内部控制失去了作用。平行登记、签字盖章、对账核等控制方法不再具有控制的功能，而由计算机系统的各种自动校验来实现。例如数据的检验、数据的处理、数据的输出，由会计信息系统自动控制，使控制程序化。控制方式上增加了组织控制和程序控制，制定新的岗位责任制和适应电算化会计信息系统新的内部控制制度。

5. 会计职能进一步扩展

手工会计信息系统下，会计的主要职能是反映和监督。电算化会计信息系统会计的职能进一步扩展。原来会计的主要职能是以报表的形式向外部信息使用人提供企业的财务状况和经营成果的信息，而现在电算化会计信息系统的重点是强化企业内部管理的职能，控制生产的过程，推动经营和参与决策，发挥会计在企业经营管理中的重要作用。

1.4 电算化会计信息系统的结构

电算化会计信息系统的结构是指各部件的构成框架，包括物理结构和功能结构。

1.4.1 电算化会计信息系统物理结构

在组织内部构建会计信息系统，进行会计信息处理，才能实现会计信息系统的目标。会计信息系统是一个人机相结合的系统。从构成系统的物质要素的角度分析，会计信息系统的物理结构是一个由计算机硬件、计算机系统软件、会计应用软件、规程、人员组成的信息系统。

1. 计算机硬件

在电算化会计信息系统物理结构最里层的是系统运行的硬件平台，即计算机硬件要素。它是计算机会计信息系统能否有效运行的物质保障条件。计算机硬件包括硬件的配置、硬件的结构两个方面。

(1)硬件配置。硬件的配置主要包括包括计算机、外部设备及 UPS(Uniterruptible Power System)，不间断电源等。良好的硬件配置为计算机参与会计信息处理工作提供了最基本的物质保证。

① 主机。主机决定了机器的性能，决定了机器的运行速度和处理能力。主机的工作速度主要由其主频决定。主频是指 CPU 的时钟频率。它的高低在一定程度上决定了计算机速度的高低。主频以兆赫兹（MHz）为单位，一般说，主频越高，速度越快。由于微处理器发展迅速，微机的主频也在不断提高。“奔腾”（Pentium）处理器的主频目前已超过 2GHz。

② 内存。计算机中所有程序的运行都是在内存中进行的，因此内存的性能对计算机的影响非常大。存储容量越大，运算速度越快，处理数据的范围也越大。

- 现在计算机的运行内存已经突破 64GB 的限制，128GB 运行内存已经成为可能。随着 DDR4 的发展，最大单条运行内存已经达到 16GB。
- 对于 Windows 版财务软件，多数据的内存配置因为工作站 32MB 以上，服务器 64MB 以上。而对于客户机/服务器结构的财务软件，服务器一般要求在 128MB 以上。

③ 硬盘。硬盘是计算机主要的存储媒介之一，存储容量的大小用字节表示。它提供大容量的存储能力。选取硬盘容量的大小，应根据本单位日常所存数据量的大小来决定。

④ 打印机。打印机是计算机的输出设备之一。打印机的选取应该考虑选择打印速度快、打印宽度能满足会计报表的要求、打印分辨率高的针式打印机。激光打印机虽然速度快，但是保存时间久了会掉色，不能满足会计资料长期保存的要求。

⑤ UPS。会计工作具有连续性，计算机工作突然中断会造成数据丢失等情况发生，因此电算化信息系统必须配备 UPS，以保证数据库服务器和工作站有足够的延时保护，保证在断电的情况下计算机的安全运行。

（2）硬件的结构。常见的信息系统硬件结构有以下三种。

① 单机结构。单机结构指每一时刻计算机只能接受一个人的指令，即只能供一个人使用，每次只能完成一项任务的结构。单机结构主要配备一台主机、键盘、显示器等外部设备。

优点：单机式数据独占，处理效率高，数据一致性好。

缺点：单机结构稳定性差，一台计算机出现故障，数据安全受到很大的威胁；同时，一台计算机不利于资源共享，造成资源的浪费。

适用：在会计业务少，规模小的企事业单位。

② 多用户结构。多用户结构在一台主机上通过特定硬件，连接若干台终端设备，支持多个用户同时使用的多用户、多任务的结构。

优点：主机与终端机能很好地进行资源的共享。由多个终端输入能够提高数据输入的速度，再由主机集中处理，这样既提高了工作效率又具有良好的系统的安全性。

缺点：系统结构复杂，系统维护要求高。

适用：适用会计业务量大的大、中型企事业单位。

③ 网络结构。网络结构是按一定方式，通过通信设备和通信线路，将不同区域或同一区域的不同计算机连接起来的一种结构。

优点：这种结构最显著的特点是会计信息资料共享。即将一个计算机系统的信息通过网络联结提供给同一网络的不同计算机用户，对共享数据进行集中处理，提高了系统的安全性、可靠性。它是会计电算化硬件系统的发展趋势。

缺点：如果有致命的网络病毒，就会对系统的安全性造成极大的威胁。

适用：企业集团和大型企事业单位。

2. 计算机系统软件

仅仅具有硬件设备还不能进行数据处理与通信工作，还需要在硬件的平台上安装系统软件。

（1）操作系统。系统软件包括操作系统和支撑软件。操作系统是管理计算机硬件与软件资源的程序，同时也是计算机系统的内核与基石。操作系统是控制其他程序运行，管理系统资源并为用户提供操作界面的系统软件的集合。操作系统负责管理与配置内存、决定系统资源供需的优先次序、控制输入与输出设备、操作网络与管理文件系统等基本事务。

（2）支撑软件。支撑软件是支撑各种软件的开发与维护的软件，又称为软件开发环境。它主要包括环境数据库、各种接口软件和工具组。常用来支持系统设计的程序语言有 C++、Visual Basic、PowerBuilder 等面向对象的应用软件开发工具。数据库管理系统用于支持会计应用软件的会计数据管理、维护等工作。常见的小型数据库管理系统软件有 Visual Foxpro、Access，大型的数据库管理系统，如 SQLServer。计算机硬件设备要素与系统软件要素构成会计信息系统的运行平台。

3. 会计应用软件

会计应用软件是以会计制度为依据，以计算机及应用技术为基础，以会计数据处理为对象，以为会计信息使用人提供有用的信息为目标，专门用于财务会计工作的计算机软件。它是电算化信息系统的核心。财会人员借助会计软件可完成会计核算与管理工作。功能完备、使用安全、操作简便的会计软件是企事业单位开展会计电算化工作不可缺少的工具之一。

会计软件根据适用范围可分为通用会计软件、定点开发会计软件。

（1）通用会计软件是指在一定范围内使用的会计软件，可分为全通用的会计软件和行业通用的会计软件。通用会计软件广泛应用于不同的企业，能为企业节省大量的时间和精力。其中，商业化的会计软件通用性高，它以《企业财务通则》《企业会计准则》为指引，生产通用的、能满足更多企业需求的会计软件。通用会计软件进行批量生产会降低生产成本，用户可以用较低的成本获取会计软件来建立企业的电算化会计信息系统。

（2）定点开发会计软件称为专用会计软件，是仅能在个别企业使用的会计软件。它是企业自行开发或者请人根据企业的特点开发的会计软件，可分为本单位自行开发、委托其他单位开发和联合开发三种形式。在会计电算化发展的早期，会计软件大多是由本企业内部的计算机专业人员自行开发的。对于无开发能力的企业，可以委托科研单位或者大专院校等外单位开发会计软件。这样开发费用高，且外部开发人员大多是专业的计算机人员，对会计核算原理不熟悉，开发时间长，实用性差。随着会计电算化的发展，出现了会计人员和计算机专业人员联合开发的形式。会计人员懂会计核算的原理，他们的参与有利于增强会计软件针对性和实用性。

会计软件的选择要考虑软件的合法性、通用性、操作方便性、安全可靠性和可扩展性。

4．规程

规程是保证电算化会计信息系统正常运行的各种制度，如《会计法》《企业财务会计报告条例》《会计基础工作规范》和《会计准则》《企业会计制度》等。会计信息系统的设计与运行应在规程的约束下进行。它既是会计信息系统设计的依据，也是会计信息系统运行必须遵循的基本原则。

另外，各个企业还应该根据自身的特点及管理的要求细化规程。例如建立企业内部控制制度、具体操作管理制度、会计档案管理制度、业绩评价与奖惩办法等。

5．人员

人员是会计信息系统中关键的要素。虽然计算机软、硬件为信息加工处理提供技术支持，但负责设计和运行的是会计信息系统的各类人员。构建一个会计信息系统，首先，需要一个对会计信息系统的运行环境、运行需求十分熟悉的分析与设计人员来设计；其次，软件是由人来操作的，只有会计人员深刻理解信息系统的功能内涵，才能使应用软件运行起来；最后，信息使用者能应用计算机及时获取到与决策相关的会计信息。

1.4.2　会计信息系统功能结构

会计信息系统由一个目标和实现目标的多种功能组成，各功能之间有各种联系，构成一个有机的整体。会计信息系统功能结构是指会计信息系统由哪几个子系统组成，每个子系统完成哪些功能，相互之间的关系又是怎样的。

一般可以将电算化会计信息系统分为电算化核算子系统和财务管理子系统，如图 1-1 所示。

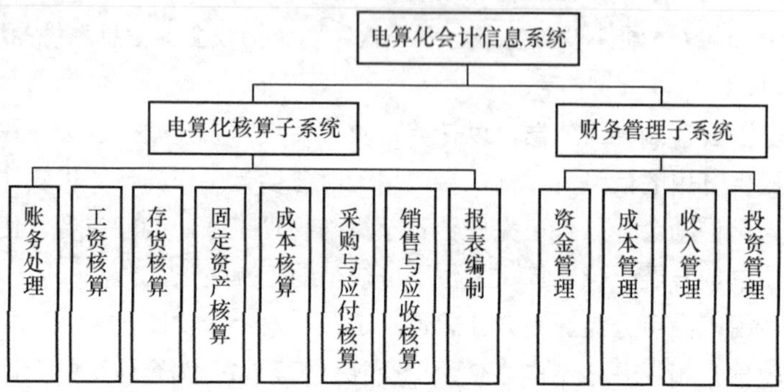

图 1-1　电算化会计信息系统功能结构

1．电算化核算子系统

电算化核算子系统的功能一般包括账务处理、工资核算、存货核算、固定资产核算、成本核算、采购与应付核算、销售与应收核算、报表编制等。

（1）账务处理系统是电算化会计信息系统的核心子系统。它的基本任务利用建立的会计科目体系，进行会计凭证的处理，完成记账、算账、结账工作。

（2）工资核算系统完成工资的计算、汇总和分配等工作，生成工资结算单、工资结算汇总表、工资费用分配汇总表、职工福利费计提分配表等，并自动编制转账凭证传递给总账系统。

（3）存货管理核算系统主要用来管理企业的存货，即及时、准确地反映采购业务的发生、货款的支付及存货的入库情况；正确反映存货的收、发、结存数，及时反馈各种积压和短缺存货信息，生成存货明细账、存货库存信息表等；根据各部门、各产品领用材料（存货）情况自动进行材料费用的分配，生成材料费用分配表；自动编制转账凭证传递给总账系统。

（4）固定资产核算系统用来管理、核算企业的固定资产。它的基本任务是实现固定资产卡片管理、固定资产增减变动核算、折旧的计提与分配等，生成固定资产卡片、固定资产增减变动表、固定资产折旧计提表等，并自动编制转账凭证传递给总账系统使用。

（5）成本核算系统主要用来核算企业的生产成本。它实现了各种费用的归集和分配，能及时、准确地计算出产品的总成本和单位成本，并自动编制转账凭证供总账系统使用。

（6）采购与应付系统对采购活动和企业应付款进行管理。采购管理系统提供了采购订单管理、入库单管理、采购发票管理、货款的结算管理、生成费用明细表、结算统计表、结算明细表、存货采购余额表、存货采购明细表、增值税发票抵扣明细表、采购综合费用表等内容。应付系统完成各应付账款的登记、冲销及应付账款的分析、预测工作，并可自动编制凭证供总账系统使用。

（7）销售与应收系统用来进行销售活动和企业应收款进行管理。销售系统实现对销售收入、销售费用、销售税金、销售利润的核算，生成销售明细账、发出商品明细账、应收账款明细账、销售费用明细账、销售成本明细账、销售收入、税金、利润汇总表、销售利润明细表等。应收系统完成各应收账款的登记、冲销工作，反映各客户信息和应收账款信息，并进行账龄分析和坏账估计，并可自动编制凭证供总账系统使用。

（8）报表系统实现各种会计报表的定义和编制，并进行报表分析和报表汇总。该系统生成的会计报表包括对外会计报表（资产负债表、利润表、现金流量表）和对内管理用会计报表。

2. 电算化财务管理子系统

电算化财务管理子系统包括资金管理模块、成本管理模块、销售收入管理模块、投资管理模块，如图1-2所示。

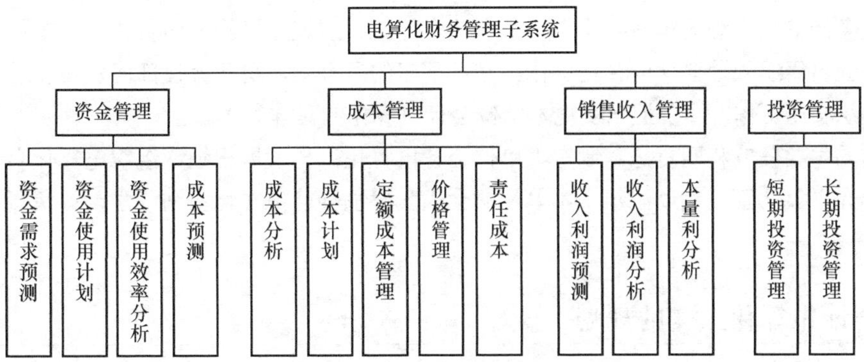

图1-2　电算化财务管理子系统

电算化财务管理子系统各模块的功能如下。

（1）资金管理模块。在资金管理模块中进行企业资金需求预测、资金使用计划的制订、资金使用效率的分析、资金成本预测的管理，并自动生成计算利息的转账凭证传递到总账系统。

（2）成本管理模块。在成本管理模块中接收各系统传来的成本数据，进行成本分析、制订成本计划、进行定额成本管理、价格管理、责任成本管理，在成本管理系统中自动计算产品成本，自动生成转账凭证传递到总账系统。

（3）销售收入管理模块。在销售收入管理模块中进行企业收入利润的预测、收入利润的分析、本量利法进行经营决策和目标控制的管理，并自动生成相关的转账凭证传递到总账系统。

（4）投资管理模块。在投资管理模块中进行长、短期投资的管理，自动生成转账凭证传递到总账系统。

第2章 电算化会计信息系统实施与管理

【学习目标】

通过本章的学习，学生需要了解会计电算化工作的组织与计划，会计电算化的实施，会计电算化管理制度的建立。

电算化会计信息系统实施与管理，是电算化会计信息系统能否成功构架并健康运行的关键步骤。电算化会计信息系统是企业管理信息系统中的一个核心子系统，其实施包括会计电算化工作的组织与计划、会计电算化的实施、会计电算化管理制度的建立。

2.1 会计电算化工作的组织与计划

建立专门的组织指导会计电算化工作，这对整个会计电算化工作的发展起到了重要的作用。

2.1.1 建立会计电算化组织机构

电算化会计信息系统的实施要建立一个会计电算化组织策划机构全面负责。各单位负责人或总会计师应当亲自组织领导会计电算化工作。在各部门的配合下，财务会计部门负责和承担会计电算化的具体组织实施工作，负责提出实现本单位会计电算化的具体方案。

该机构的主要任务和职责是：制定本单位会计电算化工作发展规划；组织电算化会计系统的建立；建立会计电算化管理制度；组织本单位财会人员参加会计电算化培训与学习；负责电算化会计信息系统实施。

2.1.2 会计电算化工作的规划

在电算化会计信息系统具体实施过程中，必须制订一个详细的实施计划，对在一定时期内要完成的工作有一个具体安排。这样才能使整个工作有计划、按步骤地进行，有利于合理安排人力、财务和物力，有利于会计电算化工作的实施。

1. 确定会计电算化的总目标

国家方针政策指导下，根据企业发展的总目标，结合企业硬软件、人力、物力等条件确定会计电算化的总目标，并指导会计电算化的实施。

2. 确定会计信息系统的总体结构

根据企业的特点建立适合企业发展的物理结构，同时组织好各功能模块之间的关系。

3. 确定机构组织方案

企事业单位的规模不同，导致各电算化信息系统的规模的不同。要根据电算化信息系统的规模决定所配备的机构及人员。根据各个企业不同的特点，决定如何建立适合自己特点的会计电算化的机构。除了传统会计核算的会计部门以外，有必要建立会计电算化部门，配备系统开发人员、系统管理人员、系统操作人员、系统维护人员等。

4. 计算机及其他硬件设备购置计划

要建立电算化会计信息系统，计算机及其他硬件设备购置是重要的物质基础。制订符合企业特点的购置计划是必须的。不同的企业规模，业务量大小不同，要求配置计算机及其他硬件设备也不一样。该购置计划主要包括硬件工作方式的选择（单机结构、多用户结构和网络结构）、具体硬件配置（主机的性能及数量、打印机的类型和数量、UPS 的配备等）。

5. 软件开发和购置计划

会计软件是电算化会计信息系统的重要组成部分。对一个企业来说，取得会计软件方式有三种选择：企业自行开发、委托其他单位或与其他单位联合开发、购买商业化的会计软件。软件开发和购置计划要根据企业的资金实力、人员的综合素质、业务量的大小等综合考虑决定。

2.2 会计电算化的实施

会计电算化的实施必须考虑会计工作的特点和企业的现状，在遵守国家相关的财经法规的基础前提下，认真实施电算化会计信息系统，才能达到最好的效果。规范实施过程，电算化会计信息系统才能很好地运行。

2.2.1 会计电算化实施前的准备

1. 上级部门及领导的高度重视

会计电算化工作不仅仅是财会部门的事，其几乎涉及所有的部门和人员。各部门和人员的安排，管理体制和管理机构的调整没有领导的重视和支持及组织和协调，会计电算化工作很难开展。在会计电算化工作中，企业财会部门领导人负责整个实施工作，可以积极吸收其他部门领导成立领导小组，以领导整个会计电算化工作。

2. 良好的会计基础工作

要想搞好会计电算化工作要有一套全面的、规范的管理制度和方法。会计基础工作包括会计制度是否健全、会计核算方法是否正确及会计基础数据是否完整、准确。这是搞好会计电算化工作的保证。计算机按程序自动处理会计业务，要求程序规范、会计处理方法正确，规范化、标准化的会计基础工作才能使电算化会计信息系统顺利进行。

3. 购置计算机的硬件设备和系统软件

购置计算机硬件设备主要是根据企业的特点购买各种型号微机、计算机外部设备和环境设备。这是电算化信息系统能够运行的物质保证。

计算机系统软件包括操作系统、汉字系统、数据库管理系统、工具软件和办公自动化软件的配置。

4. 会计软件的取得

所选择的会计软件的好坏对会计电算化的成败起到关键的作用。选择的会计软件要与硬件相适应，且符合企业的特点。在进行会计电算化的初期，应尽量选择通用的商业会计软件。它投资少、见效快。但应注意软件的合法性、安全性、正确性、可扩充性和满足审计要求等方面的问题。规模大、资金有实力的企业，在有一定的会计电算化工作经验后，可根据实际工作需要选择定点开发会计软件，以满足企业特殊的需要。

5. 专业人员的合理配备及培训

实施会计电算化，将改变原手工会计信息系统的岗位分工与职能。传统的财会人员，已不能满足会计电算化后的工作需要，必须另外配置与电算化工作有关的专业人员，包括电算化主管、系统操作员、软件维护员、审核记账员、数据分析员等，以负责会计电算化工作的管理以及项目开发和系统运行、维护等。只有分工明确，并建立岗位责任制，才能保证电算化工作有条不紊地进行。同时，对会计电算化人才进行培训，学习会计电算化知识，掌握会计电算化基本操作和应用，使他们更好地胜任会计电算化工作。

6. 资金的保证

企业规模和电算化会计信息系统建立方法的不同导致会计电算化所需要的资金不同。硬件的购置、会计软件的开发或者购买商业会计软件及电算化工作相关人员的配备都需要充足资金的保证。

2.2.2 会计电算化实施

会计电算化的实施包括建立相应的管理制度、数据准备、系统初始化、新旧系统内容的转换、评价应用效果进行二次开发。

1. 建立相应的管理制度

会计电算化的实施要符合内部管理的需要，而建立相应的管理制度是电算化实施的制度保证。相应的管理制度包括会计电算化岗位责任制、会计电算化具体操作制度、档案管理制度等。

2. 数据准备

在系统初始化前要做好大量的数据准备工作。数据是会计信息系统运行的基础，要求数据准确、全面、及时，如系统参数的选择、基础档案资料、总账户的期初余额、期初固定资产卡片等。

3. 系统初始化

系统初始化是实施会计电算化的一项重要基础工作，是确保系统以后正常有效运行的关键所在。

初始化工作包括以下内容。

（1）建立整个会计信息系统数据环境和安全机制，包括建立账套、设置操作员，分配权限。

（2）各系统数据初始化，包括参数设置、基础信息设置及期初余额的录入。

4. 新旧系统内容的转换

会计电算化工作的实施是一个系统化工程，特别是在新旧会计信息系统转换时，大量的复杂的信息需要由旧系统转换到新系统。新旧会计信息系统的转换主要是指由手工核算向会计电算化转换时的过渡阶段。

（1）数据初始化。数据初始化指首次实行会计电算化时将手工会计资料向计算机输入的过程，主要包括以下内容。

① 重新核对各类会计凭证和账簿，做到账证、账账、账实相符，整理各账户余额。

② 建立会计科目体系。按要求建立适应企业特点的会计科目体系并进行编码。

③ 规定操作过程和核算方法。电算化会计信息系统自动化程度很高，要求预先规范操作过程及重新确定适合电算化的各种会计核算方法。

（2）新旧系统并行。

① 甩账。首先，企业单位向主管部门提出甩账申请。其次，电算化信息系统与手工会计信息系统并行运作三个月以上（一般不超过六个月），保证电算化信息系统与手工会计信息系统核算数据的一致。最后，经主管部门审核通过获得甩账资格开始计算机代替手工记账工作。

② 会计软件试运行。在试运行的初级阶段，企业应以手工核算为主、以计算机核算为辅，即手工完成日常会计核算和管理工作的同时，使用会计软件对日常经济业务进行处理，并检查核算方法的科学性、完整性，检查管理制度和会计软件的完善程度。定期核对手工方式下会计核算数据和电算化会计信息系统软件处理的计算机机内会计数据是否具有一致性。发展到一定阶段，应逐步转移工作重点，变成以计算机核算为主、手工核算为辅，直到彻底甩掉手工账完成新旧系统的转换。

5. 评价应用效果进行二次开发

通过定期对系统应用效果的评价才能了解新系统存在的问题，调整相关的基础设置、处理流程、完善相关的功能，必要时可进行二次开发，进一步完善电算化会计信息系统。

2.3 会计电算化管理制度的建立

社会主义市场经济和计算机技术的飞速发展让会计电算化越来越显示出重要性。为了进一步加强会计电算化管理，必须建立会计电算化内部管理制度、岗位责任制、具体操作管理制度、档案管理制度。

2.3.1 会计电算化内部管理制度

实现会计电算化对手工会计信息系统产生了巨大的影响，使会计核算方式、手段、程序发生了重大变化。针对会计电算化工作的特点，内部会计管理制度的内容也必须进行相应地调整。这样才能适应实行会计电算化后的新情况。

会计电算化内部管理制度是指开展会计电算化的单位应根据工作需要，建立健全包括会计电算化岗位责任制、会计电算化具体操作管理制度、电算化会计档案管理制度等的会计电算化内部管理制度，保证会计电算化工作的顺利开展。

建立完善的会计电算化内部管理制度，应注意以下几个问题。

（1）搞好会计电算化内部管理制度的建设和落实工作。制度是管理的保障，要想使会计电算化工作顺利地进行，各级领导就要高度重视会计电算化内部管理制度的建设，即应根据企业会计电算化工作的特点，对传统的手工会计信息系统进行调整，设置会计电算化机构和配备会计电算化的人员。

（2）财务会计部门应当负责建立健全单位会计电算化内部管理制度的具体执行和落实。在各部门的配合下、财务会计部门应当负责岗位的分工、有关会计人员的调整，建立岗位责任制，制定会计电算化日常操作管理制度、档案管理制度等工作。

（3）遵守国家的有关规章和制度，如《中华人民共和国会计法》《会计基础工作规范》《会计电算化工作规范》《会计档案管理办法》等。

（4）建立会计电算化内部管理制度时，要注意制度条款的合理性、全面性、可操作性。

（5）要组织本单位会计人员对会计电算化内部管理制度进行培训和学习，使他们从思想上认识到会计电算化内部管理制度的重要性，理解内部管理制度的内容，自觉在工作中执行。

（6）建立会计电算化内部管理制度后，重在落实。要有制度、有措施、有责任、有权、有利，定期检查执行情况，严格考核：对于会计电算化内部管理制度执行好的个人和单位，应该给予物质和精神奖励；对不按照制度条款的个人和单位，要进行批评；对造成严重损失的应该追究相应的责任。

2.3.2 建立岗位责任制

由于建立电算化会计信息系统，与手工会计信息系统在工作程序和操作方法上有很大差异，对电算化会计岗位要建立岗位责任制，明确各电算化会计岗位的职责范围。健全的岗位责任制既能保护企业资金的安全，又能提高工作效率。

建立电算化会计岗位责任制，是对传统的会计人员岗位的分化和再组合，并进行补充和完善，以便适应会计电算化的新情况，进一步明确会计电算化新情况下岗位责任，发挥人员的积极性和创造性。各个单位应根据内部控制制度的要求和本单位的工作管理的需要，在保证数据安全的前提下设置岗位责任，各岗位人员应保持相对稳定。下面介绍电算化会计系统岗位的设置和各岗位的工作职责和权限。

1. 岗位设置

财会工作的岗位一般分为基本会计岗位和电算化会计岗位。传统的手工会计信息系统下基本会计岗位包括会计主管、出纳、会计、复核、会计档案管理等工作岗位。电算化会计信息系统会计岗位包括电算化主管、系统操作员、软件操作员、审核记账员、数据分析员等工作岗位。

2. 电算化信息系统会计岗位职责权限

（1）电算化主管。负责企业会计电算化的规划和管理，协调企业计算机硬件的使用及财务软件的运行；对电算化操作人员的权限进行分配及管理；协调、督促企业的电算化工作，完善企业的电算化制度。

账套主管要求具备会计和计算机知识，以及会计电算化工作的组织管理经验，可由会计主管兼任。

（2）系统维护员。负责计算机硬件、软件系统管理及维护；负责管理服务器数据库及数据备份工作；协助电算主管规划和推进企业会计电算化工作；协同电算化主管负责电算化系统的升级工作。

系统维护员要求具备相当的计算机知识和基本的会计知识，要求具有会计电算化中级知识培训经历，一般由信息部派专人担任。

（3）软件操作员。负责账务处理系统及其他核算子系统的操作，如及时输入记账凭证等会计数据，输出记账凭证、会计账簿、生成会计报表，进行工资核算、固定资产核算、应收款管理、应付款管理等工作。

软件操作员要求具备会计软件操作知识，达到会计电算化初级知识培训的水平，一般可由基本会计岗位的会计人员兼任。

（4）审核记账员。负责对输入计算机的会计数据（记账凭证和原始凭证）的真实性、合法性、完整性进行审核；软件操作员登记机内账簿，没有审核的记账凭证不能记账；对打印输出的账簿、报表进行确认审核。

审核记账员要求具备会计软件操作知识，达到会计电算化初级知识培训的水平，一般可由基本会计岗位的会计稽核人员兼任。

（5）数据分析员。负责对计算机内的会计数据进行分析，为管理者决策提供有用的信息，要求具备计算机和会计知识，达到会计电算化中级知识培训的水平，一般由主管会计兼任。

2.3.3 具体操作管理制度

建立具体的操作制度主要涉及硬件和软件操作内容，需要具体规定每一流程、每一作业、每一任务下会计人员的系统操作步骤，明确员工的操作权限，即哪一位员工有权进入哪些应用程序、进行什么操作、可以获得哪些信息，同时考虑正常与非正常或突发情况下不同的操作流程。这样做的目的是通过科学的操作规程来保证系统的高效运转，减少人为差错的发生。

电算化会计信息系统的具体操作管理包括对操作人员的管理、对操作过程的规范、以及审核、备份上机日志等方面的管理。

1. 对操作人员的管理

对操作人员的管理可分为操作人员资格的认定和赋权两个方面。

（1）操作人员资格的认定。操作人员资格认定办法一般应由企业财务会计部门制定。操作人员（包括电算化主管、系统操作员、系统维护员等）因工作需要上机操作，必须经财政部门考核合格，颁发“会计从业资格证”，持证上机操作。考核不合格或无证者不准上机操作。进行操作人员资格认定是从根本上保证上机操作人员的技术水平，保证系统正常运行的措施，能有效防止上机操作人员因操作技术不当、能力有限而造成差错、损失。

（2）赋权。电算化会计信息系统的使用者赋权，为每个用户合理分配信息资源、进行安全级别和身份标识控制，规范使用人员对会计信息系统中的数据、应用程序操作，保证系统安全顺利的运行。在实际工作中，除会计核算软件技术上使用加密狗外，还应在管理上进行分工，分别要对电算化主管、数据录入员、审核员、记账员、会计报表编制人员、会计账簿打印输出操作员、各专项功能模块操作员等设置使用权限和操作密码，防止越权操作所引起的数据丢失、紊乱和泄密现象出现。

2. 对操作过程的规范

操作过程必须严格按照《会计电算化系统工作流程》完成各项工作，必须以自己的真实姓名进入电算化会计系统，必须在自己权限范围内按指令进行操作，不得进行违反规范的操作。在系统操作过程中发现问题应及时向系统管理员报告。处理过程、处理方法以及处理结果等都应有明确记录。对于重大运行故障，系统管理员无法解决的，还应向单位负责人报告。工作完毕后应及时退出系统，以免他人利用系统进行有损数据安全的操作。不得将自己的口令泄露给他人，应定期修改自己的口令以保证系统的安全性。

会计电算化系统的硬件设备和会计软件由财务部门统一管理和使用，其他部门人员一般不得使用。为了避免计算机染上病毒，利用外部存储器调用数据必须先进行病毒检测。

3. 审核

（1）输入前审核。审核原始凭证的合理、合法性及有效性；查看是否有经办人、主管领导等相关人员签章；根据原始凭证填制的记账凭证是否符合会计制度要求，借贷关系是否平衡；输入电算化会计信息系统前的记账凭证必须是审核无误的。

（2）输入后审核。不论是采用直接在计算机上编制记账凭证，还是经审核后再输入的手工编制记账凭证，在打印记账凭证之前，审核员对机内的记账凭证必须严格审核，确保与手工记账凭证或原始凭证完全一致，审核无误后在审核处签章。在打印输出记账凭证后，审核员仍要对记账凭证的日期、摘要、借贷分录、金额等严格再审核，无论何时，发现不合理的或出现差错的凭证应及时退回经办人员进行重新处理。

（3）定期对所有凭证、报表等会计资料进行一次复查，确保数据正确、无误。

4. 备份

在手工会计信息系统中，所有会计资料如会计凭证、会计账簿和会计报表等均是以文字的形式存放在纸介质中。会计资料要每期末装订成册并由财会部门妥善保管，年度终了由财务会计部门编造清册移交本单位的档案部门保管。

在电算化会计信息系统中，由于会计信息存储的介质不再仅仅是纸质会计档案，系统自动保存和利用磁性介质存放信息。这种存储介质相对不稳定，安全性较差，所以为确保会计数据和会计软件的安全保密，防止对数据和会计软件的非法修改和删除，操作人员应及时做好数据备份工作，以防发生意外。备份分为自动备份和自主备份两种。

（1）财务软件系统自动备份。财务软件系统必要的自动备份可以建立自动备份计划，定期自动备份（如一周、一月）和数据更新时强制性自动备份，以弥补用户自主备份不足所产生的损失。但这种备份的形式会消耗系统资源，影响系统的运行效率。

（2）自主备份。系统管理员定期集中备份和账套主管的日常备份

这是用户自主进行的备份工作，主要是将数据输出至外部存储设备。这种备份不会占用系统资源，也不会影响系统运行效率。但是因为数据的备份主要是存放在磁介质上，所以要认真定期检查，做好防磁、防火、防潮、防尘工作，应分别存在 3 个以上地点，并由专人保管。

5. 上机日志

上机日志记录开机时间、操作内容、调用功能、硬件运行状况、软件运行状况、关机时间、操作人签字和故障及处理结果等。通过操作日志，除了可以掌握电算化会计系统的运行状况外，还可以增强操作人员的责任心，更重要的是通过操作日志，反映一定时期计算机硬件与软件使用情况，有利于对计算机设备进行保养和维护，健全计算机硬件、软件出现故障的预警机制，防治计算机病毒，确保会计数据的安全性与完整性。

2.3.4 会计电算化档案管理制度

电算化会计档案指存储在计算机中的会计数据（以磁性介质或光盘存储的会计数据）和打印机打印出来的书面形式的会计数据。会计数据包括会计记账凭证、会计账簿、会计报表等。

会计电算化档案管理是建立电算化会计档案的归档、保管、调阅、销毁等管理制度。会计档案管理制度是为了保证会计软件、源程序、文档资料安全所采取的各项措施的规定。

会计电算化档案保管制度的内容主要包括以下几方面。

（1）电算化会计档案管理是重要的会计基础工作，要严格按照财政部有关规定的要求对会计档案进行管理，并应由专人负责。

（2）制定各种会计资料归档、保管期限及期满销毁的手续制度。

（3）采用硬盘、U 盘等磁介质保存的会计档案，要认真定期检查，做好防磁、防火、防潮、防尘工作，防止由于磁性介质损坏而使会计档案丢失，对重要会计档案应定期进行复制和备份。

（4）查阅会计档案应办理审批登记手续。

（5）做好会计档案的保密措施。 在进入系统时设置用户口令、声音监测、指纹辨认等检测手段和用户权限设置等限制手段。另外设置硬件加密、软件加密或把系统作在芯片上加密等机器保密措施和专门的管理制度，如专机专用、专室专用等。

（6）会计软件文档资料以及会计软件程序，视同会计档案保管，保管期截止该软件停止使用或有重大更改之后的五年。

第3章 电算化会计信息系统的内部控制

【学习目标】

通过本章的学习，学生需要了解电算化会计信息系统内部控制的概念，电算化会计信息系统内部控制的内容，电算化会计信息系统内部控制的现状以及如何建立和完善电算化会计信息系统内部控制。

3.1 电算化会计信息系统内部控制概述

内部控制是处理会计业务时所形成的自我调节和自我约束的有机体，包括了一系列既相互联系又相互制约的制度和手续。它是会计活动健康有序运行的重要保证，也是开展审计工作的基本条件和重要内容。本章将在阐述电算化会计信息系统内部控制的概念、目的、功能和特点的基础上，初步探讨其主要内容和可能存在的问题，并对如何加强和完善电算化会计信息系统的内部控制提出建议。

3.1.1 电算化会计信息系统内部控制的概念

控制是企业管理的一种重要手段，对一个企业来说，控制可分为内部控制和外部控制两种。内部控制一般包括内部管理控制和内部会计控制，电算化会计信息系统的内部控制则是内部会计控制的特殊形式，也是内部会计控制深层次的发展。电算化会计信息系统内部控制是指在电算化会计信息系统设计时，为确保会计数据信息的正确性、可靠性、安全性，而采取的一些标准化控制措施和相应的技术措施。其中，标准化措施是指规定的管理法规和操作制度，着重于人与运行规程的控制，而技术措施主要是指与计算机系统相关的硬件和软件技术措施。对于企业的电算化会计信息系统来说，为了确保会计数据的真实可靠，必须加强内部控制。

3.1.2 电算化会计信息系统内部控制的目的

保证会计信息的正确性、准确性是对电算化会计信息系统的基本要求，也是其内部控制的主要目的，具体包括以下几个方面。

（1）维护企业资产安全和完整。任何一个企业都有自己的资产，如果没有一定的措施加以保护，则会由于浪费、贪污盗窃等行为，而使资产蒙受损失。建立一定的内部控制制度，采取必要的措施，就是要防止企业资产流失。

（2）保证会计信息的准确、完整和可靠。会计信息是反映企业经济活动状况的数据资料，会计信息必须准确可靠。建立适当的内部控制制度，可以保证会计信息的准确可靠，进而提高管理决策的正确性。

（3）有效地考核、评价各部门的工作业绩。在企业内部制定必要的控制制度，明确职责分工，不仅有利于企业各项方针政策的贯彻执行，而且也为考核和评价企业甚至每个职工的工作业绩提供了依据。

（4）促进经济效益的提高。根据企业总体目标建立的电算化会计信息系统内部控制制度，最终的目的在于促进企业经营管理活动合理化，改善经营管理，提高经济效益。

（5）保证企业财务活动的合法性。任何一个企业的财务活动都必须遵守国家的相关政策、法规的规定，建立适当的内部控制制度，可以保证企业财务活动的合法性，减少或杜绝企业内部各种违法违规操作。

3.1.3 电算化会计信息系统内部控制的功能

电算化会计信息系统的内部控制主要发挥着预防、检测和纠正三个方面的功能，具体内容如下。

（1）预防性控制功能，是通过防止或阻止错误、灾害、事故、舞弊等现象的发生来避免各种灾害。例如，通过设置口令来防止人员非法接触电算化会计信息系统，控制非法使用终端、主机、数据文件和程序，从而避免对数据文件和程序进行破坏、篡改或非法复制。

（2）检测性控制功能，是通过找出和发现已经发生的错误、灾害、事故、舞弊来防止危害的扩大或使危害得到补偿。例如，电算化会计信息系统通过记录和报告系统的使用情况，发现非法修改系统软件、应用程序或数据文件的行为。

（3）纠正性控制功能，是通过更正和纠正已检测出的错误、处置发生的舞弊行为以及处理和补救已发生的灾害等来减轻危害，使系统恢复正常。例如，通过文件和程序备份措施，补救因灾害造成的数据和程序损毁的危害。

3.1.4 电算化会计信息系统内部控制的特点

与手工会计系统的内部控制相比，电算化会计信息系统的内部控制有以下几方面的特点。

（1）内部控制的措施和方式发生了变化。主要体现在两个方面：一是原手工会计系统下的一些内部控制措施在实施电算化后没有必要存在。由于计算机自动计算汇总一般不会出错，因此一些汇总和试算平衡的措施没有必要存在；二是原手工会计系统下的一些内部控制措施，在电算化后转移到了计算机内部。电算化会计信息系统的内部控制措施分为以组织措施为主的一般控制和以计算机系统程序控制为主的应用控制，并且组织控制是应用控制的基础和保障，而控制的方式由人工控制转变为计算机控制为主，并与人工控制相结合。

（2）内部控制制度有了新的内容。计算机技术、网络技术等现代信息技术的引入，一方面使一些会计工作的形式发生变化，另一方面也给会计工作增加了一些新的工作内容，同时使内部会计控制的范围更广，包含了手工会计系统所没有的一些内部控制，因而电算化会计信息系统下的内部控制制度也必须要有新的内容。

（3）内部控制的重点发生了转移。手工会计信息系统内部控制的重点是会计凭证保管、整理、归档的控制，记账程序的控制，会计人员岗位责任的控制，账证、账表和账实核对等的控制。电算化会计信息系统内部控制的重点将由传统的财务部门转移到电子数据处理部门，内部控制放在原始数据输入计算机的控制、会计信息输出的控制、人机交互处理的控制、计算机系统之间连接的控制、系统的安全控制等方面，控制的要求也更加严格。

3.2 电算化会计信息系统内部控制内容

电算化会计信息系统的内部控制可以划分为一般控制和应用控制两大类：一般控制是对电算化会计信息系统中的组织、操作、安全、开发等系统运行环境方面所进行的控制；应用控制是对电算化会计信息系统中具体的数据处理活动所进行的控制。它们都是计算机应用于会计信息系统所产生的特殊控制。

3.2.1 电算化会计信息系统的一般控制

电算化会计信息系统的一般控制是面向整个系统的控制，其对象涉及人员、设备和程序等。电算化会计信息系统一般控制影响到计算机应用的成败，是应用控制的基础，为数据处理提供了良好的环境。电算化会计信息系统一般控制主要包括系统的组织控制、操作控制、系统安全控制、系统开发控制和系统维护控制等相互配合的系统运行环境方面的控制。

1. 组织控制

组织控制的目的主要是减少电算化部门发生错误及舞弊行为的可能性。它的某些内容在原理上与手工会计系统的控制并没有多少区别，如职责分工、适当分权、职位轮换等。组织控制的基本原则是不相容的职责由不同的人员或部门来承担，基本目标是建立恰当的组织机构和职责分工制度。电算化会计信息系统从建立到运行的整个生存周期中，根据职能不同化分为两大部门，即系统开发部门和系统应用部门。其中，系统开发部门主要承担系统的开发研制以及系统的维护工作等，系统应用部门主要负责日常会计处理工作，且两部门的人员要严格分工。系统开发人员一般不能从事系统应用操作，因为他们都是计算机专业人员，精通计算机并且了解电算化系统采用的各种控制技术、保密措施，可以轻易地进入系统进行不留痕迹的修改、破坏等操作。组织控制就是要使有关人员的越权处理活动难以进行，相互牵制、相互制约，以此来防止差错、舞弊和犯罪行为的发生，保证电算化会计信息系统的可靠运行。

2. 操作控制

为了保证数据处理的准确性和安全性，必须制定和执行各种标准的操作管理规程。例如，建立完备的机房管理制度，明确哪些人能上机操作、操作次序如何，严禁无关人员进入电算化机房，而对进入者要按有关规定记载上机日志等。为了防止舞弊行为，程序员不得参与操作，操作员不得接触参与程序设计、不得更动软件和打开数据库修改数据、不得随意更换计算机所配置的系统参数及所安装的软件，并且不得在工作计算机上做任何与会计核算业务无关的事情，如在工作计算机上玩游戏。

3. 系统安全控制

电算化会计信息系统应该层层设防、严加防范，主要包括硬件安全控制、软件安全控制、网络安全控制和实体安全控制等。访问授权是计算机技术中一种常见的控制手段，可以保证会计信息只能由授权人访问，以防止非授权者的访问、复制、修改和破坏，并且系统一旦被破坏仍保证能利用会计档案备份迅速恢复正常。无论是正常操作还是非法操作都必须由上机日志记录在案。这样一来，即使发生问题，也可以根据权限范围以及上机日志迅速追查事故原因，以便分清责任、解决问题。

4. 系统开发控制

系统开发控制是一种预防性控制，目的是防止电算化系统开发阶段的错误和偏差，确保系统开发过程及内容符合内部控制的要求和有关标准。开发系统前，要进行有效的可行性研究，使系统的每项设计都要满足单位的会计工作要求，并能适当满足单位发展前景的要求。系统开发过程中还要留下审计线索，以保证日后审计工作的需要。电算化系统正式投入运行前，要对有关人员进行培训，还要和手工会计并行工作一段时间（大约 3 个月)，并经过有关主管部门和财政部门的评审验收，以证明新系统的合理合法性。

5. 系统的维护控制

为了适应系统运行环境的变化，系统维护涉及电算化系统功能的调整、扩充和完善，包括软件的修改升级、计算机硬件和通信设备的维修或更新等。对电算化系统进行维护必须经过周密的计划，维护过程的每一环节都应设置必要的控制，如系统操作员不能直接参与软件的修改，所有与系统维护有关的活动都应严格记录并存档。

3.2.2 电算化会计信息系统的应用控制

电算化会计信息系统的应用控制是指影响系统特定用途的控制，即为适应会计处理的特殊要求而建立及实施的控制。应用控制是一般控制的深化，可以在一般控制的基础上，直接深入到具体的业务数据处理，为数据处理的准确性、完整性和可靠性提供最后的保证。应用控制主要包括 3 个方面：输入控制、处理控制、输出控制。

1. 输入控制

目前电算化系统的数据输入手段有键盘手工输入、软盘转入和网络传送等，其中键盘手工输入应用得最多，也最易出错。只有输入正确的数据，才能进行正确的处理。

输入控制的内容包括以下几方面。

（1）经济业务在由计算机处理前经过适当的批准。

（2）经济业务没有被遗漏、添加、重复或不正当的更换。

（3）经济业务准确地转变为机器可读的形式，并被记录在数据文件中。

（4）不正确的经济业务被剔除、改正。

在数据输入过程中，目前使用的大部分软件都设置了各种控制程序。例如，建立科目代码名称字典文件，输入科目代码时提示科目名称，当有新增科目代码自动追加到科目名称字典中供用户使用；建立科目对应关系参照文件，记账凭证输入完毕后，计算机自动判断该科目的对应关系是否正确，如果不对，提示用户进行修改。

2. 处理控制

处理控制是对数据处理的准确性和可靠性的控制。数据处理的准确、可靠，虽然在很大程度上依赖于输入数据的准确性、计算机硬件和软件安装的可靠性，但是，即使在这些方面有保证措施，仍然可能出现一些问题。例如，程序逻辑错误、计算错误、处理非法数据、重复输入等情况。因此，还必须设置处理控制措施，采用各种技术手段对输入数据的准确性进行校验。例如，在账务处理系统下未经复核的凭证不能记账，上月未结账本月不能结账。又如利用会计账户的余额进行控制，费用和收入类账户在期末一般没有余额，资产类账户的期末余额一般在借方，负债类和所有者权益类账户的余额一般在贷方。因此可以将这个基本内容作为余额合理性标准编入程序，当程序运行时就可以对所有账户余额进行合理性检查。

3. 输出控制

财务软件的输出功能一般包括查询输出、打印输出和向软盘输出或运用网络输出等方式。输出控制的主要目的是为了保证计算机输出结果的正确性、可靠性、及时性和必要的保密性，保证输出的接触人员是仅限于经过授权的人员。为此，要对打印或下载的文档资料严格控制，对储存输出数据的各种磁盘或其他磁性介质也要采取各种控制措施，并建立输出资料控制制度，由专人负责分发、保管并登记输出资料的使用者、分发日期、打印份数或下载情况。同时对发生的差错、丢失、泄密等事故要进行记录，仔细检查、分析形成事故的原因是操作员的过错还是程序本身的，并能采取相应的避免措施或改进措施。软件应对各种输出要求进行权限设置，即未经授权，计算机拒绝执行其输出要求。例如在网上传输要设置网络口令，只有当口令正确时才能执行输出操作。又如对向软盘输出的情况，计算机应首先检查软盘的安全性，以防止计算机病毒的侵蚀。

3.3 电算化会计信息系统内部控制的现状

在电算化会计信息系统环境下，有形记录较手工会计系统大为减少，账务处理结果及数据文件都存储在计算机或磁盘等电子介质上，不像手工会计系统那样直观，特别是在磁盘上更改数据不会留下任何痕迹，而在计算机内部，会计数据无论是形态还是结构都发生了变化。这对会计数据的真实性、有效性和完整性都造成了威胁，一旦出现舞弊行为，后果将是严重的和难以发现的。目前，在会计工作实践中，电算化会计信息系统内部控制存在的问题主要表现在以下三个方面。

1. 数据的安全性差

手工会计系统中数据的处理和储存都分散于各个不同的部门和人员，而电算化系统的突出特点是会计数据处理的自动化、集中化，因此给数据安全带来了一定的威胁。例如，电算化系统都有必要的财务分工功能，每个操作员都设置有自己的口令和不同的工作权限，并且每个操作员都应保守自己的口令秘密。但是在电算化实践中，尚存在三大问题：①一部分单位虽然设置有不同的财务分工，却往往是一个操作员身兼数职，可以以不同的身份进入系统进行不同的操作，这样，财务分工的控制就名存实亡；②未经授权的计算机专业人员可以利用计算机技术和网络技术轻易地浏览各种数据文件，造成会计机密数据的泄露；③会计数据文件大量地保存在磁性材料中，一旦发生火灾、水灾、盗窃之类的事件，就可能使全部数据丢失和毁损，同时磁性材料对外界环境的要求比较高，要防火、防水、防磁和防尘，对环境温度也有一定要求，因此增加了数据的脆弱性。如果不加强电算化会计信息系统数据安全方面的控制，数据丢失和毁损的可能性就会大大增加，并会造成财务软件的程序控制失效。为了保证会计信息的安全性、可靠性，财政部曾制定了相关的规则，对财务软件必须具有的安全性做了一些具体规定和指导意见。

2. 差错的反复性和严重性

手工会计系统中数据处理环节分散于多个部门、多个员工，一个部门或人员的差错往往可以在下个环节发现和纠正。因此，一般情况下一定时间内差错重复发生的可能性不大，发生重大差错的可能性也不大。电算化系统数据处理自动化、集中化，再加上计算机运行的高速性、程序运行的重复性，使得处理结果一旦发生错误，往往就会在短时间内迅速蔓延，造成多种数据文件、账簿及整个系统的会计数据失真，并且可能使系统出现反复性差错。电算化系统数据处理的高速性和集中性都使得出现差错的危险性增大，因此，电算化会计信息系统数据输入、数据处理各环节和系统硬件设施等方面都需要加强控制。

3. 管理和监督的有效性差

根据财政部的有关规定，以计算机代替手工记账的单位必须达到一定条件，并且需要经有关财政部门或上级主管部门的审批，运用互联网输出、输入或处理数据，还需要到公安部门登记注册。但实际上，部分单位未经审批就直接采用计算机代替手工记账，更为严重的是，有些单位未能满足相关条件就正式使用计算机代替手工记账。例如，计算机和手工并行 3 个月且取得与手工相一致的结果是审批的必要条件之一，而有些单位未完成这一环节、也未经审批，就直接实施了会计电算化。计算机代替手工记账的单位必须建立完善的电算化管理制度，有些单位虽然建立了内部管理制度，但徒有虚名并没有切实执行。例如，按职权分离原则，系统开发人员不应直接接触或者正式操作电算化会计系统，凭证的输入和复核人员必须由不同的人员执行，但有些单位系统开发人员则可以随时接触会计核算系统，甚至顶班操作，也有一些单位由同一个人按照不同的姓名口令进入系统去完成凭证输入和复核两项不兼容的工作。

3.4 电算化会计信息系统内部控制的建立与完善

电算化会计信息系统的内部控制是一项技术性强并相当复杂的工作，因此必须加强和完善，以保证系统的正常运行和财务数据的安全可靠，减小甚至消除可能发生的危害，提升单位或企业的整体管理水平，以保障单位或企业管理目标的实现，主要措施主要包括以下几个方面。

1. 强化风险意识

会计信息化是会计发展的必然趋势，与手工会计系统相比，电算化会计信息系统具有明显的优越性，但是电算化系统有不同于手工会计系统的特点及风险，必须建立更加严密的、系统的内部控制制度。各级领导和财会部门、信息部门人员都应对会计信息化树立正确的思想认识，营造风险防范从我做起的氛围。目前，社会中计算机犯罪行为的增加，提醒我们应认识到电算化会计信息系统加强内部控制的重要性。强化电算化会计信息系统的内部控制，既是预防计算机犯罪的重要措施，也是减少差错的有效保障。

2. 完善相关法规制度

目前，财政部已陆续颁布了一系列内部会计控制规范文件，如《内部会计控制规范——基本规范（试行）》《内部会计控制规范——币资金（试行）》《内部会计控制规范——采购与付款（试行）》《内部会计控制规范——销售与收款（试行）》，但相对于其他国家，我国有关部门颁布的电算化方面的政策法规还不多。参照国际惯例，电算化会计信息系统内部控制的内容应以准则的方式对外发布。实施电算化会计信息系统的单位可以结合自身的特点，制定切实可行的内部会计控制制度及方法。财政部和主管部门应制定内部控制工作指南，对单位电算化会计信息系统内部会计控制工作提出指导和建议。

3. 加强评审与监督

使用电算化会计信息系统的单位必须具备几个基本条件，各级财政部门和业务主管部门应加强审批的各项管理措施，以保证实现会计电算化的单位都具有良好的内部控制制度，特别是对于商品化的财务软件，要加强对软件的评审管理。评审的内容主要是针对软件是否符合国家统一的会计制度及软件的安全性、可靠性以及软件的售后服务功能等是否达到要求。验收工作主要是检查与软件相配合的运行环境和管理制度的建立情况。

4. 加强内部审计

内部审计是单位或企业内部控制系统的重要组成部分，也是强化内部会计监督的制度安排。电算化会计信息系统的运作往往是“人机”对话的特殊形态，对网络环境下的会计信息审核必须运用更复杂的查核技术。只有精通计算机网络知识、熟悉审计财务程序的人员才能胜任此项工作。这给内部审计加大了难度。内部审计制度是保障内部控制的重要手段之一，通过内部审计可以了解现有的一些内部控制措施是否能够为内部会计系统提供准确、可靠的信息，以及这些控制措施能否有效地运作以达到预期的目的。在电算化系统运行过程中，审计人员对会计业务处理等工作进行评价和检验，有利于检测财务软件的可靠性，发现存在的问题、提出解决问题的建议，有利于提高会计核算质量和企业管理水平。

5. 加强人员控制

人员控制是电算化系统管理的根本，会计电算化人才的缺乏是制约我国会计信息化工作发展的关键环节。为此，首先要通过各种培训提高会计人员的计算机业务水平和职业道德水准、增强遵守各项法规的自觉性，实行考核合格才准上岗的制度；其次，要通过各类院校培养既懂会计又掌握一定计算机知识及技能的专业人才充实到会计队伍中。此外，会计人员不仅要具备财会知识和计算机知识，同时还要掌握一定的管理知识。最后，电算化主管应当熟悉整个会计电算化处理业务，以便对系统会计工作流程进行监控和指导。

总之，任何计算机系统都不是无懈可击的，任何规章制度也不是天衣无缝的，因此，完善有效的计算机系统及内部控制制度是电算化会计信息系统安全之本。提高会计电算化人员素质，规范和完善电算化会计信息系统操作和管理章程，重视内部审计，增强数据安全意识，是当前强化电算化会计信息系统内部控制的关键问题。

第4章 会计电算化审计

【学习目标】

通过本章的学习、学生可以全面了解电算化审计的内涵，实施的必要性；电算化对审计的影响；电算化审计的目标和内容。

4.1 电算化审计概述

电算化审计是一个与手工审计相对应的概念，是指利用计算机为工具对会计系统所进行的审计，也可称为计算机审计。它是保护电算化会计信息的安全，维护会计记录完整，实现单位目标的效率和效果，进行综合审查与评价，向被审计单位提出结论与建议，查错纠弊，提高电算化会计信息系统的安全可靠性、合法合规性及效率的一项审计。

电算化审计是审计工作发展的趋势，代表了先进的社会生产力和先进的审计技术方法。学习、研究和探索计算机审计是摆在审计人员面前的一项重要任务。本章在阐述电算化审计的内涵和必要性的基础上，分析了电算化对审计的影响，进而讨论了电算化审计的目标和内容。

4.1.1 电算化审计的内涵

从审计内容、审计方式和审计观念三个不同的角度来看，电算化审计包含以下三层含义。

（1）从审计内容上看，电算化审计是利用计算机对被审计单位与财政财务收支有关的电子数据和管理财政财务收支的计算机系统进行审计，包括数据审计和系统审计。其中，数据审计是将被审计单位与财政财务收支有关的电子数据采集到审计人员的计算机上，利用计算机软件对电子数据进行验证、清理和转换后，通过查询和分析电子数据，检查被审计单位财政财务收支的真实、合法和效益；系统审计是对被审计单位管理财政财务收支的计算机软件和信息系统进行审计，检查其设计是否合理、运行是否安全、是否存在违法和舞弊因素，从而监督被审计单位财政财务收支的真实、合法和效益。

（2）从审计方式上看，电算化审计是审计人员运用计算机在被审计单位现场或者通过远程网络，对被审计单位的财政财务收支的真实、合法和效益进行审计，包括现场审计和网上审计。其中，现场审计又包括现场单机审计和现场局域网审计，即在被审计单位现场通过单个计算机和搭建临时局域网，检查被审计单位电子数据和计算机信息系统，监督其财政财务收支的真实、合法和效益；网上审计又称联网审计或者远程网络审计，即通过网络传输电子数据对被审计单位的财政财务收支情况进行审计。随着互联网的发展、电子商务的普及和通信技术的进步，许多业务的处理都可以通过网络实现，联网审计也将成为审计的主要方式之一。

（3）从审计观念上看，电算化审计是与传统的手工审计相对的、基于计算机的审计，是一种审计理念和审计思维的创新，是审计人员适应社会信息化和网络化的需要，打破传统的手工审计方式，开创的一种崭新的审计方式。电算化审计不仅带来审计方式的创新，而且带来审计人员审计观念的创新和审计思想的解放。数据审计、系统审计、联网审计等电算化审计模式越来越多地被审计人员所接受。为了适应社会形势发展和审计工作自身发展的要求，审计人员必须不断研究新情况，创新审计理论，创新审计技术方法，创新审计管理思路，但更重要的是创新审计观念，以实现审计思维方式的创新。

4.1.2 电算化审计实施的必要性

会计电算化给传统审计带来了冲击，开展电算化审计已是我国审计机构和审计人员面临的紧迫任务。由于计算机环境下信息系统存在风险，使得电算化审计具有必要性和紧迫性，具体原因如下。

（1）传统审计方法的低效率要求实现电算化审计。传统的手工审计方式每次需要人工进行审核近百张工作底稿，数据之间的相互关系通过手工进行标注，工作量非常大，而且需要特别认真仔细，否则很容易出现数据不吻合的情况，一旦出现问题就必须逐张凭证进行查找、修改。手工审计工作重复性大，会浪费审计人员大量的时间和精力。

（2）会计电算化的迅猛发展要求实现电算化审计。电算化会计信息系统的迅速发展加大了审计工作的难度，令审计工作更加烦琐，面临着更大的风险。传统审计只有将计算机技术融入到审计活动中，才能提高自身的准确性、可信赖性，降低审计风险，防止舞弊现在的发生。

（3）同国际审计准则接轨要求实现电算化审计。经济全球化背景下，我国与世界各国在经济、技术等许多方面都有很多的交流，与国际接轨势在必行。我国的会计准则已经逐步与国际准则趋同，因此审计准则需要与国际准则相统一。将计算机系统引入审计工作中的做法在国际上已经相当普遍：国际上的会计准则、审计准则基本是在引入计算机系统后制定并加以完善的，其已充分考虑到了电算化会计信息系统下可能存在的问题。

4.2 电算化对审计的影响

会计电算化以后，财会部门的组织结构、数据的处理方式、存储介质以及系统的内部控制系统等都发生了变化，由此对审计的环境、线索、过程、技术和方法、标准、人员等都产生了重大影响，这无疑对传统的审计工作和审计人员提出了挑战，电算化对审计的影响主要表现在以下几个方面。

1. 对审计环境的影响

在手工审计中，内部控制结构由控制环境、会计制度、控制程序组成，授权控制、责任分工、管理控制、审批与核对控制、内部审计、业务处理标准化等主要内容，是通过职责、职权分工，规定标准的业务处理程序及加强业务人员的相互联系和相互制约来完成的。

而在电算化审计中，数据的处理集中由电脑自动实现，原有的许多内部控制过程消失了，如手工条件下的账证相符、账账相符、账表相符等一系列核对控制失去了意义，但会计软件本身的自我保护作用，能实现一部分内部控制的功能，如输入控制、数据处理过程控制、输出控制等。另外，电算化系统要求配备一定的软件开发人员、系统维护人员、操作人员和分析人员，进行核算软件的开发以及电算化系统的操作、管理与维护。这都要求审计人员在了解内部控制时采用新的审计程序，采取新的评价方法，以适应内部控制的变化。

2. 对审计线索的影响

在手工审计中，审计线索包括会计凭证、账簿、报表等会计资料。这些资料都反映在书面上。审计人员利用这些资料就能够从原始凭证开始，通过记账凭证、账簿追踪到会计报表，或者对报表之间、报表与账簿之间的会计数据的勾稽关系进行审查，通过这些可见的审计线索检查证、账、表数据所反映的经济业务的合法性，通过每个会计人员手写笔迹的不同，确定每一责任人完成业务的正确性。

在电算化会计信息系统中，由于电脑自身特性及会计软件的运行特点，产生了以下一些问题：①输入记账凭证后，账簿和报表瞬间自动产生，使证、账、表之间的关系不易直观地显示；②电脑功能发达，容易制作副本使审计人员难以区分原件和复制件；③磁介质擦写不露痕迹的特性，使审计人员无从了解修改前的情况及修改者，甚至连数据是否修改都难以辨别。上述情况使会计电算化核算过程看起来像一只黑盒子，增加了审计人员理清审计线索的难度。因此，电算化会计信息系统设计时要注意留下充分的审计线索，使审计人员在电算化条件下也能跟踪审计线索顺利地完成审计任务。在现阶段，尽管财政部在有关会计电算化制度中规定，所有凭证、账簿、报表仍然应当打印输出，使审计人员在审计工作中增加了审计的线索，但应当看到的是，这些书面的记录是否与会计软件的正确处理结果如出一辙，尚有待于进一步的验证。

3. 对审计过程和内容的影响

电算化会计信息系统中，会计事项由计算机按程序自动进行处理，但系统的处理是否合理合法，是否安全可靠，都与计算机系统的处理和控制功能有关。这是传统的手工审计中所没有的。因此，在会计电算化条件下，审计人员需要花费更多的是时间和精力来了解和审查计算机系统功能，以证实其处理的合法性、正确性、完整性和安全性。对会计电算化系统进行审计，除了要对投入使用后的会计电算化系统审计外，审计人员还要对电算化系统设计和开发阶段对系统进行事前和事中的审计。事前审计主要是审查系统设计功能的合法性、安全可靠性及可维护性。审计人员要全程参与会计电算化系统的调查、分析、调试、检测和验收工作，并根据系统提供的测试数据和比较标准进行系统测试和评价。评价系统功能上是否能达到原定要求，尽可能及早发现系统的问题，并及时提出改进意见。因此，在会计电算化条件下，审计的内容更加广泛了。

4. 对审计准则的影响

人们在以往的审计工作中已建立了一系列的审计标准和准则，如审计人员标准、现场审计标准、审计报告标准、职业道德规范、审计效果衡量标准、财务审计准则、经济效益审计准则等。但是，由于审计对象、审计线索、审计内容以及审计技术手段等发生了一系列的变化，手工审计中所制定的审计标准与审计准则在电算化会计系统也就很难适用。但在电算化会计信息系统这样特定的工作环境中所出现的新情况和可能产生的新问题，又必须有一套与之相适应的新的审计标准和准则。在我国，经济立法往往是在经济事项充分发展之后，而电算化审计工作又刚刚起步，因此电算化审计的标准和准则发布不多。如电算化审计人员培训考核标准、电算化会计信息系统开发审计准则及其内部控制审计准则、审计应用软件标准等都有待建立。

5. 对审计技术和方法的影响

审计内容与范围的扩大必然要改变审计的技术方法。在手工会计的条件下，审计可根据具体情况进行顺查、逆查或抽查，审查一般采用审阅、核对、分析、比较、调查和证实等方法，且所有审查工作都是由人工执行的。而在会计电算化条件下，审计的线索、对象发生了变化，如果仍然采用常规的手工系统的那一套审计技术，就不可能达到审计目的。由于审计内容扩大到电算化系统程序、系统的设计与开发、数据文件与内部控制等方面，迫使审计人员在采用传统审计技术的同时，也采用计算机辅助审计技术：①用日益先进的电算化审计软件去应对单机、网络、多用户等各种工作平台下的会计软件；②在电算化会计信息系统的设计开发过程中，事先在被审的计算机系统中嵌入审计程序。这些程序可以执行审计监督，建立审计跟踪文件，记录符合指定条件的会计事项及其操作处理的有关信息，以便日后审计人员跟踪追查。这些程序也可以执行一些特殊的审计功能。采用计算机辅助审计方法可以更迅速、有效地完成审阅、核对、分析、比较等各项审查内容，提高审计的效率和质量。

6. 对审计人员的影响

电算化会计信息系统的环境比手工处理的信息系统更为复杂，因此要求审计人员必须具备计算机、电算化会计信息系统和会计、审计等多项知识和技能。同时要求建立起新的岗位责任制和严格的内部控制制度。虽然会计软件增加了安全可靠性措施，但这并不意味着审计人员可以降低工作难度、降低对自身素质的要求。我国大部分审计人员对快速发展的会计电算化并不太熟悉，加之计算机犯罪也呈上升趋势，使得许多存在的问题不易发现。因此，要求审计人员不仅要具备传统审计技能，还要具备丰富的计算机软、硬件知识，如系统分析、系统设计、程序设计、系统测试等相关知识，甚至要求有制定相应的审计程序能力，同时提高对各种信息的分析和处理能力，从而提供真实、正确、完整、高效的审计信息。

4.3 电算化审计的目标

电算化审计的核心目的是通过审计，促进体制、机制的完善，提高管理水平，具体目标主要包括以下四个方面。

1. 保障资产的安全性

一个计算机系统的资产包括硬件、软件、有关人员、数据文件、系统文档和其他有关的消耗性材料。像其他所有资产一样，它们应当由设定的内部控制制度来保护。由于计算机系统的资产一般是集中安装在一个地方，资产的保护就成为一个重要的任务。评价资产安全目标主要是审查计算机系统的所有控制过程是否良好地发挥作用，鉴别有关资产保护的内部控制是否有改进的余地。

2. 确保数据的完整性

数据完整性是电算化审计的一个基本概念。它是指数据具有的完备、健全、真实、合法、合规等属性的一种状态。维护数据的完整性需要一定的费用支出，但由此得到的收益一定远超过内部控制所需的成本。企业信息（或数据）的价值取决于两个主要因素的影响：①决策者利用、依赖的程度；②数据共享的程度。这两个程度越高，数据的价值就越高，从而使维护数据的完整性就越重要。评价数据完整性目标主要是审查计算机系统对数据的完备性、真实性、合法性和合规性所实施的内部控制是否恰当及这些控制是否需要进一步改进和补充。

3. 提升系统的效率性

评价系统的效率性隐含着要熟悉用户的需求，评价一个系统提供的报告是否使信息使用者和决策者能便利地利用。系统的有效性审计一般在系统运行一段时间后进行。管理部门往往要求事后审计来确定指定的计算机系统是否达到既定的目标。这种评价的信息可帮助管理部门做决策：是舍弃此系统，或是继续使用，或是通过改进后再使用。

4. 改进系统的效益性

一个高效益的计算机会计信息系统必然是既使耗用最少的资源也能取得所需要的输出的系统。系统的效益问题很难找到完满的答案，我们不可能孤立地评价计算机会计信息系统的各应用子系统的效益性。有的应用子系统所需的数据可能反映迟钝，管理部门必须决定是否该子系统的效益性可改进或应该再新增计算机硬件和软件。由于计算机硬件和软件是昂贵的，管理部门需要了解利用的资源是否分配合理和能否作改进。这就需要公证鉴定人员做评价。电算化审计师具有独立、客观、公正的优势，管理部门将乐意聘请他们去做这一评价工作。

4.4 电算化审计的内容

电算化审计的内容包括内部控制系统审计、系统开发审计、应用程序审计、数据文件审计等内容。

1. 内部控制系统审计

对电算化会计信息系统的内部控制系统进行审计，有两种目的：一是为了在内部控制系统进行审计的基础上对电算化会计信息系统的处理结果进行审计；二是为了加强内部控制，完善内部控制系统。

对电算化信息系统的内部控制系统的审计，一般要经过以下几个阶段：一是初步审核和评价阶段；二是详细审核和评价阶段；三是符合性测试阶段；四是最后评价阶段。对电算化内部控制系统的审计应注意以下几点：是否建立有会计人员岗位职责规范，是否符合有关会计电算化规范的规定；会计人员的岗位设置是否符合单位整体相关业务的内控制度的要求；是否有电算化主管人员在会计软件中拥有最高操作权限，并按有关法规要求，规定了不同岗位财务人员对会计软件的操作内容和权限；是否做到每个上机人员有自己的操作密码，并负责对密码的管理和定期更换密码，严格遵守相互保密的制度；是否做到电算化维护人员不得参与操作凭证录入、审核及过账工作；是否做到未经审核的原始凭证和记账凭证不得录入机内账簿；是否有完善的管理制度和措施，保证计算机设备的安全运行。

2. 系统开发审计

系统开发审计是指对电算化信息系统开发过程进行的审计，是一种事前审计。系统开发审计实际上是审计人员参与系统的分析、设计和调试，积极意义表现在：①审计人员可借此熟悉系统的结构、功能、控制措施；②审计人员可借此了解系统控制的强弱；③通过审计人员参与，使系统更可靠，更具有可审性；④可以让审计人员安插审计程序段，使其具有可审性；⑤安插审计程序段，也便于今后开展审计。

系统开发审计一方面要检查开发活动是否受到恰当的控制，以及系统开发的方法程序是否科学、先进和合理；另一方面还要检查系统开发过程中是否产生了必要的系统资料的凭证，以及这些资料和凭证是否规范。不论是自行组织开发还是购买商品化软件，都必须遵循财政部或各省财政厅制定的标准和规范。若购买的是商品化的财务软件，应查询其是否通过了省级以上财政部门的评审。若为单位自行组织开发的财务软件，则要对其是否通过了财政部门的“计算机替代手工记账考核标准”进行核验，并应根据单位情况设计针对该财务软件使用功能的测试程序，以验证单位使用的财务软件完成财务核算、形成财务账簿及报表的可靠性和准确性。

3. 应用程序审计

应用程序审计有两个目的：一是测试应用控制系统的符合性；二是通过检查程序运算和逻辑的正确性达到实质性测试的目的。其中，测试应用控制系统的符合性是主要目的。测试应用控制系统的符合性是指对嵌入应用程序中的控制措施进行测试，看它们是否按设计要求在运行中起作用。

对于电算化会计信息系统应用程序的审计，可根据1994年财政部发布的《会计核算软件基本功能规范》中的要求，对会计软件所具备的功能进行衡量和测评。除了需具备基本输出、输入、查询等功能外，重点审计事项应放在对会计数据的处理功能上，即会计软件对会计数据的处理是基于会计准则和单位的核算原则。从系统数据的初始化、凭证与凭证关系、凭证与账簿关系、账簿与报表关系、成本与费用的归集与分配到各相关科目之间的相互结转等，要严格遵循会计准则及单位的核算原则。数据处理虽然是不可见的，但处理过程审计人员必须清楚。即凭证录入后，经会计软件加工的结果要与这些凭证通过手工处理的结果必须一致。审计人员可以通过抽查部分会计凭证与相应账簿及处理过程中生成的单据核验、抽查部分账簿与相应的总账和报表核验，以验证其处理过程的准确性。按标准和规范使用会计电算化程序可以使单位电算化会计系统更加可靠、更加完善，有利于系统的维护和系统的进一步的发展、更新。

4. 数据文件审计

由于会计数据直接影响到会计信息的真实性、正确性和可靠性，所以这部分的审计是至关重要的，将直接关系到审计结论的正确与否。数据文件审计也有两个目的：一是对数据文件进行实质性测试；二是通过数据文件的审计，测试一般控制措施或应用控制措施的符合性。但数据文件审计主要是为了实质性测试。

对数据文件进行实质性测试，包括两方面：一方面是对各会计账户余额的发生额直接进行检查，确定是否漏记、会计事项、会计分录是否适当、会计分期是否妥当、总账余额与明细账余额是否相符等；另一方面是对会计数据进行分析审核，即通过比率分析、趋势分析，检查有无例外情况和异常变动，从中找出不符合会计制度、原则或错误的会计处理。另外，在电算化审计系统中，为证实资产记录和保管的一致性，审计人员同样要利用传统审计方法，如查询、函证、盘点等方法，对与经济活动有关的资产进行测试盘点，确定账实是否相符。

第2篇 用友ERP-U872的运用

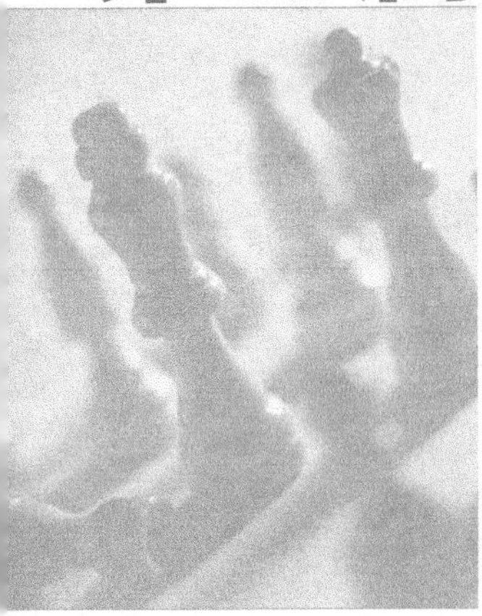

第5章 ERP-U872 用友软件的介绍与安装

【学习目标】

通过本章学习，学生可以全面了解用友 ERP-U872 的系统运行环境与安装的相关知识，初步了解如何处理安装后出现的几个常见问题。

5.1 用友 ERP-U872 简介

用友 ERP-U872 通过安装程序可以把计算机配置成不同的角色，达到分布部署的目的。这时，各个组件在不同的服务器上进行安装，使得软件的部署更加灵活，使用起来也更加方便。合理的部署各个服务器可以达到负载均衡的目的，从而提高整体的运行效率。为适应多语环境，安装程序会自动测试您所要安装的操作系统默认语言，并在安装界面和提示信息使用对应的语言。例如，您的操作系统是英文版 Win2k Server，那么所有的提示信息和界面均是英文。在这里我们不提供多语的选择。为方便起见，在此我们只用简体中文版操作系统为例来说明安装过程，其他语言的操作系统也只是相应的信息为对应的语言而已。

5.2 安装 ERP-U872 全产品的要求

5.2.1 硬件要求

（1）安装前请确认计算机剩余空间至少为 2.5GB。

（2）数据文件所在的逻辑驱动器至少要 10GB 空余空间。

（3）数据文件的逻辑磁盘至少有 10GB 的空余空间，分区的文件系统格式应为 NTFS。

5.2.2 软件要求

1. 操作系统

Windows 2000 Professional + SP4（或更高版本）+ KB835732-x86

Windows 2000 Server + SP4（或更高版本）+ KB835732-x86

Windows XP + SP2（或更高版本）

Windows 2003 + SP2（或更高版本）

Windows Vista + SP1（或更高版本）

Windows 2008

Windows 7

2. 数据库

Microsoft SQL Server 2000 + SP4（或更高版本）

Microsoft SQL Server 2005 + SP2（或更高版本）

Microsoft SQL Server 2008

3. 浏览器

Internet Explorer 6.0 + SP1 及更高版本

4. 信息服务器

IIS 5.0 及更高版本

5. NET 运行环境

.NET Framework 2.0 Se[h1]rvice Pack 1

5.3 安装说明

1. 确保计算机上所安装的操作系统满足上面的要求

一般用 Windows XP＋SP2 或 SP3，可通过“系统属性”查看是否满足要求。

（1）安装 IIS（Internet 信息服务），可通过“控制面板—添加/删除程序—Windows 组件”，添加 IIS 组件来安装。安装过程中需要用到 Windows XP 安装盘。

（2）安装 Microsoft SQL Server，一般安装 SQL Server 2000＋SP4 即可。相应的补丁程序可通过网上免费下载。

（3）SQL Server 2000（个人版）安装过程设置如下。

① 如果用户之前安装过 SQL Server，再次安装时可能会出现“从前的安装程序操作使安装程序操作挂起，需要重新启动计算机”提示，可选择“开始”|“运行”，在“运行”对话框中输入“regedit”，打开注册表，找到如下目录：HKEY_LOCAL_MACHINE\SYSTEM\ CurrentControlSet\Control\ SessionManager，删除 PendingFileRenameOperations 项，就可以正常安装了，如图 5-1 所示。

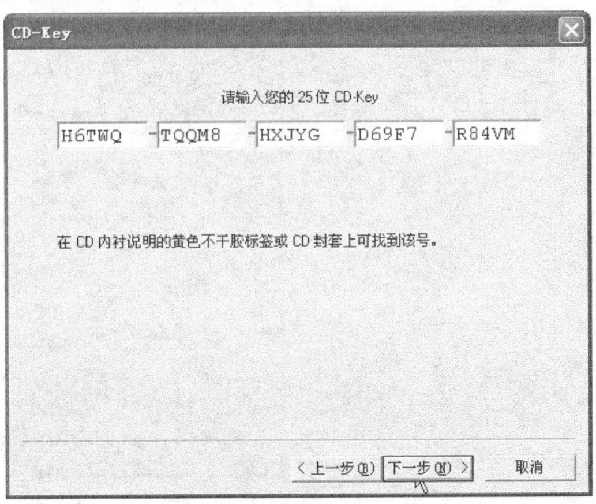

图 5-1　输入 25 位 CD-key

② 安装定义选择服务器和客户端工具来进行，如图 5-2 所示。

③ 选择实例名安装时，一般都选择默认来进行安装，并单击【下一步】按钮，若要在计算机上安装或者维护 SQL Server 的命名实例，要先清除默认，在复选框录入实例名，如图 5-3 所示。

④ 在安装类型时，一般都选择典型安装，这是最常用的选项，用户可采用此种安装，如图 5-4 所示。

⑤ 服务账户，对每个服务使用同一账户，自动启动数据库，服务设置可选择使用本地系统账户，如图 5-5 所示。

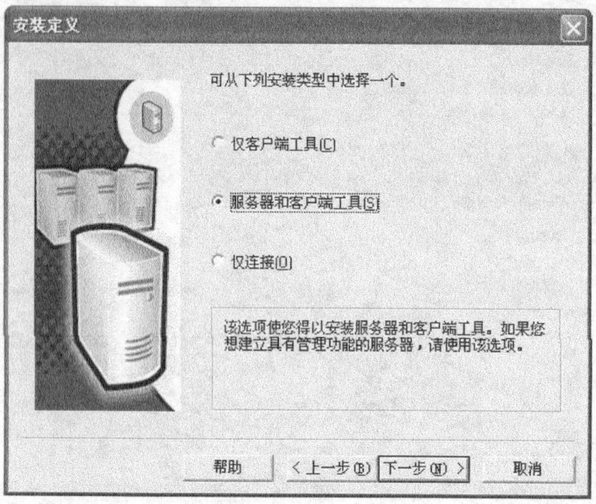

图 5-2　安装服务器和客户端工具

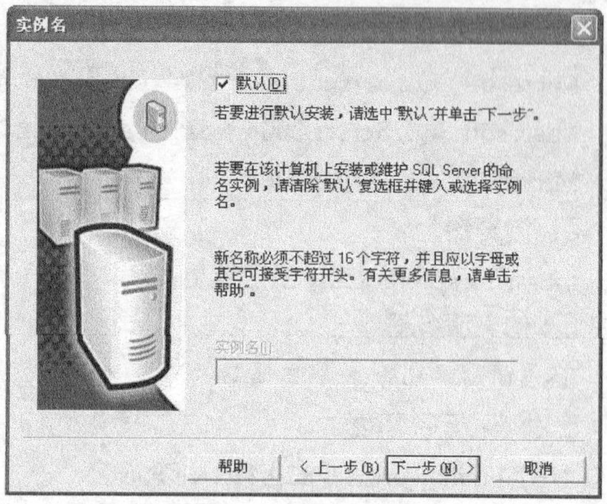

图 5-3　安装实例名

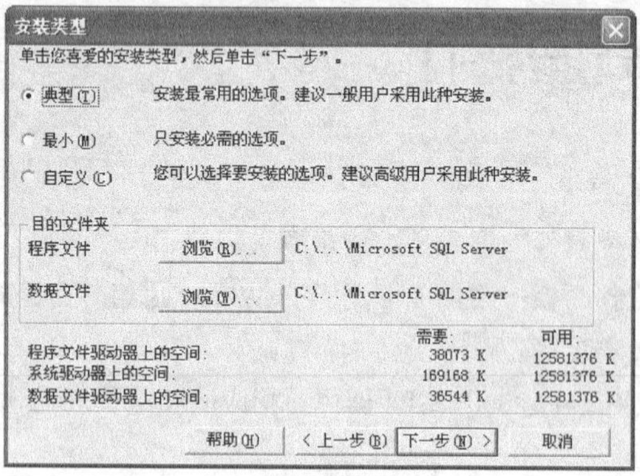

图 5-4　安装类型

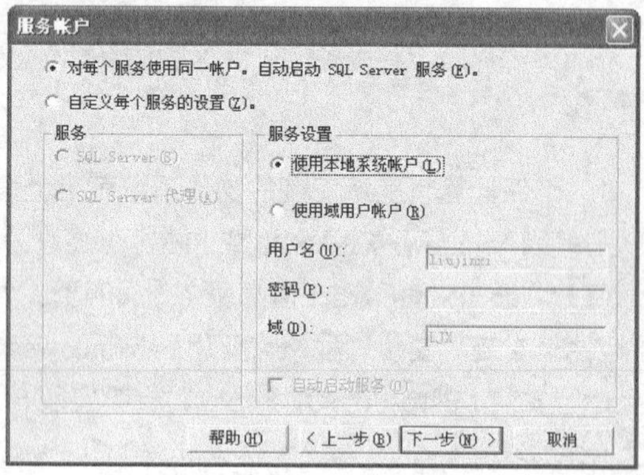

图 5-5　使用本地系统账户

⑥ 身份验证选择模式，可选择混合模式身份验证和对数据库的验证，同时可以设置密码，也可选择空密码选项，如图 5-6 所示。

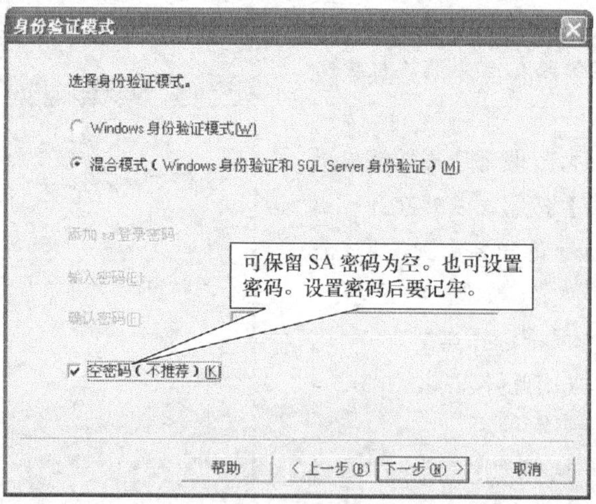

图 5-6　身份验证模式

2. 添加安装 SP4 补丁程序处理

（1）安装完成 SQL Server 2000 后，接下来双击下载到的 SP4 补丁，将其解压缩，然后双击解压缩文件夹中的 setup 批处理文件，安装 SP4 补丁程序。安装过程中可保留 SA 密码为空。

（2）安装 Internet Explorer 6.0 + SP1 或更高版本。此步骤一般可以省略，因为 Windows XP +SP2（或更高版本）自带 Internet Explorer 6.0。

（3）安装.NET 运行环境：.NET Framework 2.0 Service Pack 1。安装文件位于光盘\用友 ERP-U8.72\U872SETUP\3rdProgram\NetFx20SP1_x86.exe。

（4）需要安装的默认组件：可在安装用友 ERP-U8.72 的过程中点击界面上的【安装缺省组件】进行安装或到以下目录自行安装：光盘\用友 ERP-U8.72\U872SETUP\3rdProgram\iewebcontrols.msi。

5.4 安装用友 ERP-U872 系统步骤

双击“光盘\用友 ERP-U8.72\U872SETUP\setup.exe”文件（标志为一个 U8 图标），运行安装程序，具体操作步骤如下。

① 根据提示单击【下一步】按钮进行操作，直至出现如图 5-7 所示的界面。

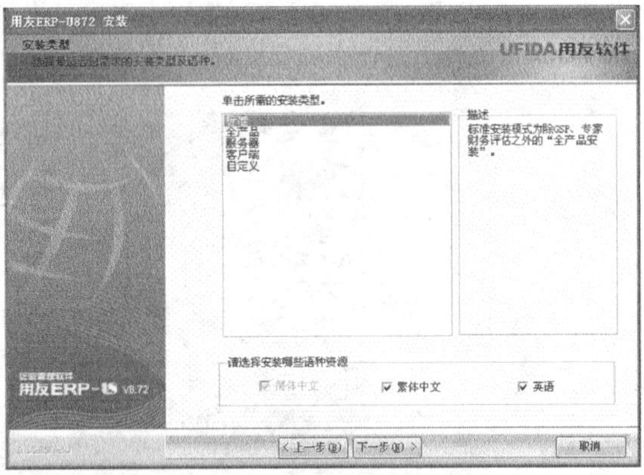

图 5-7　安装用友产品的选择

若将 SQL Server 数据库和用友 ERP-U8.72 安装到一台计算机上（也是大家通常选择的安装模式），可选择“标准”安装类型，或“全产品”安装类型。标准安装模式为除 GSP、专家财务评估之外的“全产品”安装。

② 单击【下一步】按钮，接下来进行系统环境检测，看系统配置是否已经满足所需条件，并出现如图 5-8 所示界面。

图 5-8 中所示为所需环境已经满足。若有未满足的条件，则安装不能向下进行，并会在图中给出未满足的项目。此时可单击未满足的项目链接，系统会自动定位到组件所在位置，让用户手动安装。

如.NET Framework2.0 SP1 未安装，则会提示安装“F:新编 ERP 财务光盘(872)\用友 ERP-U8.72\U872SETUP\3rdProgram\NetFx20SP1_x86.exe”。

提示　接下来单击【安装】按钮，即可进行安装了（此安装过程较长，请耐心等待）。如图 5-9 所示。

③ 如图 5-10 所示，若安装完成后，单击【完成】按钮，重新启动计算机。

④ 系统重启后，出现“正在完成最后的配置”提示信息，如图 5-11 所示。在其中输入数据库名称（即为本地计算机名称，可通过“系统属性”中的计算机名查看），SA 口令为空（安装 SQL Server 时设置为空），单击【测试连接】按钮，测试数据库连接。若一切正常，则会出现连接成功的提示信息。

⑤ 接下来系统会提示是否初始化数据库，单击【是】按钮，提示“正在初始化数据库实例，然后 SA 口令录入一个点就行了，不需要录入特殊符号，然后请稍候……”。数据库初始化完成后，出

现如图 5-12 所示的【登录】窗口。

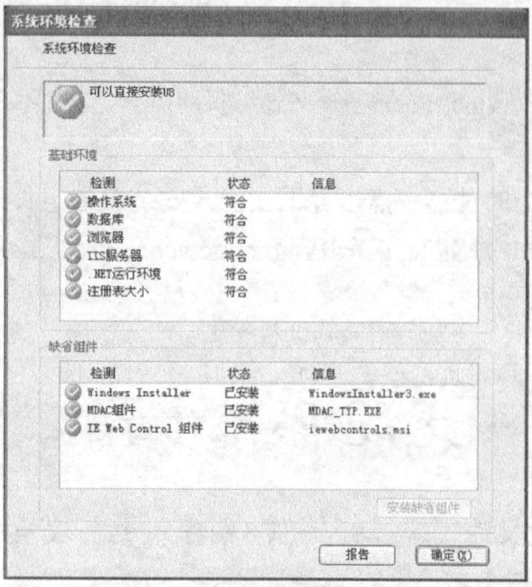

图 5-8　系统环境的检测

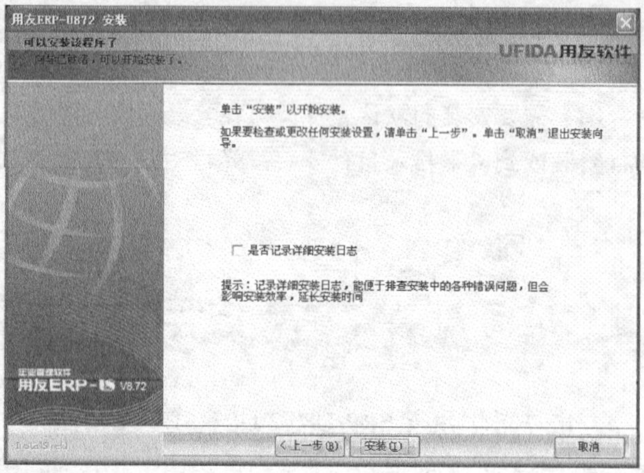

图 5-9　安装该程序软件

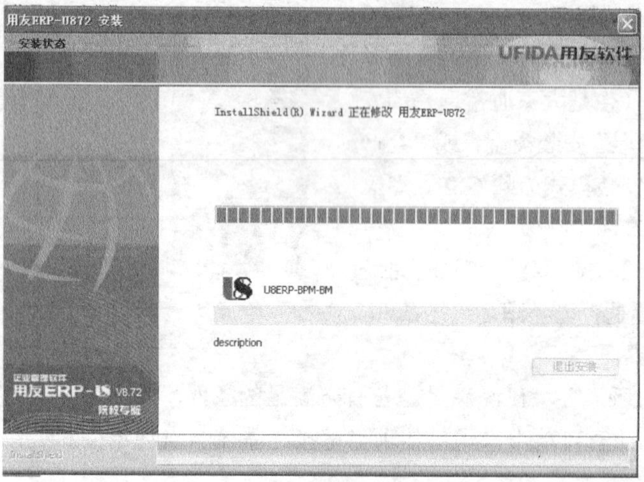

图 5-10　产品正在安装中

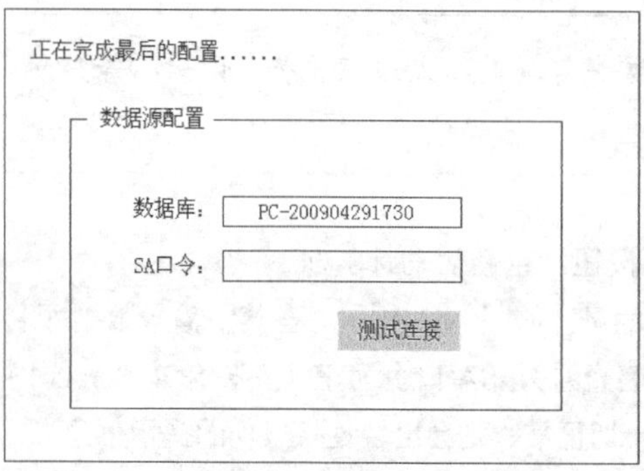

图 5-11　数据源配置

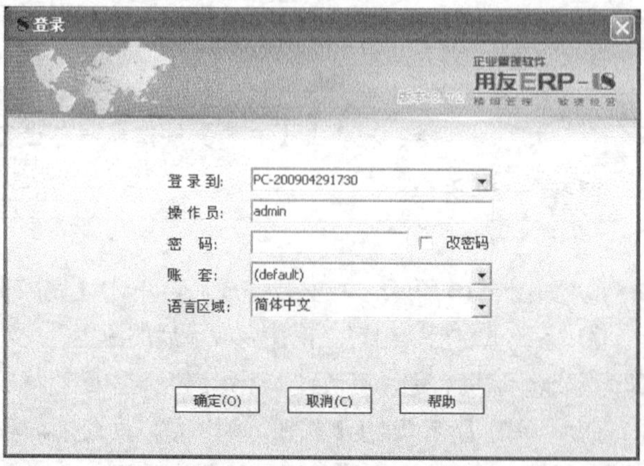

图 5-12　用友软件的注册

在【登录】窗口中，【登录到】选择本地计算机，【操作员】输入“admin”，【密码】为空，【账套】选择“default”（U872 系统默认），单击【确定】按钮。

⑥ 系统提示创建账套，如图 5-13 所示。

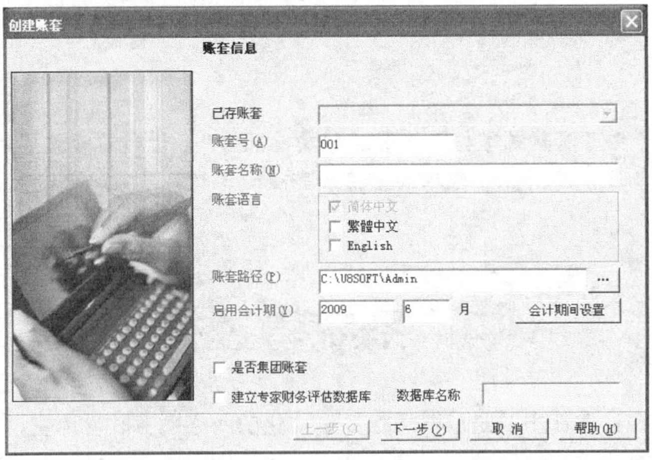

图 5-13 创建账套

⑦ 根据提示创建账套完成后，会出现如图 5-14 所示的信息，问是否现在进行系统启用的设置。

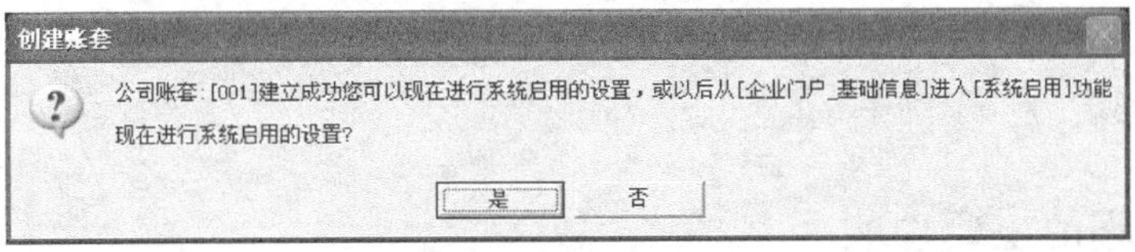

图 5-14 系统注册启用设置

⑧ 系统注册成功以后，就可以完成账套引入工作，如图 5-15 所示。

⑨ 若单击【是】按钮，在进行系统启用设置后，会出现如图 5-16 所示的用友 ERP-U8“系统管理”窗口。用户可选择【账套】→【引入】命令，引入光盘中解压缩后的账套数据。

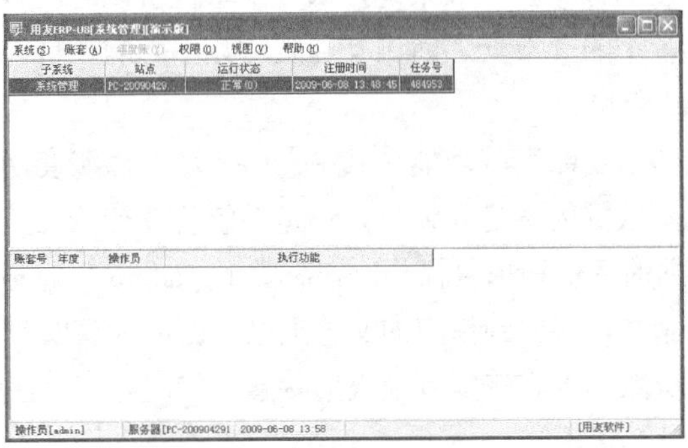

图 5-15 系统启用注册成功

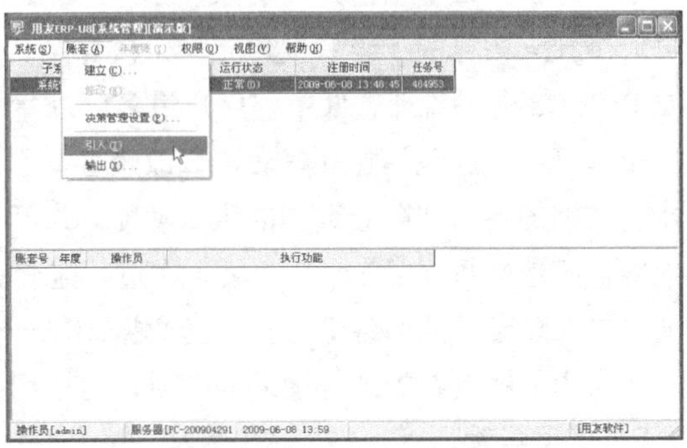

图 5-16 引入账套

提示

（1）尽量使用推荐的硬件配置或更高，如果无法达到也不能比低于它很多。否则可能会出现系统反应变慢。

（2）不要将多个服务器组件安装在同一个服务器上。只有当两个服务器组件负载比较轻时才可以安装在一起。

第6章 系统管理与基础设置

【学习目标】

通过本章学习，学生可以熟练掌握系统管理的功能及启用；进行账套设置以及操作员权限分配；掌握账套创建的基本步骤以及对账套数据的备份和删除；了解各基础档案的录入方法。

6.1 系统管理概述

目前我国商品化会计软件主要是以财务业务一体化的网络财务软件为主，由若干个具有独立功能的子系统组成，如总账管理、用友办公软件（User Friend Office，UFO）报表、薪资管理、固定资产管理、应收应付管理、采购管理、销售管理、库存管理和存货核算等子系统模块，各个子系统之间相互联系，数据共享，共同实现网络财务软件的财务、业务一体化的管理。为了给各个子系统提供一个统一的数据环境和必要的安全机制，应设立一个独立的功能模块——系统管理，来实现一体化的管理应用模式。

6.1.1 系统管理的主要功能

系统管理模块的主要功能是对各个子系统进行统一的操作管理和数据维护，主要包括账套管理、权限管理、年度账管理及系统安全机制等。

1. 账套管理

通俗地讲，账套指的是一套账，是一组相互关联的数据。一般来说，每一个单位可以为其自身和每一个独立核算的下级单位建立一个核算账套，各个账套数据之间相互独立、互不影响。目前，用友 ERP-U8 财务管理软件中，用户最多可以建 999 套账。

账套管理一般包括建立账套、修改账套、引入和输出账套等功能。其中，引入和输出账套功能是账套数据的备份和账套数据的恢复功能。进行账套数据的备份和恢复，不是系统管理初始化的工作内容，但是这两项工作十分重要。在进行账套数据的备份和恢复操作时，需要用“admin”的身份注册登录。账套数据的备份是指账套数据制作一份副本，存放到指定的文件夹里，也可以存放 U 盘里，当机内的账套数据意外遭遇破坏时，可以用备份数据把它恢复到最近的状态。

2. 年度账管理

年度账与账套的概念不同。一个账套中包含了企业所有的数据，一般来说，都是以年度为单位进行保存的。年度账管理是指对同一账套内不同年度的数据所进行的管理。换言之，用户不仅可以建立多个账套，而且每个账套中还可以存放不同年度的账套。

年度账管理的功能主要包括年度账的建立、清空、引入、输出和结转上年数据等。

3. 操作员及其权限管理

为了保证系统及数据的安全保密、符合岗位分工的要求并防止越权操作、进一步加强企业内部控制，系统管理提供了操作员及操作权限的集中管理功能。即对账套操作员及功能权限实行统一管理，设立统一的安全管理权限，账套的修改和功能启用由账套主管来完成，而账套主管是系统管理员“admin”在设置操作员及权限的时候指定的。

4．设立统一的安全机制

用户在使用财务软件系统时，要求系统运行及数据存储安全，因此系统应建立一个强有力的安全保障机制，即设立统一的安全机制。这部分主要包括设置系统运行监控、设置数据自动备份、清除系统运行异常任务、记录上机日志和刷新等功能。

6.1.2 企业应用平台与系统管理模块的启用

1．启用前的准备工作

（1）查看完整的计算机名。在进入系统管理模块前，首先要了解计算机的相关属性，找到完整的计算机名称。所谓完整的计算机名也就是您所注册的账套和安装的计算机器名要一致，若不一致就无法正常注册，以便于完成对数据源配置的修改。

具体操作步骤为：将鼠标移动至【我的电脑】，单击鼠标右键选择【属性】，弹出【系统属性】对话框，选择【计算机名】选项卡，查看完整的计算机名称。如本计算机上显示为PC73，如图6-1所示。

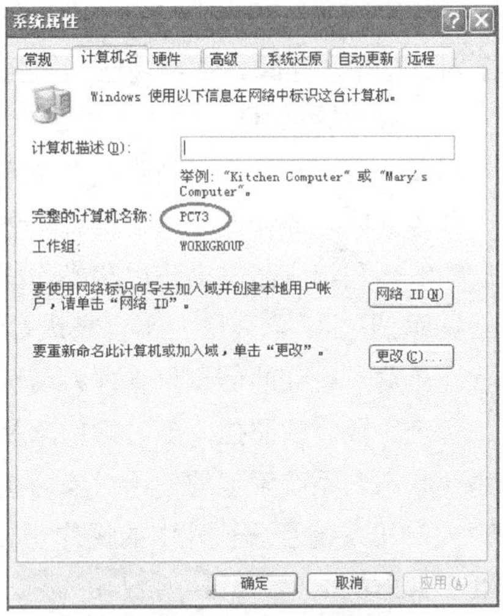

图6-1　系统属性界面

（2）打开应用服务器配置，修改数据源。打开应用服务器配置主要是为了修改数据源的配置，修改后的计算机名称必须与计算机属性中的名称一致。

① 具体操作步骤为：执行【开始】→【程序】→【用友ERP-U872】→【系统服务】→【系统管理】→【应用服务器配置】命令，单击【数据库服务器】，弹出【数据源配置】对话框，选择“数据源”，单击【修改】按钮，如图6-2和图6-3所示。

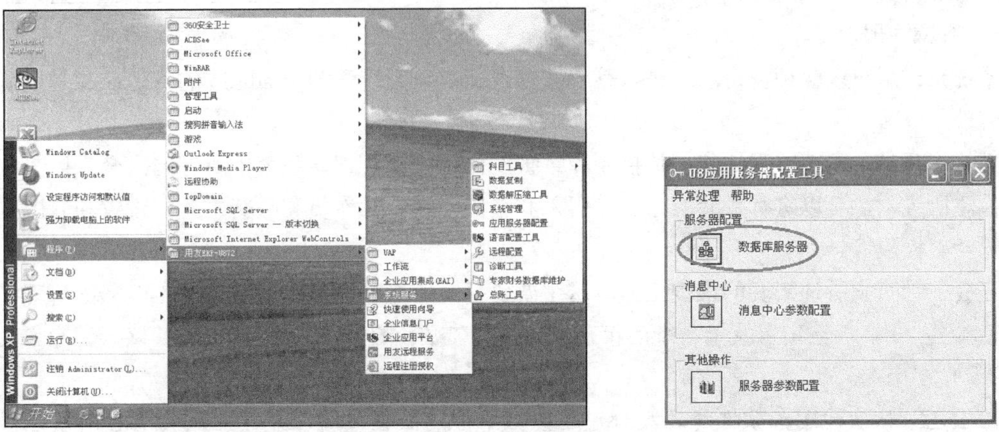

图6-2　数据库服务器登录界面

② 弹出【修改数据源】对【数据库服务器】一栏进行修改，然后单击【确定】按钮，如图6-4所示。

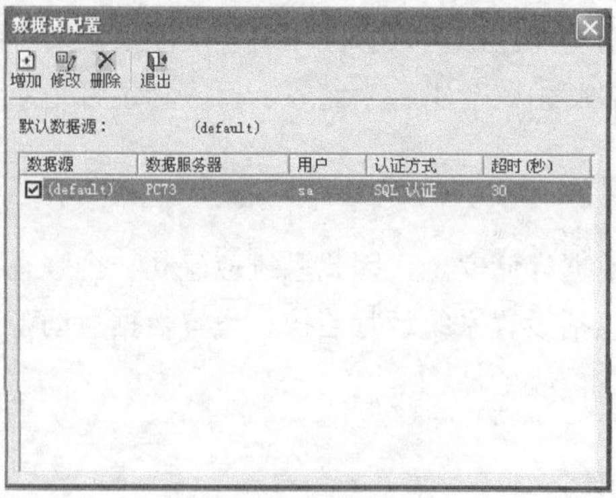

图 6-3 数据源配置界面

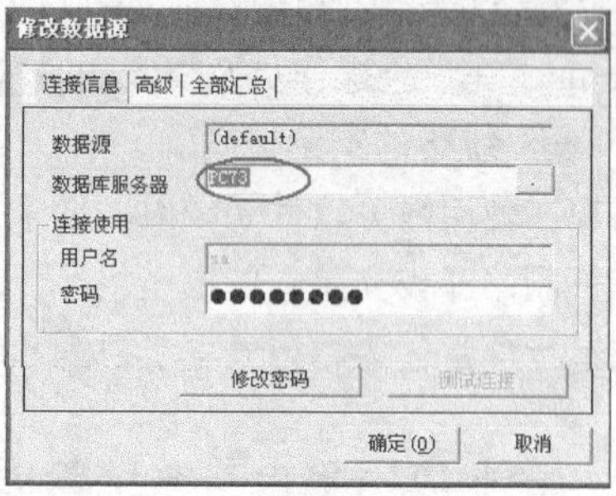

图 6-4 修改数据源界面

③ 单击【数据源配置】对话框中【退出】或者☒，关闭该对话框。在【U8 应用服务器配置工具】对话框中单击☒，退出【应用服务器配置】。

2. 启用系统管理

用友 ERP-U8 软件产品是由多个产品组成的，各个产品之间相互联系，数据共享，完整实现财务、业务一体化的管理。为了实现一体化的管理模式，要求各个子系统具备公用的基础信息，拥有相同的账套和年度账，操作员和操作权限集中管理并且进行角色的集中权限管理，业务数据共用一个数据库。因此，需要一个平台来进行集中管理。系统管理模块的功能就是提供这样一个操作平台，其优点是对于企业的信息化管理人员可以进行方便的管理，及时的监控，随时可以掌握企业的信息系统状态。系统管理的使用对象为企业的信息管理人员即系统管理软件中的操作员 Admin 或账套主管。

实验操作：执行【开始】→【程序】→【用友 ERP-U872】→【系统服务】→【系统管理】命令，启动【系统管理】，弹出【用友 ERP-U8[系统管理]】对话框，如图 6-5 所示。

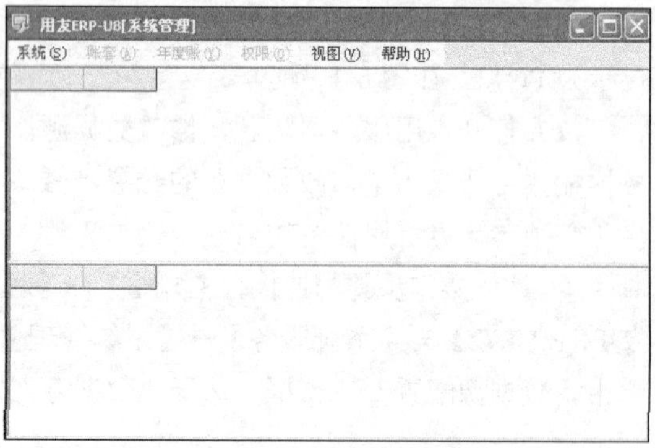

图 6-5 系统管理界面

3. 系统注册

系统允许用户以两种身份注册进入系统管理：一是以系统管理员 admin 的身份；二是以账套主管的身份。

系统管理员负责整个系统的总体控制和维护工作，可以管理该系统中所有的账套。以系统管理员身份注册进入，可以进行账套的建立、引入和输出，设置操作员和账套主管，设置和修改操作员的密码及其权限等。

账套主管负责所选账套的维护工作。这主要包括对所选账套进行修改，对年度账的管理（包括创建、清空、引入、输出以及子系统的年末结转，所选账套的数据备份等），以及该账套操作员权限的设置。

由于在第一次运用该软件时还没有建立核算单位的账套，所以在建立账套前应由系统管理员 admin 进行登录。此时并没有为管理员 admin 设置口令，即其密码为空。为了保证系统的安全性，可以更改系统操作员的密码。

以系统管理员的身份注册登录的具体操作步骤是：执行菜单栏【系统】→【注册】命令，打开

【登录】系统管理对话框，如图 6-6 所示。

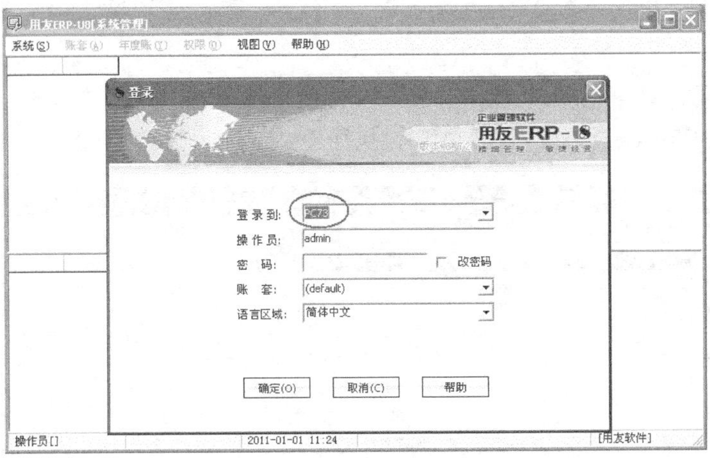

图 6-6 注册系统管理界面

提示

（1）为了保证系统的安全性，在【登录】系统管理对话框中，可以设置或更改系统管理员的密码。如设置系统管理员密码为 code 的操作步骤如下。

① 选中图 6-6 注册系统管理界面中【改密码】复选框和系统默认账套，单击【确定】按钮。

② 打开【设置操作员密码】对话框，在【新密码】和【确认新口令】后面的输入框中均输入 code。单击【确定】按钮，返回系统管理。

（2）一定要牢记设置的系统管理员密码，否则无法以系统管理员的身份进入系统管理，也就不能执行账套数据的引入和输出。考虑实际教学环境，一般不要设置系统管理员密码。

6.2 操作员及账套设置与权限分配

6.2.1 操作员设置

1. 创建操作员

操作员的创建过程包括【用户】和【角色】两种。

用户是指财务软件的具体使用者，也叫操作员。在用友软件中，用户有三种，分别是：系统管理员、账套主管和一般操作员。

角色是指在企业管理中拥有某一类职能的组织。这个角色组织可以是实际的部门，也可以是由拥有同一类职能的人构成的虚拟组织。设置角色后，就可以定义角色的权限了。如果操作员归属于某个角色，就会拥有该角色的相应权限。设置角色的目的，就是为了更方便地控制操作员的权限。当然也可以独立为某操作员赋权，该操作员也可以不归属于任何角色。

提示

用户角色设置以及用户的定义，必须由系统管理员执行。

操作步骤如下。

(1) 打开用友 ERP-U8【系统管理】窗口，执行【权限】→【用户】命令，如图 6-7 所示。

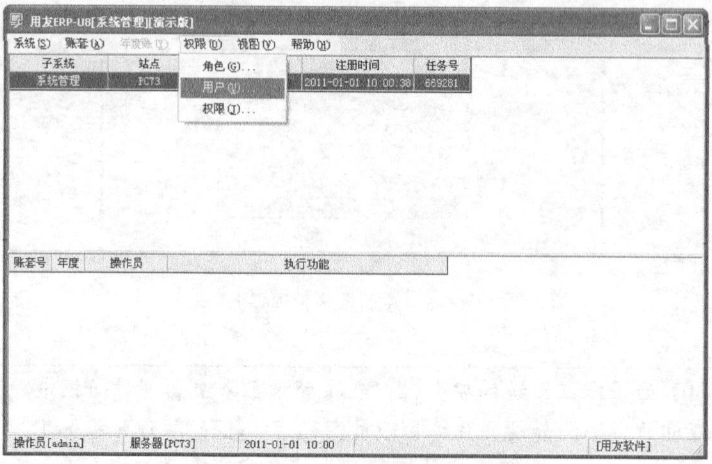

图 6-7 系统管理界面打开用户功能

提示

(1) 在做用友软件实验过程中，常常会出现系统提示某文件被写保护的情况。如果遇到这种情况，一般采用 Windows 的查询功能，将该文件查找出来，然后将它的属性改为存档即可。

(2) 系统格式不对的情况下，打开系统控制台，选择账套日期、年度、操作员密码确认后，还是提示日期格式不对即可将控制面板打开，选择区域设置，再选择日期，将短日期改为 yy-m-d，长日期改为 yyyy-m-d-dddd 最长的格式就行了。

(2) 弹出【用户管理】对话框，单击【增加】按钮，即可打开【操作员详细情况】对话框，如图 6-8 所示。在该对话框中可以设置新用户的相关信息，并选择其所属角色，如图 6-9 所示。

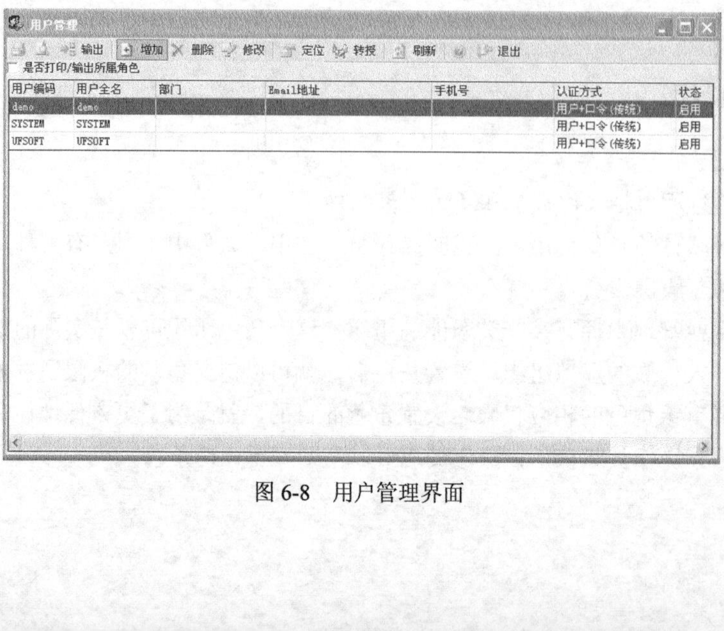

图 6-8 用户管理界面

（3）增加操作员账套主管，如图 6-9 所示。

（4）根据本章最后的实验资料，新增三位操作员后的用户管理界面如图 6-10 所示。

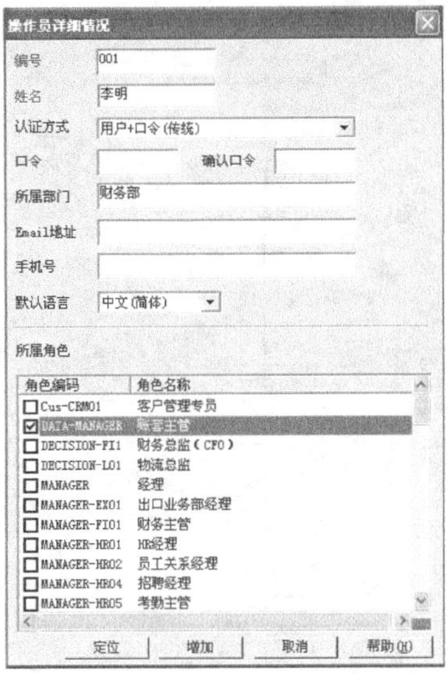

图 6-9　操作员详细情况界面

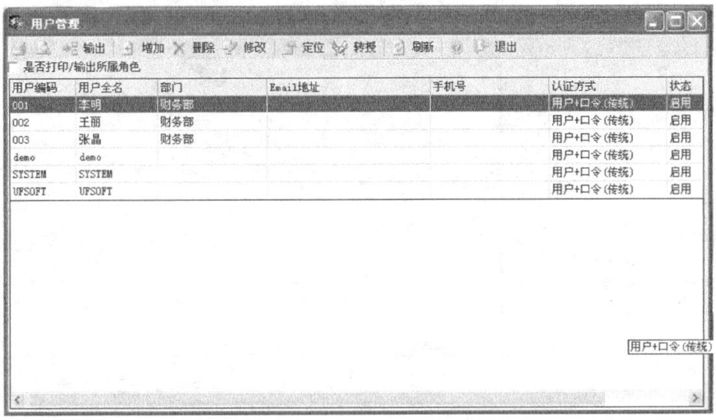

图 6-10　新增用户的界面

提示

（1）输入完最后一名用户的信息后，必须先单击【增加】按钮，才会保存最后一名用户的信息。

（2）操作员的详细信息可以根据需要设置，为了学习方便，我们只输入蓝色字体对应的空缺信息即可。

（3）由于部门信息还未设置，【操作员详细情况】对话框的【所属部门】一项可以暂时空着，不影响后续操作。

2. 修改用户权限

如果对创建的用户信息不满意，还可以进行相应的修改。但已启用用户只能修改口令、所属部门、E-mail、手机号和所属角色的信息。此时系统会在“姓名”后出现“注销当前用户”的按钮，如果需要暂时停止使用该用户，则单击此按钮。此时按钮会变为“启用当前用户”，可以单击【继续】按钮启用该用户。

实验操作如下。

（1）打开【用友 ERP-U8】【系统管理】窗口，执行【权限】→【权限】命令，如图 6-11 所示。

（2）选择操作员权限设置。弹出【操作员权限】对话框，通过【查询】选择需要查询的用户，并对其设置权限，如赋予 003 号张晶【出纳签字】权限，先单击【修改】按钮，选择【出纳签字】，如图 6-12 所示。

（3）单击退出或单击☒时，系统会自动弹出一个对话框，如图 6-13 所示，单击【是】按钮，保存所做的修改。

3. 删除用户

当不需要某用户的信息时，可以删除该用户。已启用的用户不能删除。

提示

（1）如果要删除已有的用户，只需单击【删除】按钮即可。

（2）如果该用户已经定义有角色，则需修改此角色使之不含相应的角色后，再执行【删除】命令。

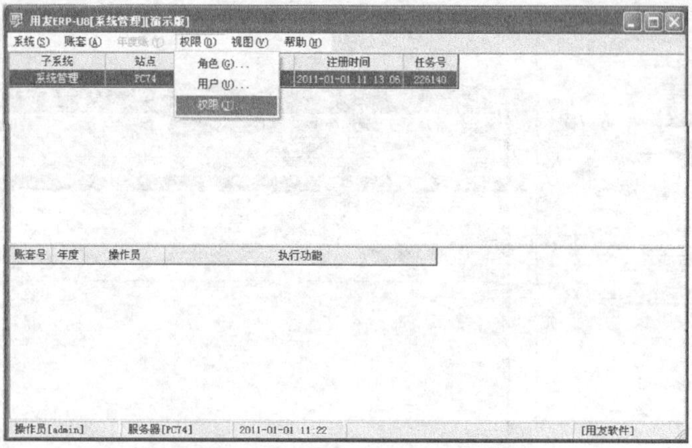

图6-11 系统管理界面执行权限命令

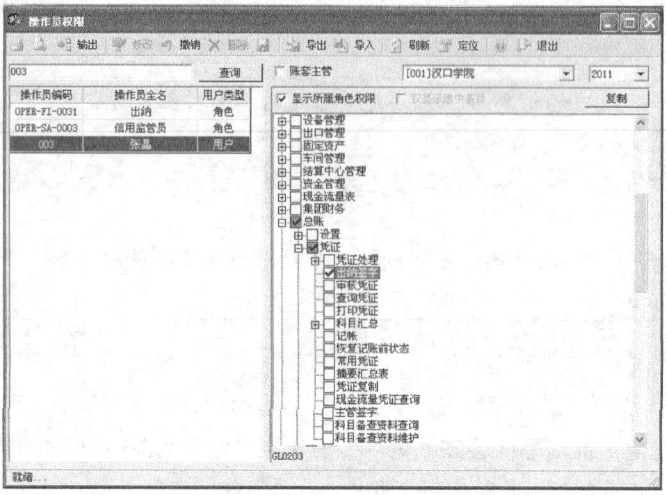

图6-12 操作员权限界面

图6-13 弹出修改操作员权限提示界面

6.2.2 新账套的创建及设置

1. 创建新账套

在使用系统时，首先要新建本单位的账套。建立账套又简称建账。建账就是把账套信息、核算类型、基础信息、编号方案等企业账套信息输入系统，建立一套还没有具体会计数据的空账，也就是账套。

（1）设置账套信息。以系统管理员的身份进入【系统管理】主菜单，单击【账套】项中的【建立】菜单。在弹出的【创建账套—账套信息】对话框中，输入新建账套的基本信息，界面中的各栏目说明如下。

① 已存账套：系统将现有的账套以下拉框的形式在此栏目中表示出来，用户只能参照，而不能

输入或修改。其作用是在建立新账套时可以明晰已经存在的账套，避免在新建账套时重复建立。

② 账套号：用来输入新建账套的编号，用户必须输入，可输入 3 个字符（只能是 001～999 的数字，而且不能是已存账套中的账套号）。

③ 账套名称：用来输入新建账套的名称，作用是标识新账套的信息，用户必须输入。可以输入 40 个字符。

④ 账套路径：用来输入新建账套所要被保存的路径，用户必须输入，可以参照输入，但不能是网络路径中的磁盘。

⑤ 启用会计期：用来输入新建账套将被启用的时间，具体到【月】，用户必须输入。

⑥ 会计期间设置：因为企业的实际核算期间可能和正常的自然日期不一致，所以系统提供此功能进行设置。用户在输入【启用会计期】后，用鼠标单击【会计期间设置】按钮，弹出【会计期间设置】界面。系统根据前面【启用会计期】的设置，自动将启用月份以前的日期标识为不可修改的部分，而将启用月份以后的日期（仅限于各月的截止日期，至于各月的初始日期则随上月截止日期的变动而变动）标识为可以修改的部分。用户可以任意设置。

（2）输入单位信息。【账套信息】完成后，单击【下一步】按钮，转入【创建账套-单位信息】对话框。其中必须输入单位名称。

（3）确定核算类型。核算类型设置用于记录本单位的基本核算信息，界面各栏目说明如下：

① 本币代码：用来输入新建账套所用的本位币的代码。系统默认的是“人民币”，代码为“RMB”。

② 本币名称：用来输入新建账套所用的本位币的名称。系统默认的是“人民币”，为必有项。

③ 企业类型：用户必须从下拉框中选择输入与自己企业类型相同或相近的类型。系统提供“工业”和“商业”两种选择。

④ 行业性质：用户必须从下拉框中选择输入本单位所处的行业性质，并选择适用于企业的行业性质。这为下一步【是否按行业预置科目】确定科目范围，并且系统会根据企业所选行业（工业和商业）预置一些行业的特定方法和报表。

⑤ 账套主管：用来确认新建账套的账套主管，用户只能从下拉框中选择输入。

⑥ 是否按行业预置科目：如果用户希望采用系统预置所属行业的标准一级科目，则在该选项前打钩，那么进入产品后，会计科目由系统自动设置；如果不选，则由用户自己设置会计科目。

（4）基础信息设置。其界面各栏目说明如下。

① 存货是否分类。如果单位的存货较多，且类别繁多，可以在【存货是否分类】选项前打钩，表明要对存货进行分类管理；如果单位的存货较少且类别单一，也可以选择不进行存货分类。注意，如果选择了对存货进行分类，那么在进行基础信息设置时，必须先设置存货分类，然后才能设置存货档案。

② 客户是否分类。如果单位的客户较多，且希望进行分类管理，可以在【客户是否分类】选项前打钩，表明要对客户进行分类管理；如果单位的客户较少，也可以选择不进行客户分类。注意，如果选择了客户要分类，那么在进行基础信息设置时，必须先设置客户分类，然后才能设置客户档案。

③ 供应商是否分类。如果单位的供应商较多，且希望进行分类管理，可以在【供应商是否分类】选项前打钩，表明要对供应商进行分类管理；如果但单位的供应商较少，也可以选择不进行供应商分类，然后才能设置供应商档案。

④ 是否有外币核算。如果单位有外币业务，可以在此选项前打钩。

（5）创建账套实验操作，具体过程如下。

① 建账套。执行【账套】→【建立】命令，系统提示创建账套，如图 6-14 所示。

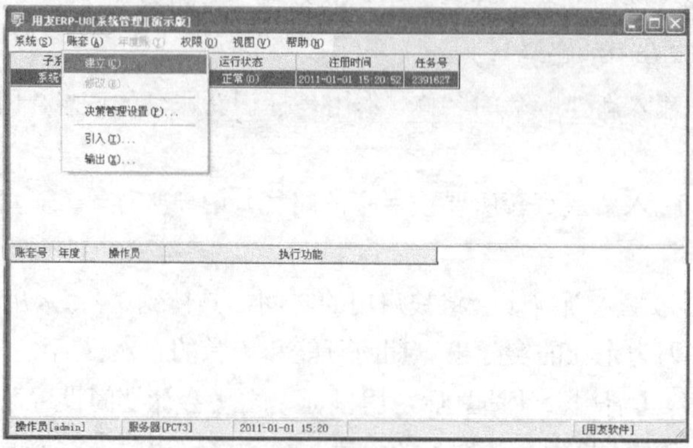

图 6-14　系统管理建立账套界面

② 输入账套信息。如图 6-15 所示，单击【下一步】按钮转入【单位信息】设置窗口。

③ 输入单位信息，如图 6-16 所示，单击【下一步】按钮转入【核算类型】界面。

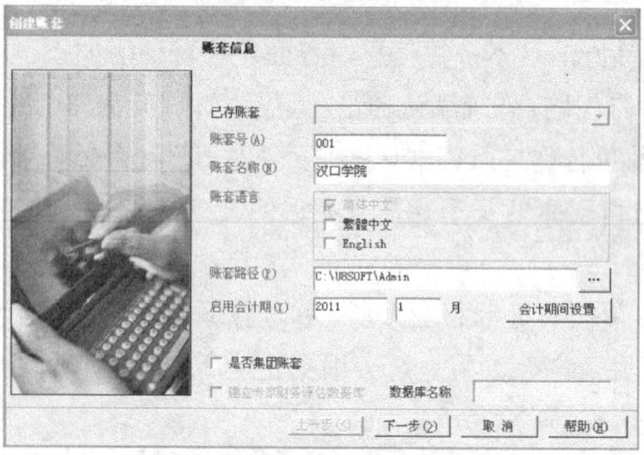

图 6-15　账套信息界面

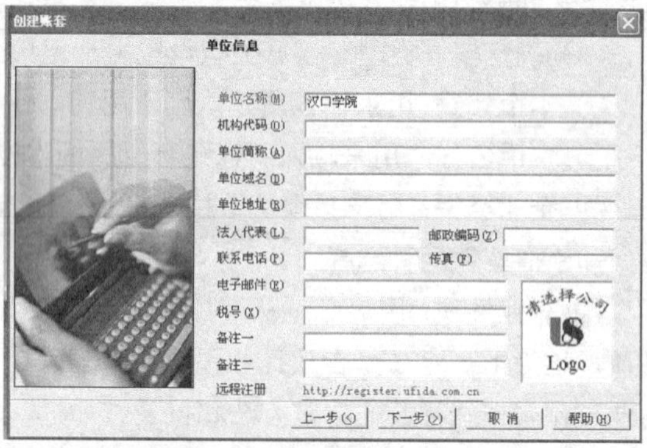

图 6-16　单位信息对话框

提示

（1）单位名称必须输入即蓝色字体必须输入，而且应该输入准确的单位全称；单位简称可以自由确定，也可以空缺。

（2）如果输入邮政编码，长度必须 6 位，不过可以空缺。

---

④ 输入相关的核算类型，如图 6-17 所示。

提示

账套主管的下拉菜单为系统默认值。

---

⑤ 输入相关的基础信息，如图 6-18 所示。

⑥ 单击【完成】按钮，系统提示“可以创建账套了么？”，单击【是】按钮，系统开始创建账套，经过若干秒钟以后弹出【编码方案】窗口，如图 6-19 所示。根据企业的实际情况，修改相应的【科目编码级次】。

⑦ 定义数据精度，如图 6-20 所示，根据单位需要填写数据小数位后，单击【确定】按钮。

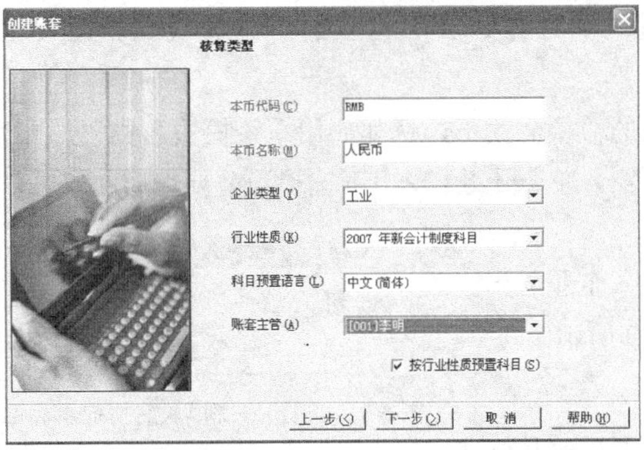

图 6-17　核算类型对话框

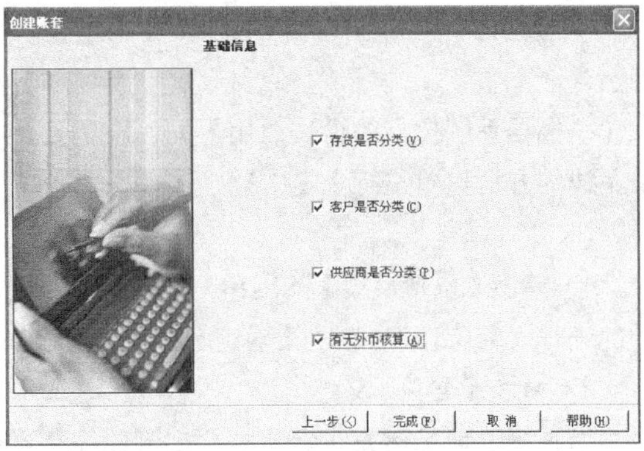

图 6-18　基础信息对话框

图 6-19　分类编码方案对话框

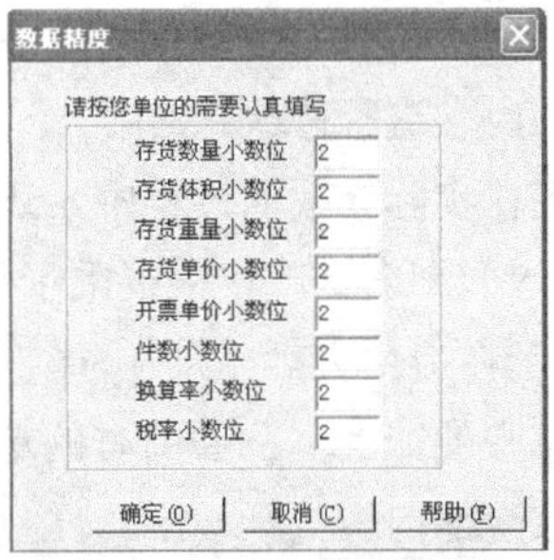

图 6-20　数据精度界面

提示

（1）【分类编码方案】窗口中显示的是系统预设的方案。用户可以按照本单位的规定进行修改。这里设置的编码方案，会决定后续基础设置，比如会计科目设置等操作中的相关编码，因此，必须按照本单位电算化总体规划所确定方案正确设置。编码方案一旦使用就不能更改。如果需要更改某项编码方案，必须先把与该项档案相关的具体数据删除。

（2）在录入修改编码方案时，必须要从最后一位往前依次修改。

（3）单击【编号方案】中的【确定】按钮后，【确定】按钮变成灰色，关闭【编号方案】才会转入【数据精度】界面。

（4）在【数据精度】界面设置数据精度保持系统默认设置。

⑧ 模块启用，单击【数据精度】的【确定】按钮，系统提示【创建账套】，单击提示框上的【是】按钮，进入【系统启用】界面。如图 6-21 和图 6-22 所示。

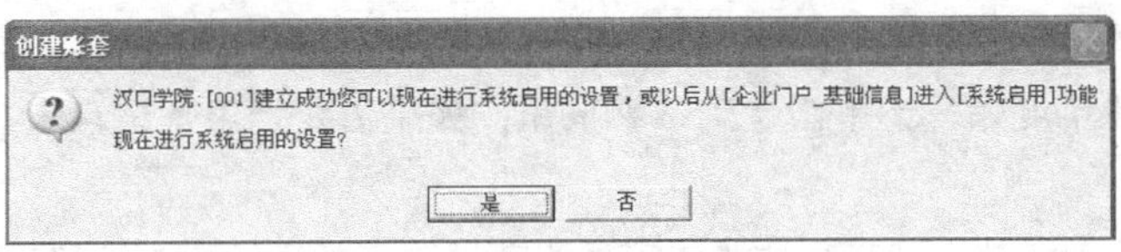

图 6-21　账套建立成功提示界面

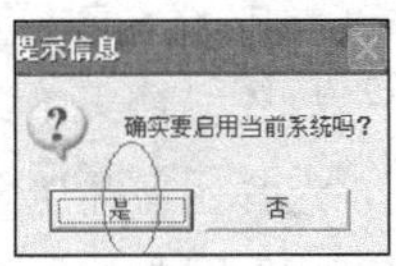

图 6-22　弹出启用当前系统模块提示界面

⑨ 显示下列对话框提示，单击【是】按钮，则可开始启用相应的系统模块。如图 6-22 所示。

在根据系统提示的模块启用界面，在需要启用的模块界面下，例如启用系统模块名称“总账”在左边的方框里单击打上【√】，系统弹出【日历】窗，在【日历】窗口下选择当前要启用的年、月、日等。

⑩ 单击【系统启用】的退出，系统提示“请进入企业应用平台进行业务操作”，单击【确定】按钮，如图 6-23 所示。

图 6-23 弹出系统模块启用提示界面

2. 修改账套

当系统管理员建完账套和账套主管建完年度账后，未使用相关信息的基础上，需要对某些信息进行调整，以便使信息更真实准确地反映企业的相关内容。这时，可以进行适当的调整。只有账套主管可以修改其具有权限的年度账套中的信息，系统管理员无权修改。

（1）修改账套的步骤如下。

① 以账套主管的身份注册之后，选择相应的账套，即可进入系统管理界面。

② 执行【账套】→【修改】命令，即可打开【修改账套】对话框，其中自动列出了所选账套的账套信息、单位信息、核算信息、基础信息等，账套主管可以根据企业的实际情况进行修改，并对允许修改的内容进行修改。

（2）但在实际修改的过程中，还需要注意以下几点。

① 相应的账套修改权限仅限于账套主管。

② 账套在启用之后，其中的核算信息和基础设置信息不允许修改；可随时修改的建账信息仅限于账套信息中的账套名称和所有的单位信息；对于分类设置信息和数据精度信息，在未使用的前提下可以修改全部内容。

③ 在账套的修改中，可以修改本年末启用的会计期间的开始日期和和终止日期，且只在没有业务数据的会计期间，才可以修改其开始日期和终止日期。使用该会计期间的模块，均需要根据修改后的会计期间，来确认业务所在的正确期间。

3. 年度账套管理

（1）引入和输出年度账。在系统中，用户不仅可以建多个账套，且每一个账套中可以存放不同年度的会计数据。这样，系统的结构清晰、含义明确、可操作性强，对不同核算单位、不同时期数据的操作只需通过设置相应的路径即可，而且由于系统自动保存了不同会计年度的历史数据，对利用这些历史数据来查询和进行比较分析也特别方便。年度账是在已有上年度账套的基础上，通过年度账的建立，自动将上个年度的基本档案信息结转到新的年度账中。对于上年余额等信息需要在年度结转操作完成后，由上年自动转入下年的新年度账中。

用户首先要以账套主管的身份注册，选定需要建立的新年度账套和上年的时间，进入系统管理界面。然后，用户在系统管理界面单击【年度账】项，系统自动弹出下级菜单，单击【建立】则进入建立年度账的功能。

在系统弹出的【建立年度账】的界面中，有两个栏目：【账套】和【会计年度】是系统默认，不能进行修改操作。如果确认可以建立新年度账，请单击【确认】按钮；如果需要调整，请点击【放弃】按钮，选择重新注册登录。

以账套主管身份注册，进入系统管理模块，然后单击【年度账】菜单下级的【输出】功能进入。

此时系统弹出输出年度数据界面，在【选择年度】处选择需要输出的当前注册账套年度账的年份（为不可修改项），单击【确认】按钮进行输出。任务完成后，系统会提示输出的路径（只允许选择本地的磁盘路径）。

（2）结转上年数据。企业是持续经营的，因此企业的日常会计工作是一个连续性的工作，但是为了便于统计分析，人为的将企业持续的经营时间划分为一定的时间段。一般以年为最大单位来统计。因此，每到年末，需要将上年度中的相关模块的余额及其他信息结转到新年度账中。

用户首先需要以账套主管的身份选定账套注册登录。此时注册的年度应该是需要进行结转的年度。在【系统管理】界面单击【年度账】的下级菜单【结转上年数据】，单击相应模块结转功能进行上年度数据的结转。各相关模块确认后，有各相关模块的系统检查和提示，由于各模块的内容不同，所以检查和提示的内容也不尽相同。

（3）清空年度数据。有时用户发现某年度中错误太多，或不希望将上年度的余额或其他信息全部结转到下一年度，这时候，便可使用清空年度数据的功能。【清空】并不是指将年度账的数据全部清空，它是要保留一些信息的，如基础信息、系统预置的科目报表等。

以账套主管的身份注册，并且选定账套，进入系统管理界面。在系统管理界面单击【年度账】菜单中的【清空年度数据】。账套主管用户可在界面中选择需要清空的年度账中的年度，单击【确定】按钮表示确认，这时，系统还将弹出一些窗口，要求用户进行再度确认。

6.2.3 操作员权限的管理

为了保证系统运行安全、有序，适应企业精细管理的要求，权限管理必须向更细、更深的方向发展。用友 ERP-U8 应用系统提供了权限的集中管理功能，对操作员的权限管理有以下三个层次。

（1）功能级权限管理。在【系统管理】中赋予操作员各功能模块的全部或部分操作权限。

（2）数据级权限管理。通过字段级权限控制和记录级权限控制两方面进行权限控制。

（3）金额级权限管理。该权限主要用于对不同岗位和职位的操作员进行金额级别控制，控制其在制单时可使用的金额数量。

应先在【系统管理/权限】中设置功能级权限的分配，而后再在【企业应用平台/基础信息/数据权限】中设置数据级权限和金额级权限的分配。

本节所讲的操作员权限管理，指的是第一个层次的功能级权限管理，即对前面已定义好操作员授予权限，实行财务岗位分工，达到功能权限控制的目的，防止一切非法操作，以保证电算化系统的安全与保密。

系统管理员和账套主管都可用为操作员授权，但其权限存在一定差异。系统管理员负责指定账套主管，并对其他操作员实行财务分工，而账套主管只能够对其所管账套的操作员进行财务分工。

6.3 账套的数据备份和删除

使用财务软件的过程中，最好能不定期或及时地对财务数据进行备份。一旦出现异常情况，如地震、火灾、计算机病毒、人为的操作失误等，都会给操作者带来不可弥补的损失。此时，备份的数据一方面可用于必要时的恢复数据，另一方面对于异地管理的公司，还可以解决审计和数据汇总的问题。

1. 账套数据备份

数据备份输出是将所有的财务数据通过压缩方式保存到另一个相对安全的地方，当需要备份数据时，即可将其恢复到该备份数据所处的状态，尽量避免给自己和公司带来不必要的损失。

具体的操作步骤如下。

（1）以系统管理员的身份登录系统，执行【账套】→【输出】命令，即可打开【账套输出】对话框，如图 6-24 所示。

（2）输出账套，选择输出账套号，单击【确定】按钮。如图 6-25 所示，在对话框中【账套号】下拉列表框中选择需要备份的账套，如果将所选账套备份后停止使用，则可以选择【删除当前输出账套】复选框，单击【确认】按钮，即可自动将所选账套数据压缩打包，并打开【请选择账套备份路径】对话框。

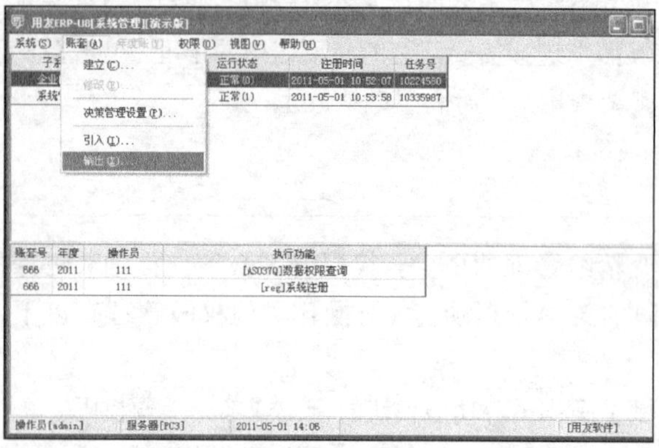

图 6-24　系统管理界面选择账套输出对话框

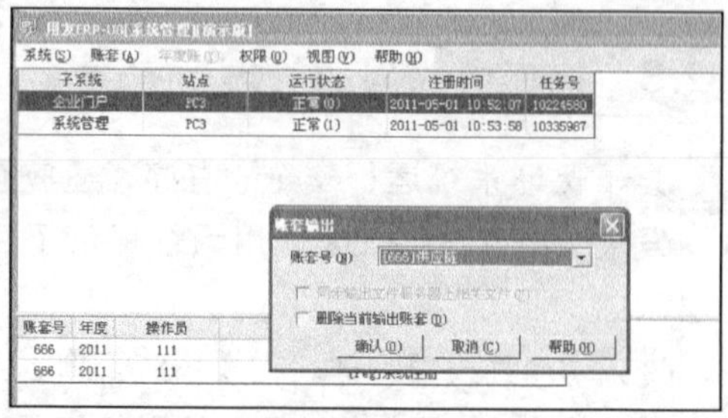

图 6-25　账套输出确认对话框

（3）选择账套备份路径。选择数据保存的路径后，单击【确定】按钮，即可完成备份操作，并最终弹出一个信息提示框，单击【确定】按钮，即可完成操作。如图 6-26 所示。

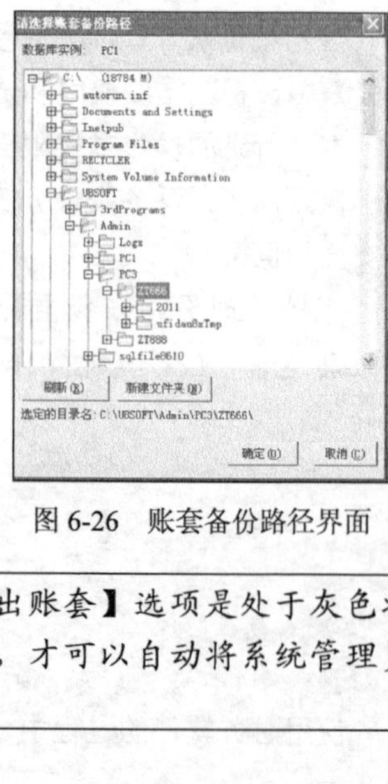

图 6-26　账套备份路径界面

2. 备份账套数据的还原

对备份过的数据，如果需要重新使用，则可以使用账套的引入方法将其调出来。但如果当前账套只有一个年度账，则只能使用账套数据的备份或还原功能。

3. 账套数据的删除

实现账套数据删除的操作是：在【账套输出】对话框中选择【删除当前输出账套】复选框，输出完成之后，即可弹出一个信息提示框，单击【是】按钮，即可删除账套数据的信息。

提示　对于正在使用的账套，此时系统的【删除当前输出账套】选项是处于灰色状态，不能选择。只有在完成对账套套数据的删除之后，才可以自动将系统管理员注销。

6.4 基础设置

账套创建的同时要求用户设置账套主管，以后就可用账套主管的身份启用新创建的账套，并对账套的基础档案进行相应的管理设置。

6.4.1 进入企业应用平台

企业应用平台，能够使用户只需一次注册就能较快进入任意子系统，避免重复登录。系统的基础档案信息也能够集中在企业应用平台中得以维护。

登录企业应用平台的基本步骤如下。

1. 注册并启动企业应用平台

执行【开始】→【程序】→【用友 ERP-U8】→【企业应用平台】命令，打开【登录】对话框。输入操作员的编号及所属账套，单击【确定】按钮，即可进入企业应用平台。如图 6-27 所示。

提示

（1）登录到：PC73 是系统默认的，与之前的【我的电脑】中显示的计算机名称及该计算机的【数据源配置】相一致。

（2）账套：需要单击，如图 6-33 所示，单击后，系统默认为【[001](default)汉口学院】。

（3）操作日期：2011-01-01。

（4）第一次登录系统时，必须以账套主管的身份进入。

（5）密码默认 001。

2. 启用系统模块基础信息

在【企业应用平台】窗口，单击左下角的【设置】按钮，打开了工作列表上方的【基础信息】，单击【基础信息】中的【系统启用】，打开【系统启用】对话框，如图 6-28 所示。

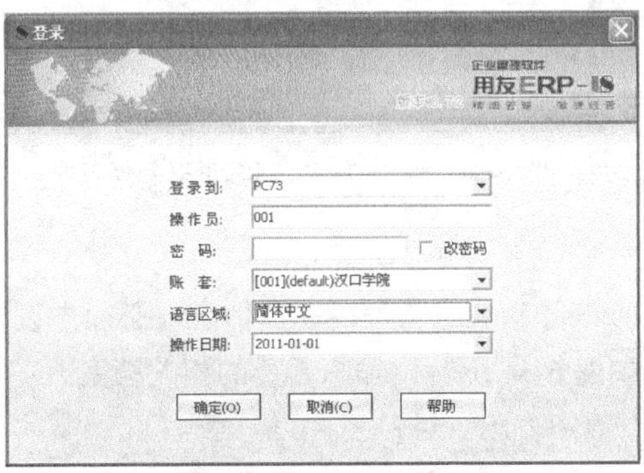

图 6-27 登录界面

图 6-28 系统启用界面

3. 设置编码方案和数据精度

如果在建立账套时未设置编码方案和数据精度，则在此可以进行设置。

6.4.2 录入基础档案

企业在进行日常操作之前，可以根据自身的实际情况和业务要求，建立公用基础信息资料，由各模块共享。本章录入的基础档案主要包括部门档案、职员档案、客户供应商档案、结算方式等内容，其中部分基础档案信息将在相关子系统中设置。

1. 部门档案

部门档案主要用于设置企业各个职能部门的信息。部门指某个单位下具有分别进行财务核算或业务管理要求的单元体，可以是实际中的部门机构，也可以是虚拟的核算单元。按照已经定义好的部门编码级次原则输入部门编号及其信息。

（1）在企业应用平台中，首先执行【基础设置】→【基础档案】→【机构人员】命令，然后双击【部门档案】按钮，进入【部门档案】设置界面，单击【增加】按钮，输入相关部门的信息，如图 6-29 所示。

> **提示**　输入的部门信息需要保存，保存的方法有：单击【 】或按【F6】键。

（2）单击【增加】按钮，系统会弹出一个对话框，如图 6-30 所示，单击【是】按钮，保存对当前部门档案的编辑，此时可以录入下一部门的档案信息。

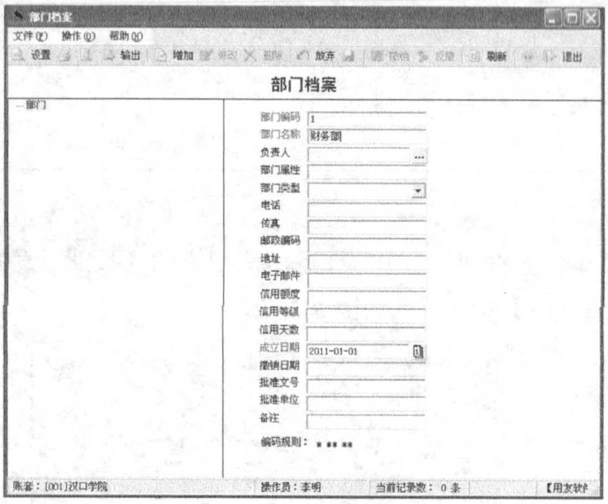

图 6-29　部门档案显示窗口

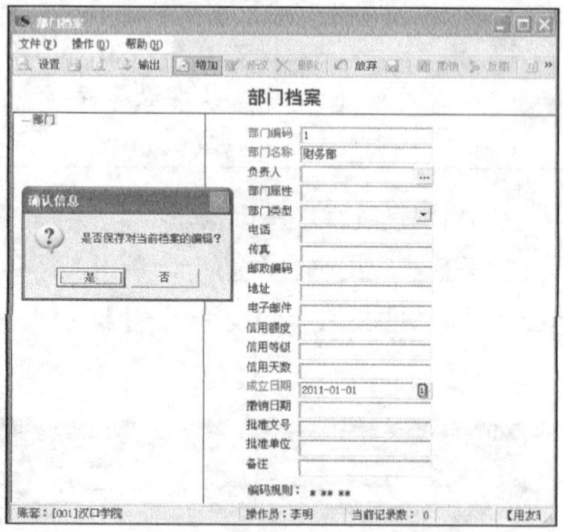

图 6-30　弹出当前档案编辑提示保存窗口

2. 人员档案

人员档案主要用于设置企业各职能部门中需要进行核算和业务管理的职员信息，必须先设置好部门档案之后，才能在部门下设置相应的职员档案。如图 6-31 所示，输入人员的相关档案。

（1）人员档案录入，在图 6-32 中输入相应信息。

> **提示**　蓝色字体对应的空白处为必填项目，黑色字体对应的空白处信息可以不填。输入完某位人员的信息后单击 后，保存上一位人员的信息，同时可以输入下一位人员的档案信息。

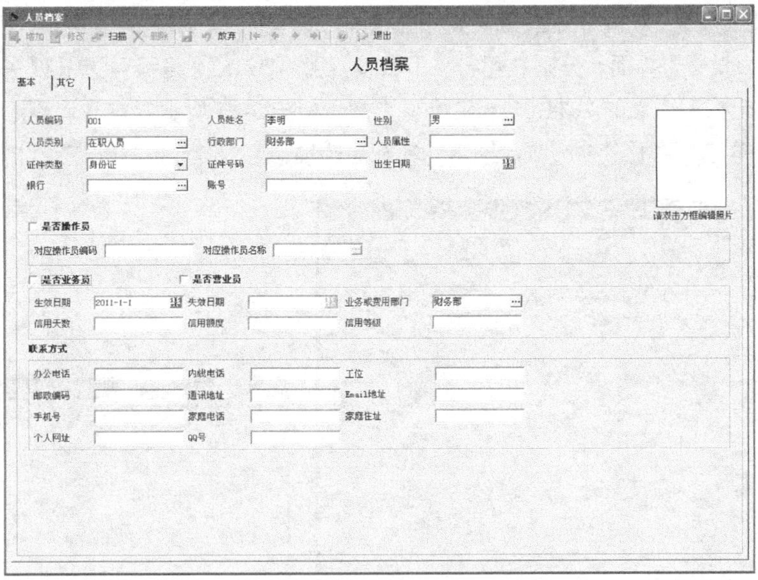

图 6-31　人员档案窗口

（2）人员属于业务员的，勾选是否业务员，此业务员发生的费用自动汇总到业务或费用的部门区别于是否操作员。

（3）当所有人员档案的信息输入完成后，单击【放弃】按钮，则可退出人员档案的录入。否则，系统会提示“是否保存对当前单据的编辑？”（见图 6-32）。单击【是】按钮，即完成人员档案的保存。

（4）如果录入的信息不完善，单击【是】按钮，系统会提示“人员编码不可为空”（见图 6-33）。此时，需补充好信息后，再保存。

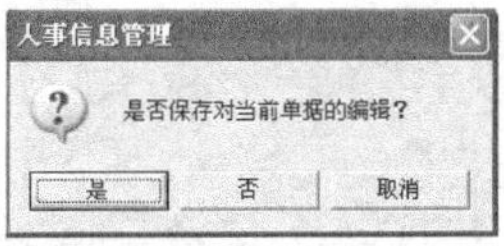

图 6-32　人事信息管理提示保存窗口

图 6-33　提示窗口

3. 客户档案

客户档案用于设置往来客户的编码、名称、所属分类等内容，以便于进行相关的统计和分析。

具体的操作步骤为：首先执行【基础设置】→【基础档案】→【客商信息】，然后双击【客户分类】，进入【增加客户档案】窗口，单击不同的选项卡，输入相应的信息，如图 6-34 所示。

4. 供应商分类

与客户分类相似，输入供应商分类的相关信息并保存，选择【放弃】后退出。输入供应商档案，单击【保存】按钮后输入下一供应商的档案，供应商分类录入，单击【是】按钮确定。如图 6-35 所示。

提示

分类编码必须与建立账套时设置的编码方案一致。

5. 外币设置

企业有外币业务时，需要对其进行外币业务的设置。具体操作步骤如下。

（1）以账套主管的身份进入企业应用平台，对外币设置，执行【基础设置】→【基础档案】→

【财务】→【外币设置】，双击【外币设置】弹出【外币设置面】，如图 6-36 所示。

（2）在【外币设置】界面，分别在币符、币名设置为“USD”“美元”，单击【外币设置】的【增加】按钮，在【记账汇率】的 2011.01 一栏填写“7”。如图 6-37 所示。在【调整汇率】栏填写期末汇率。当记账汇率与调整汇率不同时，期末计算汇总损益。

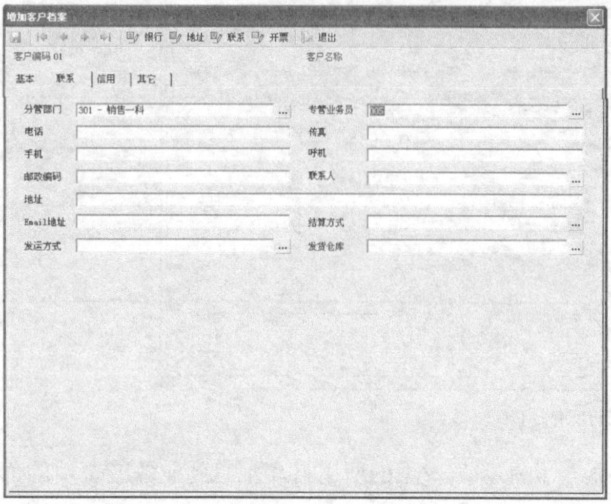

图 6-34　增加客户档案界面

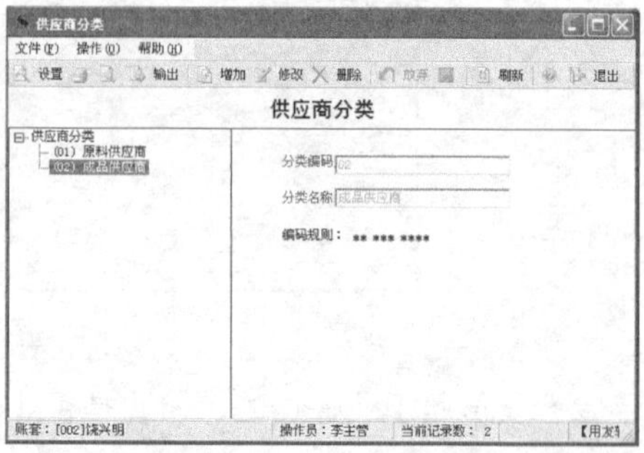

图 6-35　供应商分类界面弹出提示确认信息窗口

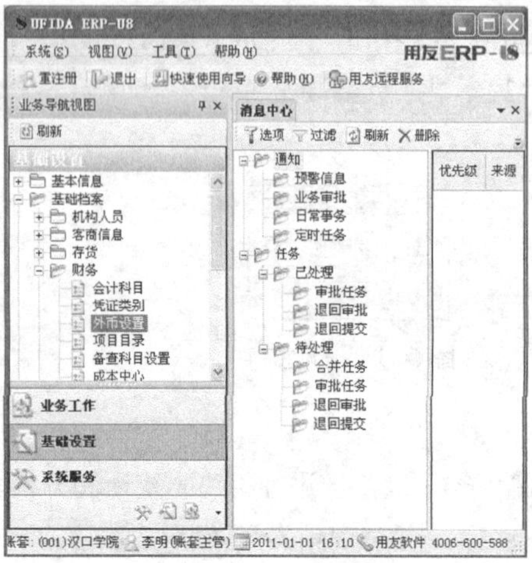

图 6-36　基础设置界面选择外币设置

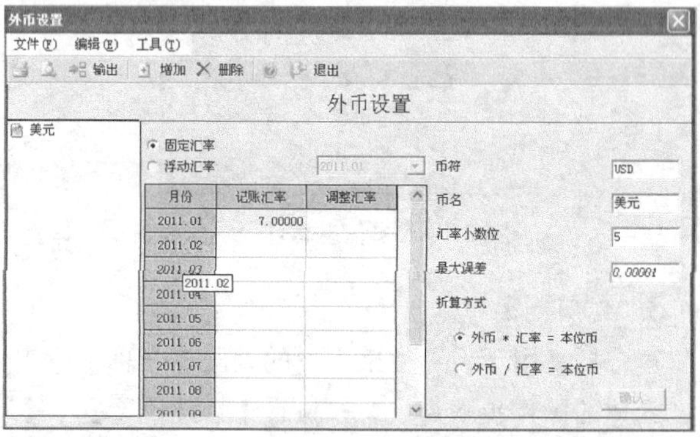

图 6-37　外币设置界面

6．凭证类别

凭证类别的设置有 5 种方式：①记账凭证；②收款凭证、付款凭证和转账凭证；③现金凭证、银行凭证和转账凭证；④现金收款凭证、现金付款凭证、银行收款凭证、银行付款凭证和转账凭证；⑤自定义凭证。

在这里我们选取第一种分录方式，如图 6-38 所示。

单击【确定】按钮后，弹出凭证类别对话框，进行相应凭证类别设置，如图 6-39 所示。

7．结算方式

（1）执行【基础设置】→【基础档案】→【收付结算】中完成结算方式的设置。如图 6-40 所示。

（2）结算方式录入，单击【增加】，然后录入【结算方式编码】和【结算方式名称】。如图 6-41 所示。

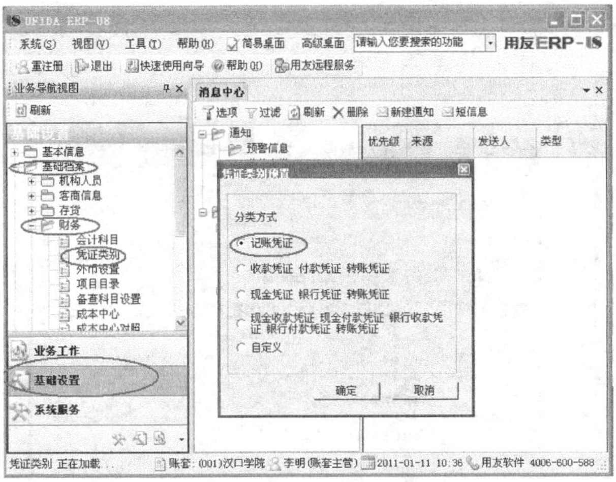

图 6-38 选择记账凭证进行分录

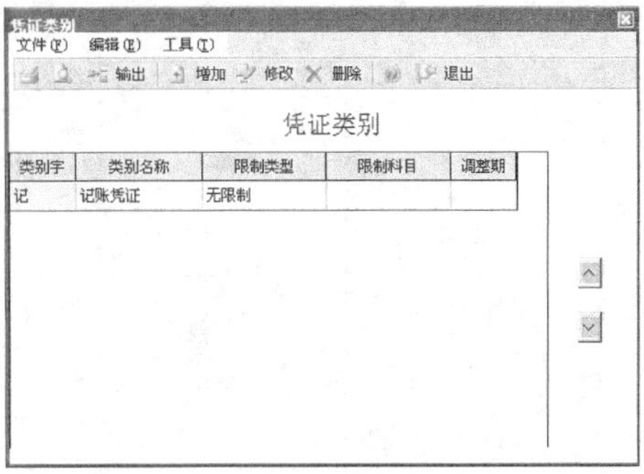

图 6-39 凭证类别限制类型设置

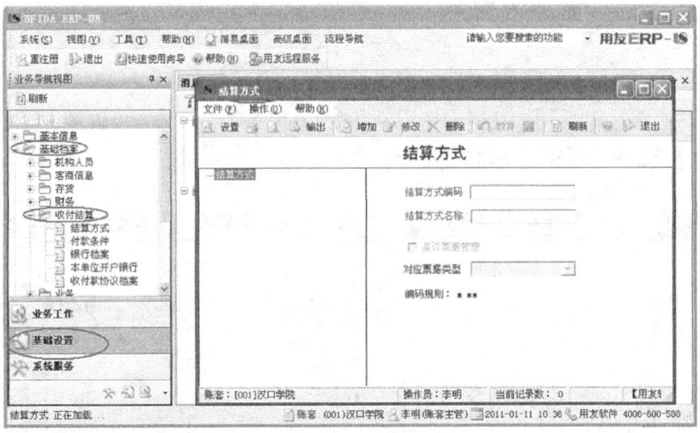

图 6-40 结算方式设置界面

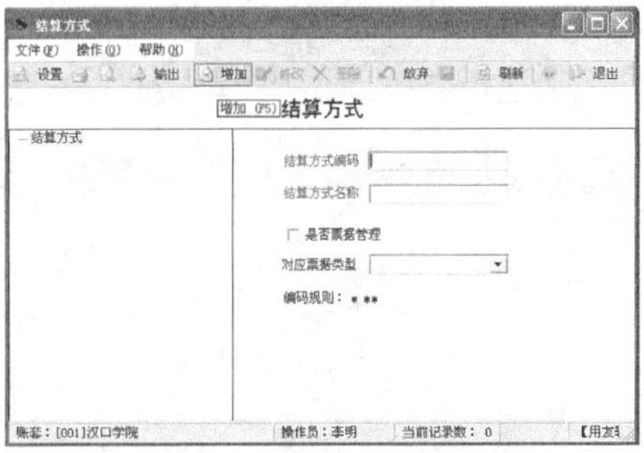

图 6-41 结算方式设置界面

（3）结算方式录入完以后保存方法有两种：a. 单击【增加】按钮；b. 单击【保存】按钮。然后单击【是】。如图 6-42 所示。

（4）结算方式录入完成界面，如图 6-43 所示。

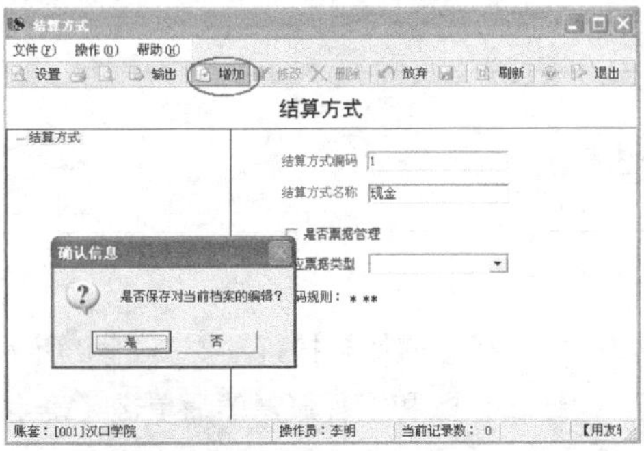

图 6-42 弹出确认信息提示框

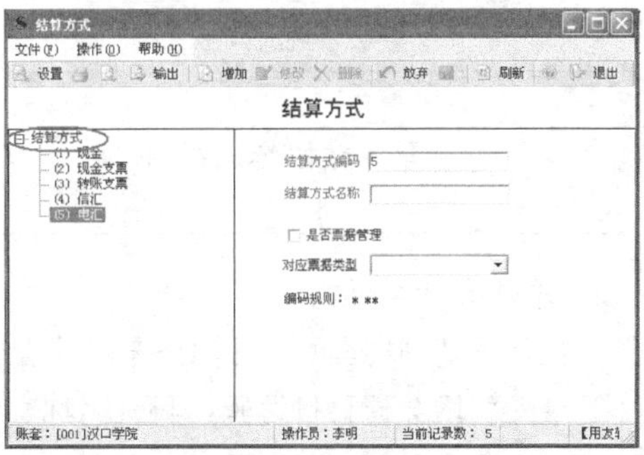

图 6-43 增加结算方式录入

8. 会计科目

（1）指定科目。

① 执行【基础档案】→【财务】→【会计科目】命令，如图 6-44 所示。

② 单击【会计科目】界面，单击【编辑】界面，然后【指定科目】选择。如图 6-45 所示。

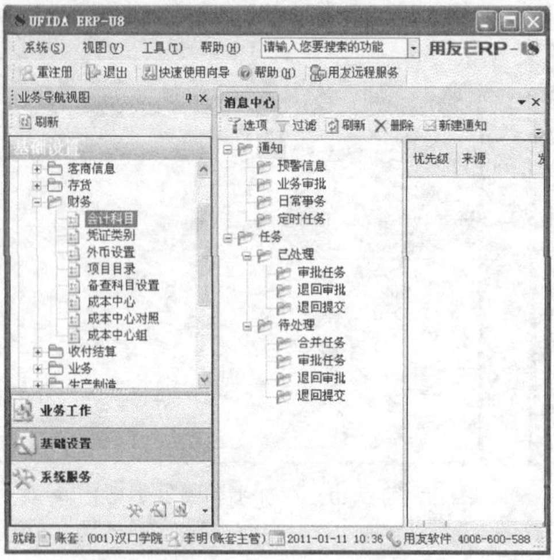

图 6-44　基础设置界面选择会计科目设置

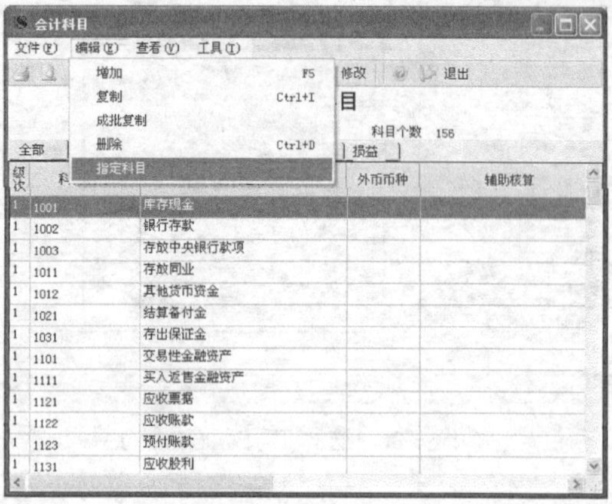

图 6-45　指定科目界面

③ 指定科目选项，单击要选的科目，到指定的已选科目。如图 6-46 所示。

④ 把指定科目选中，单击此符号【 > 】选中。如图 6-47 所示。

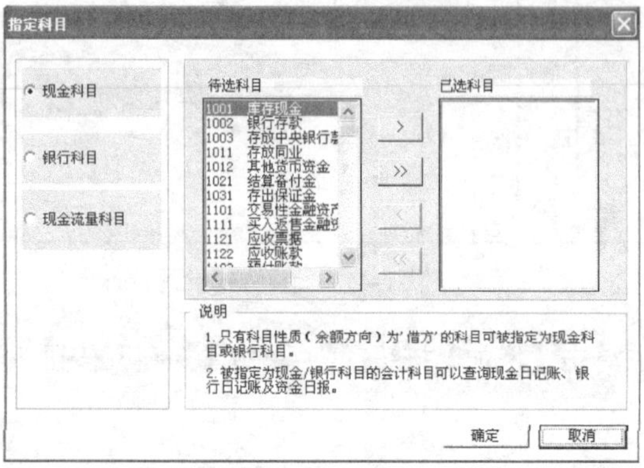

图 6-46　指定科目界面

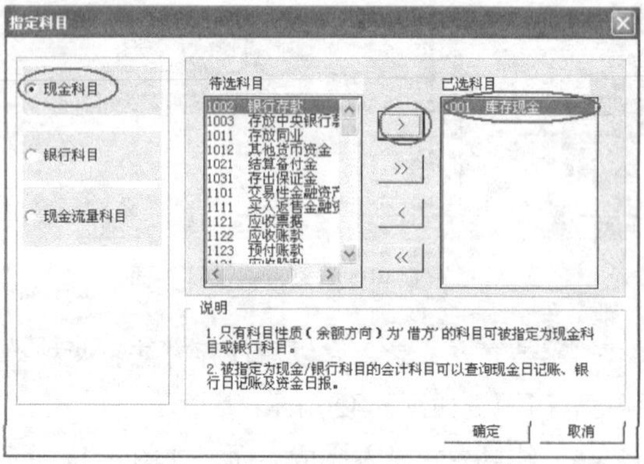

图 6-47　进行现金科目设置

提示

单击该图标选择科目【 > 】【 >> 】【 < 】【 << 】。

（2）增加会计科目。

① 执行【基础档案】→【财务】→【会计科目】窗口中选择【增加】按钮，如图 6-48 所示。

② 录入新增会计科目编码、科目名称、辅助核算，勾选日记账和银行账，然后单击【确定】。如图 6-49 所示。

③ 科目录入和选项完以后单击【增加】按钮确定。如图 6-50 所示。

（3）修改会计科目。

举例："1121 应收票据""1122 应收账款""2203 预收账款"科目辅助账类型修改为"客户往来"（无受控系统）。

图 6-48　会计科目界面

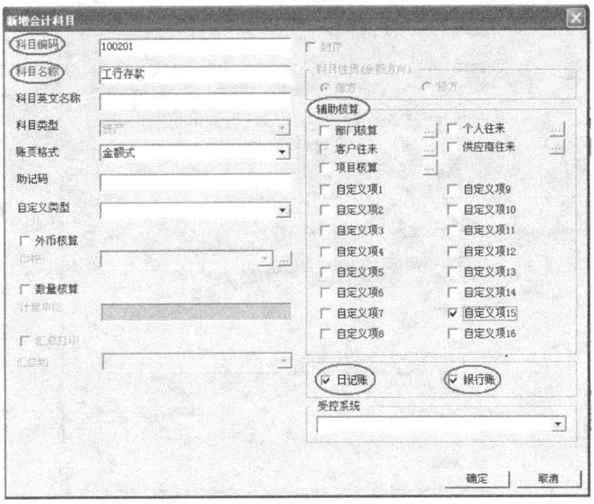

图 6-49　新增会计科目的设置

"2201 应付票据""2202 应付账款""1123 预付账款"科目辅助账类型修改为"供应商往来"（无受控系统）。

"1605 工程物资"科目辅助账类型修改为"项目核算"。

① 执行【基础设置】→【基础档案】→【财务】→【会计科目】，命令如图 6-51 所示。

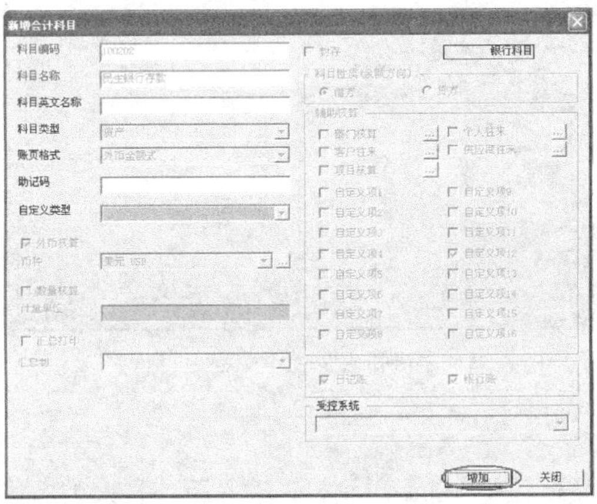

图 6-50　新增会计科目录入完成后单击【增加】按钮

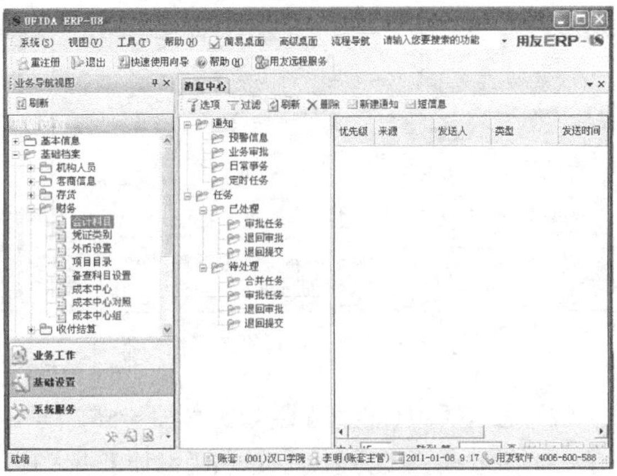

图 6-51　基础设置界面选择会计科目设置

② 查找会计科目，选择查找科目编号。如图 6-52 所示。

③ 在【会计科目】界面，单击【修改】按钮。如图 6-53 所示。

④ 单击【会计科目修改】，勾选【客户往来】，选择【无受控系统】。单击【确定】按钮如图 6-54 所示。

9. 项目目录设置

如果在设置科目的时候，给某些科目设置了"项目核算"属性，就要相应设置项目目录。项目目录分"项目大类"和"项目分类"两级，一个单位项目核算的种类可能多种多样，例如在建工程、对外投资、产品成本、课题、合同订单等，这样就需要定义多种类的项目核算，因此，可以把具有相同特性的一些项目定义成一个项目大类，一个项目大类又可以（包含）多个项目。

项目目录的设置分定义项目大类、规定项目结构、指定核算科目、定义项目分类以及具体项目五个步骤的执行。具体操作步骤如下。

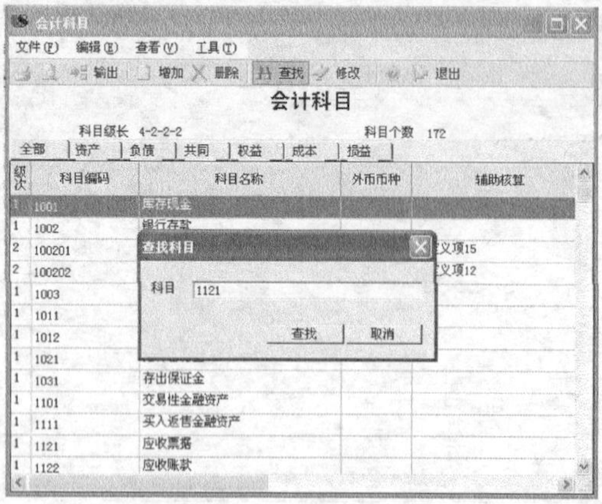

图 6-52 查找科目对话框

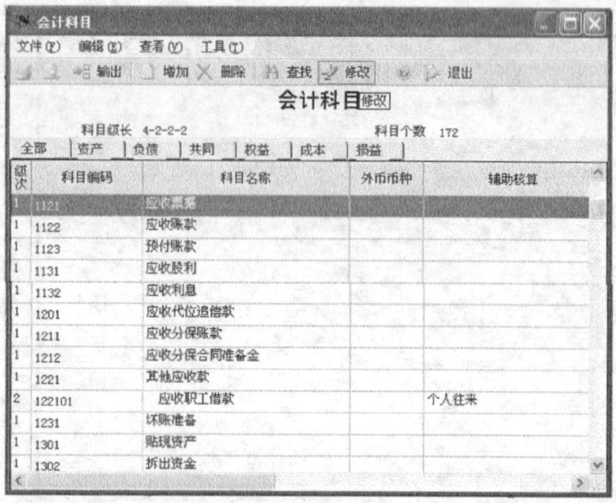

图 6-53 会计科目界面选择【修改】按钮

（1）执行【基础设置】→【财务】→【项目目录】命令，如图 6-55 所示。

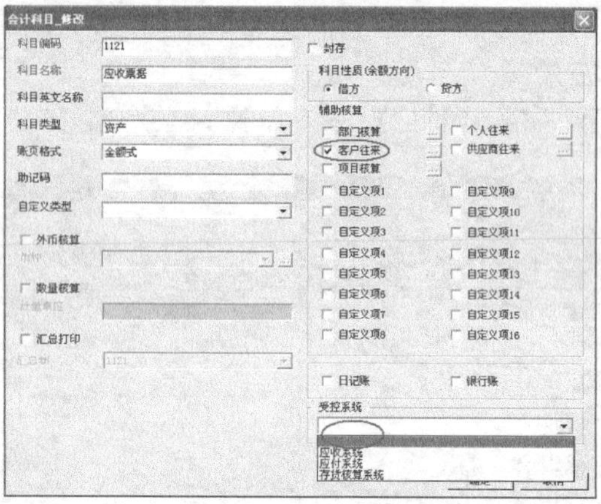

图 6-54 会计科目修改界面

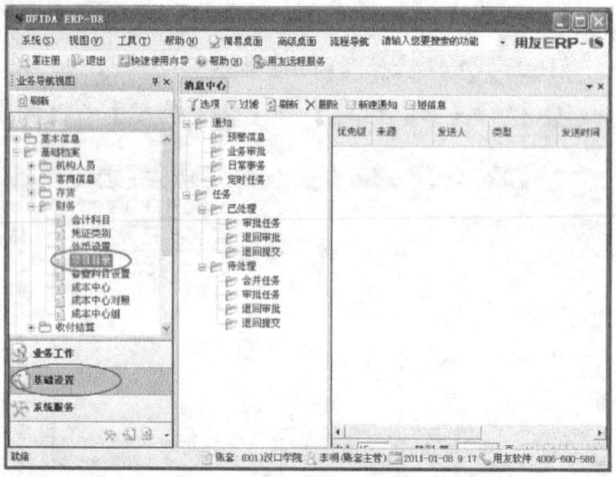

图 6-55 基础设置界面中选择项目录入

（2）进入【项目档案】窗口，如图 5-56 所示。

（3）新增项目大类名称。单击【增加】→【项目大类定义增加】对话框，输入新项目大类名称，如图 6-57 所示。

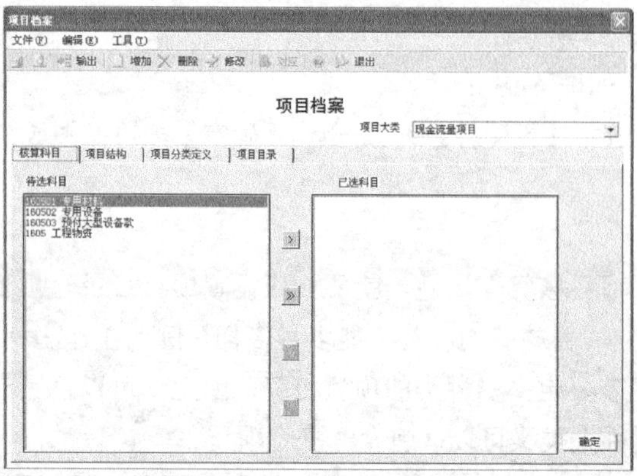

图 6-56 项目档案界面

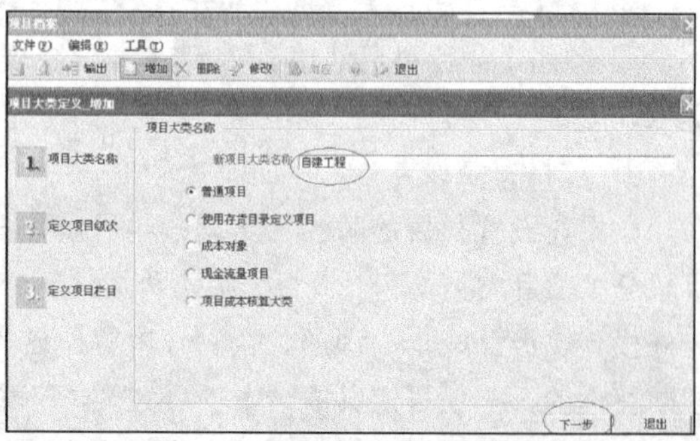

图 6-57 项目大类定义增加界面 1

例如定义一个项目大类，名称：自建工程；级次：长度：1 位。

（4）增加项目栏目，栏目标题：开工日期；类型：日期；长度等，如图 6-58 所示。

（5）在【项目大类定义_增加】中的【下一步】按钮，如图 6-58 所示。

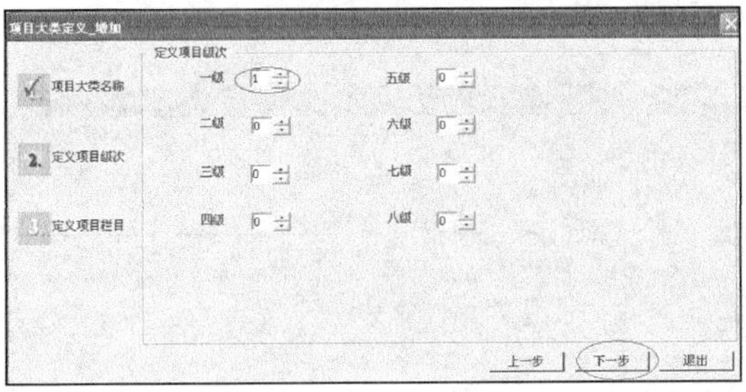

图 6-58　项目大类级次设置

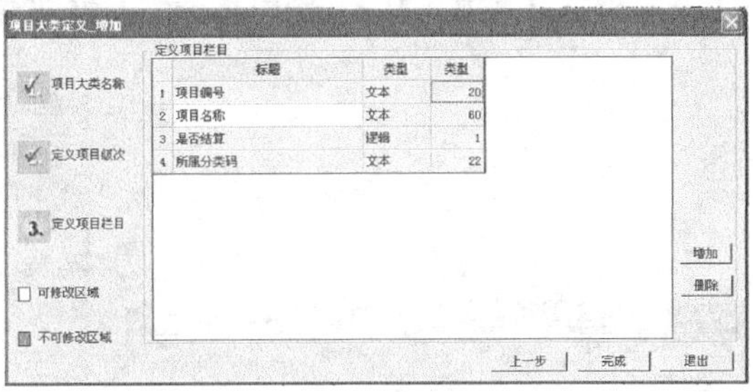

图 6-59　项目大类定义增加界面

（6）单击【完成】按钮，进入如图 6-60 所示的项目大类设置界面。

（7）在【项目大类】的下拉框中选择之前建立的【自建工程】，指定项目的核算科目，如图 6-61 所示。

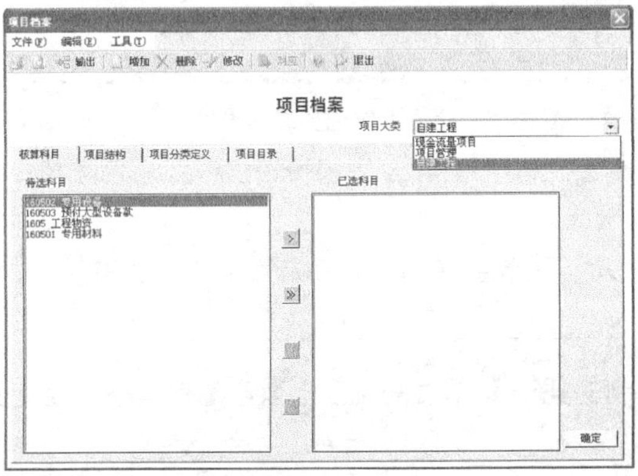

图 6-60　项目大类设置界面

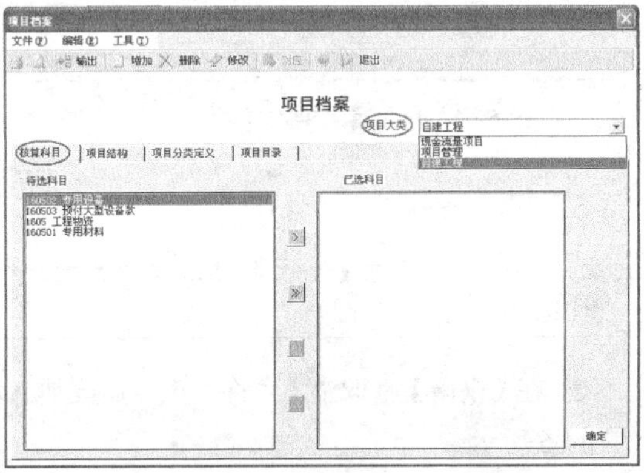

图 6-61　项目档案核算科目设置界面

单击 > 或 »，可将“待选科目”中所有科目选中，单击【确定】按钮，完成了指定项目核算科目。

（8）【项目档案】录入设置，定义自建工程的内容，单击【增加】，如图 6-62 所示。在【项目分类定义中】对项目进行分类可分成 1 号工程和 2 号工程。

（9）对“项目目录”进行维护，如图 6-63 所示，单击【维护】后，单击【增加】，如图 6-63 所示。

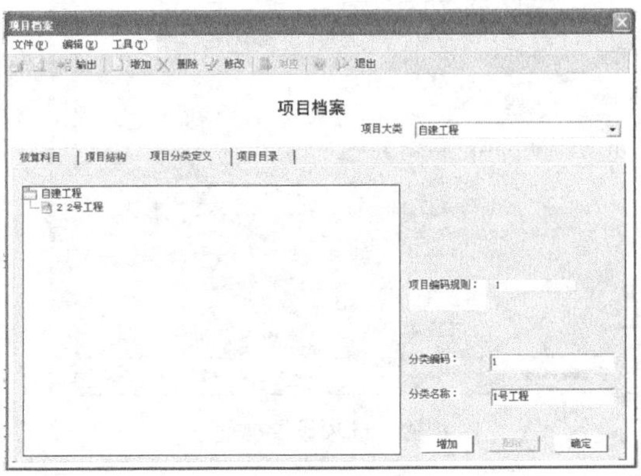

图 6-62　项目分类定义界面

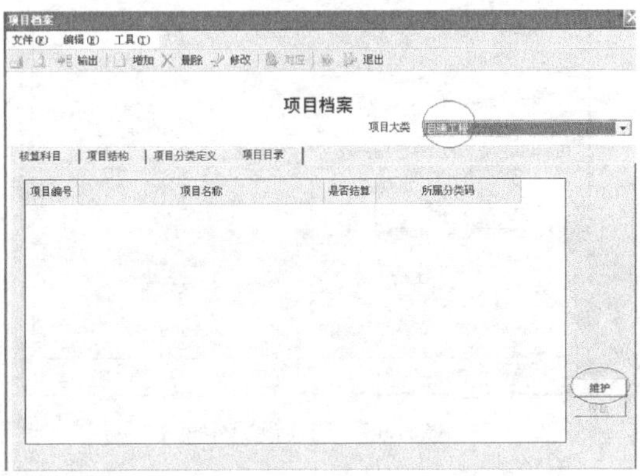

图 6-63　项目目录维护界面 1

（10）项目目录维护档案设置，如图 6-64 所示。可将 1 号工程进一步分类，分成两个构成：自建厂房和设备安装。

10. 总账选项设置

（1）选择【业务工作】，单击【选项】界面，如图 6-65 所示。

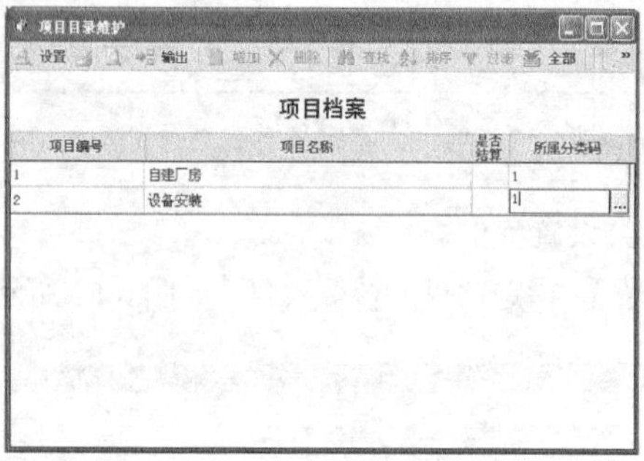

图 6-64　项目目录维护界面 2

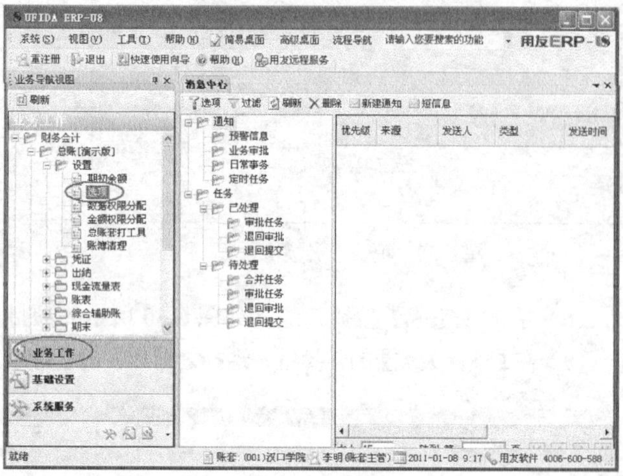

图 6-65　业务工作选择选项设置

提示　在对【选项】对话框的选项进行修改，先单击【编辑】之后对其进行修改。

（2）在【权限】下取消【允许修改、作废他人填制的凭证】，在【凭证】下取消【制单序时控制】，如图 6-66 所示。

（3）在修改完成后单击【确定】按钮，单击【取消】或☒退出【选项】对话框。如图 6-67 所示。

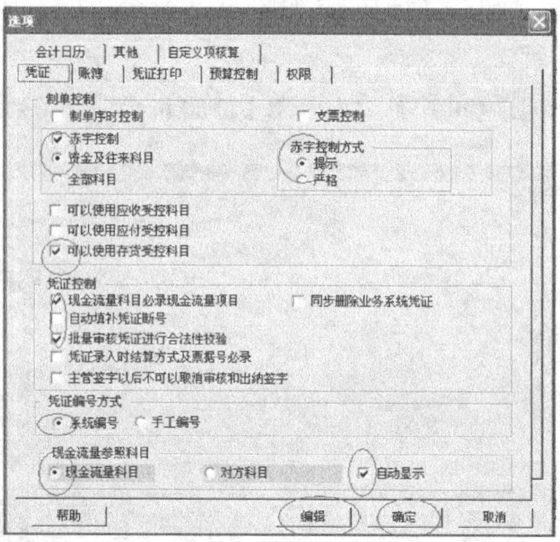

图 6-66　选项设置界面 1

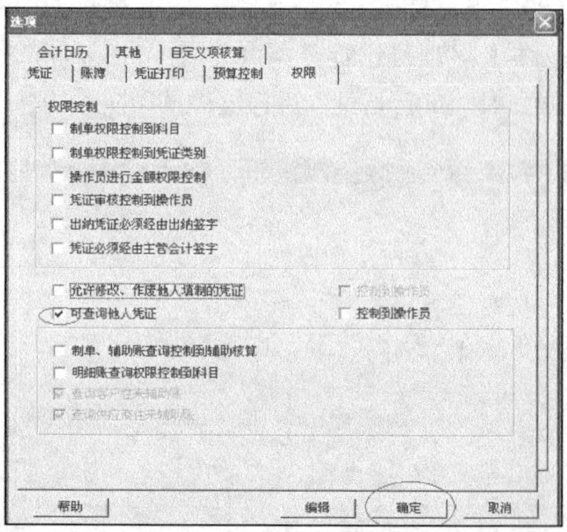

图 6-67　选项设置界面 2

提示

在系统总账的参数设置中将决定总账系统的输入控制、处理方式、数据的方向、输出格式等，在设定后不能随意进行改动。

11. 期初余额录入

可分别进入如图 6-68 及图 6-69 所示的界面进行【期初余额的录入】工作。

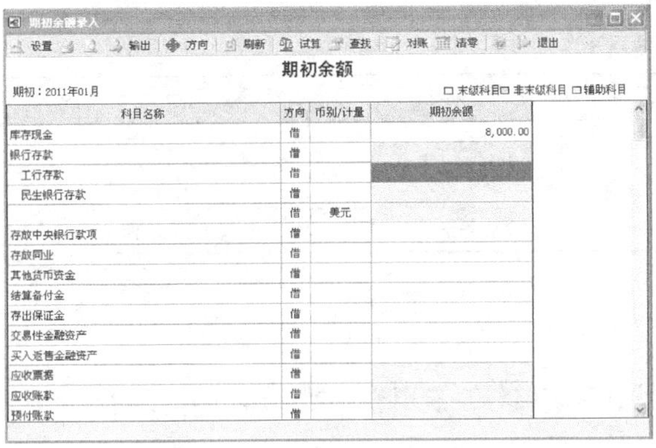

图 6-68　期初余额录入界面

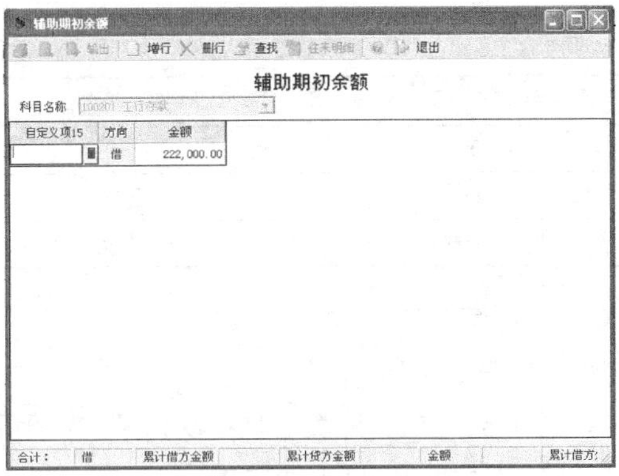

图 6-69　辅助期初余额录入界面

提示

期初余额录入方法有三种：

（1）会计科目对应期初余额栏空白，可直接录入金额。

（2）会计科目对应的期初余额栏为灰色的，说明会计科目有所属明细科目，需要直接录入明细科目的期初余额，电脑自动汇总到总账科目。

（3）会计科目对应的期初余额栏为黄色的，说明对会计科目设置了辅助账，需双击进入录入明细，汇总后自动生成期初余额。

上机实践

【实验目的】

1. 掌握用友 ERP-U8 软件中有关系统管理和基础设置的内容
2. 理解系统管理在整个系统中的作用及基础设置的重要性

【实验内容】

1. 建立单位账套
2. 增加操作员及财务分工
3. 基础档案设置
4. 备份账套数据
5. 修改账套
6. 总账管理系统参数设置
7. 基础档案设置：会计科目、凭证类别、外币及汇率、结算方式、辅助核算档案等
8. 期初余额录入

【实验准备】

1．正确安装用友 ERP-U8 软件

2．设置系统长日期格式为“yyyy-m-d-dddd”，短日期为 yy-m-d

【实验资料】

1. 用户资料

本实验用到的用户资料如表 6-1 所示。

表 6-1 用户资料表

编号	姓名	所属部门	角色
001	李明	财务部	账套主管
002	王丽	财务部	总账会计
003	张晶	财务部	出纳

2. 账套资料

（1）账套信息

账套号：001；账套名称：汉口学院；采用默认账套路径；启用会计期：2012 年 1 月；会计期间设置：1 月 1 日至 12 月 31 日。

（2）单位信息

单位名称：汉口学院。

（3）核算类型

核算类型：RMB；本币：人民币；企业类型：工业；行业性质：2007 年新会计制度科目；账套主管：[demo]demo；选中“按行业性质预置科目”。

（4）基础信息

该企业有外币核算，进行经济业务处理时，需要对“存货”“客户”“供应商”进行分类。

（5）分类编码方案

- 科目编码级次：4222
- 客户分类编码级次：123
- 存货分类编码级次：122
- 部门编码级次：122
- 结算方式编码级次：12
- 收发类别编码级次：12
- （其他使用默认编码）

（6）数据精度

采用默认数据精度。

（7）系统启用

启用【总账】、【资金管理】、【固定资产】、【应收】、【应付】系统，启用日期为 2012 年 1 月 1 日。

3. 基础档案设置

（1）部门档案

本实验涉及的部门及编码如表 6-2 所示。

表 6-2　　部门档案表

部门编码	部门名称
1	财务部
2	供应部
3	销售部
4	销售一科
301	销售二科
302	生产部

（2）人员档案

本实验涉及的人员及其资料如表 6-3 所示。

（3）客户分类

本实验按表 6-4 所列类别对客户进行分类。

表 6-3　　人员档案表

人员编码	人员姓名	性　别	行政部门	是否业务员
001	王丹阳	男	财务部	
002	李丽	女	财务部	
003	张明	男	财务部	
004	杨超	男	供应部	是
005	刘必红	女	销售一科	是
006	韩小乐	女	销售二科	是
007	刘嘉伟	男	生产部	
008	王嘉惠	女	生产部	是

表 6-4　　客户分类表

类别编码	类别名称
1	北京地区
2	上海地区
3	东北地区
4	华北地区
5	西北地区

（4）客户档案

本实验涉及的客户档案如表 6-5 所示。

表 6-5　　客户档案表

客户编码	客户简称	所属分类	分管部门	分管业务员
01　瑞华公司	02　1	03　销售一科	04　刘必红	05
06　海昌公司	07　1	08　销售一科	09　刘必红	10
11　明立公司	12　2	13　销售一科	14　刘必红	15
16　明兴公司	17　2	18　销售一科	19　刘必红	20
21　鞍山钢铁厂	22　3	23　销售二科	24　韩小乐	25
26　达昌公司	27　4	28　销售二科	29　韩小乐	30
31　光瑞公司	32　5	33　销售二科	34　韩小乐	35

（5）供应商分类

本实验按表 6-6 所列类别对供应商进行分类。

表 6-6 供应商分类表

分类编码	分类名称
01	原料供应商
02	成品供应商
03	产成品供应商

（6）供应商档案

本实验所涉及的供应商档案如表 6-7 所示。

4. 外币核算

美元　USD　固定汇率　记账汇率：7

表 6-7 供应商档案表

供应商编码	供应商简称	分管部门	分管业务员
01	无忧公司	供应部	杨超
02	大为公司	供应部	杨超
03	信杰公司	供应部	杨超

5. 结算方式

本实验所涉及的结算方式如表 6-8 所示。

表 6-8 结算方式表

结算方式编码	结算方式名称
1	现金
2	现金支票
3	转账支票
4	信汇
5	电汇

6. 总账参数

取消【允许修改、作废他人填制的凭证】。

取消【制单序时控制】。

7. 设置基础数据

（1）指定科目

指定【1001 库存现金】为现金总账科目、【1002 银行存款】为银行总账科目。

（2）增加会计科目

本实验需要增加如表 6-9 所示的会计科目。

表 6-9 会计科目表

科目编码	科目名称	辅助账类型	外币核算	
100201	工行存款	日记账	银行账	
100202	民生银行存款	日记账	银行账	美元

续表

科目编码	科目名称	辅助账类型	外币核算	
122101	应收职工借款	个人往来		
151102	其他股权投资			
160501	专用材料	项目核算		
160502	专用设备	项目核算		
160503	预付大型设备款	项目核算		
190101	待处理流动资产损溢			
190102	待处理固定资产损溢			
500101	直接材料			
500102	直接人工			
660201	办公费	部门核算		
660202	差旅费	部门核算		
660203	工资	部门核算		
660204	折旧费	部门核算		
660205	其他			

8. 修改会计科目

指定“1121 应收票据”“1122 应收账款”“2203 预收账款”科目辅助账类型为“客户往来”（无受控系统）。

指定“2201 应付票据”“2202 应付账款”“1123 预付账款”科目辅助账类型为“供应商往来”（无受控系统）。

指定“1605 工程物资”科目辅助账类型为“项目核算”。

9. 设置项目目录

① 新增项目大类——“自建工程”。

② 指定项目核算科目。

③ 项目分类定义。

- 1 号工程
- 2 号工程

10. 项目目录维护

1	自建厂房	1
2	设备安装	1

11. 期初余额录入

本实验需要录入如表 6-10 所示的期初余额。

表 6-10　期初余额表

科目名称	期初余额	备　注
库存现金	8000	
银行存款/工行存款	222000	
应收票据	1170	2011-11-22，大地公司购买乙产品，价税合计 1170 元，付票据一张，票号 78989

续表

科目名称	期初余额	备　注
应收账款	14540	2011-11-12，天益公司购买甲产品，价税合计 7020 元，货款未付，发票号 78987； 2011-11-18，明兴公司购买甲产品，价税合计 7020 元，货款未付，发票号 78988； 2011-22，为明兴公司代垫运费 500 元
应收职工借款	6000	2011-11-22，供应部杨明出差借差旅费 6000 元
预付账款	20000	2011-11-23，预付北京无忧公司货款 20000 元
原材料	75332	
库存商品	50000	
固定资产	1212000	
累计折旧	155124	
短期借款	120000	
应付票据	25740	2011-11-23，向大为公司购钢材 25740 元
应付账款	62010	2011-11-15，向北京无忧公司购钢材 38610 元； 2011-11-18，向杰信公司购油漆 23400 元
预收账款	30000	2011-11-26，预收伟达公司货款 30000 元
应交税费	16168	
长期借款	200000	
实收资本	1000000	

录完期初余额后试算平衡。

总账系统 第7章

【学习目标】

通过本章学习，学生可以初步了解总账系统的功能构成及其处理流程，系统学习总账系统的日常业务处理和期末业务处理的工作原理和操作方法。

学完本章，学生应掌握总账系统初始化中设置会计科目的方法，掌握总账系统日常业务处理的凭证处理和记账方法，了解期末业务处理的内容和处理方法。

7.1 总账系统功能概述

7.1.1 功能概述

总账是指总分类账簿（General Ledger），也称总分类账，是根据总分类科目开设账户，用来登记全部经济业务，进行总分类核算，提供总括核算资料的分类账簿。总分类账所提供的核算资料，是编制会计报表的主要依据，任何单位都必须设置总分类账。

总账是用友通产品财务系统的核心。业务数据在生成凭证以后，全部归集到总账系统进行处理，总账系统也可以进行日常的收、付款、报销等业务的凭证制单工作。从建账、日常业务、账簿查询到月末结账等全部的财务处理工作均在总账系统实现。

总账管理系统是财务业务一体化管理软件的核心系统，适合于各行各业进行账务核算及管理工作。总账管理系统既可独立运行，也可同其他系统协同运转。

本章从总账系统概述、总账系统的流程、总账系统的功能模块、总账系统的日常处理和期末处理等几个方面叙述了总账系统的基本知识。

总账系统是会计信息系统的一个主要子系统，以货币为主要计量单位，综合、全面、系统地反映企业的经济活动。由该子系统提供的会计信息所产生的财务报表能反映企业的财务状况和经营成果。总账系统的整个处理过程就是从凭证到记账、从记账到账表输出的过程。从历史来看，会计工作的具体内容因时期、行业不同而有简有繁，但总账系统一直是必不可少的核心。会计的整个体系就是在总账系统的基础上逐渐充实和发展起来的，没有总账系统也就没有会计，总账系统具体包括以下几个主要模块。

（1）系统初始化：为总账系统日常业务处理所准备的，主要包括设置系统参数、设置会计科目体系、设置凭证类别、录入期初余额、设置结算方式等。

（2）出纳管理：现金日记账、资金日记表、支票登记、编辑银行存款等。

（3）日常业务处理：包括填制凭证、审核凭证、出纳签字、记账及查询和汇总账表。

（4）账簿管理：提供支票登记簿的功能，用登记支票的领用情况，并可查询银行日记账、现金日记账及资金日记账，定期对单位银行日记账与银行对账单进行核对，并编制银行存款余额调节表。

（5）期末业务处理：完成月末自动转账处理，进行试算平衡、对账、结账以及生成月末工作报告。

由用户根据自己的需要建立账务应用环境，将用友账务处理变成适合本单位实际需要的专用系统。账务应用环境的建立主要涉及以下几个方面。

（1）自由定义科目代码长度、科目级次。

（2）可根据需要增加、删除或修改会计科目或选用行业标准科目。

（3）提供中英文科目的录入与切换功能。

（4）若有外币核算，还需定义各外币币种、汇率。

（5）可录入开始使用用友总账系统时各科目的余额。

（6）可定义凭证分类。

（7）若要进行辅助项管理，还需要定义各辅助项的目录。

（8）自由定义会计期间凭证管理。

（9）通过严密的制单控制保证制单的正确性。提供资金及往来赤字控制、支票控制、预算控制、外币折算误差控制以及查看最新余额等功能，加强对发生业务的及时管理和控制。

（10）最少击键次数的设计：提供快捷键自动计算借贷方差额，以最快速度使凭证借贷平衡。若有外币核算可自动由外币、汇率、本币金额中的两方计算出第三方。

（11）可随时调用常用凭证、常用摘要，自动生成红字冲销凭证，可助您更加快速准确地录入凭证。

（12）提供出纳签字功能，加强出纳凭证的管理。

（13）提供对原始单据及明细账的联查功能。

（14）增加凭证及科目的自定义项定义及录入，提高凭证录入内容的自由度。

（15）可完成凭证审核及记账，并可随时查询及打印记账凭证、凭证汇总表。

（16）凭证填制权限可控制到科目。

（17）凭证审核权限可控制到操作员。

（18）灵活的打印功能。

（19）标准凭证格式的引入和引出，可完成不同机器中总账系统凭证的传递：引入按规定格式引入其他系统或其他机器上的总账系统中的凭证；引出按规定格式引出总账系统中的凭证；复制按规定格式将相同版本账套中的凭证复制到其他账套中。

7.1.2 总账系统业务流程

1. 总账系统业务流程

鉴于总账系统的重要性，有必要介绍该系统的业务流程，以加深学生对总账系统处理流程的理解。业务流程图如图 7-1 所示。

2. 总账系统的特征

（1）规范性强，一致性好。

（2）综合性强，在整个电算化会计信息系统中起核心作用。

（3）控制要求严格，正确性要求高。

3. 总账系统的流程分析

（1）手工总账系统的数据处理流程。在手工条件下，会计核算的方法主要包括：设置会计科目及账户、复式记账、填制和审核凭证、设置与登记账簿、成本计算、财产清查、编制会计报表等。在具体会计核算过程中，涉及数据处理的流程情况，如图 7-2 所示。

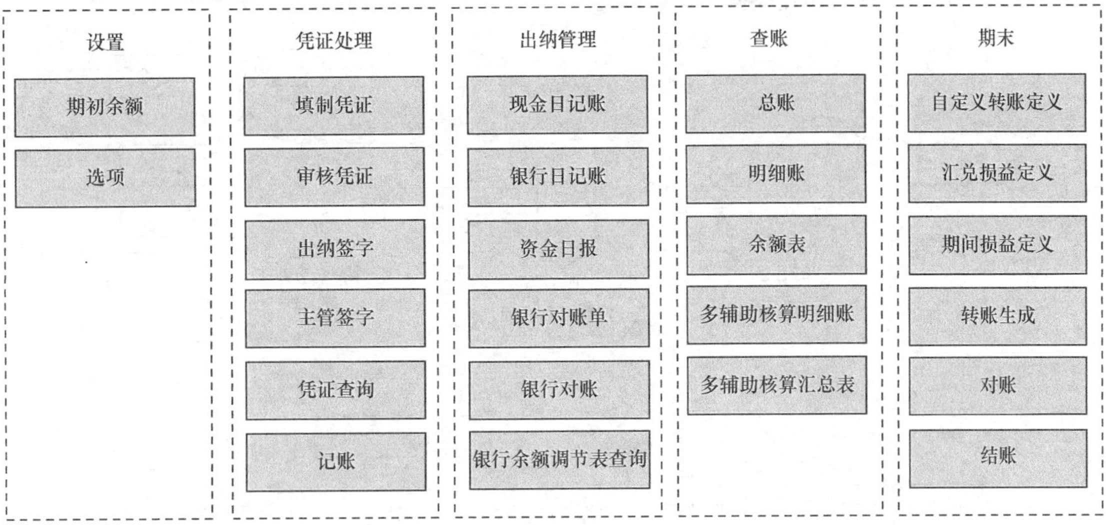

图 7-1 总账系统业务流程图

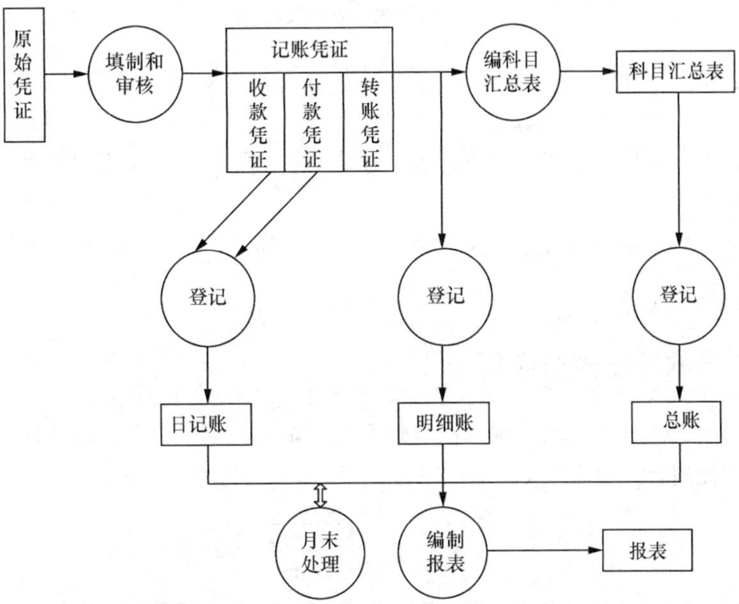

图 7-2 手工总账系统的数据处理流程图

通过手工处理方式中总账系统的数据处理流程图，可以看出手工会计下总账系统处理流程的缺陷，主要表现在以下几个方面。①数据大量重复；②信息提供不及时；③准确性差；④工作强度大。

（2）电算化总账系统的数据处理流程。由于计算机具有运算速度快、业务处理能力强、数据处理精度高等特点，使用计算机处理会计业务，需要根据计算机工作特点，制定计算机条件下新的账务处理流程。计算机环境下，总账系统的数据处理流程如图 7-3 所示。

4. 电算化方式和手工方式下总账系统处理流程的区别

（1）数据处理的起点与终点不同。电算化方式数据处理的起点根据原始凭证编制记账凭证，终点是计算机自动输出账簿和报表。

手工方式数据处理的起点根据原始凭证编制记账凭证，终点是手工登记账簿和编制报表。

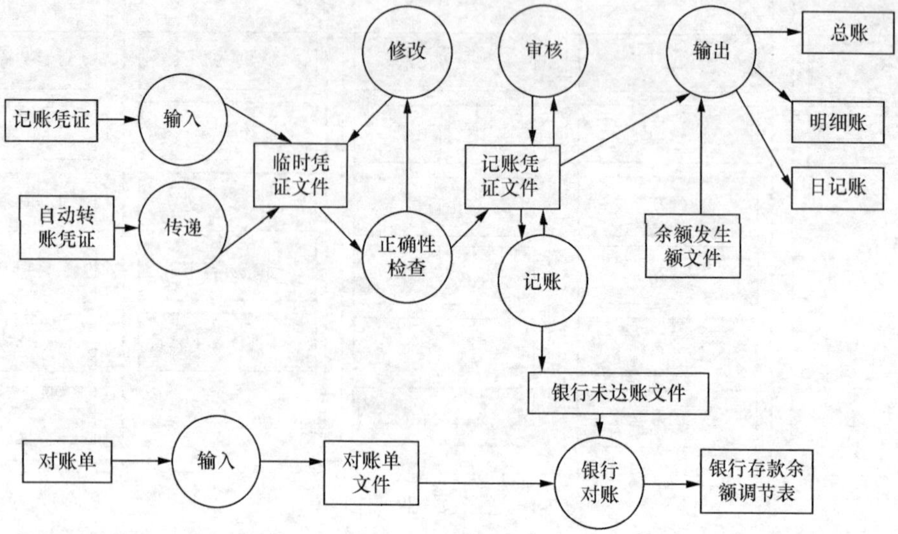

图 7-3　总账系统的数据处理流程图

（2）数据处理方式不同。手工方式下，数据处理是人工处理。电算化方式下，计算机自动处理。

（3）数据存储方式不同。手工方式下，数据存储是纸质的凭证、账簿和报表。电算化方式下，数据存储是数据库文件。

（4）对账方式不同。手工方式下，对账方式是账账之间，账证之间、账表之间的核对。电算化方式下，无需对账。

7.1.3　总账系统的功能模块应用

在信息化环境下，总账系统的主要功能包括系统初始化、凭证管理、出纳管理、信息查询、辅助核算管理及期末处理等，如图 7-4 所示。

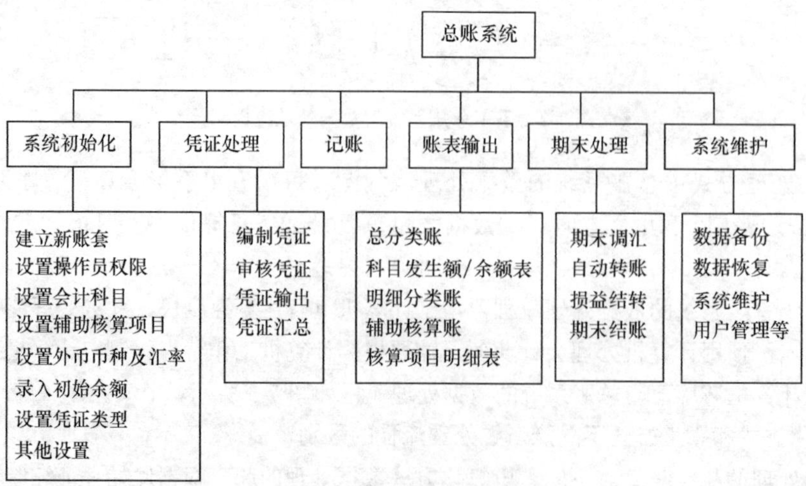

图 7-4　总账应用模块分布图

7.2 总账管理系统初始化设置

系统初始化只在首次使用总账系统时进行操作，其内容包括总账系统的参数设置、基础数据设置和期初数据录入等。系统初始化设置是日常业务处理的基础。

1. 总账系统的参数设置

设置控制参数是对总账管理系统的一些系统选项进行设置，以便为总账管理系统配置相应的功能设置相应的控制。控制参数一般有：是否对凭证日期进行序时控制、是否对支票进行控制、是否进行赤字控制、是否允许修改或作废他人填制的凭证、是否对制单权限进行细化、是否允许在总账系统中使用其他子系统的受控科目进行制单、出纳凭证是否必须由出纳签字、凭证是否必须由主管签字、凭证审核是否控制到操作员、记账汇率方式等。

2. 基础数据设置

（1）定义外币及汇率。汇率管理是专为外币核算服务的。企业有外币业务，要进行外币及汇率的设置。进行汇率管理一方面能减少录入汇率的次数和差错，另一方面可以避免在汇率发生变化时出错误。

（2）建立会计科目。建立会计科目是会计核算方法之一。财务软件一般都提供了符合国家会计制度规定的一级会计科目，明细科目的确定要根据各企业情况自行确定，确定原则如下。

① 会计科目设置必须满足会计报表编制的要求，凡是报表所用数据，需从系统取数据，必须设立相应科目。

② 会计科目必须要保持科目间的协调性和体系完整性，不能只有下级而无上级；既要设置总账科目，又要设置明细科目，以提供详细的会计核算资料。

用友 U872 财务软件建立会计科目界面图如图 7-5 所示。

图 7-5 会计科目界面

（3）凭证类别设置。只有在设置凭证类别后才能填制凭证。软件为了防止凭证用错或输入错误，在设置凭证类别的同时还允许用户对各类凭证中借贷方必须或不能出现的会计科目进行设置。例如：收款凭证，借方必有“1001”或“1002”；付款凭证，贷方必有“1001”或“1002”；转账凭证，设置为“凭证必无”“1001、1002”。对于不划分凭证类别的单位则可以不设置。

（4）常用凭证摘要设置。由于经济业务的重复性，在日常填制凭证的过程中，经常会反复用到许多相同的摘要，可以预先设置这些经常使用的摘要，在填制凭证时可以随时调用这些摘要，从而提高了凭证的录入速度，同时提高了业务处理的效率。

提示

（1）设置常用摘要后，可以在填制凭证时直接调用。

（2）常用摘要相应科目是指常使用该相关科目，若没有设置，则在调用时该摘要系统会将相关科目一并列出，且可以进行修改。

（5）常用凭证设置。将经常出现的凭证进行预先设置，以便日后填制凭证时随时调用，简化凭证的填制过程。具体如图 7-6 所示。

操作步骤如下。

① 单击【凭证】，打开【常用凭证】。

② 单击【增加】，即可录入摘要和编码，增加新的凭证，如图 7-7 所示。

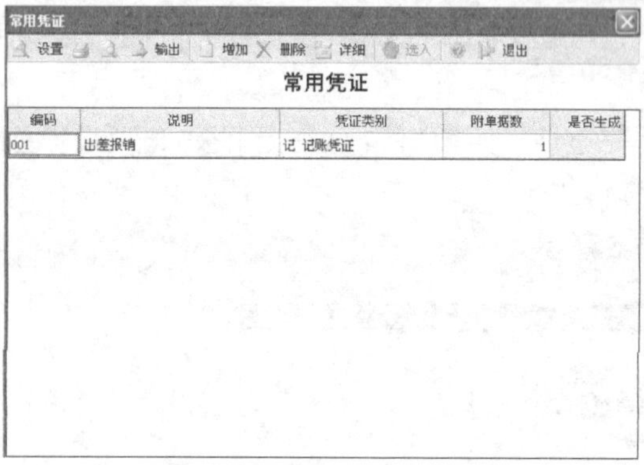

图 7-6 常用凭证界面

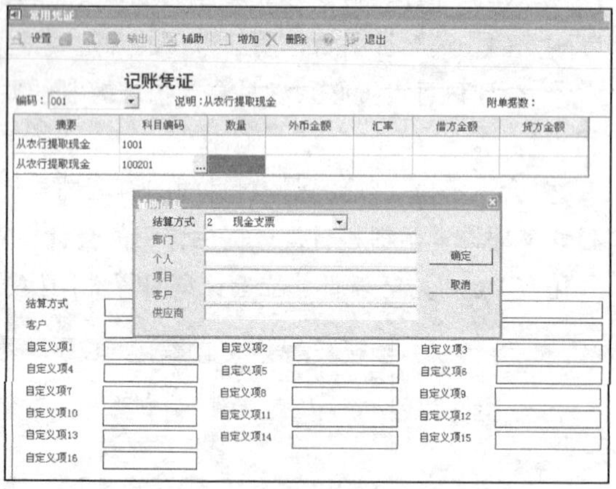

图 7-7 更换、设置常用凭证辅助信息窗口

提示

（1）在填制凭证时可以执行制单，调用常用凭证命令，调用事先定义的常用凭证，或在填制凭证功能中单击“F4”调用常用凭证。

（2）调用的常用凭证可以进行修改内容。

3. 期初数据录入

期初数据主要是最低一级明细科目的年初余额和系统启用前各月的发生额，其上级科目的余额和发生额由系统自动进行汇总。如果是数量金额类科目，则应输入相应的数量和单价。如果是外币类科目，则应输入相应的外币金额。

数据录入完毕后，通常系统将自动对数据进行校验。这些校验为确定：资产类合计是否等于负债加所有者权益类合计；上级科目值与所属下级科目对应值的合计是否相等，以及辅助账的合计是否与其上级科目对应值相等；所有科目的借方发生额合计是否等于所有科目的贷方发生额合计。

7.3 总账管理系统的日常业务处理

总账系统日常业务处理主要包括凭证管理、出纳管理及账簿查询。

7.3.1 凭证管理

凭证管理的内容包括根据原始凭证填制记账凭证、复核凭证、汇总凭证、记账凭证、修改凭证、作废凭证、冲销凭证、查询凭证和整理存储等内容。

凭证处理流程如图 7-8 所示。

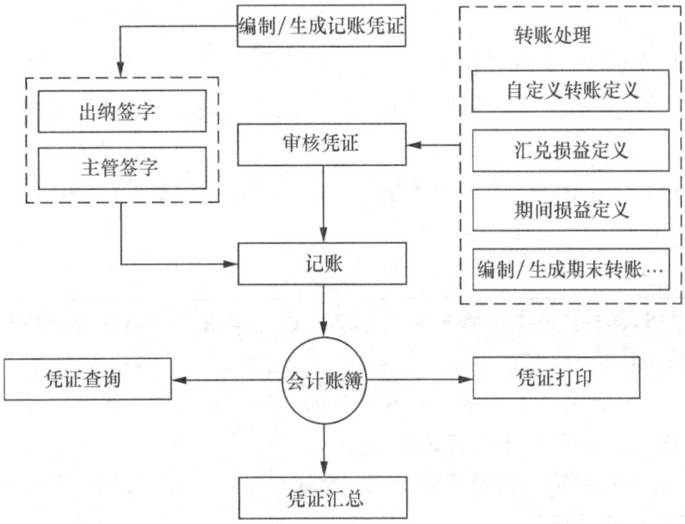

图 7-8　凭证处理流程图

凭证录入作为总账系统的数据入口，是会计信息系统中重要的日常工作。会计电算化后，凭证录入的重要性更加突出，因为凭证录入后，其他许多工作如记账、报表编制以及银行对账等工作几乎全部由计算机自动完成。因而，凭证录入对整个系统起着至关重要的作用。

凭证录入模块的功能是将记账凭证的格式显示在屏幕上，财会人员通过键盘输入一张凭证。在录入过程中允许修改凭证（如插入、删除一条分录），凭证录入的数据存放在临时凭证库中。当凭证录入后存盘时进行正确性检查，如果凭证正确无误，则保存在凭证文件。

1. 填制凭证

在总账单模块运行的电算化系统中，编制和输入记账凭证主要有两种方式：一是先由手工编制好记账凭证，经过审核确认无误以后，再集中输入计算机，称为“后台处理方式”；二是根据已经批准报销的原始单据直接在计算机上填制凭证，称为“前台处理方式”。

在多模块运行的电算化系统中，除了上述两种方式以外，记账凭证的输入还有第三种方式，就是由总账模块以外的其他模块产生凭证，再传递到总账模块中来，可以称为“机制凭证方式”或者“其他模块生成方式”。

一般来说，“后台处理方式”适用于刚刚实行电算化及工作人员对会计软件的操作尚不熟练的情况，或者电算化系统刚投入运行，还处在人机并行阶段的情况，“前台处理方式”适用于电算化共组基础好，工作人员操作比较熟练，或者单位业务量不大的情况；“其他模块生成方式”适用于适用网络化多模块电算化系统的情况。

记账凭证的内容包括凭证头和凭证正文两部分。其中，凭证头包括凭证类型、凭证编号、制单日期、附单据数四项内容；凭证正文包括摘要、科目名称、发生金额和辅助信息四项内容。

具体实验操作步骤如下。

实验操作时根据实验资料首先将系统时间改为【2011 年 1 月 31 日】，并以王会计的身份进入系统。

（1）执行【业务工作】→【总账】→【凭证】→【填制凭证】命令，打开【填制凭证】界面，如图 7-9 所示。

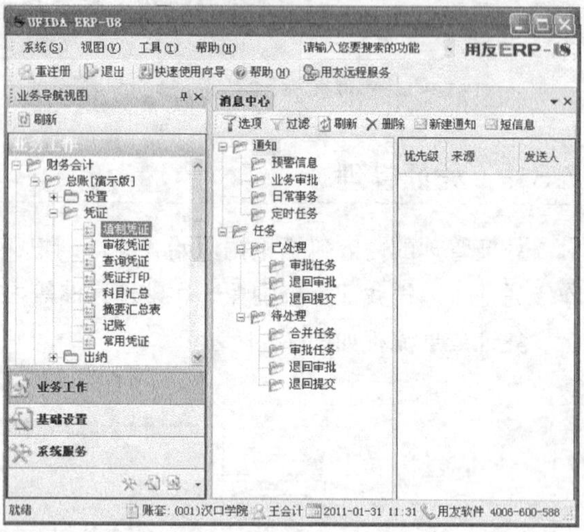

图 7-9　业务工作栏界面窗口

（2）在【填制凭证】的窗口中，执行【制单】→【增加凭证】的命令，即增加一张空白凭证，如图 7-10 所示。

提示

（1）【摘要】栏中，输入摘要信息，也可单击其右的放大镜图形按钮，选择原先设置好编号的摘要信息。

（2）【科目名称】栏中，输入科目的编码，也可以单击放大镜图形的按钮，在打开的【科目参照】窗口中进行选择。

（3）录入金额：金额不能为 0，红字以负号“-”表示，调整金额方向可以单击键盘的空格键进行调整。

（4）录入完毕，按 Enter 键，系统自动将上一分录的摘要内容复制到下一分录的【摘要】栏（可更改）。

（5）结果是最后一笔分录，可在其金额录入处按下等号键【=】，系统会自动计算出该分录的结果，以达到借贷平衡的效果；单击【保存】按钮以保存该张凭证（借贷不平衡，系统不预保存）。

（6）外币核算增加凭证方式与本币一致，但当在【科目名称】栏中选用了外币核算科目后，系统会自动更改凭证录入格式为外币式。该汇率是原先在设置外币时设置好的，由系统根据所设置的汇率自动给出，如果设置的是浮动汇率，则可在此汇率栏中修改，录入外币金额，由系统自动推算出本币金额，也可手工录入本币金额，由系统自动倒推回外币金额。

（3）完成凭证的填制，如图 7-11 所示。

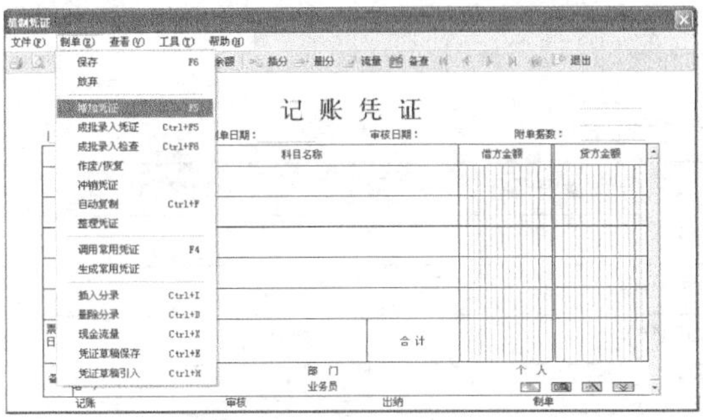

图 7-10　填制凭证窗口

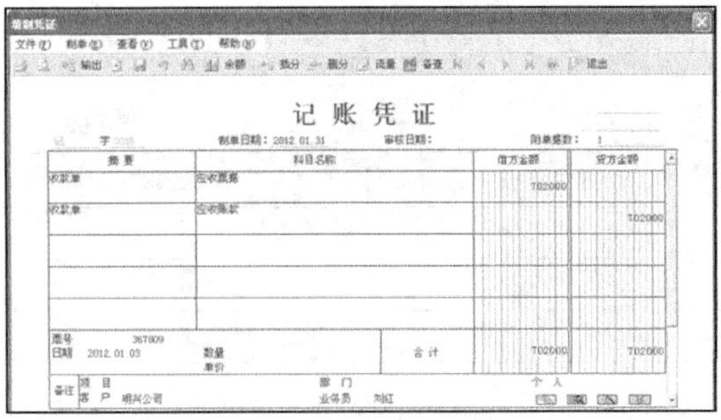

图 7-11　凭证填制完成的界面

提示

（1）在数据录入中需将外币在外币栏录入，将“美元*汇率”定为借方金额。

（2）在制单的过程中，若出现输入错误，选中对象单击【删除】按钮即可。

（3）【科目参照】窗口中，如果需要的科目原先没有设置，可以直接在改窗口单击【编辑】按钮进行新增科目而不用再退回到系统初始化的窗口进行科目设置。

（4）录入凭证时，检查当前操作员是不是录入凭证的操作员，也是该制单的会计人员，若不是则应重新更改操作员权限，并重新注册。

（5）凭证填制完成后，可以单击【增加】按钮并保存，同时会出现下一张新凭证，也可以单击【保存】按钮。

（6）凭证填制完成后，没有审核之前是可以直接对凭证进行修改。

（7）如果凭证的金额录制错误了方向，则可以直接单击空格键改变余额方向。

（8）凭证日期应可以满足总账选项中的设置，如果系统默认的选项，就不允许凭证日期逆序了。

2. 填制凭证辅助核算类型

（1）填制辅助项凭证时，按设置科目中有辅助核算的科目的设置表单，见表 7-1 所示的科目例子。

表 7-1　辅助核算的科目设置

科目编码	科目名称	辅助核算
1122	应收账款	客户往来
1121	其他应收款	
122101	差旅费应收款	个人往来
122102	私人借款	个人往来
1604	在建工程	部门项目
5001	生产成本	
500101	直接材料	项目核算
500102	直接人工	项目核算
6602	管理费用	
660201	办公费	部门核算
660202	差旅费	部门核算

（2）未使用辅助核算科目的设置时，直接录入相应科目。未使用辅助核算的科目设置表单，见表 7-2 所示的例子。

上述使用辅助核算科目设置表单例子的具体实验操作步骤如下。

① 选择一个具有个人往来核算的科目进行填制凭证，如录入【工行人民币户】科目，该科目原先已设置为【个人往来】，按【Enter】键，系统弹出【辅助项】对话框。

表 7-2　　未使用辅助核算的科目设置

科目编码	科目名称	科目编码	科目名称
1122	应收账款	5001	生产成本
112201	上海石化公司	500101	甲产品
112202	北京销售分公司	50010101	直接材料
……		50010102	直接人工
1221	其他应收款	……	
122101	差旅费应收款	500102	乙产品
12210101	杨平	50010101	直接材料
12210102	王丹	50010102	直接人工
122102	私人借款	……	
12210201	杨平	6602	管理费用
12210202	王丹	660201	办公费
……		66020101	A 部门
1604	在建工程	66020102	B 部门
16040	设备安装工程	660202	差旅费
16040101	A 部门	66020201	A 部门
16040102	B 部门	66020202	B 部门
……		……	

② 录入【部门】、【个人】、【结算方式】等内容，单击【确认】按钮。如果需要详细设置辅助内容，可以单击【辅助明细】按钮，在打开的窗口中输入其详细内容。

部门核算、项目管理及在总账模块中进行客户或供应商往来核算的操作方式与个人往来录入方式基本相同。

其他的凭证的填写方式相同，涉及辅助项目核算的凭证的填制，如图 7-12 所示。

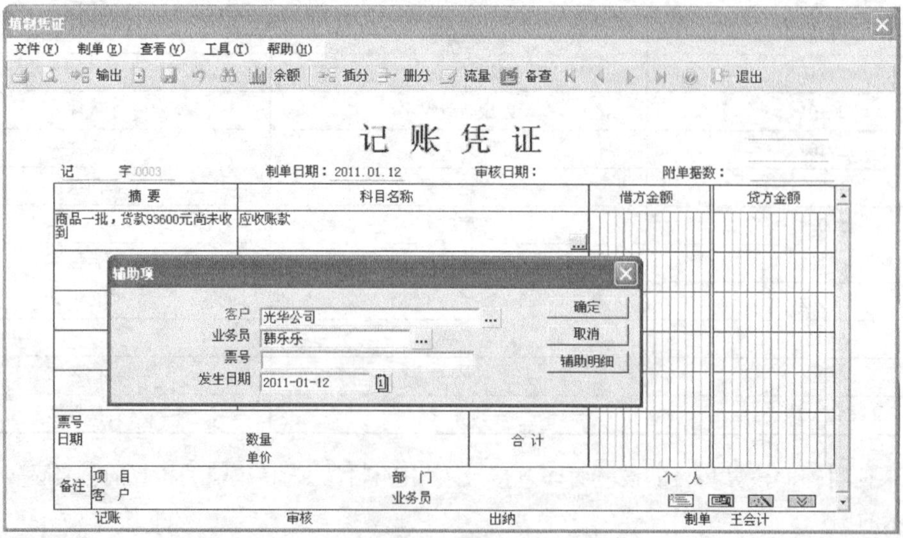

图 7-12　辅助项窗口

3. 复核凭证

为了保证会计事项处理正确和记账凭证填制正确，需要对记账凭证进行复核。凭证复核包括出纳签字、主管签字和审核凭证。

（1）出纳签字。凭证的复核分为出纳签字、主管签字和审核凭证三个环节。其中，出纳签字是可选环节，也就是说，可以根据单位财务管理的严格程度，决定是不是要进行出纳签字。

（2）主管签字。为了加强对会计人员制单的管理，系统提供“主管签字”功能供用户选择。若选定，则会计人员填制的凭证必须经主管签字才能记账。

（3）审核凭证。凭证输入以后，必须经过审核才能记账。

凭证审核是会计业务中的一项重要工作。审核人员按照有关会计法规、制度对已经输入系统的记账凭证进行检查、核对，确定记账凭证是否与原始凭证相符、会计分录是否正确、记账凭证项目是否完整等。在电算化方式下，审核的主要目的有两个：一是发现输入过程中无法发现的错误；二是为记账提供一个标记，以保证只有经过审核的凭证才能记账。

在凭证审核模块设计中，一般审核方法为：找出需要审核的凭证，审核人员通过目测等方式对凭证进行审核。在审核模块中不能修改凭证，只能查看凭证。审核完毕后应对此张凭证进行审核签章，否则，拒绝保存，提示财会人员修改。

在“总账”模块窗口中，执行【业务工作】→【总账】→【凭证】→【审核凭证】命令，打开【审核凭证】对话框。设置过滤条件，单击【确认】按钮，系统将列出符合条件的凭证。

实验操作步骤如下。

① 执行【业务工作】→【总账】→【凭证】→【审核凭证】，会出现一张凭证图标，如图7-13所示。

② 在【凭证审核】对话框中，单击【凭证审核】选中凭证标志选项框中的【全部】，然后单击【确定】按钮，如图7-14所示。

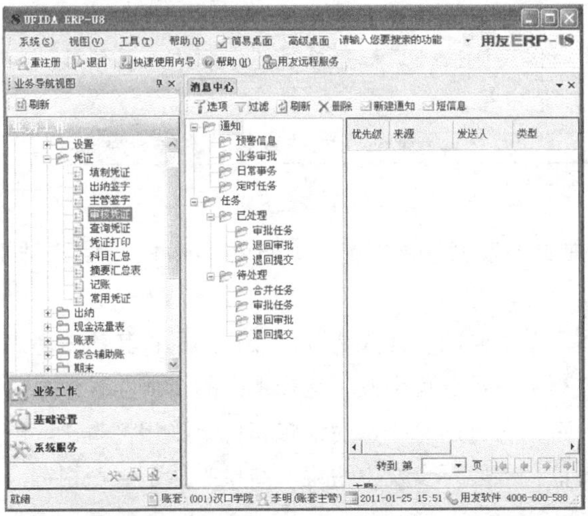

图7-13　业务工作栏审核凭证进入界面

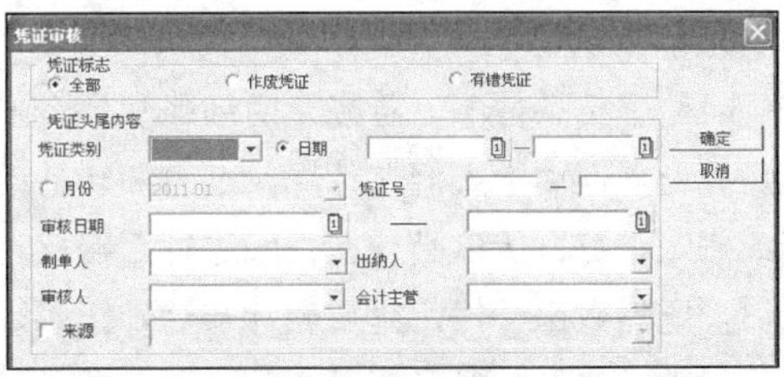

图7-14　凭证审核界面

③ 双击需要审核的凭证，打开【审核凭证】窗口，单击【审核】按钮，则该张凭证下面审核人处显示登录该系统操作员的名字或所设置的审核人名字，如图7-16所示。

单击【取消】按钮可以取消凭证的审核。如果发现凭证有错，可单击【标错】按钮，先行标错，以后再修改。执行审核后，系统将自动翻至下一张凭证，凭证审核后不能修改与删除，需取消审核后方可。

④ 成批审核凭证。单击【查询】，输入查询条件后按【确定】，屏幕显示符合条件的凭证，单击【审核】按钮，出现【凭证审核列表】如图 7-15 所示，选中其中一张凭证，单击【审核】菜单下的【成批审核】，系统自动对当前范围内的所有已审核凭证执行审核。

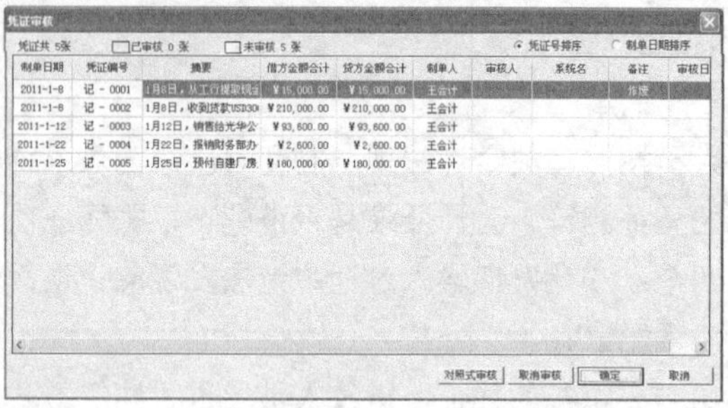

图 7-15　凭证审核列表

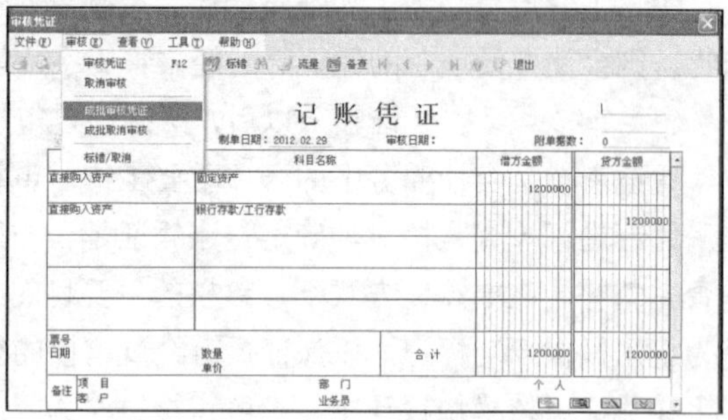

图 7-16　成批审核凭证

提示

（1）系统要求制单人和审核人不能是同一个人，因此在审核凭证时一定要先检查当前操作员是否就是制单人，如果是就应该更换操作员。

（2）凭证审核的操作权限应首先在系统管理的权限中进行授权，另外还要注意在总账系统的选项中是否设置了凭证审核控制到操作员的选项，如果设置了这个选项，则应该继续设置审核的明细权限。也就是说，只有在数据权限中设置了某用户有权审核其他的一个用户所填制凭证的权限，这个用户才真正拥有审核凭证的权限。

（3）在凭证审核的功能中除了可以单张审核，也可以执行成批审核功能，以对符合审核条件的凭证进行成批审核。

（4）已经审核完的凭证不管录入的对与错，将不能直接修改，只能在取消审核后才能在填制凭证的功能中进行修改。错误凭证必须标错后退还给制单人员修改，即要对凭证进行修改或者删除，必须先取消审核。

（5）取消审核只能由审核人自己进行。作废凭证不能被审核，也不能被标错。

4. 记账凭证

记账凭证经过复核后，便可以记账了。如果期初余额试算不平衡将不能记账；如果上月未结账，则本月不能记账。

（1）手工条件下，总账、明细账和日记账由多个不同的会计人员分别登记，尽管其数据都来自记账凭证，但由于人们在计算、汇总和转抄的过程中不可避免会发生这样那样的错误，导致账证不符或账账不符，所以必须在月底进行账账核对，直到所有的总账、明细账和日记账相符为止。电算化后，既然数出一门，只要硬件与软件正确，计算机一般不会发生错误，结果必然是账账相符，所以一般无必要进行账账核对。

（2）在手工条件下，记账是指记明细账、日记账和总账。它由不同的人员按照不同的科目，分别在不同的账册上加以记录。电算化后，记账仅仅是一个数据处理过程，通过记账这一数据处理过程，使经审核的凭证从未记账凭证文件中转移到已记账凭证文件中存放，记账后的凭证不再允许修改而成为正式的会计档案。在记账的同时，对科目的发生额进行汇总，更新科目余额发生额文件，而真正的账册只有在需要时临时根据已记账凭证文件和科目余额发生额文件生成，在屏幕上显示或在打印机上打印出来。由于计算机处理数据的速度极快，用户并不感到各种账册是临时生成的。

（3）记账的处理流程。记账是总账系统最关键的数据处理功能，记账后的凭证是产生日记账、明细账和总账的数据来源。记账处理模块的基本思想是：根据已输入且被审核签章的凭证数据，按科目代码汇总并更新科目余额发生额文件，然后进行逐级汇总，生成上级科目余额发生额数据，科目余额发生额文件中一级科目的有关数据就是我们所需的总账数据，某一个科目的余额加上相应科目的凭证数据就可形成相应的明细账，对某个科目相应的凭证数据按日期进行排序就形成相应的日记账。

操作步骤如下：选择【凭证】→【记账】，在对话框中，设置参与记账的凭证范围，如选择【全部】记账，单击【确定】按钮，系统会自动进行记账，记账完毕以后，系统会弹出记账完毕的信号。

提示

1. 记账前，应首先进行数据备份。
2. 上月没有结账，本月不能记账。
3. 未审核的凭证不能记账。
4. 借贷不平或内容不完整的凭证不能记账。
5. 经过记账的凭证，以后将不再允许修改，只能采取补充登记法或红字冲销法进行更正。

---

5. 作废/恢复凭证–删除凭证

作废凭证仍然需要参与记账，否则无法结账，但不做数据处理。这时，作废任证相当于空白凭证，账簿查询时，没有该凭证的数据。

操作步骤如下。

（1）在已经填制完整的凭证窗口中，如果发现凭证填制错误，则需删除该凭证，在【填制凭证】窗口中，先查找到需要删除的凭证，将其打开，然后执行【制单】→【作废/恢复】命令。这时，该凭证将被系统标上【作废】字样，数据内容不变，不能修改，不能审核。

（2）如果再次执行【作废/恢复】命令，则取消对该张凭证的作废，如图 7-17 所示。

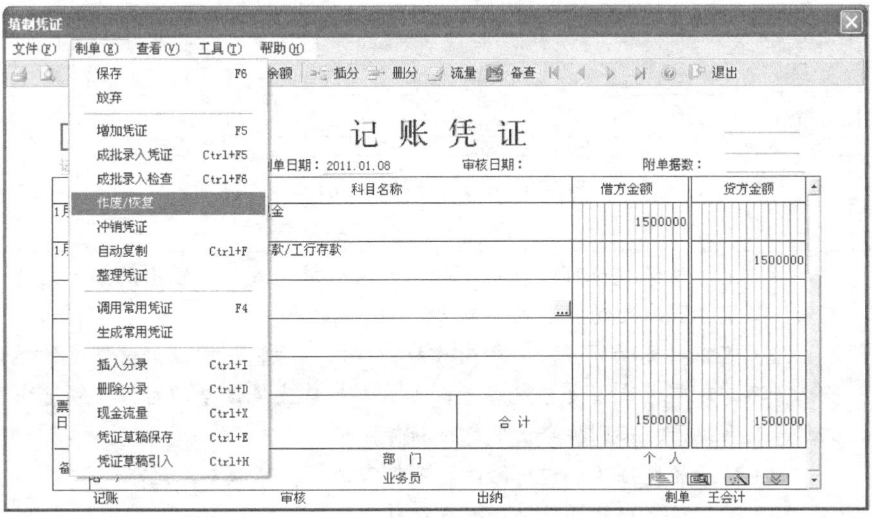

图 7-17　作废/恢复凭证界面

（3）选择自己需要作废凭证的时间，单击【确定】按钮，如图 7-18 所示。

（4）单击【Y】按钮，删除凭证，确认删除此凭证，如图 7-19 所示。

图 7-18　凭证期间选择窗口

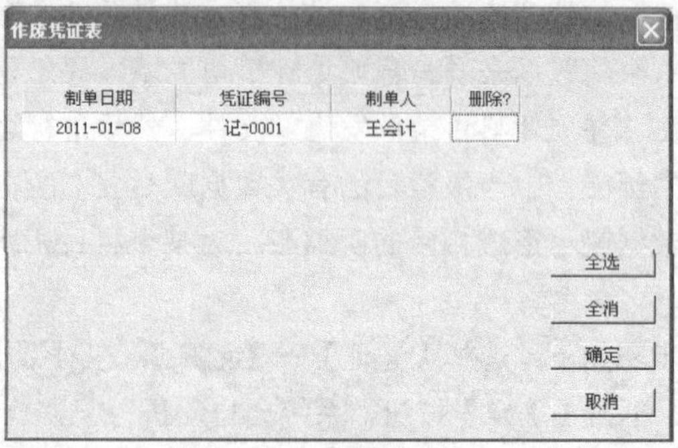

图 7-19　作废凭证表界面

如果要彻底删除标有【作废】字样的凭证，则执行【制单】菜单下的【整理凭证】命令，选择要整理的月份，单击【确定】按钮后，系统显示作废凭证整理列表。当选择好要删除的作废凭证之后，单击【确定】按钮，系统将这些凭证从数据中删除掉，并对剩下的凭证重新进行排号。

（5）单击凭证上的【制单】按钮，操作作废/恢复命令，将该张凭证打上【作废】标记，如图 7-20 所示。

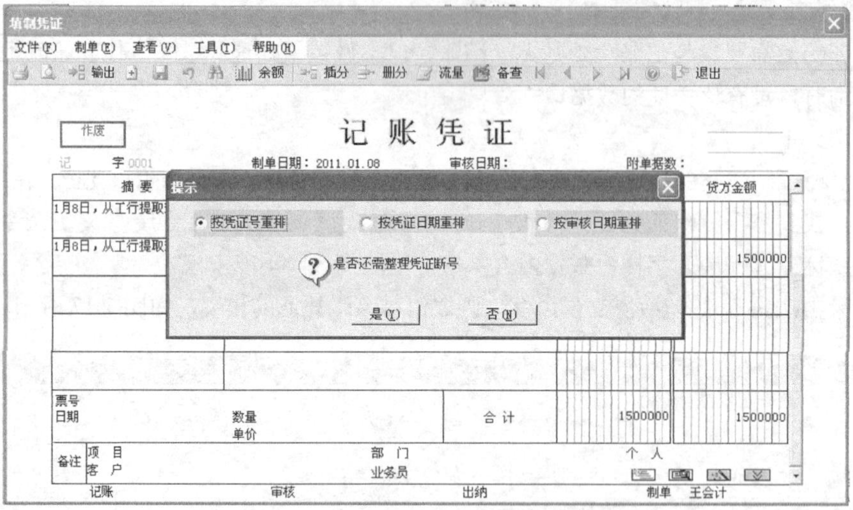

图 7-20　作废凭证弹出提示窗口

提示

（1）未审核的凭证可以直接删除，已经审核的或者已经出纳签字的凭证不能直接删除，必须在取消此功能后方可删除。

（2）若需要删除凭证，必须先作废操作，然后整理凭证，对作废的凭证整理时，若选择不整理断号或者是系统编号，那么在对作废凭证整理时，必须选中自动填补凭证断号及系编号，否则将会出现凭证断号提示。

（3）作废的凭证不能进行修改，不能审核，但可以参与记账。

（4）只能对未记账的凭证进行凭证整理。

（5）查询时查不到作废凭证的数据。

6. 整理凭证

凭证整理就是删除所有作废凭证，并对未记账的凭证重新编号。若本月已有凭证记账，那么本月的最后一张记账凭证之前的凭证将不能作废整理，只能对其后面未记账的凭证整理。若想做凭证整理，则应先用【恢复记账前状态】，恢复到本月初的记账前状态，再做凭证处理。

7. 冲销凭证

对于已经记账的凭证，发现错误，可以制作一张红字冲销凭证，执行【制单】→【冲销凭证】命令，制作红字冲销凭证，通过红字冲销法增加的凭证，应视同正常凭证进行保存管理。

8. 查询凭证

总账管理系统的填制凭证功能不仅是各个账簿数据的输入口，同时也提供了强大的信息查询功能。通过【填制凭证】查询功能，可以查询符合条件的凭证信息，通过查询菜单也可以查看到当前科目最新的余额、外部系统制单信息，查询明细账等。

7.3.2 出纳管理

出纳管理是总账系统为出纳人员提供的一套管理工具和工作平台，包括出纳签字、现金和银行存款日记账的查询打印、资金日报、支票登记簿及银行对账。在这里，我们主要介绍出纳签字。

如果要设出纳签字这一环节，则应该先由账套主管执行【总账】菜单中的【设置—选项】功能，在【凭证】页签的【凭证控制】组中，把【出纳签字的凭证必须经由出纳签字】项打上【√】，出纳签字应先更换操作员，由具体签字权限的出纳人员来进行，对于出纳凭证，可以单个签字，也可以成批签字。

所谓“出纳凭证”，是指出现了“现金”科目或者“银行存款”科目的凭证。相关科目需要由账套主管在【会计科目】设置界面，打开【编辑】菜单，单击【指定科目】进行指定。如果规定了“出纳凭证必须经由出纳签字”，在审核凭证的时候，就必须先由出纳对出纳凭证进行审核并且签字，然后再交给审核人员审核。没有经过出纳签字的凭证，不允许记账。如果没有规定“出纳凭证必须经由出纳人员签字”，那么直接由审核人员对凭证进行审核就行了。

操作步骤如下。

（1）在企业应用平台窗口，执行左上角【重注册】命令，打开【登录】对话框，以“003 张出纳”的身份注册进入企业应用平台，再进入总账管理系统。执行【业务工作】→【总账】→【凭证】→【出纳签字】命令，打开【出纳签字】对话框，如图 7-21、图 7-22 所示。

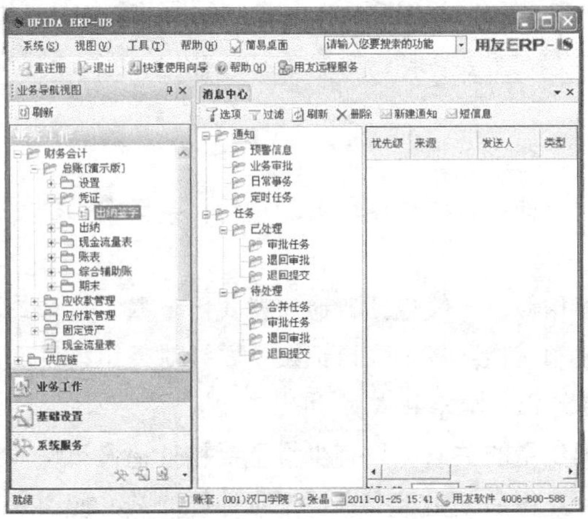

图 7-21 出纳签字进入界面

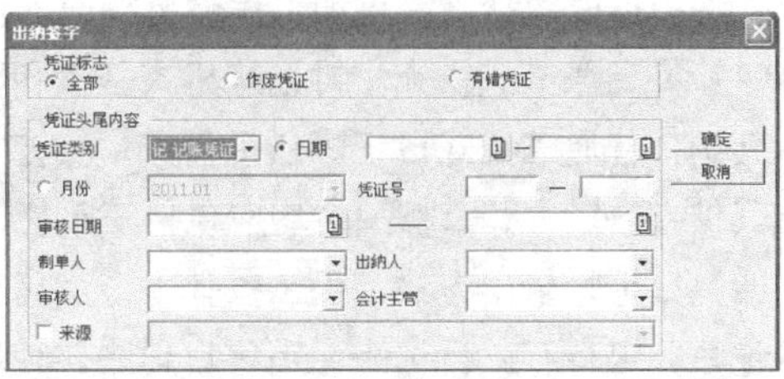

图 7-22 出纳签字界面 1

（2）在对话框里设定需要签字凭证的选择条件（本例保持系统默认的【全部】和【2011-01】），单击【确认】按钮就会显示凭证一览表，如图 7-23 所示。

（3）单击【确定】按钮，可以对凭证进行成批出纳签字，执行【出纳】→【成批出纳签字】命令，即可对凭证进行成批出纳签字，如图 7-24 所示。

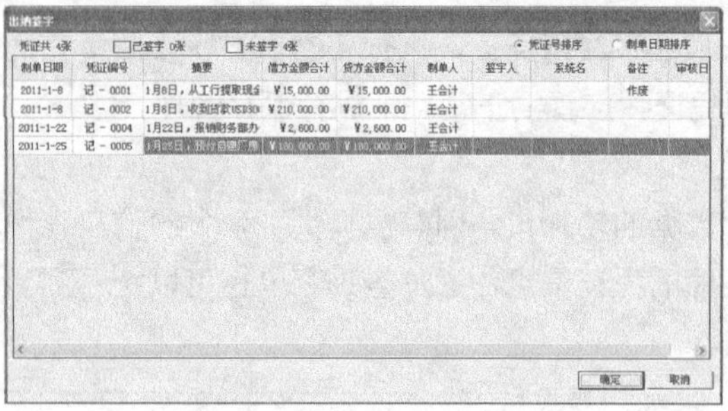

图 7-23　出纳签字界面 2

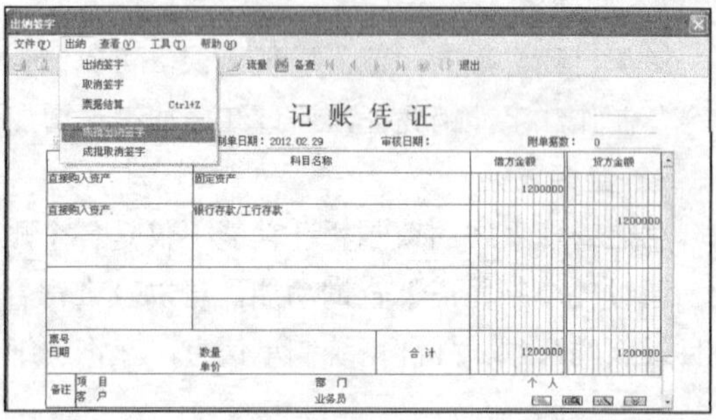

图 7-24　成批出纳签字界面

（4）单击【成批出纳签字】之后，系统会弹出【凭证】界面，查看凭证是否已签字完毕，单击【确定】按钮，完成了出纳签字。出纳签字凭证表样，如图 7-25 所示。

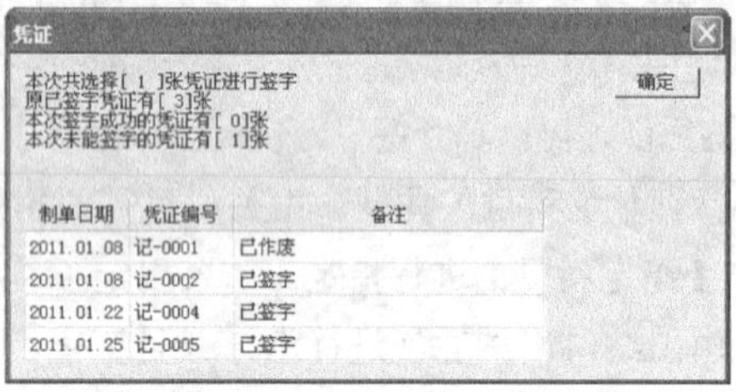

图 7-25　出纳签字凭证列表窗口

提示

1. 以主管和出纳的身份注册，都可进行出纳签字

2. 凭证经过出纳签字以后，就不能修改或者删除。如果要修改或者删除经过出纳签字的凭证，则必须先取消签字。取消签字只能由原来执行签字的出纳本人进行。

7.3.3　账簿查询

账簿查询的最终目标是产生各种账簿和报表。账簿处理模块的功能就是根据企业管理及会计制度要求对账务数据库文件进行排序、检索和汇总处理，最后输出所需的账表。输出的账表主要包括：日记账、明细账、总账、综合查询账表等。输出的方式主要包括：账表的打印输出、账表的屏幕显示输出、账表的磁盘文件输出。

1. 日记账输出模块

日记账输出模块的功能是根据财会人员输入的会计科目、日期，自动从科目余额发生额文件、凭证文件中提取数据，经过加工后输出相应的日记账。

（1）日记账格式设计。日记账格式基本和手工相似，一般包括普通三栏式日记账、复币式日记账。其中，普通三栏式日记账包括借方、贷方、余额三栏；复币式日记账主要针对外币科目而设立的，其借方、贷方和余额三栏均应包括三小栏，即外币、汇率和人民币。

（2）日记账输出方式。手工条件下，考虑到工作量的关系，只有少量重要科目记日记账，如现金日记账、银行存款日记账、销售日记账。使用计算机后，由于产生日记账过程非常方便，所以每个科目都可以有日记账，同时又有明细账。区别在于重要科目的日记账必须日日打印输出。而其他科目的日记账可视需要显示输出或按月、季、年打印输出，有些总账系统把按月打印输出的日记账和每天打印的现金、银行余额日记账区分开来，专门设计输出【日报表】模块，将管理所需的各种科目的数据作为日报表输出，及时准确地为管理提供信息。

2. 明细账输出模块

明细账输出模块的功能是根据财会人员输入的会计科目、日期，自动从凭证文件和科目余额发生额文件中提取数据，经过加工后输出相应的明细账。

（1）明细账格式设计。明细账的格式基本与手工账表相似，主要有三栏式、复币式、数量金额式和多栏式四种形式。其中，普通三栏式明细账主要由借方、贷方、余额三栏组成；复币式明细账主要是针对外币科目而设立的，其借方、贷方和余额三栏均应包括三小栏，即外币、汇率和人民币；数量金额式明细账主要是针对既核算数量又核算金额的科目而设立的，其借方、贷方和余额三栏均应包括三小栏，即数据、单价和金额；多栏式明细账主要是针对需要进行借贷明细分析的科目而设立的，账簿中突出借方科目分析或贷方科目分析的内容。

（2）明细账输出方式。由于在计算机条件下随时都可以通过屏幕，高速、准确、方便地查询各种明细账。因此，明细账既可以按月打印输出，也可以按季、年打印输出。

7.4 总账管理系统期末业务处理

期末处理是指在将本期所发生的全部经济业务登记入账后所要做的工作，主要包括自动转账、对账及试算平衡和月末结账。

7.4.1 自动转账

在会计业务中，许多会计事项每月有规律地重复出现，例如，每月提取折旧费、按月上交税金、按月发工资、月底结转费用到损益账户等。这些凭证的摘要、借贷方科目各月基本相同、金额的来源或计算方法也基本不变。因此，可以把这类凭证的摘要、借贷方科目、金额的来源或计算方法预先进行定义，用户在执行“生成转账凭证”时，计算机根据预先定义的金额来源或计算方法自动取数或计算来填制相应的金额，从而生成相应的转账凭证。这样的凭证称为“自动转账凭证”。通过自动转账避免了每月重复填制类似的转账凭证。

1. 自动转账处理步骤

（1）定义自动转账分录。即告诉系统此类凭证的摘要、借贷方科目、金额计算公式等，并将定义的自动转账分录存放在自动转账分录文件中。可以完成自动转账分录定义的业务主要有：“费用分配”的结转，如工资分配等；“费用分摊”的结转，如制造费用等；“税金计算”的结转，如增值税等；“提取各项费用”的结转，如提取福利费等；“部门核算”的结转；“项目核算”的结转；“个人、单位核算”的结转等。

（2）定义自动转账分录的内容。

① 定义自动转账分录的转账序号。该序号是该张转账凭证的代号，但不是凭证号。转账凭证的凭证号在每月转账时自动产生。一张转账凭证对应一个转账序号。转账序号可任意定义，但一般使用数字编号，不能重号。

② 定义转账摘要。

③ 录入每笔转账凭证分录的科目代码。

④ 指定辅助核算信息。当输入的科目性质涉及辅助核算时，如要指定部门、指定项目、指定个人、指定往来单位等，则要对此进行定义。

⑤ 定义借贷科目的取数来源或计算公式。

⑥ 公式录入完毕后，可继续编辑下一条转账分录，直至所有转账分录全部定义完毕，存盘，自动转账分录被保存在转账分录文件中。

（3）自动生成转账凭证。定义完转账凭证后，只需执行生成转账凭证功能即可快速生成转账凭证，在此生成的转账凭证将自动追加到记账凭证文件中去。

操作顺序一般如下。

① 选择自动转账凭证生成模块。

② 选择要执行的自动转账凭证。

③ 选择完毕后，屏幕将显示要生成的转账凭证。

④ 若凭证类别、制单日期和附单据数等与实际情况略有出入，可直接在当前凭证上进行修改。

⑤ 确认系统显示的凭证是希望生成的转账凭证时，选择【确认】，将当前凭证追加到记账凭证库文件中。

提示

（1）自动转账应在结账前进行。

（2）转账科目只能录入明细级科目。

（3）自动转账凭证必须经过审核后，才能记账。

（4）由于转账是按照已记账凭证的数据进行计算的，所以在进行转账工作之前，要将所有涉及该转账的未记账凭证记账，否则，生成的转账凭证数据可能有误。

（5）对多张已定义好的转账分录在生成转账凭证时，应按提示生成的次序进行。

（6）各自动转账凭证的发生频度不一，有的在一个会计期间可发生多次，有的只发生一次，而有的一年只有一次。因此应按提示发生频度，以免重复转账造成错误。

（4）实验具体操作步骤。

① 在业务工作栏中，执行【总账】→【期末】→【转账定义】→【自定义转账】命令，如图7-26所示。

② 单击【自定义结转账】。进行自定义结转账设置，如图7-27所示，单击【增加】按钮，录入转账目录、填写转账说明，选择凭证类别。单击【确认】按钮。

③ 【自定义转账设置】窗口，选择摘要和转账说明科目，如图7-28所示。

④ 自定义转账录入完成后，打开公式向导，选择需所要的公式向导和函数名，如图7-29所示。

2. 自动转账的类型

（1）汇兑损益结转。即将本月【汇兑损益】转入【财务费用】具体操作步骤如下。

① 汇兑损益结转设置。

操作步骤为：在【业务工作】栏单击【总账】→【期末】→【转账定义】→【汇兑损益】，如图7-30所示。单击【汇总损益结转】，进入【汇兑损益结转设置】界面。

② 转账生成。

汇兑损益入账科目：6603 财务费用

是否计算汇兑损益：Y

外币币种：美元 USD

是否结转：Y

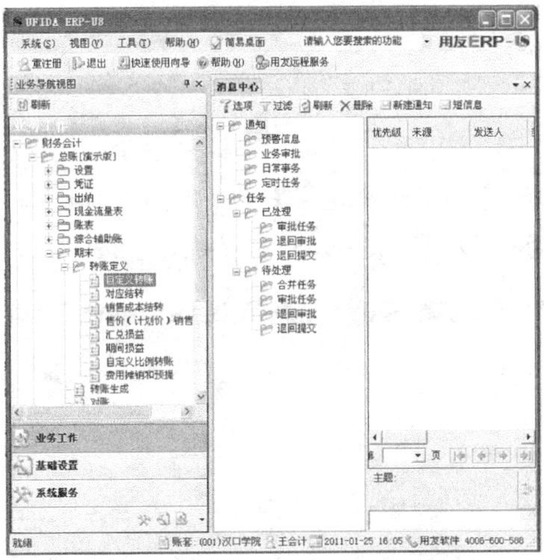

图 7-26　自定义转账进入界面

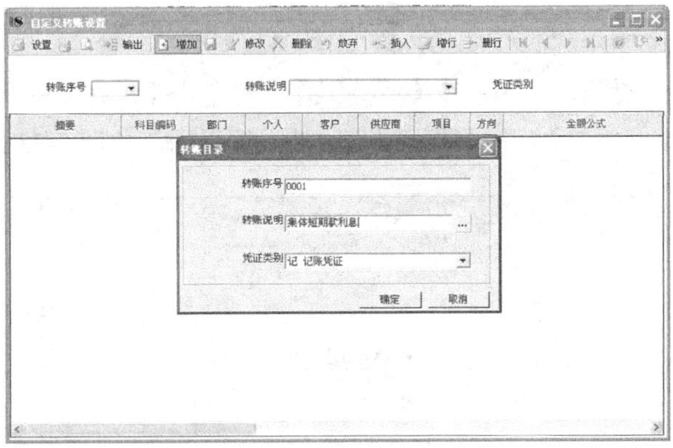

图 7-27　自定义转账设置界面 1

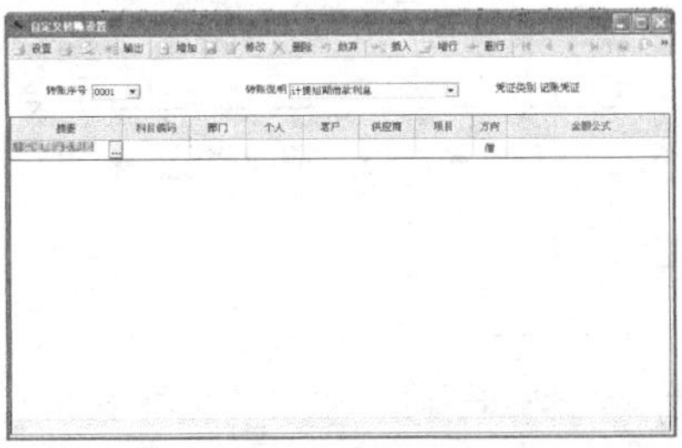

图 7-28　自定义转账设置界面 2

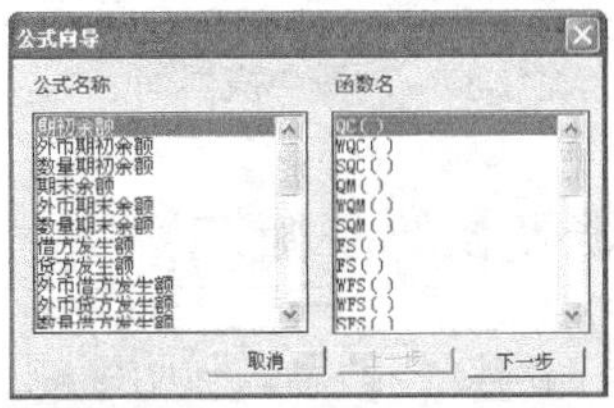

图 7-29　自定义转账设置界面 3

操作步骤为：在【汇总损益结转设置】窗口中进行转账生成设置，选择【汇总损益入账科目】，单击【Y】确定按钮，如图 7-31 所示。

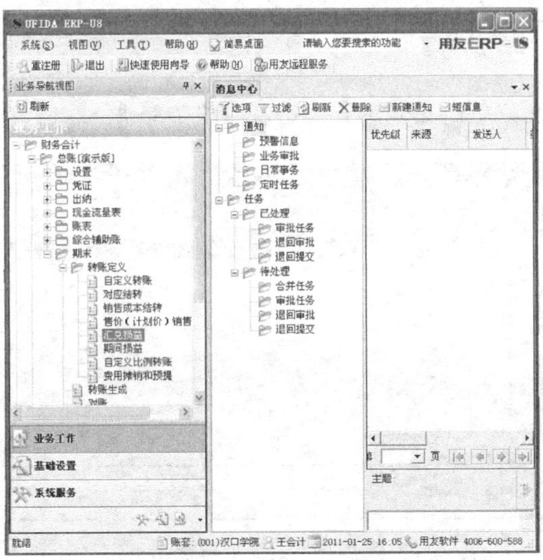

图 7-30　进入汇兑损益的界面

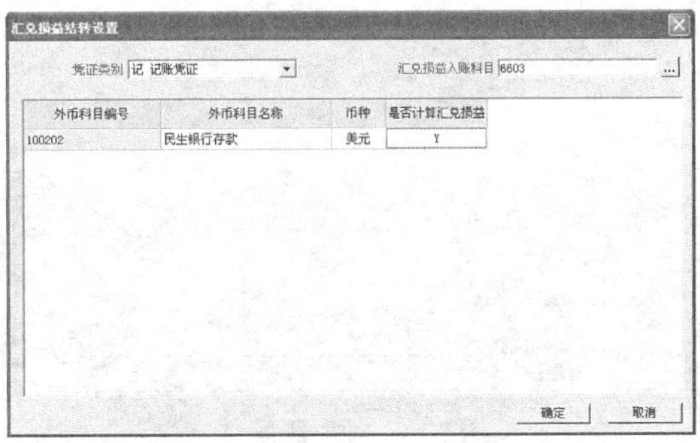

图 7-31　汇兑损益结转设置界面

③ 自定义转账凭证结转 1 月份账务。

操作步骤为：在【转账生成】窗中选择结转月份为【2011.01】，单击【Y】按钮后，在【总账】提示窗口中单击【是】按钮，完成操作，如图 7-32 所示。

（2）期间损益结转。

将本月【期间损益】转入【本年利润】。

本年利润科目：4103　本年利润

操作步骤为：在【业务工作】栏单击【总账】→【期末】→【转账定义】→【期间损益】。单击【期间损益】，进入期间损益结转设置界面，如图 7-33 所示。设置完成后，单击【确定】按钮。

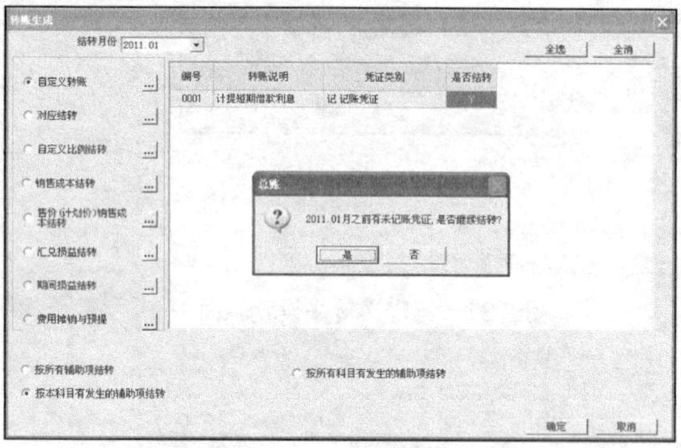

图 7-32　转账生成界面

图 7-33　期间损益结转设置界面

7.4.2　对账及试算平衡

总账系统的对账包括总账与明细账及总账与辅助账的核对，以确定是否账账相符。试算平衡时，系统会将所有账户的期末余额按会计平衡公式“借方余额=贷方余额”进行平衡检验，并输出科目余额表。

操作步骤如下。

（1）在【业务工作】栏单击【总账】→【期末】→【对账】，弹出如图 7-34 所示的【对账】界面窗口。单击选择要试算的账务，选择【检查科目档案辅助项与财务数据一致性】，选择【对账】。

（2）生成期间损益结转转账凭证，试算结果平衡，单击【确定】按钮，如图 7-35 所示。

图 7-34　对账界面

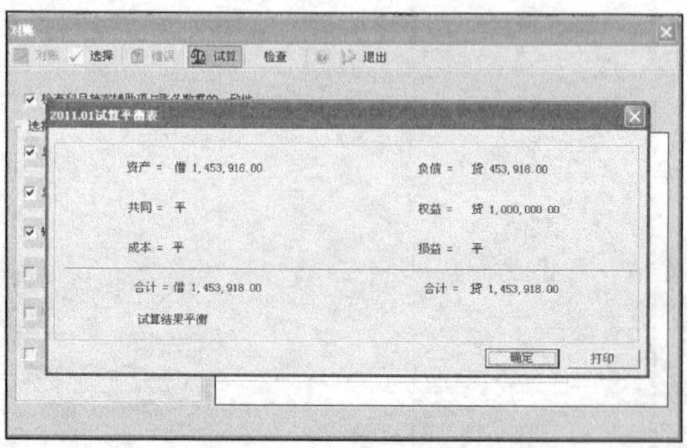

图 7-35　试算平衡表

7.4.3 期末结账

结账是指终结某月的账务处理。它要求既不能提前结账，也不能将本期的业务延至下期记账。因此结账时应按权责发生制原则调整和结转有关账项，并按科目汇总核算出本期余额。结账是本期的全部会计工作都已结束，将开始下期的会计工作前所要做的一项工作，其工作内容是将本期所有的期末余额数据结转成下一期的期初余额，并清除本期的所有发生额数据（借方发生额和贷方发生额），对本期业务执行封账。结账前最好要进行数据备份。

1. 结账的主要过程

结账的主要过程如下。

（1）备份结账前的数据，以在突然或偶然事故造成结账失败时，将数据恢复到结账前的状态。

（2）检查该月的所有凭证是否均已记账，结账日期是否正确，其他相关子系统的数据是否传递完毕等。若结账条件不满足，则不能结账。

（3）如果是年终结账，系统会产生下年度的空白账户文件，并结转年度余额。

（4）成功地结账后，系统做结账标志。

2. 系统结账的控制措施

（1）上月未结账，则本月不能结账。

（2）上月未结账，则本月不能记账，但一般允许填制、审核凭证。

（3）本月还有未记账凭证时，则本月不能结账。

（4）已结账月份不能再填制凭证。

（5）结账只能由有结账权的人进行。

（6）每月可记账多次，但只能结账一次。

（7）若总账系统与其他业务核算系统同时使用，应检查其他业务核算是否处理完毕。

3. 实验操作

操作步骤如下。

（1）在【业务工作】栏单击【总账】→【期末】→【结账】，出现【结账】窗口，如图 7-36 所示。单击结账月份，选择结账，然后单击【下一步】按钮。

（2）出现结账界面 2，如图 7-37 所示。一月份账簿对账完毕。单击【下一步】按钮。

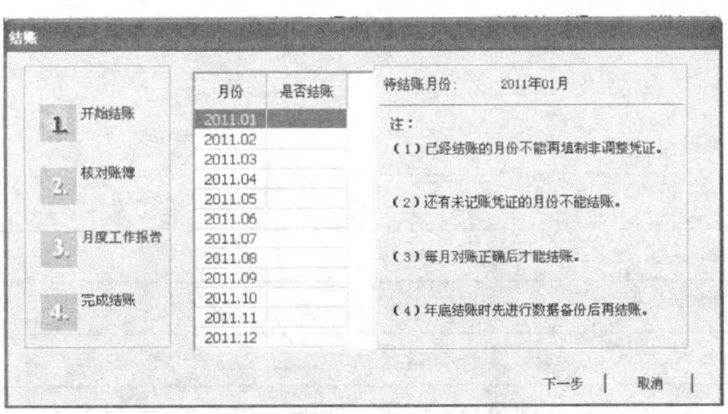

图 7-36 结账界面 1

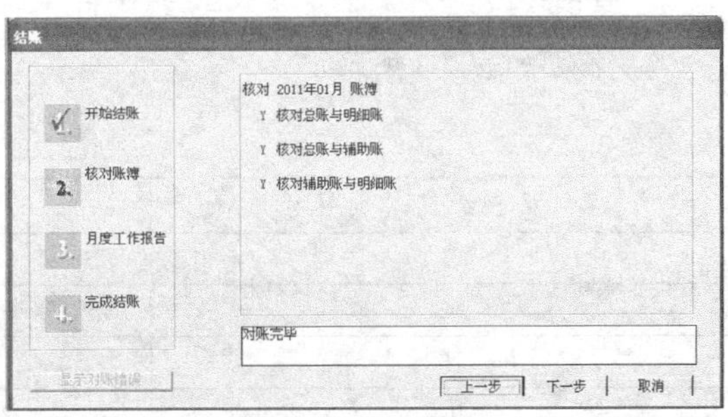

图 7-37 结账界面 2

（3）弹出记账完毕提示窗，如图 7-38 所示。记账成功，单击【确定】按钮。

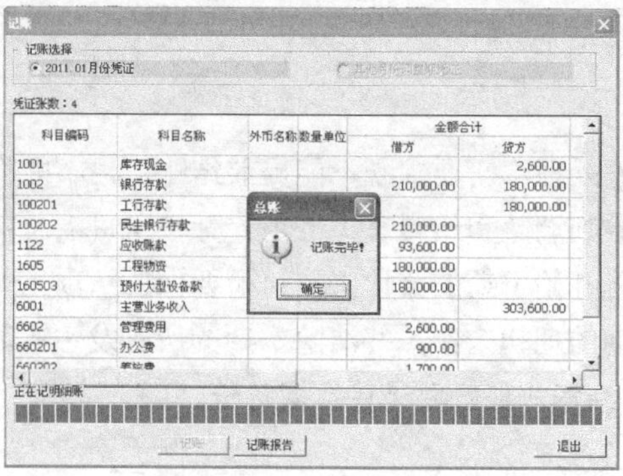

图 7-38　提示记账完毕

上机实践

【实验目的】

1．理解总账系统日常业务处理的基本功能

2．掌握总账系统中凭证管理和账簿管理的具体内容和操作方法

【实验内容】

凭证管理、出纳管理、账簿管理。

【实验准备】

引用第二章【上机实践】账套数据。具体操作步骤如下。

以系统管理员的身份注册进入系统管理，执行【账套】→【引入】命令，系统会弹出【请选择账套备份文件】对话框，选择账套数据所在的磁盘驱动器，找到账套文件“UfErpAct.Lst”，单击【确定】按钮，弹出【系统管理】对话框，确认账套引入的目录后，单击【确定】按钮，完成账套的引入。

提示　如果系统内已存在该账套号账套，系统会提示用户确认是否覆盖已存在信息：单击【是】按钮；覆盖信息；单击【否】按钮，不覆盖信息。

【实验资料】

1．常用摘要

常用摘要如表 7-3 所示。

表 7-3　　常用摘要表

摘要编码	摘要内容
01	报销办公费
02	计提折旧费
03	购进材料费
04	支付欠款费

2．凭证管理

管理以下 5 张凭证。

（1）填制凭证

① 0001 号凭证：1 月 12 日，从工行提取现金 2.8 万元。

② 0002 号凭证：1 月 5 日，收到货款 USD30000。

③ 0003 号凭证：1 月 10 日，销售给天益公司库存商品一批，货款 93 600 元尚未收到。

④ 0004 号凭证：1 月 12 日，报销财务部办公费 900 元，商品部差旅费 1 000 元，销售一科差旅费 700 元。

⑤ 0005 号凭证：1 月 26 日，预付自建厂房工程款 18 000 元。

（2）出纳签字

（3）审核凭证

（4）主管签字

（5）记账

3. 出纳管理

以 003 出纳身份重新注册进入系统。

（1）查询现金日记账

（2）查询银行日记账

（3）查询资金日报

4. 期末业务处理

（1）自定义结转

计提短期借款利息

利率 4.2%

（2）汇总损益结转

（3）期间损益结转

5. 结账

第8章 UFO 报表管理

【学习目标】

通过本章学习，学生可以初步了解 UFO 报表的功能以及主要内容，并掌握报表管理的基本方法，掌握处理系统的日常业务处理技巧。

8.1 UFO 报表概述

按照国家会计制度的规定，企业应当定期向主管财政部门和其他相关单位提供财务报告。

按照会计报表的服务对象，企业的会计报表可以分为对内会计报表和对外会计报表。对内会计报表一般是提供给企业管理者，为进行有效的经营管理和制定正确的经营决策服务，主要包括企业内部的成本报表、资金预算表等。对内报表的格式、内容由于各个企业经营模式的不同而存在很大程度上的差异，一般都是由各个企业根据本单位的需要自行设计决定。对外报表主要是提供给企业外部的政府主管部门。如财政部门、税务部门以及银行金融机构、投资者、债权人等使用，主要包括资产负债表、利润表、现金流量表以及相关的明细表和附表等。对外报表的格式、内容、编制方法等都必须遵循国家会计制度的统一规定。

电算化系统中，一般都提供了对外报表的模板。所谓“模板”，就是设计好的空白报表，不过电算化方式下的空白报表和手工方式下纸张印刷的空白报表不同。电算化方式下的报表模板，不仅包括报表的标题、编制单位、编制日期、货币单位、报表项目等要素，还预先在需要填写金额的位置（称为报表单元）设置了取数函数和运算公式。在编制报表的时候，系统会依据预先设置的取数函数和运算公式，自动在各个数据单元中填写金额。

由于系统已经提供了报表模板，所以在日常工作中不需要另外进行对外报表的设计，需要的时候，直接调用相应模板进行报表编制就可以了。但是对内报表的模板就需要本单位的财会人员专门设计了。会计核算是一个连续、系统、完整的过程，包括确认、计量、记录和报告四个程序。企业日常所发生的经济业务都按照这样的过程在凭证和账薄中进行反映。而报告就是以日常核算资料为依据，用表格或者文字的形式将会计信息传输给信息使用者的过程。以表格表示的方式就是所称的会计报表。会计报表将分散的会计信息通过整理、加工、汇总，以精练的数据反映出特定的会计信息。财务软件中的会计报表子系统能很好地根据会计法规和制度的要求，汇总整理日常会计数据，编制和提供真实、完整的会计报表，同时也可以根据企业自身的需要，编制内部所需的各种管理报表，并提供相应的报表分析资料。

8.1.1 功能概述

用友 ERP-U8 管理软件中的 UFO 报表是报表事务处理的工具。它与用友账务管理软件等各系统有完善的接口，具有方便的自定义报表功能、数据处理功能，内置多个行业的常用会计报表。该系统也可以独立运行，用于处理日常办公事务。

1. 文件管理功能

UFO 提供了各类文件管理功能，除能完成一半的文件管理外，UFO 的数据文件还能够转换为不同的文件格式，例如文本文件、MDB 文件、XLS 文件等。此外，通过 UFO 提供的“导入”和“导出”功能，可以实现和其他类型文件的互换。

2. 格式设计功能

UFO 提供的格式设计功能，可以设置报表尺寸、组合单元、画表格线、调整行高列宽、设置字体和颜色、设置显示比例等。同时，UFO 还有内置了 11 种套用格式和 33 个行业的标准财务报表模板，包括最新的先进流量表。为了方便用户标准报表的制作，UFO 还提供了针对用户单位内部常用的管理报表的自定义模板功能。

3. 数据处理功能

UFO 的数据处理功能可以固定的格式管理大量数据不同的表页，并在每张表页之间建立有机的联系。

4. 二次开发功能

UFO 提供了批命令和自定义菜单，利用这些功能可以开发出适合本企业的专用系统。

5. 其他

除了以上四种功能，UFO 报表管理中还具有公式设计功能、图表功能、打印功能。

8.1.2 UFO 报表介绍

1. 利润表表样

利润表表样如图 8-1 所示。

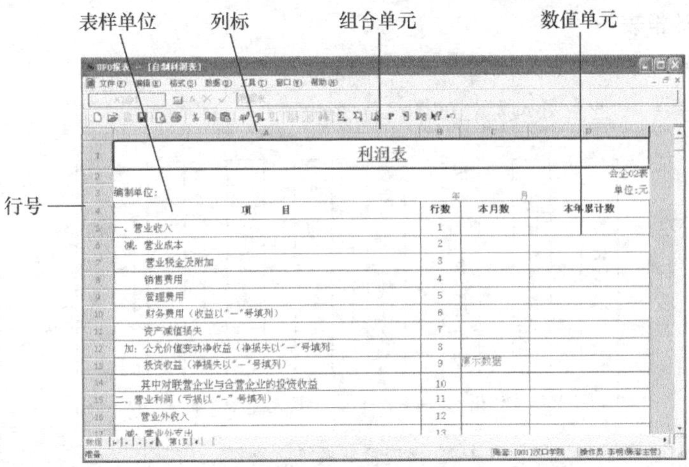

图 8-1　UFO 报表界面

2. 报表中的计算公式样表

UFO 报表中所涉及主要计算公式如表 8-1 所示。

表 8-1　　报表计算公式

位　置	单元公式	位　置	单元公式
C5	fs(6001,月,”贷”,,年)	D5	?C5+select(?D5,年@=年 and 月@=月+1)
C6	fs(6401,月,”借”,,年)	D6	?C6+select(?D6,年@=年 and 月@=月+1)
C7	fs(6403,月,”借”,,年)	D7	?C7+select(?D7,年@=年 and 月@=月+1)
C8	fs(6601,月,”借”,,年)	D8	?C8+select(?D8,年@=年 and 月@=月+1)
C9	fs(6602,月,”借”,,年)	D9	?C9+select(?D9,年@=年 and 月@=月+1)
C10	fs(6603,月,”借”,,年)	D10	?C10+select(?D10,年@=年 and 月@=月+1)
C11	fs(6701,月,”借”,,年)	D11	?C11+select(?D11,年@=年 and 月@=月+1)
C12	fs(6101,月,”借”,,年)	D12	?C12+select(?D12,年@=年 and 月@=月+1)
C13	fs(6111,月,”借”,,年)	D13	?C13+select(?D13,年@=年 and 月@=月+1)
C14		D14	
C15	C5-C6-C7-C8-C9-C10 -C11+C12+C13	D15	?C15+select(?D15,年@=年 and 月@=月+1)
C16	fs(6301,月,”贷”,,年)	D16	?C16+select(?D16,年@=年 and 月@=月+1)
C17	fs(6711,月,”借”,,年)	D17	?C17+select(?D17,年@=年 and 月@=月+1)
C18		D18	?C18+select(?D18,年@=年 and 月@=月+1)
C19	C15+C16-C17	D19	?C19+select(?D19,年@=年 and 月@=月+1)
C20	fs(6801,月,”借”,,年)	D20	?C20+select(?D20,年@=年 and 月@=月+1)
C21	C19-C20	D21	?C21+select(?D21,年@=年 and 月@=月+1)

8.1.3　UFO 报表管理系统与其他系统的主要关系

UFO 报表管理系统主要是从系统中提取编制报表所需的数据。总账、工资、固定资产、应收款、应付款、财务分析、采购、库存、存货核算和销售子系统均可向报表子系统传递数据，以生成财务部门所需的各种会计报表。

1. UFO 报表管理系统的业务处理流程

UFO 报表管理系统的业务处理流程如图 8-2 所示。

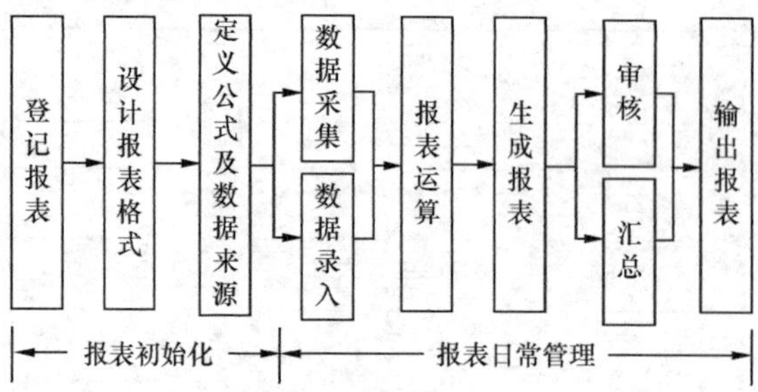

图 8-2　UFO 报表管理系统的业务处理流程

2. UFO 报表管理的基本概念

（1）格式状态和数据状态。UFO 将报表制作分为两大部分来处理，即报表格式与公式设计工作及报表数据处理工作。这两部分的工作是在不同状态下进行的。

① 格式状态。在格式状态下可以设计报表的格式，包括报表的尺寸（行数和列数）、行高、列宽、单元属性、单元风格、组合单元、关键字等。报表中的单元取数函数、运算公式和审核公式也

在格式状态下定义。

在格式状态下，所做的操作对同一报表的所有表页都起作用；不能进行数据的输入和计算；只能看到报表的格式，看不到报表的数据。

② 数据状态。在数据状态下，不能修改报表的格式，但可以看到报表的全部内容，包括报表的格式和数据。

（2）报表三要素。一个报表的表页由表头、表体和表尾三种要素组成。

表头：包括报表的标题、编制日期、编制单位名称、货币单位等内容。

表体：是报表的主体。表体由从左到右排列的若干列和从上到下排列的若干行组成。

表尾：表体以下进行辅助说明的部分。报表的表尾部分可能有内容，也可能没有内容。

（3）单元。单元是组成报表的最小单位。单元名称由所在行、列标识。单元类型有数值单元、字符单元、表样单元 3 种。

① 数值单元用于存放报表的数据，在数据状态下输入。数值单元的内容可以直接输入或由单元中存放的单元公式运算生成。建立一个新表时，所有单元的类型默认为数值型。

② 字符单元也是报表的数据，也在数据状态下输入。字符单元的内容可以直接输入，或由单元中存放的单元公式生成。

③ 表样单元是报表的格式，是定义一个没有数据的空表所需的所有文字、符号或数字。一旦单元被定义为表样，那么在其中输入的内容对所有表页都有效。表样单元只能在格式状态下输入和修改。

（4）区域和组合单元。

① 区域。表页上多个相邻单元组成的一个个长方形称做一个区域。区域由一张表页上的相邻单元组成，自起点单元至终点单元是一个完整的长方形矩阵。在 UFO 中，区域是二维的，最大的区域是整个表页，最小的区域是一个单元。

② 组合单元。组合单元由相邻的两个或更多的单元组成。这些单元必须是同一种单元类型（表样、数值、字符）。UFO 在处理报表时将组合单元视为一个单元。组合单元的名称可以用区域的名称或区域的任何一个单元的名称来表示。

（5）关键字。关键字是用于唯一标识一张表页的数据。它的作用在于从大量表页中快速地找出一张表页。

8.2 UFO 报表模板管理

8.2.1 报表定义及报表模板

1. 报表定义

（1）报表格式定义。报表的格式设计在格式状态下进行。格式对整个报表都有效，包括以下操作。

① 设置表尺寸。设定报表的大小及行数和列数。

② 定义组合单元，即把几个单元作为一个单元使用。

③ 画表格线。

④ 输入报表中项目，包括表头、表体和表尾（关键字值除外）。在格式状态下定义了单元内容的自动默认为表样型。定义为表样型的单元在数据状态下不允许修改和删除。

⑤ 定义行高和列宽。

⑥ 设置单元风格，即设置单元的字型、字体、字号、颜色、图案、折行显示等。

⑦ 设置单元属性。把固定内容的单元格，如需要输入数字的单元定为数值单元；如需要输入“项目”“行次”“期初数”“期末数”等内容的单元定为表样单元；把需要输入字符的单元定义为字符单元。

⑧ 确定关键字在表页上的位置，例如单位名称、年、月等。

（2）报表公式定义。定义公式功能主要用于确定报表的取数方式以及确定数据的勾稽关系。UFO系统提供了三类公式：计算公式（单元公式）、审核公式和舍位平衡公式。公式的定义在格式状态下进行。

① 计算公式：定义了报表数据之间的运算关系，可以实现报表系统从其他子系统取数。用友软件的计算公式一般通过函数实现。企业常用的财务报表数据一般是来源于总账管理系统或报表系统本身，取自于报表的数据又可以分为从本报表取数和从其他报表的表页取数。

② 审核公式：用于审核报表内或报表之间的勾稽关系是否正确。

③ 舍位平衡公式：报表数据进行进位或小数取数时调整数据。

一般情况下，报表的计算公式必须设置，审核公式和舍位平衡公式是根据需要设置。

2. 报表模板

利用报表模板可以迅速建立一张符合需要的财务报表。对于一些企业常用报表模板中没有提供的报表，在自定义完这些报表的格式和公式后，可以将其定义为报表模板，可供以后直接调用。

8.2.2 报表数据处理

报表数据处理是针对某一特定表页进行的，因此，在数据处理时还涉及对表页进行增加、删除、插入、追加表页等操作。报表数据主要包括生成报表数据、审核报表数据和舍位平衡操作等工作。数据处理工作必须在数据状态下进行。

报表的数据包括报表单元的数值和字符，以及游离于单元之外的关键字。数值单元只能生成数字，而字符单元既能生成数据又能生成字符。

8.2.3 表页管理及报表输出

报表的输出包括报表的屏幕输出和打印输出。输出时可以在格式状态下输出报表格式，也可以在数据状态下输出报表的某一特定表页输出。输出表页时，格式和报表数据一起输出。

屏幕输出时可以对报表的显示风格、显示比例加以设置。打印报表之前可以在预览窗口预览，打印时还可以进行页面设置和打印设置等操作。

8.2.4 图表功能

报表数据生成之后，为了对报表数据进行直观的分析和了解，方便数据的对比、趋势和结构分析，可以利用图形对数据进行直观显示。UFO 图表格式提供了直方图、圆饼图、折线图、面积图 4 大类 10 种格式的图表。

图表是利用报表文件中的数据生成的，报表数据发生变化时，图表也随之变化。

8.2.5 报表公式

会计报表的变动单元内容会随编制单位和时间的不同而不同，但其获取数据的来源和计算方法是相对稳定的。报表管理系统依据这一特点设计了【定义计算公式】的功能，为定义报表变动单元的计算公式提供了条件，从而使报表管理系统能够自动、及时、准确地编制会计报表。

报表公式是指报表或报表数据单元的计算规则，主要包括单元公式、审核公式和舍位平衡公式等。

1. 单元公式

单元公式是指为报表数据单元进行赋值的公式，作用是从账簿、凭证、本表或其他报表等处调用、运算所需要的数据，并填入相应的表单元中。它可以将数据单元赋值为数值，也可以赋值为字符。

单元公式一般由目标单元、运算符、函数和运算符序列组成，例如，C5=期初余额（【1001】，月）+期初余额（【1002】，月）。其中，目标单元是指用行号、列号表示的用于放置运算结果的单元；运算符序列是指采集数据并进行运算处理的次序。报表系统提供了一整套从各种数据文件（包括机内凭证、账簿和报表，也包括机内其他数据来源）采集数据的函数。企业可根据实际情况，合理地调用不同的相关函数。

常用的报表数据一般是来源于总账系统或报表系统本身，取自于报表的数据又可以分为从本表取数和其他报表的表页取数。

（1）从机内账簿取数。即从账务处理系统中提取总账、明细账的相关数据。常用会计报表的主要数据仍然来源于机内会计账簿。

（2）从本表内单元取数。绝大多数会计报表都需要提取本表内的基本栏目数据参与合计项或相对数的计算。

（3）自本表其他表页取数。从本表已经编制完成的任一会计期间的报表内提取数据。

提示

（1）科目编码也可以是科目名称，且必须用双引号。

（2）会计期间可以是“年”“季”“月”等变量，也可以用具体数字表示的年、季、月。

（3）方向即“借”或“贷”，可以省略。

（4）账套号为数字，缺省时默认为第一套账。

（5）会计年度即数据取数年度，可以省略。

（6）编码 1 与编码 2 及科目编码的和算账类有关，可以取科目的辅助账，如职员编码、项目编码，如果无辅助核算则省略。

为了方便而又准确的编制会计报表，系统提供了手工设置和引导设置两种方式。在引导设置状态下，根据对各目标单元填列数据的要求，通过逐项设置函数及运算符，即可自动生成所需要的单元公式。

手工单元公式设置的步骤：先选定需要定义公式的单元；执行【数据编辑公式】→【单元

公式命令项】，打开【定义公式】对话框，在【定义公式】对话框内，直接输入计算公式后，单击【确认】按钮。

提示　单元公式再输入时，凡是涉及数字符号的均须在英文半角状态下输入。

引导设置的操作步骤：选定被定义单元D6，即货币资金的期末数；单击编辑框的【fx】按钮，打开【定义公式】对话框；单击【函数向导】按钮，进入【函数向导】对话框。

2. 审核公式

在经常使用的各类财经报表中的每个数据都有明确的经济含义，并且各个数据之间一般都有一定的勾稽关系。如在一个报表中，小计等于各分项之和，而合计又等于各个小计之和。在实际工作中，为了确保报表数据的准确性，我们经常用这种报表之间或报表之内的勾稽关系对报表进行勾稽关系检查。一般地来讲，我们这种检查为数据的审核。

利用报表中各个数据之间的勾稽关系可以定义审核公式，可以进一步检验报表编制的结果是否正确。审核公式可以检验表页中数据的勾稽关系，也可以验证同表页的勾稽关系，还可以验证不同报表之间的数据勾稽关系。

审核公式由验证关系公式和提示信息组成。定义报表审核公式，首先要分析报表中各单元之间的关系，来确定审核关系，然后根据确定的审核关系定义审核公式。其中，审核关系必须确定正确，否则审核公式会起到相反的效果。即由于审核关系不正确导致一张数据正确的报表被审核为错误，而编制报表者又无法修改。

3. 舍位平衡公式

在报表汇总时，各个报表的数据计量单位有可能不统一。这时，需要将报表的数据进行位数转换，将报表的数据单位由个位转换为百位、千位或万位，如将“元”单位转换为“千元”或“万元”单位。这种操作可成为进位操作。进位操作后，原来的平衡关系重新调整，以使舍位后的数据符合指定的平衡公式。这种用于对报表数据进位及重新调整报表进位之后平衡关系的公式称为舍位平衡公式。

定义舍位平衡公式需要指明要舍位的表名、舍位范围以及舍位位数，并且必须输入平衡公式。

8.3 报表处理系统的日常业务处理

8.3.1 报表编制

设置报表格式和报表公式只是定义了报表的结构，要得到填有所需数据的报表，还需进行报表的编制工作（即报表数据处理）。报表数据处理主要包括生成报表数据、审核报表数据和舍位平衡操作等工作。处理时，软件会根据已定义的单元公式、审核公式和舍位平衡公式自动进行取数、审核及舍位等操作。报表数据处理一般是针对某一特定表页进行的，因此，在数据处理时还涉及表页的操作，如增加、删除、插入、追加表页等。

1. 增加表页

一个 UFO 报表最多可容纳 99999 张表页，每一张表页是由许多个单元组成的，一个报表中的所有表页具有相同的格式，但其中的数据不同。表页在报表中的序号在表页下方以标签的形式出现，称为“页标”，用“第一页”至“第 99999 页”表示。

2. 录入关键字

关键字是游离于单元之外的特殊数据单元，可以唯一标识一个表页，用于在大量表页中快速选择表页。关键字的显示位置在格式状态下设置，关键字的值在数据状态下录入，每个表可以定义多个关键字。UFO 共提供了以下六种关键字。

（1）单位名称 （字符型最大 30 个字符），为该表页编制单位的名称。

（2）单位编号 （字符型最大 10 个字符），为该表页编制单位的编号。

（3）年 （数值型 1904～2100），该表页反映的年度。

（4）季 （数值型 1～4），该表页反映的季度。

（5）月 （数值型 1～12），该表页反映的月份。

（6）日 （数值型 1～31），该表页反映的日期。

3. 生成报表

（1）审核报表。在报表编制过程中，系统将对取数公式的格式进行检查，如果发现语法或句法错误，则将以某种方式给予警示。但应注意，公式语法正确不等于公式的逻辑关系正确，系统只能识别语法错误，而不能对公式的逻辑关系进行检验。在【数据】菜单中单击【审核】，系统会自动对报表数据进行审核。

（2）报表查询。报表查询是报表系统应用的一项重要工作。在报表系统中，可以对当前正在编制的报表予以查阅，也可以对历史的报表进行迅速有效的查询。在进行报表查询时，一般可以以整表的形式输出，也可以将多张表页的布局同时输出，后者这种输出方式叫做表页透视。

（3）报表输出。报表的输出包括报表的屏幕输出和打印输出。输出时，可以在格式状态下输出报表格式，也可以在数据状态下输出报表的某一特定表页输出，且输出表页时格式和报表数据一起输出。

屏幕输出时可以对报表的显示风格、显示比例加以设置。打印报表之前可以在预览窗口预览，打印时还可以进行页面设置和打印设置等操作。

8.3.2 报表分析

报表分析就是使用各种方法对报表的数据进行分析。在报表软件中一般提供图表分析法，即将报表中选定的数据以图形方式显示，使用户直观地得到数据的大小或变化的情况。图形实际上是报表的延伸，反映的仍然是所分析报表中的数据，只不过表现形式不同而已，一张分析表可以采用各种图形表示方法。

图表主要有点图、线图、直方图和饼图四种基本形式，其他的各种图表都是这些基本形式的派生。

8.3.3 报表维护

报表维护是报表处理系统的一项基本功能，包括报表的备份、报表恢复、报表删除、结构复制等。

8.4 报表处理系统的日常业务处理实务

8.4.1 自定义报表

自定义报表可按以下步骤进行。

1. 启动 UFO 报表管理系统

（1）以 001 主管的身份进入企业应用平台，执行【财务会计】→【UFO 报表】命令，进入报表管理系统。

（2）执行【文件】→【新建】命令，建立一张空白报表，报表名默认为“report1”。如图 8-3 所示。

2. 设计报表格式

格式设置的主要内容包括：设置表尺寸、定义行高和列宽、画表格线、定义组合单位等。进行报表格式设计，如图 8-4 所示。

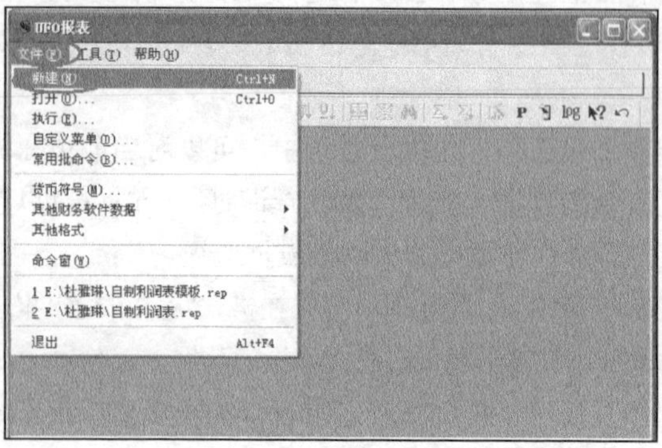

图 8-3 新建 UFO 报表模板

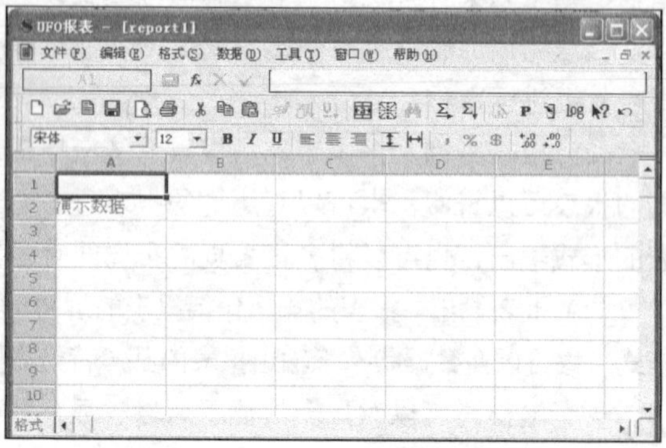

图 8-4 报表模板界面

（1）设置 UFO 报表尺寸。设置报表尺寸，是指设置报表的行数和列数。

① 执行【格式】→【表尺寸】命令，打开【表尺寸】对话框，输入行数“24”，列数“4”，单击【确认】按钮。如图 8-5 所示。

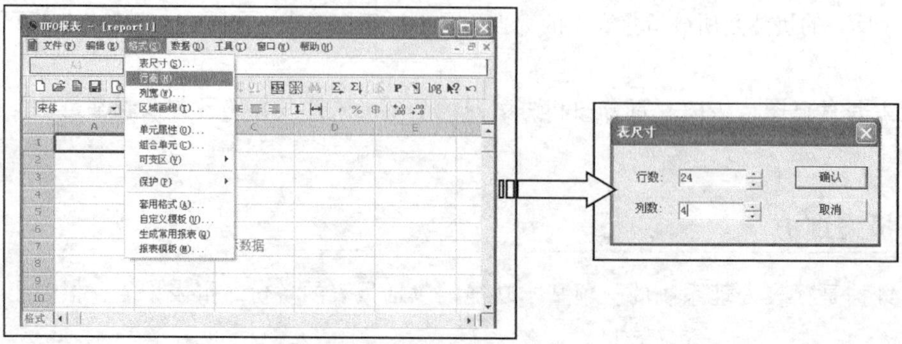

图 8-5 设置“行高”表尺寸

提示

(1) 在设置行高及列宽，如果觉得不合适，可以直接用鼠标拖动行线和列宽来改变行高和列宽。

(2) 定义行高和列宽应以能够放下本栏最宽数据为原则，否则将会出现在生成报表时产生数据溢出错误的情况。行高、列宽的单位为毫米。

② 选中需要调整的单元所在行【A1】，执行【格式】→【行高】命令，打开【行高】对话框输入行高“12”，单击【确认】按钮。如图 8-6 所示。

③ 选中需要调整的单元区域【A4：D24】，执行【格式】→【行高单元属性】命令，打开【单元格属性】对话框输入行高“6”，单击【确认】按钮。如图 8-7 所示。

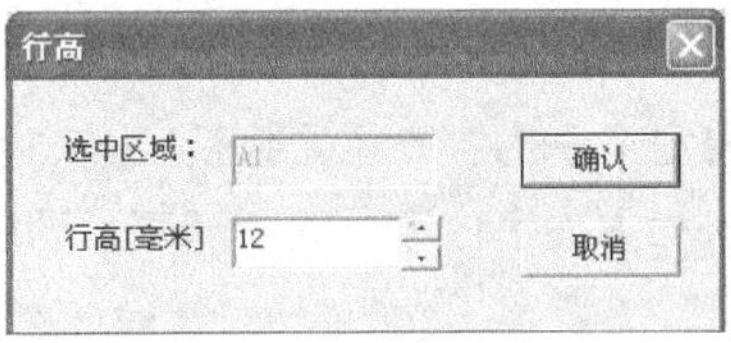

图 8-6　设置行高对话框 1

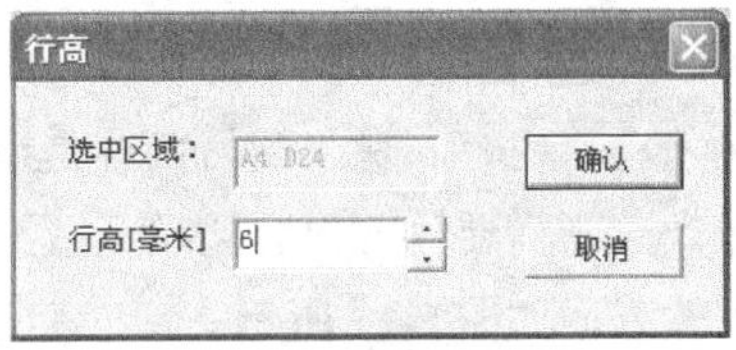

图 8-7　设置行高对话框 2

④ 选中需要调整的单元所在行【A1】，执行【格式】→【列宽】命令，打开【列宽】对话框输入行高“12”，单击【确认】按钮。同样选中单元【B1】、【C1】、【D1】并分别将列宽定义为“10”“32”“32”，如图 8-8 所示。

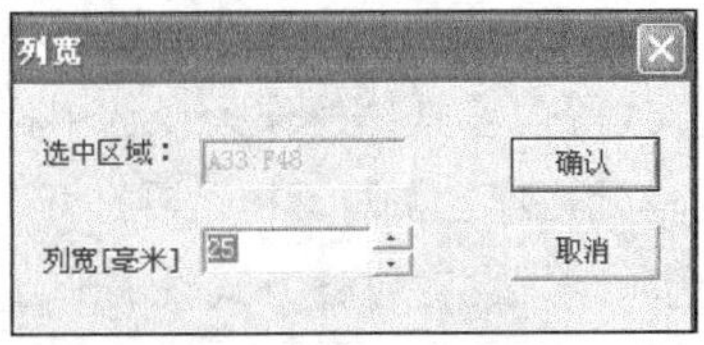

图 8-8　设置列宽对话框

(2) 画表格线。报表的尺寸设置完成后，在报表输出时，该报表是没有任何表格线的，为了满足查询和打印的需要，还在适当的位置上画表格线。选中报表需要画线的单元区域【A4：D24】，执行【格式】→【区域画线】命令，打开【网线】对话框，选择【网线】单选按钮，单击【确认】按钮，将所选区域画上表格线。如图 8-9 所示。

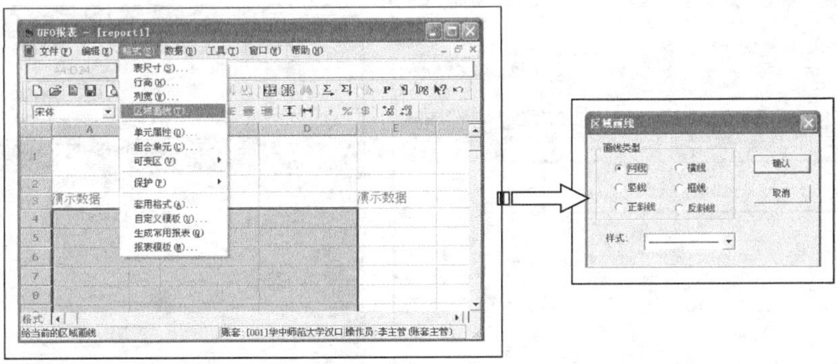

图 8-9　区域画线

(3) 定义组合单元。把几个单元作为一个单元来使用，组合单元实际上就是一个大的单元，所有针对单元的操作对组合单元均有效。选择需合并的单元区域【A1：D1】，执行【格式】→【组合单元】命令，打开【组合单元】对话框，选择组合方式【整体组合】或【按行组合】，该单元即合并成一个单元格。如图 8-10 所示。

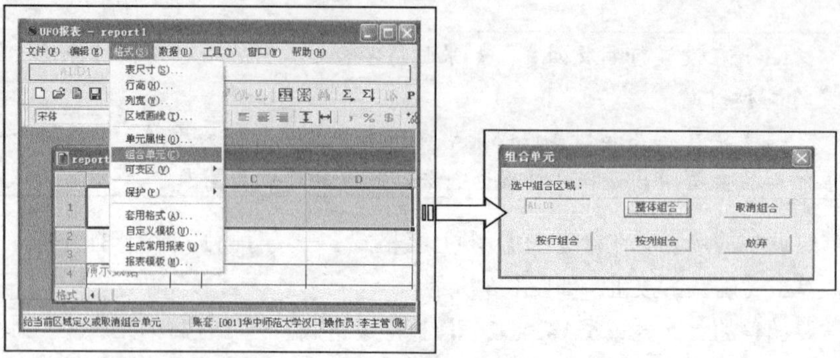

图 8-10　定义组合单元

3. 定义公式及数据来源

（1）输入项目内容。输入项目内容是指输入报表的固定文字内容，主要包括表头、表体项目、表尾项目等。选中需要输入内容的单元或组合单元，输入相关文字内容，如利润表，同理，其余按照实验数据输入，如图 8-11 所示。

提示　在输入报表项目时，编制单位和日期一般不需要输入，UFO 表中需要将其设置为关键字。

（2）设置单元属性。设置单元类型及数据格式、对齐方式、字型、字体、字号以及颜色、边框样式等内容具体操作为：选中标题所在组合单元【A1】，执行【格式】→【单元属性】命令，打开【单元格属性】对话框，再打开【字体图案】选项卡，设置字体为“楷体”，字号“28”，打开【对齐】选项卡，设置对齐方式“水平方向为居中，垂直方向为居中”。同理，设置单元区域【A4：D4,】字体为“黑体”，字号为“14”，水平方向为“居中”，垂直方向为“居中”。设置单元区域【A5：D24】，字体为“宋体”，字号为“14”。如图 8-12 所示。

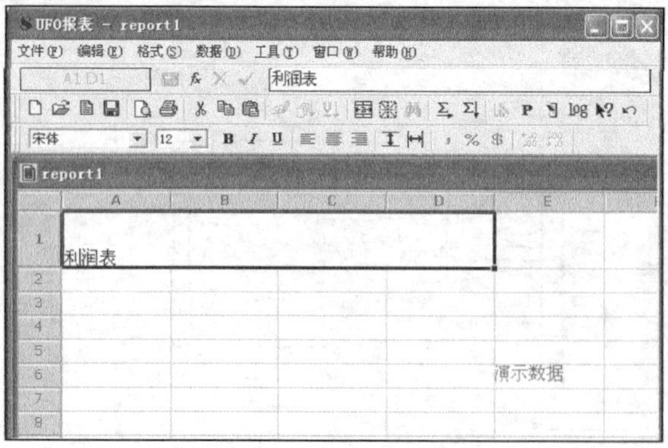

图 8-11　输入 UFO 报表内容 1

图 8-12　输入 UFO 报表内容 2

（3）定义关键字。定义关键字主要包括设置关键字和调整关键字在表页上的位置。关键字主要有 6 种：单位名称、单位编号、年、季、月、日，另外还包括一个自定义关键字。可以根据实际情况任意设置相应的关键字。同一个表中不能有重复的关键字，且在格式状态下设置，相关数值则在数据状态下录入。具体操作为：选中单元【A3】，执行【数据】→【关键字】→【设置】命令，打开【设置关键字】对话框，选择单位名称，同理，在【C3】单元设置关键字“年”，在【D3】单元设置关键字“月”。如图 8-13 所示。

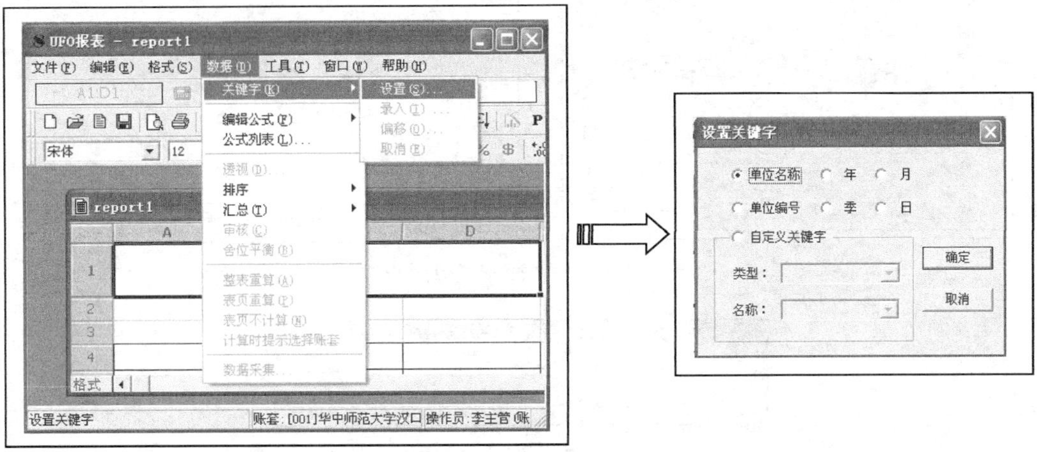

图 8-13　设置关键字

（4）录入单元公式。单元公式是指为报表数据单元进行赋值的公式，一般由目标单元、运算符、函数和运算符序列组成，作用是从账簿、凭证、本表或其他报表等处调用、运算所需要的数据，并填入相应的报表单元中。它既可以将数据单元赋值为数值，也可以赋值为字符。

① 选中被定义单元【C5】，即【主营业务收入】，单击【fx】按钮，打开【定义公式】对话框，如图 8-14 所示。

② 单击【函数向导】按钮，打开【函数向导】对话框；在【函数分类】列表框中选择【用友账务函数】，在右侧的【函数名】列表框中选择“期末 QM()”；单击【下一步】按钮，打开【用友账务函数】对话框。如图 8-15 所示。

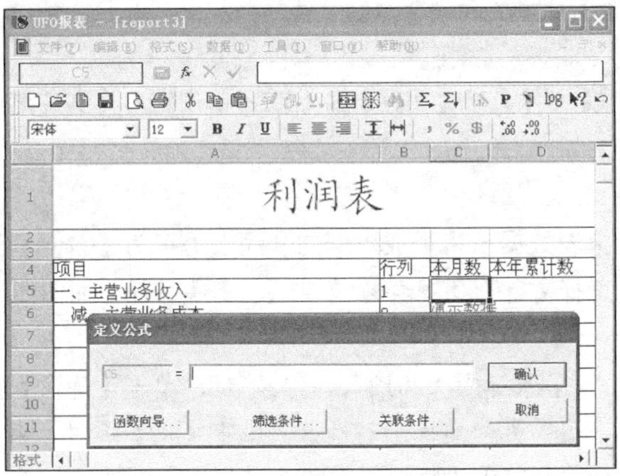

图 8-14　定义公式窗口

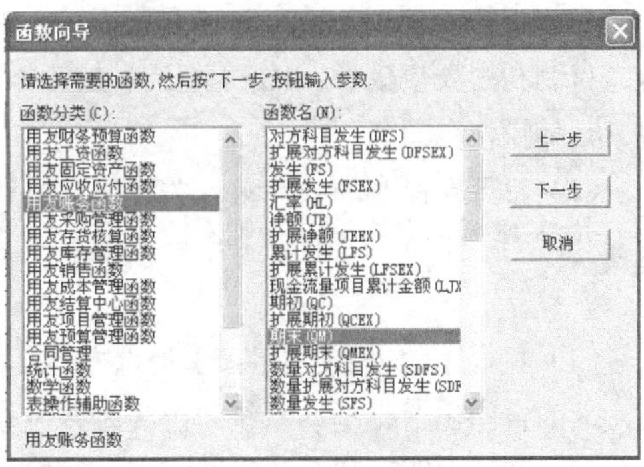

图 8-15　函数向导界面

③ 单击【参数】按钮，打开【账务函数】对话框；选择科目【6001】，其余各项均采用系统默认值。

④ 单击【确定】按钮，返回【用友账务函数】对话框；单击【确定】按钮，返回【定义公式】对话框，单击【确认】按钮；输入其他单元公式。如图 8-16、图 8-17 所示。

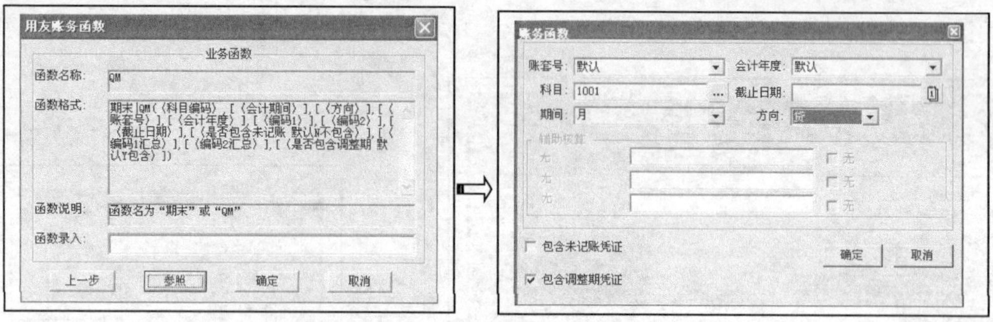

图 8-16 账务函数界面

图 8-17 定义公式界面

提示

1. 如果在【账务函数】界面中，选中了【包括未记账凭证】选项，则表示将连同未记账。

2. 凭证数据一并取到报表中。

3. 如果未进行账套初始，那么账套号和会计年度需要直接输入。

4. 或者已知输入公式：选中需要定义公式的单元，执行【数据】→【编辑公式】→【单元公式】命令项，打开【定义公式】对话框，然后再对话框里直接输入总账期初函数：fs（6001,月,贷,,年），单击【确认】按钮。

5. 单元公式在输入时，凡是涉及数字符号的均须输入英文半角字符。如果对 UFO 函数不太了解的话，可以利用函数向导引导输入，利用引导输入简单直观。

4. 生成报表

将报表格式保存为【自制利润表模板】：执行【文件】→【保存】命令或者单击💾，将文件名改为“自制利润表模板”，单击【确认】按钮。

具体操作步骤如下：

（1）打开自制利润表，录入关键字，并计算报表数据，将生成数据的利润表另存为【自制利润表】。执行【文件】→【打开】命令或者单击📂，选择【自制利润表】，单击【打开】按钮，如图 8-18 所示。

（2）执行【数据】【关键字】→【录入】命令，录入年为“2012”、月为“1”，单击【确认】按钮，之后会弹出对话框，系统弹出【是否重算第一页？】信息提示对话框，单击【是】按钮，系统会自动在初始的账套和会计年度范围内根据单元公式计算生成数据。如图 8-19 所示。

提示

可将生成的数据报表保存到指定位置。

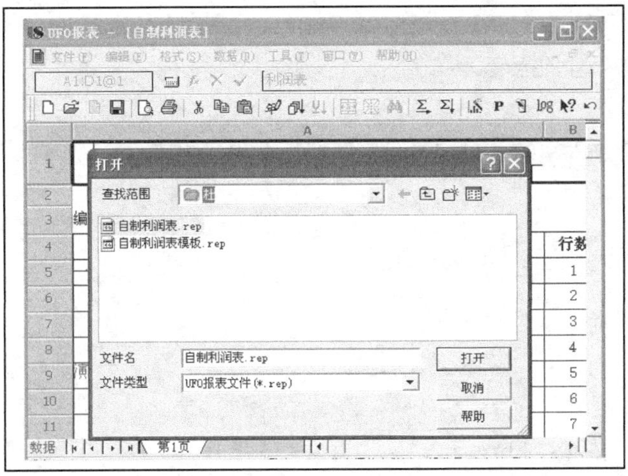

图 8-18　打开图表界面

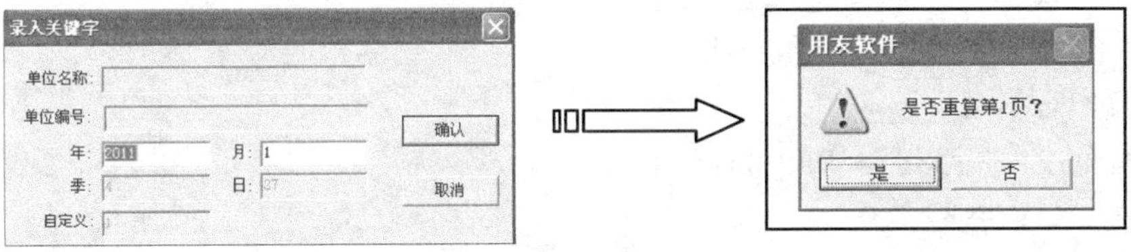

图 8-19　录入关键字界面

8.4.2　利用模板生成报表

（1）利用模板生成利润表。首先建立【利润表】，执行【文件】→【新建】命令；在格式状态下，执行【格式】→【报表模板】命令，打开【报表模板】对话框，选择所在的行业【2007 年新会计制度科目】，财务报表【利润表】；单击【确认】按钮，系统弹出“模板格式将覆盖本表格式！是否继续？”信息提示对话框；单击【确认】按钮，即可打开“利润表”。

（2）设置关键字，选中单元 A3，并删除【编制单元】，执行【数据】→【关键字】→【设置】，打开【设置关键字】对话框，选择单位名称。

（3）录入关键字并计算报表数据，保存利润表【模板生成利润表】，与上述的操作相同，不再陈述。

上机实践

【实验目的】

1. 理解报表编制的原理及流程
2. 掌握报表格式定义、公式定义的操作方法
3. 掌握报表单元公式的设置方法

【实验内容】

1. 自定义一张报表
2. 利用报表模板生成报表

【实验准备】

引入总账系统期末处理的账套。

【实验资料】

以 001 主管的身份进入系统，自定义一张利润表并生成报表。

1. 自定义利润表

（1）设置表尺寸

行数：24　　列数：4

（2）定义行高和列宽

① 选中 A1 单元，行高：12（格式-行高）。

② 选中 A4：D24 区域，行高：6。

③ 选中 A1 单元，列宽：130。

B1 列宽：10　　C1、D1 列宽：32。

（3）画表格线

选中 A4：D24，格式-区域画线-网线。

（4）定义组合单元

选中 A1：D1，格式-组合单元-按行组合。

（5）输入项目内容

按照表 8-2 所示的利润表内容输入项目内容。

表 8-2　　项目内容

利润表

项目	行列	本月数	本年累计数
一、主营业务收入	1		
减：主营业务成本	2		
营业税费	3		
销售费用	4		
管理费用	5		
财务费用（收益以“–”号填列）	6		
资产减值损失	7		
加：公允价值变动净收益（净损失以“–”号填列）	8		
投资净收益（净损失以“–”号填列）	9		
其中对联营企业与合营企业的投资收益	10		
二、营业利润（亏损以“–”号填列）	11		
营业外收入	12		
减：营业外支出	13		
其中：非流动资产处置净损失（净收益以“–”号填列）	14		
三、利润总额（亏损总额以“–”号填列）	15		
减：所得税	16		
四、净利润（净亏损以“–”号填列）	17		
五、每股收益：	18		
基本每股收益	19		
稀释每股收益	20		

(6) 设置单元属性

① 选中 A1 单元，格式-单元属性。

【字体图案】选项卡。字体：楷体，字号：28

【对齐】选项卡，水平方向：居中，垂直方向：居中

② 选中 A4：D4 区域，字体：黑体，字号：14，水平方向：居中，垂直方向：居中。

③ 选中 A5：D24 区域，字体：宋体，字号：14。

(7) 定义关键字

① 选中 A3 单元，数据-关键字-设置，选择【单位名称】。

② 在 C3 单元设置关键字【年】。

③ 在 D3 单元设置关键字【月】。

(8) 录入单元公式

按照表 8-3 所示内容录入单元公式。

表 8-3　　单元公式

位　置	单 元 公 式	位　置	单 元 公 式
C5	fs(6001,月,"贷",,年)	D5	?C5+select(?D5,年@=年 and 月@=月+1)
C6	fs(6401,月,"借",,年)	D6	?C6+select(?D6,年@=年 and 月@=月+1)
C7	fs(6403,月,"借",,年)	D7	?C7+select(?D7,年@=年 and 月@=月+1)
C8	fs(6601,月,"借",,年)	D8	?C8+select(?D8,年@=年 and 月@=月+1)
C9	fs(6602,月,"借",,年)	D9	?C9+select(?D9,年@=年 and 月@=月+1)
C10	fs(6603,月,"借",,年)	D10	?C10+select(?D10,年@=年 and 月@=月+1)
C11	fs(6701,月,"借",,年)	D11	?C11+select(?D11,年@=年 and 月@=月+1)
C12	fs(6101,月,"借",,年)	D12	?C12+select(?D12,年@=年 and 月@=月+1)
C13	fs(6111,月,"借",,年)	D13	?C13+select(?D13,年@=年 and 月@=月+1)
C14		D14	
C15	C5-C6-C7-C8-C9-C10-C11+C12+C13	D15	?C15+select(?D15,年@=年 and 月@=月+1)
C16	fs(6301,月,"贷",,年)	D16	?C16+select(?D16,年@=年 and 月@=月+1)
C17	fs(6711,月,"借",,年)	D17	?C17+select(?D17,年@=年 and 月@=月+1)
C18		D18	?C18+select(?D18,年@=年 and 月@=月+1)
C19	C15+C16-C17	D19	?C19+select(?D19,年@=年 and 月@=月+1)
C20	fs(6801,月,"借",,年)	D20	?C20+select(?D20,年@=年 and 月@=月+1)
C21	C19-C20	D21	?C21+select(?D21,年@=年 and 月@=月+1)

(9) 将报表格式保存为【自制利润表模板】

(10) 录入关键字

打开自制利润表，录入【关键字】，并计算报表数据，将生成数据的利润表另存为【自制利润表】。

2. 利用模板生成报表

(1) 建立【利润表】

您所在的行业：2007 年新会计制度科目

财务报表：利润表

(2) 设置关键字

删除 A3 单元格【编制单位】，设置关键字【单位名称】。

(3) 录入关键字并计算报表数据

(4) 保存利润表【模板生成利润表】

第9章 固定资产管理

【学习目标】

通过本章学习，学生可以初步了解固定资产的概念，掌握固定资产管理子系统的初始化、日常处理及期末处理的基本原理和操作技能。

9.1 固定资产管理系统功能的概述

固定资产管理系统是一套用于各类企业和行政事业单位进行固定资产核算和管理的软件，能够帮助企业进行固定资产净值、累计折旧数据的动态管理，为总账系统提供有关凭证。固定资产管理系统中资产的增加、减少以及原值和累计折旧的调整、折旧计提都要将有关数据通过记账凭证的形式传输到总账系统。该系统主要提供资产管理、折旧计算、统计分析等功能，同时通过对账保持固定资产账目与总账的平衡，并可以查询凭证。固定资产管理系统为成本管理系统提供折旧费用数据。UFO 报表统一可以通过使用相应的函数从固定资产系统中提取分析数据。

企业会计制度中不同性质的企业固定资产的会计处理方法不同。固定资产系统提供企业单位应用方案和行政事业单位应用方案两种选择。行政事业单位应用方案与企业单位应用方案的差别在于行政事业单位整个账套不提折旧。从操作流程来看，所有与折旧有关的操作环节在行政事业单位操作流程中均不体现。

本年度最后一个会计期间月末结账后，该年工作结束。以新年度会计期间进入，在系统管理模块中完成结转上年操作，将上年的各项资料转入本年账套后，可对部分账套参数或基础设置信息进行调整，再开始日常处理工作。

9.1.1 固定资产管理功能模块介绍

固定资产是企业生产经营不可缺少的物质条件，是企业的重要物质技术基础。固定资产管理系统的主要任务就是要在保证固定资产完整无损的前提下，充分发挥效能，达到增加产品产量、降低生产成本、提高经济效益的目的。

1. 资产管理与其他系统的主要关系

（1）固定资产管理系统中资产的增加、减少以及原值和累计折旧的调整、折旧计提都要将有关数据通过记账凭证的形式传输到总账管理系统，同时通过对账保持固定资产账目与总账的平衡，并可以修改、删除以及查询凭证。

（2）固定资产管理系统为成本核算系统提供计提折旧有关费用的数据。

（3）协助设备管理部门做好固定资产实体的各项指标管理、分析工作。

（4）UFO 报表系统也可以通过相应的取数函数从固定资产管理软件中提取分析数据。

2. 固定资产管理功能模块主要功能

（1）初始设置：根据具体情况，建立一个合适的固定资产子账套的过程系统初始设置包括初始化、部门设置、类别设置、使用状况定义、增减方式定义、折旧方法、卡片项目定义、卡片样式等。

（2）卡片管理：主要包括卡片录入、卡片修改、卡片删除、资产增加及资产减少等功能数据。

（3）折旧管理：自动折旧形成折旧清单和折旧分配表，按分配表自动制作记账凭证，记账凭证会自动传递固定资产总账系统，折旧可以在单位和部门之间进行分配。

（4）月末对账处理：月末对账是按照系统初始设置的账务系统接口，自动与账务系统进行对账，根据对账的情况和初始设置决定是否结账。

（5）账表查询：通过账表对系统所能提供全部账表进行管理。

9.1.2 固定资产管理系统的业务处理流程介绍

固定资产管理系统主要完成企业固定资产日常业务的核算和管理，生成固定资产卡片，按月反映固定资产的增加、减少、原值变化及其他变动，并输出相应的增减变动明细账，同时按月自动计提折旧，生成折旧分配凭证，同时输出一些设备管理相关的报表和账簿。

9.2 固定资产管理系统初始化

在前面的章节中，我们已经启用了总账系统并为其设置操作员，类似地，在启用固定资产管理系统时，也需要为其设置一名固定资产管理系统的操作员。

固定资产系统初始化包括设置控制参数、设置基础数据、输入期初固定资产卡片。

9.2.1 固定资产控制参数设置

控制参数包括约定与说明、启用月份、折旧信息、编码方式以及财务接口等。这些参数在初次启动固定资产管理系统时设置，其他参数可以在“选项”中补充。

1. 资产类别设置

固定资产的种类繁多，规格不一，要强化固定资产管理，及时准确地做好固定资产核算，且必须科学的设置资产的分类，以为核算和统计管理提供依据。

2. 部门设置

在部门设置中，可对单位的各部门进行设置，以便确定资产的归属。

3. 部门对应折旧科目设置

固定资产计提折旧后，必须把折旧费用归入成本或者费用。根据固定资产的使用情况，有按使用部门归集的，也有按类别归集的。部门对应折旧科目的设置就是给每个部门选择一个折旧科目。当录入固定资产卡片时，这个科目就会自动填入到卡片中，不需要用户临时输入，从而提高工作效率。

4. 增减方式设置

系统内置的增加方式有直接购买、投资者投入、捐赠、盘盈、在建工程转入、融资租入 6 种。

系统内置的减少方式有出售、盘亏、投资转出、捐赠转出、报废、毁损、融资租出 7 种。

5. 折旧方法设置

折旧方法设置是系统自动计算折旧的基础。系统提供了常用的 5 种折旧方法：平均年限法（一）、平均年限法（二）、工作量法、年数总和法、和双倍余额递减法。用户也可以根据企业的实际情况定义适合的折旧方法。

由于在资产类别设置过程中，需要给各个资产类别指定折旧方法，所以，折旧方法的设置应该在资产类别设置前完成。

6. 输入期初固定资产卡片

固定资产卡片是固定资产核算和管理的基础依据，为保持历史资料的延续性，必须将建账日期以前的数据输入到系统中。

9.2.2 固定资产日常处理

固定资产日常处理主要包括资产增减、资产变动、资产评估、生成凭证和账簿管理。

1. 固定资产增减

（1）固定资产增加是指购进或通过其他方式增加企业资产。资产增加需要输入一张新的固定资产卡片，与固定资产期初输入相对应。

（2）固定资产减少是指固定资产在使用的过程中，由于毁损、出让、盘亏等原因而退出企业经营活动。资产减少需输入资产减少卡片并说明减少原因。如果固定资产减少操作错误，则可以通过【恢复减少】功能恢复该项固定资产。

2. 固定资产变动

（1）原值变动。资产在使用过程中，发生下列情况时，应该做原值变动处理：根据国家规定对固定资产重新估价；增加补充设备或改良设备；把固定资产的一部分拆除；根据实际价值调整原来的暂估价值；发现原来所记的固定资产价值有错误。原值变动包括原值增加和原值减少两部分。

（2）部门转移。资产在使用过程中，因内部调配而发生的部门变动应及时处理，否则将影响部门的折旧计算。

（3）资产使用状况的调整。资产使用状况分为在用、未使用、不需用、停用、封存 5 种。

（4）资产使用年限的调整。资产在使用过程中，资产的使用年限可能会由于资产的重估、大修等原因调整资产的使用年限。进行使用年限调整的资产在调整的当月就按调整后的使用年限计提折旧。

（5）资产折旧方法的调整。固定资产的折旧方法，在资产使用过程中一经采用，一般在当年一年内不做调整。如果有特殊需要必须调整的，应该录入折旧方法调整变动单。

（6）变动单管理。变动单管理可以对系统制作的变动单进行查询、修改、制单、删除等处理。

3. 资产评估

本系统资产评估功能提供可评估的资产内容包括原值、累计折旧、净值、使用年限、工作总量、净残值率。

4. 生成凭证

固定资产管理系统和总账管理系统之间能够进行数据的自动传输。这种传输是由固定资产管理系统通过记账凭证向总账管理系统传递有关数据。

5. 账簿管理

账表包括账簿、折旧表、统计表、分析表 4 类。

（1）账簿。系统自动生成的账簿有（单个）固定资产明细表、（部门、类别）明细账、固定资产登记簿、固定资产总账。

（2）折旧表。系统提供了4种折旧表：（部门）折旧计提汇总表、固定资产折旧计算明细表、固定资产及累计折旧表（一）和累计折旧表（二）。

（3）统计表。系统提供了7种统计表：固定资产原值一览表、固定资产统计表、评估汇总表、评估变动表、盘盈盘亏报告表、逾龄资产统计表、役龄资产统计表。

（4）分析表。分析表主要通过对固定资产的综合分析，为管理者提供管理和决策依据。系统提供了4种分析表：价值结构分析表、部门构成分析表、类别构成分析表。

（5）自定义报表。当系统所提供的报表不能满足该单位的要求时，用户可以自制一张自定义报表。

9.2.3 固定资产期末处理

固定资产期末处理主要包括计提减值准备、计提折旧、对账、月末结账等。

1. 计提减值准备

企业应当在期末或至少在每年年度终了，对固定资产逐项进行检查。如果由于市价持续下跌，或技术陈旧等原因导致其可回收金额低于账面价值的，应当将可回收金额低于账面价值的差额作为固定资产减值准备（固定资产减值准备必须按单项资产计提）。

2. 计提折旧

系统每期计提折旧一次，根据录入系统的资料自动计算每项资产的折旧，并自动生成折旧分配表，然后制作记账凭证，将本期的折旧费用自动登账。

影响折旧计提的因素有：原值、减值准备、累计折旧、净残值（率）、折旧方法、使用年限和使用状况。

3. 对账

初次启动固定资产的参数设置，或选项中的参数设置选择了【与账务系统对账】参数，才可使用本系统的对账功能。

为保证固定资产管理系统的资产价值与总账管理系统中固定资产科目的数据一致，可随时使用对账功能对两个系统进行审查。系统在执行月末结账时自动对账一次。

4. 月末结账

月末结账是把当月数据结算后转到下个月，每月进行一次。结账后当期数据不能再修改。如有错必须修改，可通过系统提供的【恢复月末结账前状态】功能反结账，再进行相应修改。

由于成本系统每月从本系统中提取折旧费数据，所以一旦成本系统提取了某期的数据，则该期不能反结账。

提示

（1）在固定资产子系统中，执行【系统菜单】→【卡片】→【录入原始卡片】命令项，系统弹出【资产类别参照】对话框，选择录入卡片所属的资产类别，以便确定卡片的样式。

（2）单击【确认】按钮，进入【录入原始卡片】窗口。卡片中的固定资产编号根据初始化或选择设置中的编码方式，自动编号或用户手工录入。录入人自动显示为当前操作员，录入日期为当前登录日期。在该界面中，除主卡的【固定资产卡片】外，还有若干的附属页签，附属页签上的信息只供参考，既不参与计算，也不进行回溯。在进行录入固定资产数据时，有些卡片项目需要直接手工录入，有些则可以进行选择。如单击卡片项目出现类似【类别编号】按钮，则单击按钮显示参照界面，选择需要的内容即可。

（3）单击【固定资产卡片】选项卡页面，输入对应的卡片信息。执行原始卡片录入或资产增加功能时，可以为一个资产选择多个使用部门、对应折旧科目和对应项目，并手工录入使用比例，单击【确定】返回【录入原始卡片】界面。当资产为多部门使用时，原值、累计折旧等数据可以在多部门间按设置的比例分摊。单个资产对应多个使用部门时，卡片上的对应折旧科目处不许输入，只能按使用部门选择时的设置确认。开始使用日期，必须采用“YYYY-MM-DD”的形式录入。其中只有年和月对折旧计提有影响，日不会影响折旧的计提，但是也必须录入。

（4）附属设备选项卡页面。用来管理资产的附属设备，附属设备的价值已包括在主卡的原值中。附属设备可在资产使用过程中随时添加和减少，其价值不参与折旧的计算。

（5）减少信息选项卡页面。资产减少后，系统根据输入的清理信息自动生成该页面的内容，该页面中只有清理收入和费用可以手工输入，其他内容不能手工输入。

（6）大修理记录、资产转移记录、停启用记录、原值变动选项卡页面均以列表的形式来显示记录，第一次结账后或第一次做过相关的变动单后将根据变动单自动填写，不得手工输入。

（7）录入完成后，单击【保存】按钮，弹出系统提示【数据成功保存】窗口，并自动显示新卡片以供录入。可按照表9-1所示的原始数据卡片录入

表9-1　　固定资产卡片原始数据

卡片编号	00001	00002	00003	00004	00005
固定资产编号	01100001	01200001	02100001	02100002	02200001
固定资产名称	1号楼	2号楼	A生产线	B生产线	电脑
类别编号	011	012	021	021	022
类别名称	办公楼	厂房	生产线	生产线	办公设备
部门名称	人事部	生产部	生产部	生产部	财务部
增加方式	在建工程转入	在建工程转入	在建工程转入	在建工程转入	直接购入
使用状况	在用	在用	在用	在用	在用
使用年限	30年	30年	10年	10年	5年
折旧方式	平均年限法（一）	平均年限法（一）	平均年限法（一）	平均年限法（一）	平均年限法（一）
开始使用日期	2007-09-08	2007-10-10	2007-08-20	2007-05-08	2006-06-01
币种	人民币	人民币	人民币	人民币	人民币
原值	412000	450000	150000	180000	20000
净残值率	2%	2%	3%	3%	3%
净残值	8240	9000	4500	5400	600
累计折旧	37800	25515	39375	45198	7236
月折扣率	0.0027	0.0027	0.0081	0.0081	0.0162
月折扣额	1112.4	1215	1215	1458	324
净值	36220	424485	110625	134802	12764
对应折旧科目	管理费用—折旧费	制造费用	制造费用	制造费用	管理费用—折旧费

9.2.4 账套的引入及操作步骤

1. 引入“实验”账套数据

在【系统管理】中选择【账套】下拉框中【引入】，“实验”账套数据引入，如图 9-1 所示。

2. 固定资产系统初始化

固定资产系统初始化，在新建账套初次使用固定资产系统时，系统会提示“这是第一次打开此账套，还未进行初始化，是否进行初始化”。系统初始化是使用固定资产系统管理资产的首要操作，是根据单位的具体情况，建立一个适合自己需要的固定资产子账套的过程。

（1）将系统日期改为 2012 年 1 月 31 日，以 001 主管的身份进入系统。

（2）注册并启动企业应用平台。执行【开始】→【程序】→【用友 ERP-U8】→【企业应用平台】命令，打开【登录】对话框。输入操作员的编号及所属账套，单击【确定】，即可进入企业应用平台。

（3）单击【企业应用平台】录入登录名，输入操作员【001】，选择账套，输入操作日期，单击【确定】。

3. 建立固定资产子账套

建立固定资产账套之前要设置的内容主要包括约定及说明、启用月份、折旧信息、编码方式、账套接口和完成六部分。

具体操作步骤如下。

（1）执行【开始】→【所有程序】→【用友 ERP-U8】→【财务会计】→【固定资产】命令，注册进入企业门户，然后从企业门户进入固定资产子系统，确定是第一次打开，如图 9-2 所示。首次使用固定资产管理系统时，系统自动提示是否进行账套初始化。单击【是】按钮，打开【固定资产初始化向导-约定及说明】对话框，如图 9-3 所示，系统自动引导用户完成固定资产建账过程，共分为 6 步。

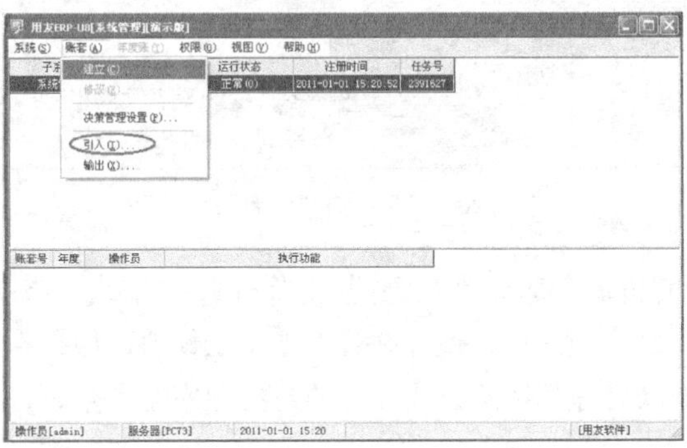

图 9-1 引入账套界面

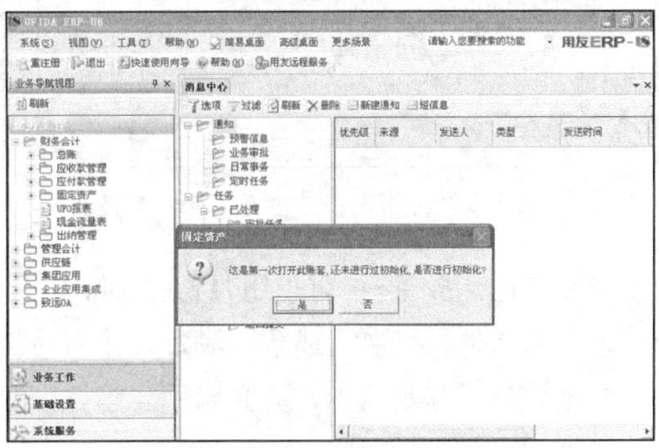

图 9-2 固定资产第一次初始化

（2）在【约定及说明】界面中显示固定资产账套的基本信息，并提示系统进行资产管理的基本原则。

（3）仔细阅读后，单击【下一步】按钮，打开【固定资产初始化向导-启用月份】对话框，如图 9-4 所示。在此界面中可以查看本账套固定资产开始使用的年份和会计期间，但启用日期只能查看不能修改。当确定企业日期后，在该日期前的所有固定资产都将作为期初数据，在启用月份开始集体折旧。

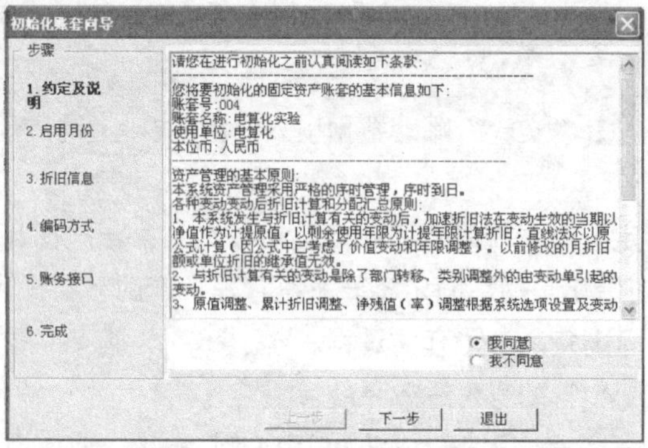

图 9-3　选择初始化向导

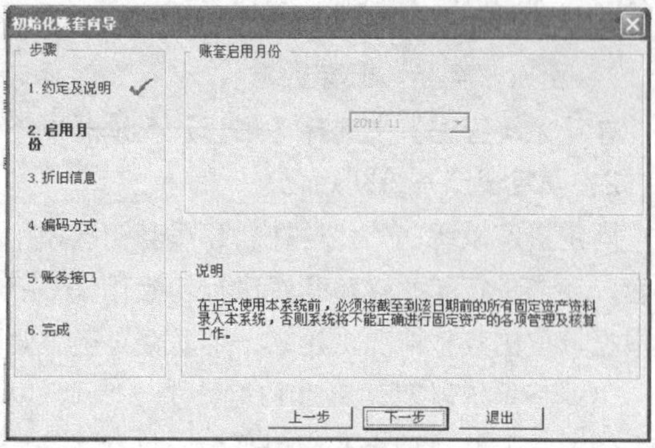

图 9-4　初始化向导，单击【下一步】按钮

（4）单击【下一步】按钮，打开【固定资产初始化向导-折旧信息】对话框，如图 9-5 所示。

（5）企业在实际计提折旧时，不一定每个月计提一次，可能因行业和自身情况，每季度、半年或一年计提一次，折旧费用的归集也按照这样的周期进行，如保险行业每三个月计提和汇总分配一次折旧。

如图 9-6 所示，系统设定的处理方式是：每个月均计提折旧，但折旧的汇总分配原则按选择的周期进行，一旦选定，系统将自动在相应的月末生成折旧分配表，提示制作记账凭证。系统提供 1、2、3、4、6、12 几个分配周期。

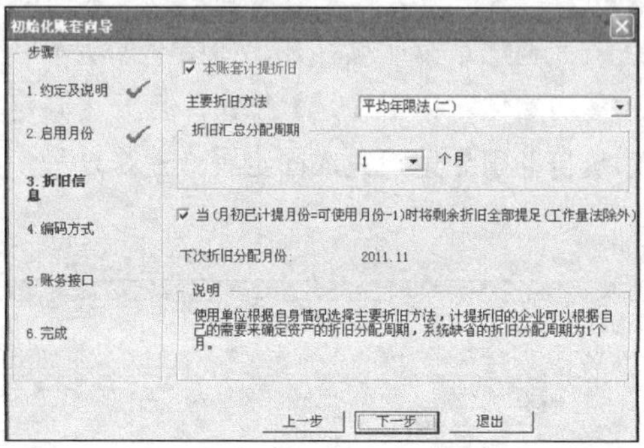

图 9-5　本账套计提折旧，单击【下一步】按钮

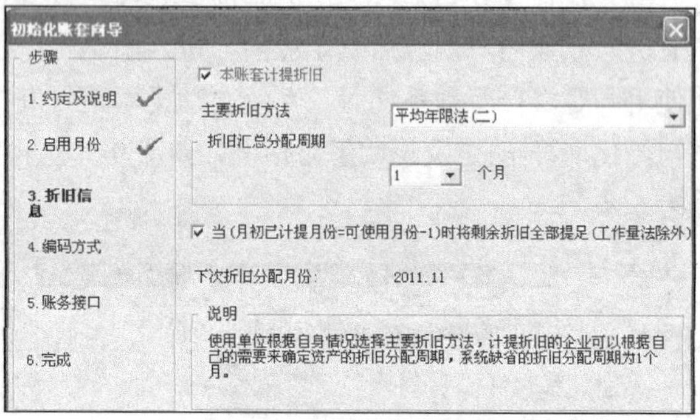

图 9-6　下次折旧分配月份

当月初已计提月份=可使用月份−1 时，将剩余的折旧全部提足（工作量法除外）：如果选中该项，则除工作量法外，只要上述条件满足，该月月折旧额=净值−净残值，并且不能手工修改；如果不选该项，则该月不提足折旧，并且可手工修改，但如以后各月按照公式计算的月折旧率是负数时，认为公式无效，令月折旧率=净值−净残值。

（6）设置完毕，单击【下一步】按钮，打开【固定资产初始化向导-编码方式】对话框，如图 9-7 所示。

资产类别编码方式设定以后，一旦某一级设置了类别，则该级的长度不能修改，未使用过的各级的长度可修改。每一个账套的资产自动编码方式只能选择一种，一经设定，改自动编码方式不得修改。

（7）设置完成后，单击【下一步】按钮，打开【固定资产初始化向导-账务接口】对话框，如图 9-8 所示。

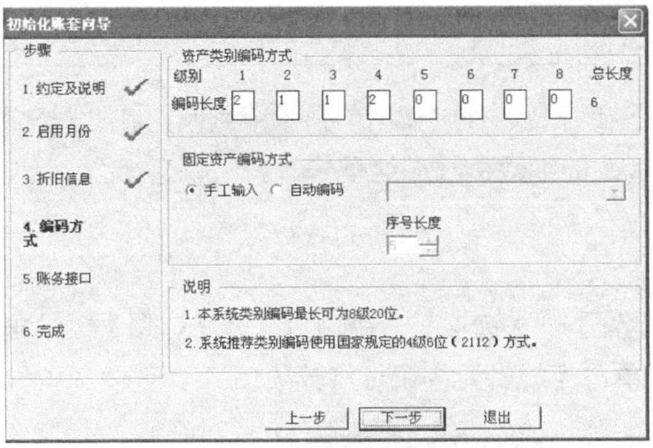

图 9-7　资产类别编码方式

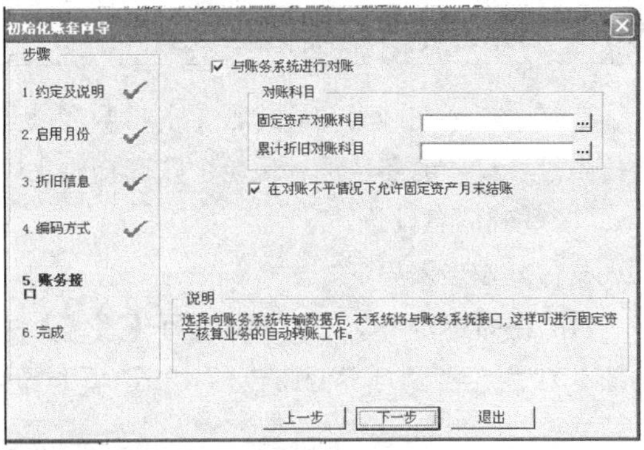

图 9-8　选择向财务系统传输数据后，单击【下一步】按钮

（8）设置完成后，单击【下一步】按钮，打开【固定资产初始化向导-完成】对话框，如图 9-9 所示。

（9）仔细审查系统给出的汇总报告，确认没有问题时，单击【完成】按钮，结束固定资产初始化建账过程，弹出系统提示，如图 9-10 所示。

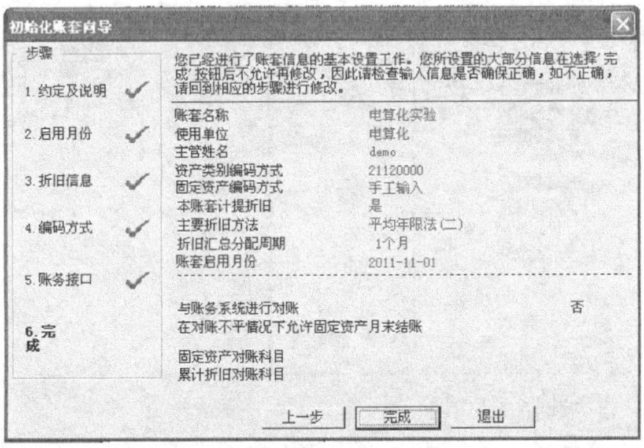

图 9-9　初始化账套完成向导

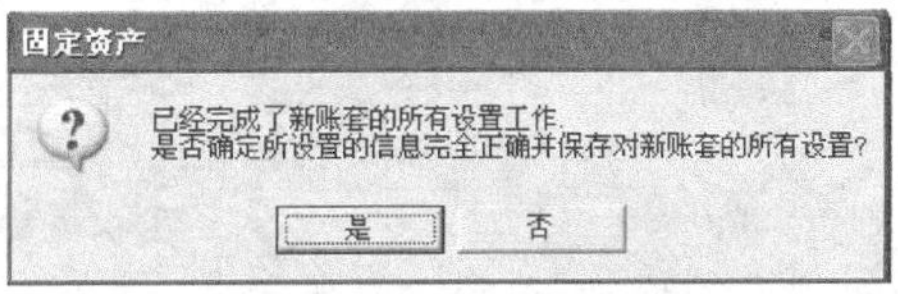

图 9-10　已经完成新账套的设置，单击【是】

（10）单击【是】按钮，系统提示【已成功初始化本固定资产账套】，如图 9-11 进行确认后，系统将进入固定资产管理系统主界面。

图 9-11　已经初始化固定资产账套

完成建账之后，当需要对账套中某些参数进行修改时，可用【系统菜单】→【设置】→【选项】命令进行重新设置。当发现某些设置错误而又不允许修改（例如：本账套是否计提折旧）但必须纠正时，只能通过【重新初始化】功能实现，但应注意重新初始化将清空对该子账套所作的一切工作。

9.3　固定资产的基础信息设置和业务过程

在开始记账前，必须将手工记账时采用的信息，在账套内进行基础设置。这些基础设置是使用固定资产系统进行资产管理和核算的基础。系统的各项基础设置中除资产类别和建账期初数据必须由用户设置外，其他各部分都有缺省的内容。

9.3.1 固定资产基础信息设置

选择中包括在账套初始化设置的参数和其他一些在账套运行中使用的参数或判断，在此只对初始化中没有设置的参数进行说明，账套初始化中可修改的参数可以在这里修改。

1. 基础信息设置

具体操作步骤如下。

（1）在固定资产子系统下，执行【系统】→【设置】→【选项】命令项，打开【选项】对话框，如图 9-12 所示。选项界面中包括 4 个选项卡界面，单击【编辑】按钮可修改项。

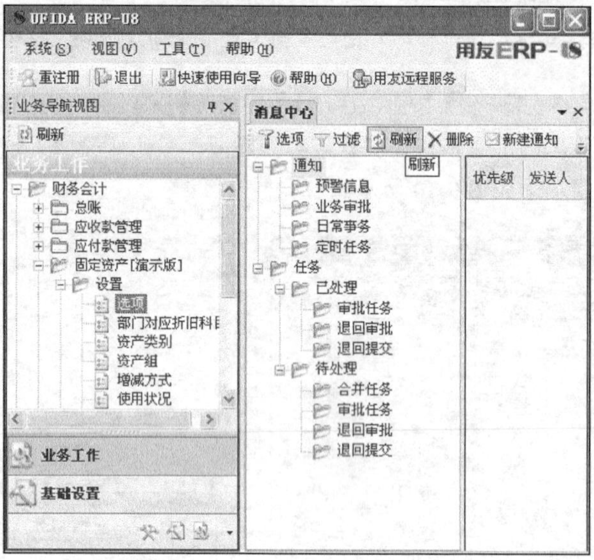

图 9-12 业务工作栏选择【选项】

（2）单击【与财务系统接口】选项卡。在【选项-与财务系统接口】选项卡界面（如图 9-13 所示）中设置以下内容：月末结账前一定完成制单登账业务。固定资产对账科目：1601，固定资产。累计折旧对账科目：1602，累计折旧。取消【在对账不平情况下允许固定资产月末结账】，如图 9-13 所示。

（3）【基础设置】选项卡中的内容均根据初始设置缺省，不可对其修改，如图 9-14 所示。

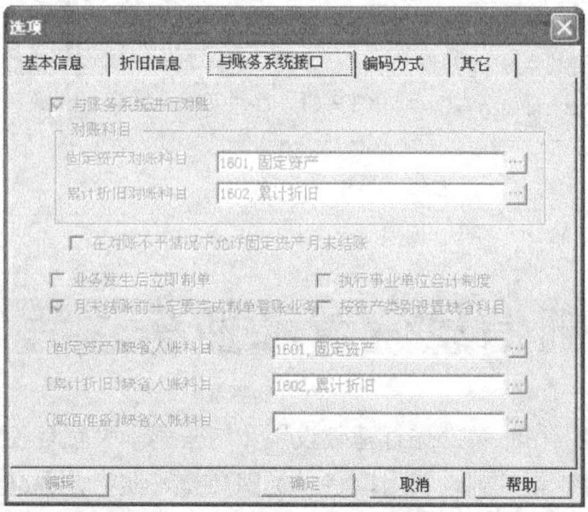

图 9-13 选项—与账务系统接口界面

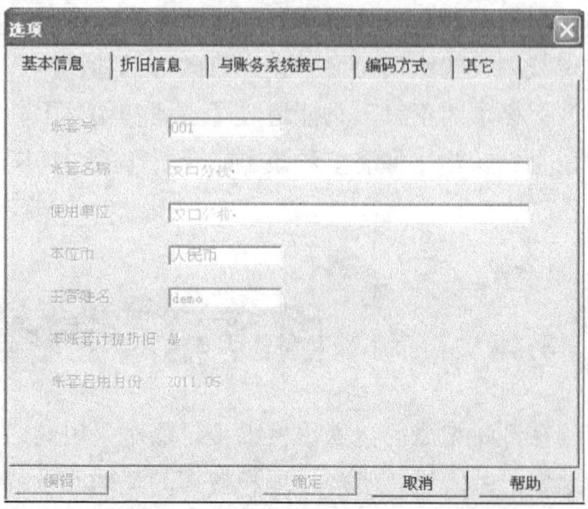

图 9-14 选项—基本信息界面

（4）【折旧信息】选项卡中的内容可参见系统初始设置，如图 9-15 所示。进行以下设置：主要折旧方法设置为平均年限法（一）；折旧汇总分配周期设置为 1 个月；选择“当（月初已计提月份=可使用月份-1）时将剩余这就全部提足（工作量法除外）”。

（5）【编码方式】选项卡中的选项，如图 9-16 所示。在图中首先设置本账套中资产类别的编号方式。资产类别是根据单位管理和核算的需要给资产所做的分类，可参见国家标准分类，也可根据需要自己分类。本系统类别编码最多可设置 4 级、10 位，可以设定级数和每一级的编码长度。系统推荐采用国家规定的 4 级 6 位（2112）方式，具体设置如图 9-17 所示。

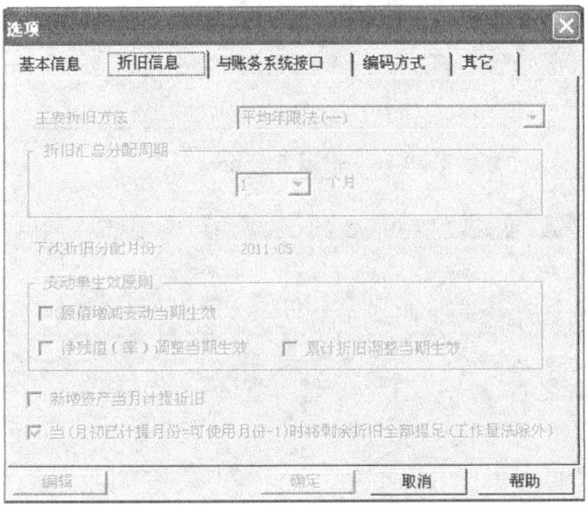

图 9-15　选项—折旧信息界面

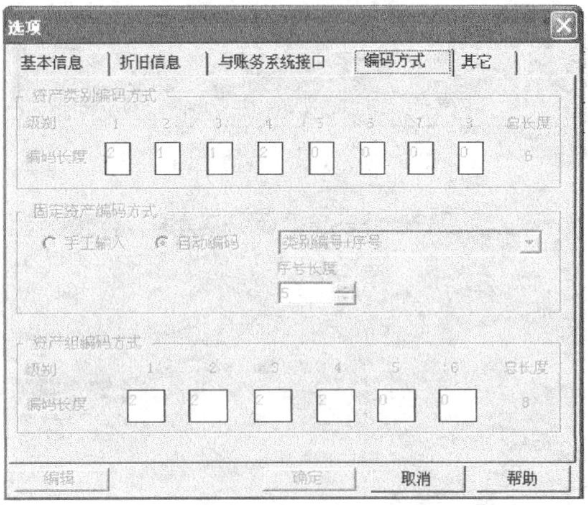

图 9-16　选项—编码方式界面

（6）【其他】选项卡中的选项。在【选项-其他】选项卡界面中设置如图 9-17 所示的内容。

如果选择了【登录系统是显示资产到期提示表（若存在本期间到期资产）】此项，则根据该参数判断当用户每次登录固定资产子系统时自动显示当前期间使用年限已到期的固定资产信息，以及即将到期的资产信息，以丰富查询分析，提高产品的管理性能。

2．部分对应折旧科目的设置

对应折旧科目是指折旧费用的入账科目。资产计提折旧后必须把折旧数据归入成本或费用科目，根据不同的企业的具体情况，有按部门归集的，也有按类别归集。当按部门归集折旧费用时，一般情况下，某一部门内的资产折旧费用将归集到一个比较固定的科目。部门折旧科目的设置就是给每个部门选择一个折旧科目，这样在录入卡片时，该科目自动添入卡片中，不必一个一个输入。

因本系统录入卡片时，只能选择明细级部门，所以设置折旧科目也只有给明细级部门设置才有意义。如果对某一上级部门设置了对应的折旧科目，那下级部门继承上级部门的设置（设置部门对应的折旧科目时，必须选择末级会计科目）。

对应折旧科目的设置的具体操作步骤如下。

（1）固定资产子系统中，执行【系统】→【设置】→【部门对应折旧科目】命令项，如图 9-18 所示，进入【部门编码表】窗口。

（2）部门对应折旧科目编码目录，如图 9-19 所示。

（3）在【列表视图】选项卡界面中显示所有已设置的部门对应折旧科目，如图 9-20 所示。

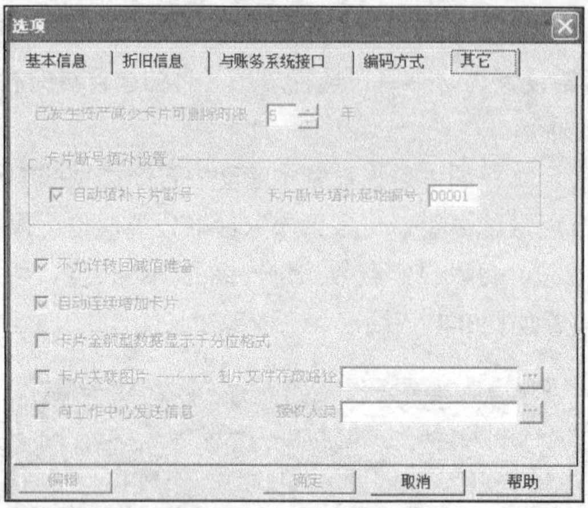

图 9-17　选项—其他界面

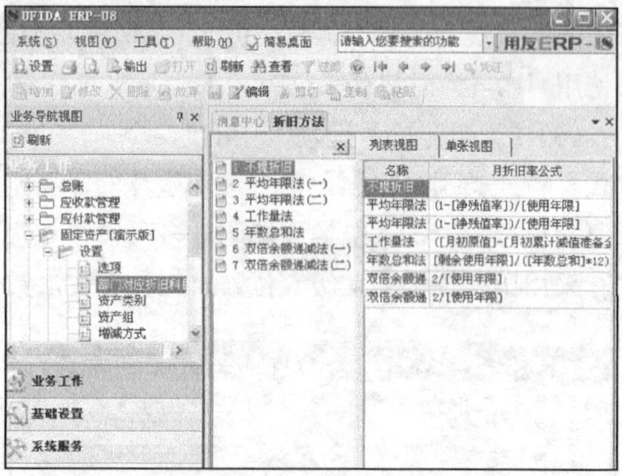

图 9-18　折旧方法界面

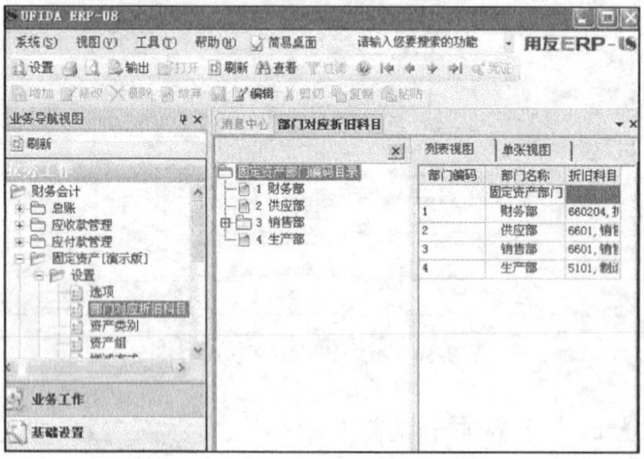

图 9-19　部门对应折旧科目界面

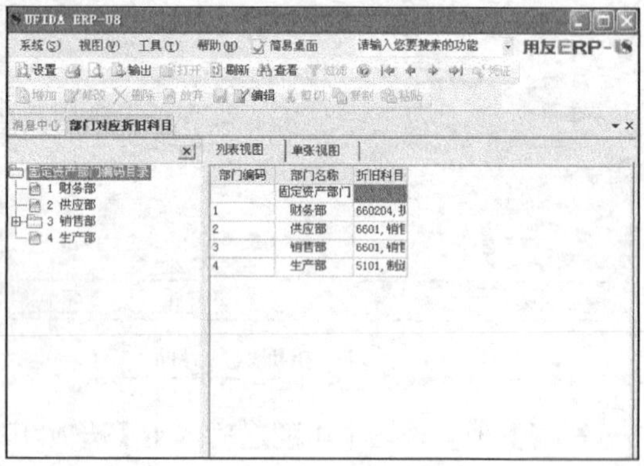

图 9-20　固定资产部门编码目录界面

3. 固定资产类别设置

固定资产的种类繁多，规格不一，要强化固定资产管理，及时准备做好固定资产核算，必须科学地对固定资产进行分类，为核算和统计管理提供依据。企业可根据自身的特点和管理要求，确定一个比较合理的资产分类方法。

设置固定资产类别可以很方便地根据固定资产类别进行统计、查询等操作。在定义固定类别时，可以设置该类固定资产的折旧类型、常用折旧方法、预计使用年限、预计净残值率。定义了这些之后，在输入某项固定资产卡片时，系统自动将这些公共的项目复制到该项固定资产卡片中。当然，也可以对该固定资产的这些项目进行修改，以满足某项固定资产的实际需要。具体操作步骤如下。

（1）在固定资产子系统中，执行【系统】→【设置】→【资产类别】命令，进入类别编码表，系统中提供了资产类别的列表图和单张视图两种显示方式，如图 9-21 所示。

（2）在【资产类别】中设置固定资产分类编码表，如图 9-22 所示。

（3）单击【增加】按钮，系统以单张视图的显示方式来输入增加的资产类别，如图 9-23 所示。

（4）输入类别编码、类别名称、使用年限、净残值率、计量单位、折旧方法、卡片样式等信息。

（5）单击【保存】按钮。设置第二级类别时，应该先选中要添加上级的类别。类别编码、名称、计量属性、卡片样式不能为空。为了以后输入卡片方便，其他各项内容的输入可以为空。

4. 使用状况设置

明确资产的使用状况，一方面可以正确地计算和计提折旧，另一方面便于统计固定资产的使用情况，提高资产的利用率。固定资产主要的使用状态有：在用、季节性停用、经营性出租、大修理停用、不需用、未使用等。

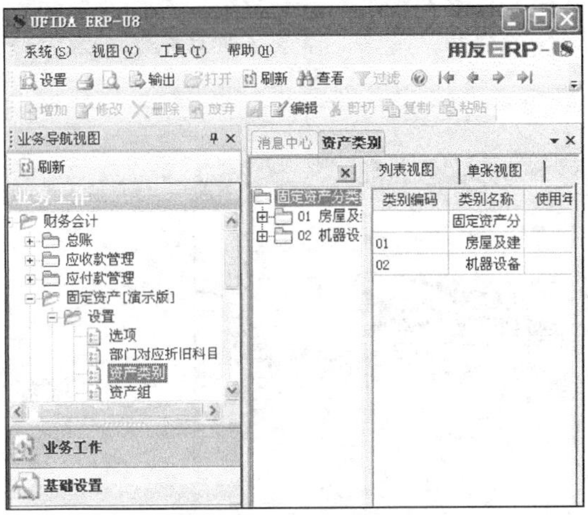

图 9-21 资产类别界面 1

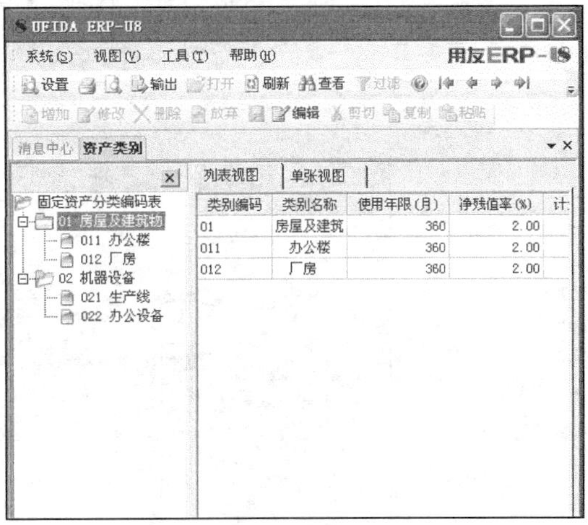

图 9-22 资产类别界面 2

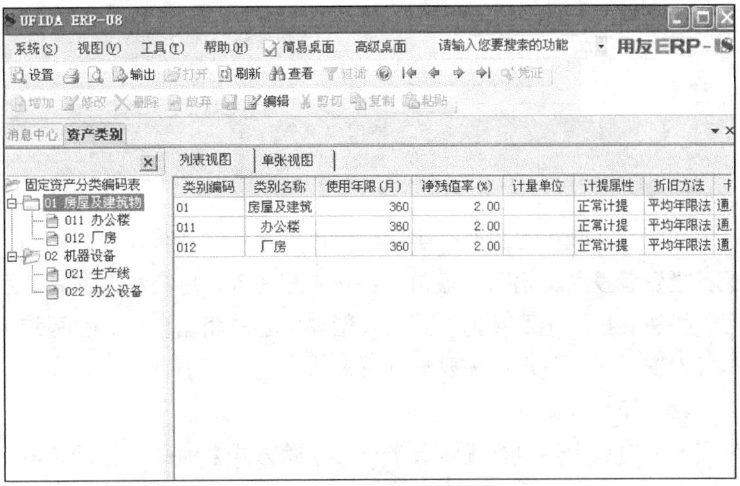

图 9-23 资产类别界面 3

用友 ERP-U8 固定资产子系统提供了基本的使用状况，分为两级，不可修改或删除，可以在此基础上定义新的使用状况。另外，只能有使用中、未使用、不需用三种一级使用状况，不能增加、修改、删除，但可以在一级使用状况下增加二级使用状况。

使用状况设置的具体操作步骤如下。

在固定资产子系统中，执行【系统】→【设置】→【使用状况】命令，进入【使用状况】窗口，如图 9-24 所示。

提示

（1）如果想要新增一种使用状况，则可以首先在“使用状况目录表”中选择使用状况，然后单击【增加】按钮，显示该类别“单张视图”，再在编辑区输入上级名称、使用状况名称，根据使用状况和本单位实际情况判断该资产“是否计提折旧”，单击【保存】按钮即可。

（2）如果想要修改或删除一种使用状况，则可以从使用状况目录中选中要修改或删除的使用状态，然后单击【修改】或【删除】按钮即可。

（3）修改某一使用状况的【是否计提折旧】的判断后，对折旧计算的影响从当前开始，不调整以前的折旧计算。【在用】状态下级缺省的内容因涉及卡片的大修理记录和停启用记录表的自动填写，不能删除，名称可以修改。修改名称后系统认为保持原有概念不变。

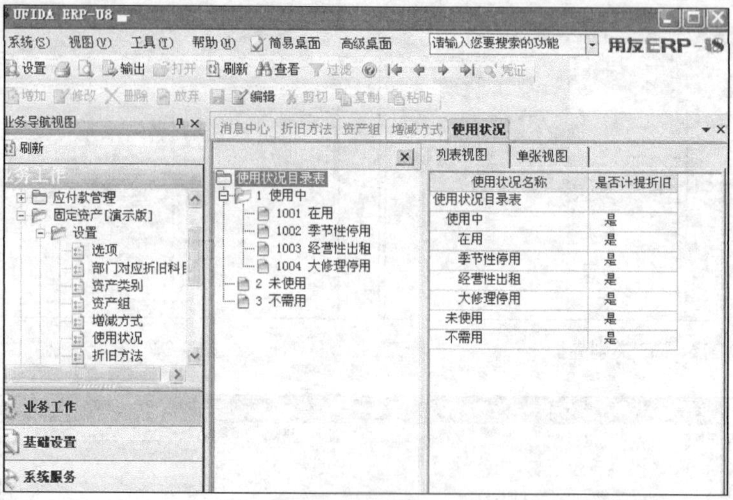

图 9-24　使用状况界面

5. 增减方式设置

增减方式包括增加方式和减少方式两个类别，用以确定资产计价和处理原则。系统内预置的增加方式有直接购买、投资者投入、捐赠、盘盈、在建工程转入、融资租入 6 种。系统内预置的减少方式有出售、盘亏、投资转出、捐赠转出、报废、毁损、融资租出 7 种。在系统中对固定资产的增减方式可以进行两级设置，用户可根据需要自行设置。

设置增减方式的具体操作步骤如下。

（1）在【固定资产】窗口中，执行【设置】→【增减方式】命令，打开【增加方式】窗口，如图 9-25 所示。

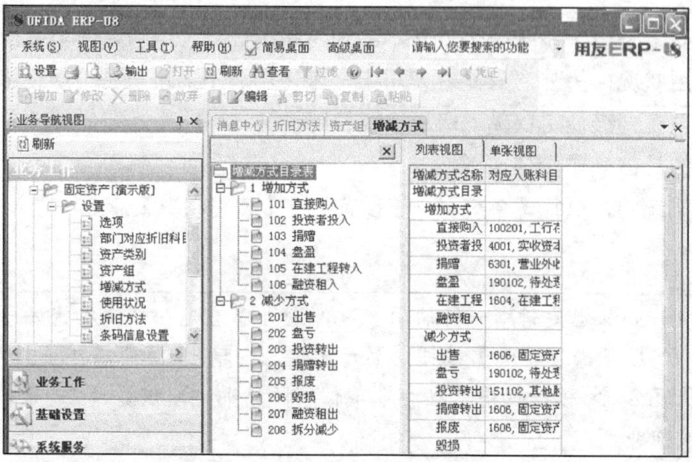

图 9-25　增减方式界面

其中【列表视图】中显示了系统默认的固定资产增减方式，用户可根据企业的实际情况进行增加、删除。想要增加或删除某一种增减方式时，需要在窗口左侧的“增减方式目录表”中，选中增加方式或删除所要增减方式的上级，再单击【增加】或【删除】按钮即可。

在【增减方式目录中】选中想要进行修改的增减方式之后，单击【修改】按钮，即可自动将【列表视图】选项卡切换到【单张视图】选项卡。

（2）单击【增减方式】窗口中“对应入账科目”右侧文本框中按钮，即可从【科目参照】对话框中重新选择相应的科目，也可以直接输入科目编码，系统将会根据输入的科目代码自动给出相应的科目名称。

（3）设置完毕之后，单击【保存】按钮，即可对设置的入账科目进行保存。如果要对选定的科目进行修改或删除，单击【修改】或【删除】按钮，即可进行相应的操作。

此处设置的对应入账科目是为了生成凭证时的默认设置，例如，在资产增加时以购入的方式增加资产，该科目可以设置成为“银行存款”，以投资者投入时该科目可以设置为“实收资本”，该科目默认在贷方；在资产减少时，该科目可以设置为“固定资产清理”，该科目默认在借方。

在系统默认的增减方式中，【盘盈】、【盘亏】、【毁损】不能修改和删除，因为系统提供的报表中有固定资产盘盈和盘亏的报告表。

提示

非明细级增减方式是不能删除的，还有已经使用的增减方式也是不能删除的。在生成凭证时，如果入账科目发生了变化，可以即时修改。

---

6. 卡片项目设置

用友 ERP-U8 应用系统的固定资产子系统提供了一些常用卡片必须的项目，称为系统项目。由于不同的行业或单位，固定资产卡片的项目不尽相同，可以通过卡片项目定义中的增加、修改、删除功能来定义所需要的项目，定义项目称为自定义项目。这两部分项目构成卡片项目目录。在定义卡片样式时，把这些项目选择到样式中，得到真正属于自己的卡片样式。

卡片项目是资产卡片上要显示的用来记录资产信息的栏目，如原值、资产名称、使用年限、折旧方式等均是卡片最基本的项目。

设置卡片项目的具体操作步骤如下。

（1）在固定资产子系统下，执行【系统】→【卡片】→【卡片项目】命令项，打开【卡片项目定义】对话框，如图 9-26 所示。

（2）单击【增加】按钮，在【名称】文本框中输入“生成厂商”，“数据类型”为“字符型”，【字符数】定义为“20”。

（3）单击【保存】按钮，系统提示【数据成功保存！】，进行确定后返回。

（4）当卡片项目有误，或无需再使用时，可以修改或删除卡片项目。

已定义的系统项目或自定义项目，均不能修改数据类型，但所有系统项目可以修改名称。项目名称改变后，卡片上相应项目名称随之改变，但该项目的含义不变。系统项目及已使用的自定义项目不能删除。

7. 卡片样式设置

卡片样式指卡片的整个外观，包括格式（是否有表格线、对齐形式、字体大小、字符型等）、所包含的项目和项目的位置。由于不同企业或不同资产的管理的内容和侧重点不同，所以固定资产卡片的样式不尽相同。因此，系统提供卡片样式定义功能，增大灵活性。系统提供的卡片样式为通用样式。因为卡片样式定义比较复杂，尤其是有很多系统项目样式上是不能缺少的，否则无法正确计算折旧，所以定义一个新的卡片样式一般是在通用卡片样式的基础上得到。

设置卡片样式的具体操作步骤如下。

（1）在固定资产子系统中，执行【系统菜单】→【卡片】→【卡片样式】命令，进入【卡片样式管理】窗口，可以对卡片样式进行定义、修改、删除操作，如图 9-27 所示。

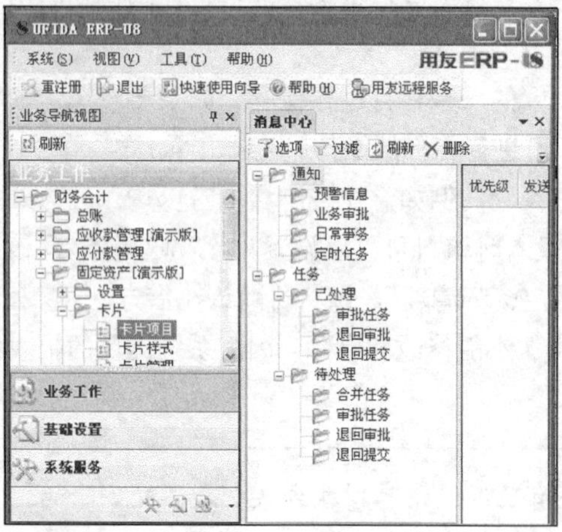

图 9-26　业务工作栏选择【卡片项目】

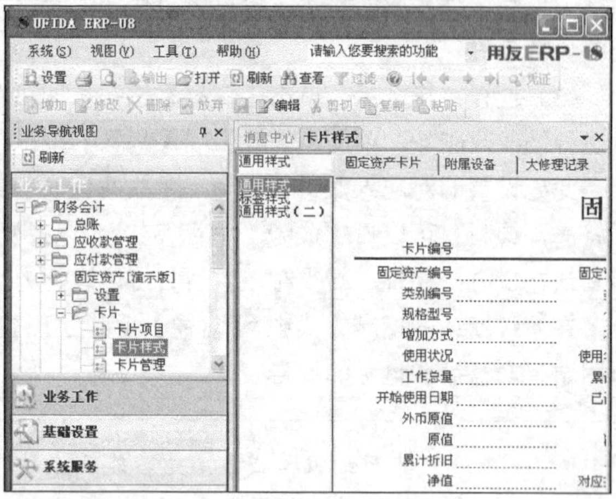

图 9-27　卡片样式界面

提示

（1）如果想要新增卡片样式，则可以直接单击工具栏上的【增加】按钮，弹出系统提示询问【是否以当前卡片样式为基础建立新样式】，确认后显示通用卡片样式，可以在此基础上进行修改，完成后保存为新的卡片样式。

（2）在卡片格式上方，显示卡片名称【通用样式 1】，可对其进行修改。

（3）如果工具栏上没有显示【格式】栏，则可以将鼠标移至工具栏，单击右键在显示的右键菜单才选择【格式】菜单，显示格式工具栏。

（4）定义卡片样式。可将系统项目或自定义项目移入至移出，调整固定资产卡片内容，可卡片项目的行高、列宽进行调整，可对卡片显示出的文字的字型、字体、格式、在单元格中的位置进行设置。

（2）单击【保存】按钮或单击右键菜单中的【保存】选项，即可完成该样式的定义，如图 9-28 所示。

卡片样式上必须同时有或同时没有【项目】和【对应折旧科目】。如果修改一下使用过的样式，会影响已使用该样式录入的卡片。而对于已使用（类别设置中已选用，或已使用该样式录入卡片）的样式则不允许删除。

（3）卡片模版的定义：单击【卡片模版定义】选项卡，单击【保存】按钮，完成定义，如图 9-29 所示。

8．部门档案设置

只需执行【系统】→【设置】→【部门档案】命令项，即可进入【部门档案】窗口，在部门设置中，可对企业进行分类和描述，以便确定资产归属。在【企业门户】→【基础信息】→【基础档案】→【部门档案】选项中的部门设置是共享的，这里不再赘述。

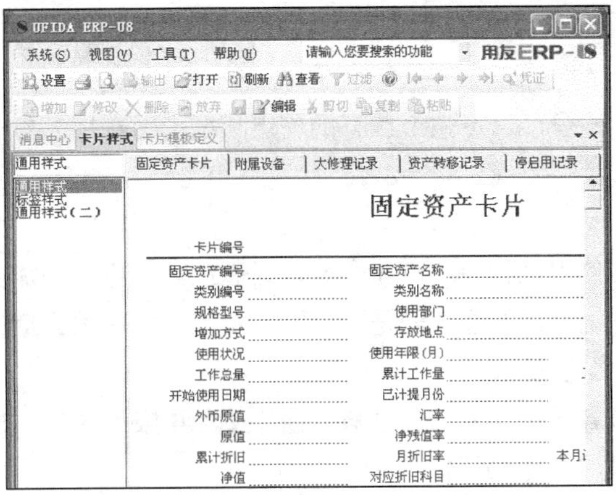

图 9-28 卡片样式界面选择【通用样式】

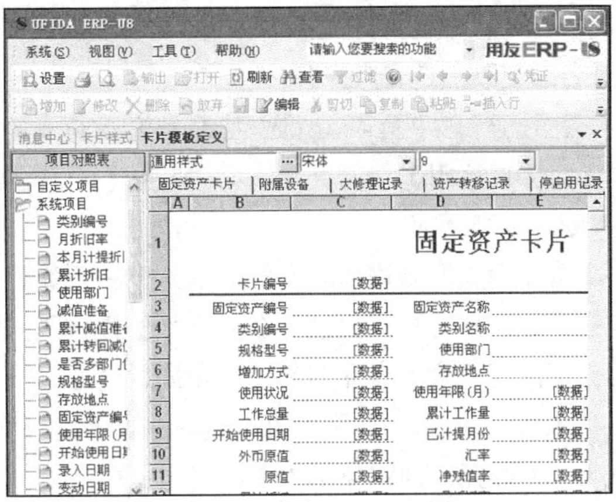

图 9-29 卡片模板定义界面

9. 原始卡片录入

在使用固定资产系统进行核算前，除了前面必要的基础工作外，还必须将建账日期以前的数据录入到系统中，保持历史数据的连续性。原始卡片的录入不限制必须在第一个期间结账前，任何时候都可以录入。

学生可尝试将表 9-2 的原始资料输入固定资产卡片。

表 9-2 固定资产资料

卡片编号	00001	00002	00003	00004	00005
固定资产编号	01100001	01200001	02100001	02100002	02200001
固定资产名称	1 号楼	2 号楼	A 生产线	B 生产线	电脑
类别编号	011	012	021	021	022
类别名称	办公楼	厂房	生产线	生产线	办公设备
部门名称	财务部	生产部	生产部	生产部	财务部
增加方式	在建工程转入	在建工程转入	在建工程转入	在建工程转入	直接购入
使用状况	在用	在用	在用	在用	在用
使用年限	30 年	30 年	10 年	10 年	5 年
折旧方法	平均年限法（一）	平均年限法（一）	平均年限法（一）	平均年限法（一）	平均年限法（一）
开始使用日期	2009-09-08	2009-10-10	2009-08-20	2009-05-08	2008-06-01
币种	人民币	人民币	人民币	人民币	人民币
原值	412 000	450 000	150 000	180 000	20 000
净残值率	2%	2%	3%	3%	3%
净残值	8 240	9 000	4 500	5 400	600
累计折旧	37 800	25 515	39 375	45 198	7 236
月折旧率	0.0027	0.0027	0.0081	0.0081	0.0162
月折旧额	1 112.4	1 215	1 215	1 458	324
净值	374 200	424 485	110 625	134 802	12 764
对应折旧科目	管理费用-折旧费	制造费用	制造费用	制造费用	管理费用-折旧费

9.3.2 固定资产核算业务日常处理

在进行固定资产核算业务处理前，将系统时间设置为“2012 年 1 月 31 日”，并以 001 号主管身份进入系统。

1. 更改固定资产卡片

2012 年 1 月 31 日，将卡片编号为 00003 的固定资产（A 生产线）的使用状况由【在用】修改为【大修理停用】。

2. 资产增加

资产增加即新增加固定资产卡片。在系统日常使用过程中，可能会购进或通过其他方式增加企业资产，该部分资产通过【资产增加】操作录入系统。需要注意的是，当固定资产开始使用日期的会计期间等于录入会计期间时，才能通过【资产增加】录入。

例如，2012 年 1 月 31 日，直接购入并交付销售一科使用一台电脑，预计使用年限为 5 年，原值为 12000 元，净残值率为 3%，采用【年数总和法】计提折旧。

资产增加录入的具体步骤如下。

（1）单击工具栏【资产增加】按钮或从【卡片】菜单中选择【资产增加】功能菜单。

（2）选择要录入的卡片所属的资产类别。先选择资产类别是为了确定卡片的样式。如果在查看一张卡片或刚完成录入一张卡片的情况下，不提供选择资产类别，缺省为该卡片的类别。

（3）录入或参照选择各项目的内容。一般录入固定资产名称、增加方式、使用状况、开始使用日期、原值、部门名称、使用年限、选择折旧方法、对应折旧科目。其他可根据情况录入，也可不用录入。累计折旧和净值是选择了折旧方式后自动计提的。如果是购买的已经使用过的固定资产，则必须录入已计提折旧月份，就是指已计提几个月。

新卡片第一个月不提折旧，折旧额为空或零。原值录入的一定要是卡片录入月月初的价值，否则将会出现计算错误。如果录入的累计折旧、累计工作量不是零，说明是旧资产，该累计折旧或累计工作量是在进入本企业前的值。已计提月份必须严格按照该资产在其他单位已经计提的月份数，不包括使用期间停用等不计提折旧的月份，否则不能正确计算折旧。

3. 资产减少

资产在使用过程中，总会由于各种原因，如毁损、出售、盈亏等，退出企业。这时，需要进行的部门操作称为【资产减少】。因此固定资产系统提供资产减少的功能，以满足该操作。本系统提供资产减少的批量操作，为同时清理一批资产提供方便。

如 2012 年 2 月 28 日将财务部使用的电脑【00005】号固定资产捐赠给希望工程后，可进行如下操作。

（1）单击【卡片】菜单，选择【资产减少】。

（2）选择要减少的固定资产。如果要减少的资产较少或没有共同点，则通过输入资产编号或卡片号，然后单击【增加】，将资产添加到资产减少表中。如果要减少的资产较多并且有共同点，则通过单击【条件】屏幕显示的界面与卡片管理中自定义查询的条件查询界面一样。输入一些查询条件，将符合给条件集合的资产挑选出来进行减少操作。

（3）输入资产减少的信息："减少日期、减少方式、清理收入、清理费用、清理原因"。如果当时清理输入和费用还不知道，可以以后再该卡片的附表【清理信息】中输入。

（4）单击【确认】，即完成该（批）资产的减少。

所输入的资产的清理信息可以通过该资产的附属页签"清理信息"查看。若当期账套设置了计提折旧，则需在计提折旧后才可执行资产减少。

查看已减少资产：根据会计档案管理规定，原始单据要保留一定时间供查阅，只有过了该期间的才可以销毁。本系统对已减少的资产的卡片提供查阅，并且在选项中您可以定义从系统将这些资料完全删除的时限。在卡片管理界面中，从卡片列表上边的下拉框中选择【已减少资产】，则列示的即是已减少的资产集合，双击任一行，可查看该资产的卡片。

撤销已减少资产：资产减少的恢复是一个纠错的功能，当月减少的资产可以通过本功能恢复使用。通过资产减少的资产只有在减少的当月可以恢复。从卡片管理界面中，选择【已减少的资产】，选中要恢复的资产，单击【恢复减少】即可。如果资产减少操作已制作凭证，必须删除凭证后才能恢复。

4. 资产变动

资产在使用过程中，除发生下列情况外，价值不得任意变动：根据国家规定对固定资产重新估计；增加补充设备或改良设备；将固定资产的一部分拆除；根据实际价值调整原来的暂估价值；发现原记固定资产价值有误的；本系统原值发生变动通过【原值变动】功能实现。原值变动包括原值减少两部分。

例如，2012 年 2 月 28 日，根据企业需要，将卡片 00004 号的固定资产（B 生产线）的折旧方法由【平均年限法（一）】更改为【工作量法】。工作总量为 60000 小时，累计工作量为 10000 小时。这时，可按照以下步骤进行相应操作。

（1）选择【原值增加】菜单，显示【固定资产变动单——原值增加】界面。

（2）卡片编号或资产编号，资产的名称、开始使用日期、规格型号、变动的净残值、变动前净残值、变动前原值自动列出。

（3）增加金额，参照选择币种，汇率自动显示。并且自动计算出变动的净残值、变动后原值、变动后净残值。

（4）缺省的变动的净残值率或变动的净残值不正确，可手动修改其中的一个，另一个自动计算。

（5）填写变动原因。

（6）单击【保存】按钮，即完成该变动单操作。卡片上相应的项目（原值、净残值、净残值率）根据变动单而改变。

（7）从【处理】菜单中的单击【凭证】制作记账凭证。

上机实践

【实验目的】

1. 掌握用友 ERP-U8 软件中固定资产管理系统的相关内容

2. 掌握固定资产管理系统初始化、日常业务处理、月末处理的操作

【实验内容】

1. 固定资产管理系统参数设置、原始卡片录入

2. 日常业务：资产增减、资产变动、资产评估、生成凭证、账表查询

3. 月末处理：计提减值准备、计提折旧、对账和结账

【实验准备】

引入“实验”账套数据。

【实验资料】

1. 固定资产系统初始化

系统日期：2012 年 1 月 1 日

以 001 主管的身份进入系统

（1）固定资产账套初始化

账套启用月份：2012 年 1 月

选择“本账套计提折旧”

主要折旧方法：平均年限法（一）

折旧汇总分配周期：1 个月

选择“当（月初已计提月份=可使用月份-1）时将剩余这就全部提足（工作量除外）”

资产类别编码方式：2-1-1-2

固定资产编码方式：自动编码　　类别编号+序号　　序号长度：5

选择“与财务系统进行对账”

固定资产对账科目：1601，固定资产　　累计折旧对账科目：1602，累计折旧

取消【在对账不平情况下允许固定资产月末结账】

（2）选项设置

【固定资产】缺省入账科目：1601，固定资产

【累计折旧】缺省入账科目：1602，累计折旧

（3）基础设置

① 部门对应折旧科目。

实验中使用的部门对应折旧科目如表 9-3 所示。

表 9-3　　部门对应折旧科目

部 门 名 称	贷 方 科 目
财务部	660204，折旧费
供应部	6601，销售费用
销售部	6601，销售费用
生产部	5101，制造费用

② 固定资产类别。

实验中使用的固定资产类别如表 9-4 所示。

表 9-4　　固定资产类别

类别编码	类别名称	使用年限（年）	净残值率	计 提 属 性	折旧方法	卡片样式
01	房屋及建筑物	30	2%	正常计提	平均年限法（一）	通用样式
011	办公楼	30	2%	正常计提	平均年限法（一）	通用样式
012	厂房	30	2%	正常计提 平均年限法（一）	通用样式	
02	机器设备	正常计提　平均年限法（一）	通用样式			
021	生产线	10	3%	正常计提 平均年限法（一）	通用样式	
022	办公设备	5	3%	正常计提 平均年限法（一）	通用样式	

③ 固定资产增减方式。

按照如表 9-5 所示的固定资产增减内容录入相关信息。

表 9-5 固定资产增减

增加方式	对应入账科目	减少方式	对应入账科目
直接购入	100201	出售	1606
投资者投入	4001	盘亏	190102
捐赠	6301	投资转出	151102
盘盈	190102	捐赠转出	1606
在建工程转入	1604	报废	1606

④ 期初卡片录入。

按照表 9-6 所示的期初卡片资料录入卡片。

表 9-6 期初卡片资料

卡片编号	00001	00002	00003	00004	00005
固定资产编号	01100001	01200001	02100001	02100002	02200001
固定资产名称	1 号楼	2 号楼	A 生产线	B 生产线	电脑
类别编号	011	012	021	021	022
类别名称	办公楼	厂房	生产线	生产线	办公设备
部门名称	财务部	生产部	生产部	生产部	财务部
增加方式	在建工程转入	在建工程转入	在建工程转入	在建工程转入	直接购入
使用状况	在用	在用	在用	在用	在用
使用年限	30 年	30 年	10 年	10 年	5 年
折旧方法	平均年限法（一）	平均年限法（一）	平均年限法（一）	平均年限法（一）	平均年限法（一）
开始使用日期	2009-09-08	2009-10-10	2009-08-20	2009-05-08	2008-06-01
币种	人民币	人民币	人民币	人民币	人民币
原值	412000	450000	150000	180000	20000
净残值率	2%	2%	3%	3%	3%
净残值	8240	9000	4500	5400	600
累计折旧	37800	25515	39375	45198	7236
月折旧率	0.0027	0.0027	0.0081	0.0081	0.0162
月折旧额	1112.4	1215	1215	1458	324
净值	374200	424485	110625	134802	12764
对应折旧科目	管理费用-折旧费	制造费用	制造费用	制造费用	管理费用-折旧费

2. 固定资产业务处理

系统时间：2012 年 1 月 31 日

以 001 号主管身份进入系统

（1）修改固定资产卡片

2012 年 1 月 31 日，将卡片编号为 00003 的固定资产（A 生产线）的使用状况由【在用】修改为【大修理停用】。

（2）资产增加

2012 年 1 月 31 日，直接购入并交付销售一科使用一台电脑，预计使用年限为 5 年，原值为 12000 元，净残值率为 3%，采用【年数总和法】计提折旧。

固定资产 1 月结账

（3）资产减少

28 日将财务部使用的【00005 号】电脑固定资产捐赠给希望工程。

（4）资产变动

2012 年 2 月 28 日，根据企业需要，将卡片 00004 号的固定资产（B 生产线）的折旧方法由【平均年限法（一）】更改为【工作量法】。工作总量为 60000 小时，累计工作量为 10000 小时。

第10章 应收款管理

【学习目标】

通过本章学习，学生可以了解应收款管理系统与其他系统的主要关系和业务处理流程，掌握应收管理系统的初始设置及日常业务处理的操作方法。

10.1 系统概述及业务流程

10.1.1 应收款核算与系统概述

1. 应收管理系统的功能

在用友 ERP-U872 管理软件中，应收款管理系统主要用于核算和管理客户往来款项；应付款管理系统主要用于核算和管理供应商往来款项。

应收款是企业因对外赊销产品、材料、供应劳务等业务而应向购货方、接收劳务的单位或个人收取的款项，包括应收销售款、其他应收款、应收票据等。

用友的应收款管理系统主要功能：建立客户档案，输入单据和凭证，进行往来账款的日常核算，动态地反映与客户的往来账款情况；系统的自动汇总，帮助用户便捷地进行往来账款的核销；设置坏账准备的参数和对应科目，系统自动计提坏账准备并生成凭证；设置账龄分析参数，系统自动汇总编制账表供用户账龄分析；设置报警级别，提醒用户及时催收欠款，并帮助用户对各类客户的信用进行评级。

提示

- 与往来账有关的科目，如应收账款、应收票据、预收账款等在总账中不应再设立明细科目，而应设置为客户往来辅助核算，通过设立客户和存货等分类档案，集中在应收款系统中进行往来账款的管理。
- 在业务处理上，与往来账有关的凭证输入和款项的查询也在应收款系统中进行，总账系统不再对与往来账有关的凭证进行凭证填制的业务处理。应收系统生成的数据将通过凭证传输到总账系统，达到数据共享。
- 当应收系统先于总账启用，则对于在总账启用日期之前的凭证，总账会在审核时将其标上有错标志，并且这些凭证会导致与总账对账不平。

2. 应收款管理系统与其他系统的主要关系

（1）应收款管理系统与其他系统的主要关系如图 10-1 所示。

（2）销售管理系统向应收款管理系统已复核的销售发票、销售调拨单以及代垫费用单，在应收款管理系统中对发票进行审核并进行收款结算处理，生成凭证。应收款管理系统为销售管理系统提供各种单据的收款结算情况以及代垫费用的核算情况如下。

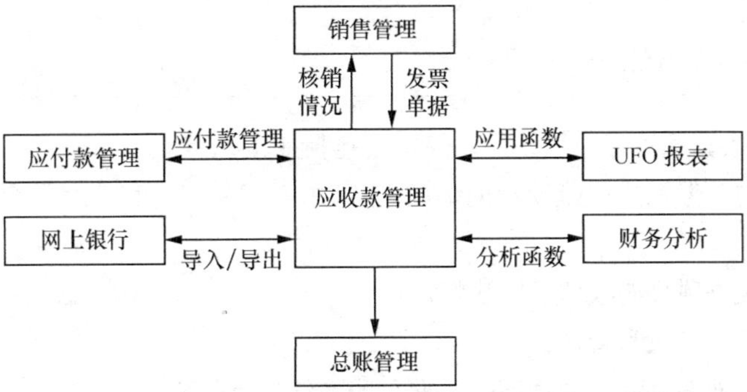

图 10-1　应收款管理系统与其他系统的主要关系

① 应收款管理系统和应付款管理系统之间可以进行转账处理。

② 应收款管理系统向总账管理系统传递凭证。

③ 应收款管理系统向专家财务评估系统提供各种分析数据。

④ 应收款管理系统向 UFO 报表提供应用函数。

⑤ 应收款管理系统与网上银行进行付款单的导入和导出。

10.1.2　应收款管理系统的业务处理流程

销售管理系统向应收款管理系统已复核的销售发票、销售调拨单以及代垫费用单，在应收款管理系统中对发票进行审核并进行收款结算处理，生成凭证。应收款管理系统为销售管理系统提供各种单据的收款结算情况以及代垫费用的核算情况如下。

附流程图：应收款管理系统和应收款管理系统的业务处理流程如图 10-2 所示。

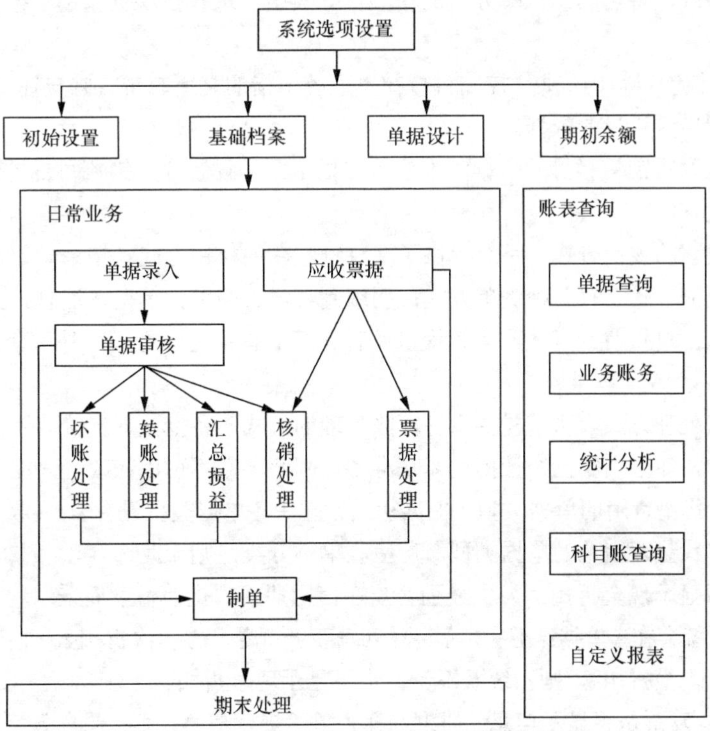

图 10-2　应收款管理系统和应收款管理系统的业务处理流程

10.1.3 系统的主要功能

（1）营收账款的核算和管理。系统的功能主要包括如下几点：

① 根据您输入的单据记录应收款项的形成。包括由于商品交易和非商品交易所形成的所有应收项目；

② 帮助您处理应收项目的收款及转账情况；

③ 对应收票据进行记录和管理；

④ 对应收项目的处理过程生成凭证，并向总账系统进行传递；

⑤ 对外币业务及汇总损益进行处理。

（2）提供各种查询及分析。

10.2 应收款管理系统日常业务处理

10.2.1 初始设置

1. 设置控制参数

在运行本系统前，应设置运行所需要的账套参数。控制参数各项目说明如下。

（1）选择应收账款的核销方式。系统提供 3 种应收款的核销方式：按余额、按单据、按存货。选择不同的核销方式，将影响到账龄分析的精确性。其中，选择按单据核销或按存货核销能够进行更精确的账龄分析。

（2）选择设置控制科目的依据。控制科目在本系统中指的是所有带有客户往来辅助核算的科目。系统提供 3 种设置控制科目的依据。

（3）选择设置存货销售科目的依据。本系统提供了两种设置存货销售科目的依据，即按存货分类设置和按存货设置。

（4）选择预收款的核销方式。系统提供了两种预收款的核销方式：按余额、按单据。

（5）选择制单的方式。有 3 种制单方式：明细到客户、明细到单据、汇总。

（6）选择计算汇总损益的方式。系统提供两种计算汇总损益的方式：外币余额结算时计算、月末计算。

（7）选择坏账处理方式。系统提供两种坏账处理的方式：备抵法、直接转销法。

在使用过程中，如果当年已经计提过坏账准备，则此参数不可以修改，只能下一年度修改。

（8）选择核算代垫费用的单据类型。根据初始设置中【单据类型设置】，应收单的类型分为多种时，在此选择核算代垫费用单的单据类型。若应收单不分类，则无此选项。

（9）选择是否显示现金折扣。为了鼓励客户在信用期间内提前付款而采用现金折扣政策，选择显示现金折扣，系统会在【单据结算】中显示【可享受折扣】和【本次折扣】，并计算可享受的折扣。若选择了【不显示现金折扣】，则系统既不计算也不显示现金折扣。

（10）选择录入发票是否显示信息。如果选择了显示提示信息，则在录入发票时，系统会显示该客户的信用额度余额，以及最后的交易情况。这样可能会降低录入的速度。反之，可选择不提示任何信息。在账套的使用过程中可以修改以上的参数。

2. 设置基础信息

基础信息包括设置科目、设置坏账准备、设置账龄区间、设置报警级别、设置存货分类档案、设置单据类型和设置单据格式等。其他公共信息（会计科目、部门档案、职员档案、外币及汇率、结算方式、付款条件、地区分类、客户分类及档案）已在系统管理和总账管理初始设置中完成。

（1）未处理完的所有设置科目。如果企业应收业务类型较固定，生成的凭证类型也较固定，则为了简化凭证生成操作，可以在此处将各业务类型凭证中的常用科目预先设置好。

（2）设置坏账准备。应收款管理系统可以根据发生的应收业务情况，提供自动计提坏账准备的功能。

（3）输入期初余额。初次使用本系统时，要将启用应收款管理系统时未处理完的所有客户的应收账款、预收账款、应收票据等数据输入到本系统，以便于以后的核销处理。当进入第二年度处理时，系统自动将上年度未处理完的单据转为下一年度的期初余额。在下一年度的第一个会计期间里，可以进行期初余额的调整。

提示

（1）发票和应收单的方向包括正向和负向，类型包括系统预置的各类型以及用户定义的类型。如果是预收款和应收票据，则不用选择方向，系统默认预收款方向为贷方，应收票据方向为借方。

（2）单据日期必须小于该账套启用期间（第一年使用）或者该年度会计期初（以后年度使用）。如果在初始设置的基本科目设置中，设置了承兑汇票的入账科目，则可以录入该科目下期初应收票据，否则不能输入期初应收票据。单据中的科目栏目，用于输入该笔业务的入账科目，该科目可以为空。建议在输入期初单据时，最好输入科目信息，这样不仅可以执行与总账功能，而且可以查询正确的科目明细账和总账。

10.2.2 日常处理

日常处理是应付款管理系统的主要组成部分，是经常性的应付业务处理工作。日常处理主要包括应收处理、票据管理、坏账处理、制单处理、查询统计等操作。

（1）票据管理记录票据详细信息。记录票据处理情况，包括票据贴现、背书、计息、结算、转出等情况。

（2）坏账处理包括坏账发生、坏账收回、坏账计提。

（3）制单处理分为立即制单和批量制单。

（4）查询统计的功能主要有单据查询、业务账表查询、业务分析和科目账表查询。

10.2.3 期末处理

应收款管理系统的期末处理工作主要包括汇总损益和结账。

月末结账：如果已经确认本月的各项处理已经结束，可以选择执行月末结账功能。当执行了月末结账功能后，该月将不能再进行任何处理。如果用户觉得某月的月末结账错误，可以取消月末结账。需要注意的是，取消月末结账操作只有在该月结账未结账时才能进行。同时，还应注意以下几方面内容。

（1）如果上月没有结账，则本月不能结账。

（2）本月的单据（发票和应收单）在结账前应该全部审核。

（3）若本月的结算单还有未核销的，不能结账。

（4）如果结账期间是本年度最后一个期间，则本年度进行的所有核销、坏账、转账等处理必须制单，否则不能向下一个年度结转，而且对于本年度外币余额为 0 的单据必须将本币余额结转为 0，即必须执行汇总损益。

10.3 初始化账套及业务工作基础设置

10.3.1 初始化账套

1. 启动企业应用平台

在【系统管理】中选择【账套】下拉框中【引入】，引入“实验”账套数据。

将系统日期改为 2012 年 1 月 31 日，以 001 主管的身份进入系统。注册并启动企业应用平台。企业应用平台是管理软件能够成为连接企业员工，用户和合作伙伴的公共平台。使系统资源能够得到高效、合理的使用，在用友 ERP-U8 管理软件中设立了企业应用平台，通过企业应用平台，系统使用者能够从单一入口访问其所需的个性化信息，定义自己的业务工作，并设计自己的工作流程。输入操作员号码、选择账套名称、修改注册的时间，然后单击【确定】。

2. 应收款管理系统初始化

根据对客户往来款项核算和管理程度不同，系统提供了应收账款核算模型“详细核算”和“简单模型”客户往来款项两种应用方案，可供选择。

初始设置的作用是建立应收管理的基础数据，确定使用哪些单据处理应收业务，确定需要进行账龄管理的账龄区间、确定各个业务类型的凭证科目。有了这些功能，用户可以选择使用自己定义的单据类型，进行单据的录入、处理、统计分析并制单，是应收业务管理更符合用户的需要。

10.3.2 业务工作基础设置

1. 设置系统参数

（1）执行【业务工作】→【应收应付管理】→【设置】→【选项】命令，打开【账套参数设置】对话框，如图 10-3 所示。

> **提示** 在运行本系统前，应在此设置运行所需要的账套参数。以便系统根据用户所设定的选项进行相应的处理。

（2）单击【选项】，系统会弹出【账套参数设置】对话框，单击【编辑】按钮，即可对【常规】选项卡中的选择进行设置，在【坏账处理方式】中选择【应收余额百分比法】。

（3）在【常规】选项卡中，用户可以设置如下选项。

① 应收款核销方式：在其下拉列表框中有【按单据】和【按产品】两个选项。当选择【按单据】

选项时，系统将满足条件的未结算单据全部列出，由用户选择要结算的单据，根据用户所选择的单据要进行核销；选取【按产品】选项时，系统将满足条件的未结算单据按存货列出，由用户选择要结算的产品，根据用户所选择的存货再进行核销。如果企业收款时没有指定具体收取哪个存货的款项，则可以采用按单据核销。对于单位价值较高的产品，企业可以采用按照产品核销，即为收款指定到具体的产品上。一般的企业使用【按单据】选项进行核销即可。

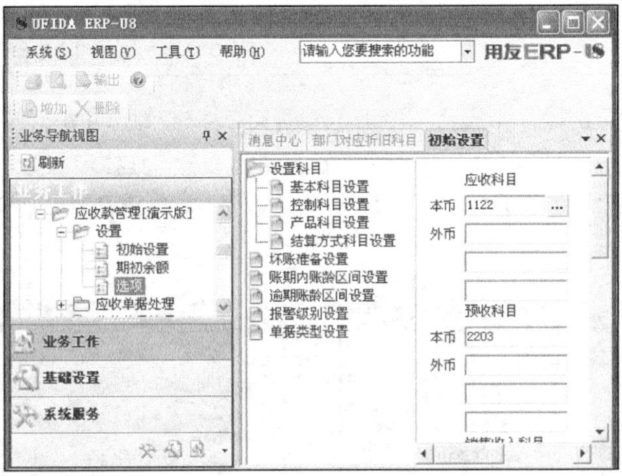

图 10-3　业务工作栏进行初始设置

② 单据审核日期依据：在其下拉列表框中有【单据日期】和【业务日期】两个选项，用于确认单据审核日期的依据。若选择【单据日期】，则在单据处理功能中进行单据审核时，系统自动将单据的审核日期（即入账日期）记录作为这张单据的单据日期。若选择【业务日期】，则在单据处理功能中进行的单据审核时，系统自动将单据的审核日期（即入账日期）记录作为当前业务的日期（即登录日期）。

③ 汇总损益方式：系统提供了两种汇总损益方式，即【月末处理】和【外币结算】。选择【月末处理】，系统将会在每个月的月末计算汇总损益，在计算汇总损益时，总是显示所有的外币余额不为 0 或本币不为 0 的外币单据。选择“外币结算”时，则只要在某一种外币余额结算时才能计算汇总损益，且在计算损益时仅仅显示外币余额为 0 且本币余额不为 0 的外币单据。

④ 坏账处理方式：在这个选项里提供了 4 种对坏账的处理方式，即【应收余额百分比法】、【销售收入百分比法】、【账龄分析法】和【直接转销法】。前 3 种方法需要在初始设置中录入坏账准备期初和集体比例或输入账龄区间等内容，且还要在坏账处理中进行后续处理。而如果要选择【直接传销法】，直接在下拉列表中选择该方法即可，当坏账发生时，直接在坏账发生处将应收账款转为费用就可以了。在账套使用过程中，如果当年已经计提坏账准备，则此参数不可以修改，只能在下一年度中年度修改。

⑤ 代垫费用类型：解决了从销售管理系统传递的代垫费用单在应收系统用何种单据类型来进行接收的问题。系统默认的是其他应收单，用户也可以在单据类型设置中自行定义单据类型，然后在系统选择中进行选择。

此外，还可以设置应收账款核算模型、是否自动计算现金折扣、是否进行远程应用等选项。再说一个小技巧：应收账款核算模型在系统启用时或是还没有进行任何业务（包括期初数据录入）才允许从简单核算改为详细核算，而从详细核算更改为简单核算随时都可以进行。但是在更改的过程中，一旦有数据，简单核算就不能改为详细核算。

提示

（1）因为单据审核后记账，故单据审核日期是依据单据日期还是业务日期，由业务总账、业务明细账、余额表等的查询期间取值决定。

（2）在账套的使用过程汇总，可以随时将选项从“单据日期”改成“业务日期”。而如果需要将选项从“业务日期”改成“单据日期”，则需要判断当前没有审核的单据中有没有单据日期在已经结账月份中的，如果有则不允许修改，相反允许修改。

（4）权限与预警设置的操作步骤为：单击【选项】，系统会弹出【账套参数设置】对话框，单击【编辑】按钮，即可对【权限与预警】选项卡中的选择进行设置。具体步骤为：选中【启用客户权限】、【单据报警】选择“信用方式”，【提前天数】为“7 天”账套参数设置，启用客户权限。如图 10-5 所示。

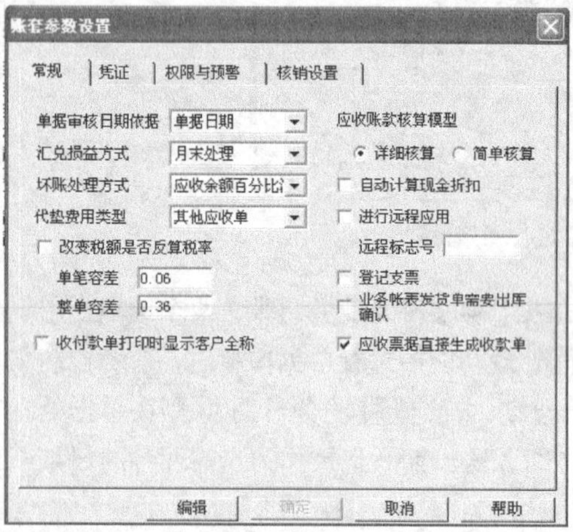

图 10-4 账套参数设置界面【常规】

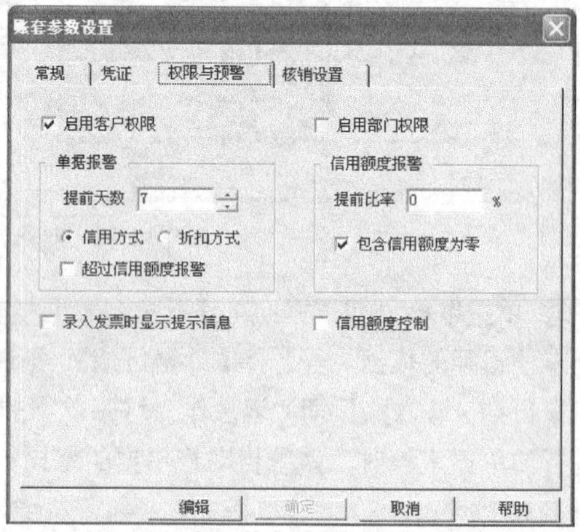

图 10-5 账套参数设置界面【权限与预警】

2. 存货分类初始设置

在设置存货分类时，如果企业存货较多，可以按一定方式对存货进行分类管理。存货分类是按照存货固有的特征或者属性，将存货划分为不同的类别，执行步骤如下。

（1）单击【存货】，再单击【存货分类】，打开【初始设置】窗口，进行初始设置。如图 10-6 所示。

（2）单击【存货】，再单击【存货分类】，如图 10-5 所示，在初始设置栏目里，在存货分类的基本科目进行设置录入。如图 10-7 所示。

3. 设置计量单位

企业的存货种类很多，不同的存货具有不同的计量单位，既使同一种存货，若用于不同业务，则其计量单位也可能不同，如对于一种物品，采购、批发销售可能使用“箱”作为计量单位，而库存和零售则可能是“盒”，财务上可能按件计价。因此在基础设置中，需要定义好存货的计量单位。存货计量单位可以分为无换算、固定换算和浮动换算 3 类。其中，无换算计量单位一般是指自然单位，固定换算计量单位是指各个计量单位之间存在着不变的换算比率。计量单位之间的换算关系即为固定换算率，也就是固定换算单位。无论是固定换算还是浮动换算的计量单位之间，都应该设置其中一个单位为“主计量单位”，其他单位以此为基础，按照一定的换算率进行折算。一般来说，将最小的计量单位设置为主计量单位，每组中主计量单位的单位称为辅计量单位。

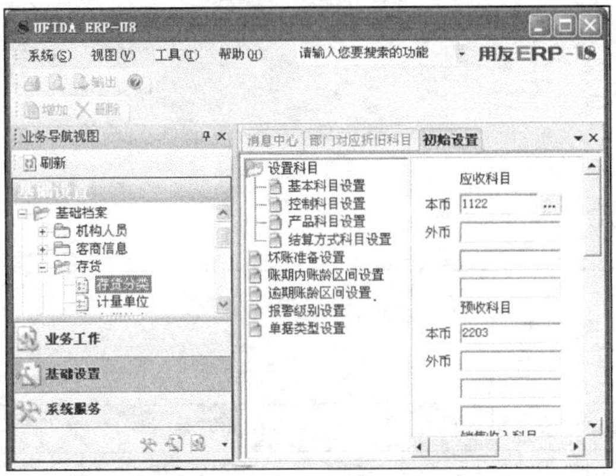

图 10-6 存货分类初始设置界面

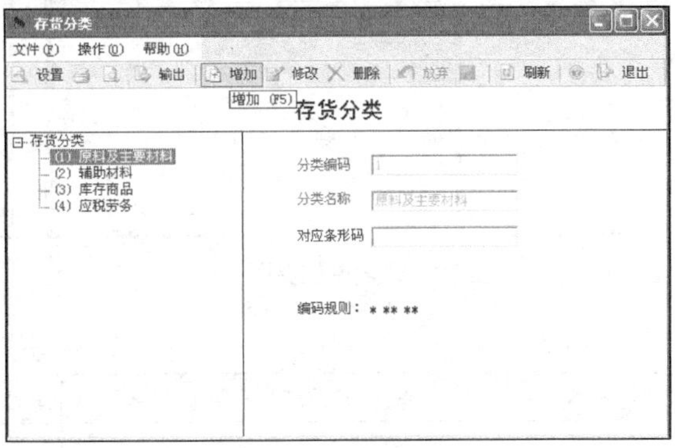

图 10-7 存货分类

增加计量单位操作步骤如下：首先增加一个计量单位组，在计量单位的基础下增加计量单组，接着再增加这个计量单位组里的计量单位。本处选择如表 10-1 所示的计量单位组。执行【存货】，打开【计量单位】命令，在打开计量单位窗口，单击【增加】按钮，输入计量单位组的编码、名称、换算类别信息。如图 10-8、图 10-9 所示，输入全部的计量单位组。选中自然单位无换算率计量单位组，单击【单位】按钮，打开【计量单位】对话框，如图 10-10 所示，计量单位无换算录入，如图 10-11 所示。

表 10-1 计量单位组

计量单位组	计 量 单 位
基本计量单位（无换算率）	吨
	台
	桶
	公里

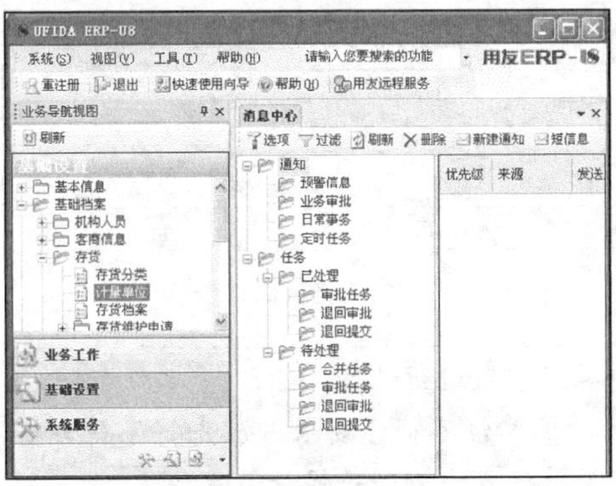

图 10-8 基础设置栏选择【计量单位】

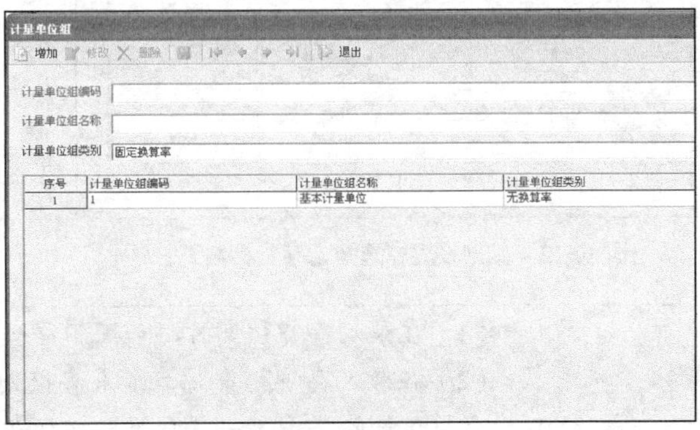

图 10-9 计量单位组界面

4. 设置存货档案

按照表 10-2 所制的数据设置存货档案。

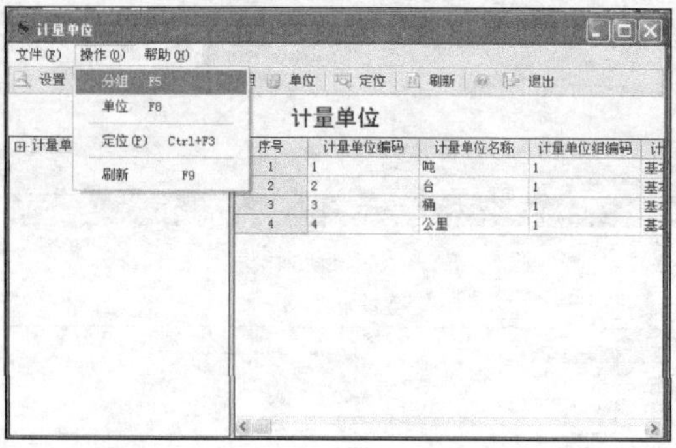

图 10-10 计量单位界面

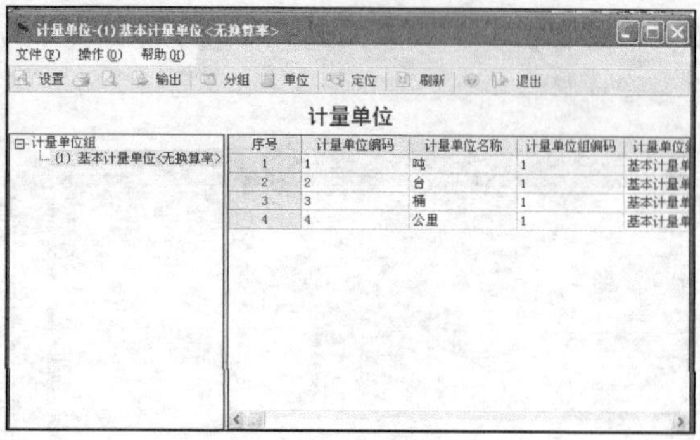

图 10-11 计量单位列表

表 10-2 存货数据

存货编码	存货名称	所属分类码	计量单位	税率	存货属性
001	钢材	1	吨	17	外购、生产耗用
002	油漆	1	桶	17	外购、生产耗用
003	电动机	1	台	17	外购、生产耗用
004	甲产品	3	台	17	自制、内销、外销
005	乙产品	3	台	17	自制、内销、外销
006	运输费	4	公里	7	外购、销售、应税劳务

按以下步骤设置存货档案：在企业应用平台中，打开【基础设置】选项卡，在基础档案里单击【存货】，在存货命令里打开【存货档案】如图 10-12 所示。单击操作【增加】按钮，再单击【存货分类】中的【原始及主要材料】，单击【增加】按钮录入存货编码，录入存货档案内容，如图 10-13 所示。修改存货档案的录入，如图 10-14 所示。设置完成如图 10-15 所示。

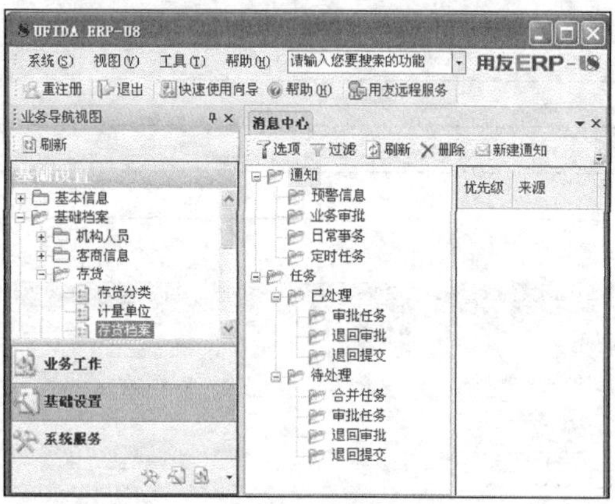

图 10-12 基础设置栏选择【存货档案】

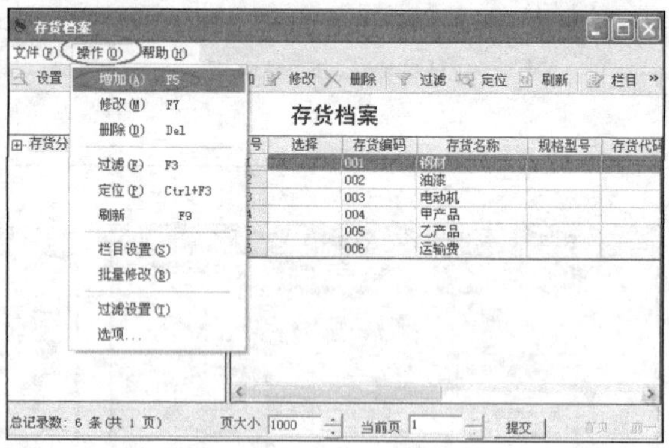

图 10-13 增加存货档案

提示

（1）在录入存货档案时，如果不符合要求应重新进行选择。

（2）在录入存货档案时，如果直接列示计量单位不符合要求，应先将不符合要求的计量单位删除，再单击【参照】按钮在计量单位表中重新选择计量单位。

（3）在存货档案中的存货属性必须选择正确的，否则，在填制相应单据时就不会在存货表中出现。

（4）存货档案在企业应用平台中录入，如果只启用财务系统并不在应收、应付系统下填制发票则不需要设置存货分类。

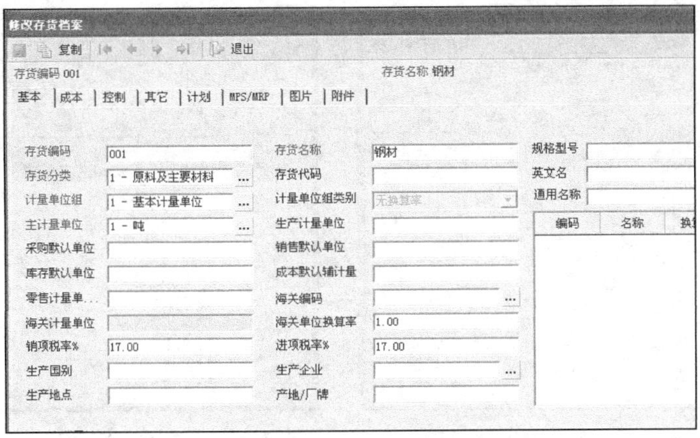

图 10-14　修改存货档案界面

5. 基本科目初始设置

设置基本科目。初始设置与应收业务单据是关联的，用户可以选择自己定义应收业务单据。基础设置与同级分析关联，可以实现对应收款、预收款以及往来业务的账龄分析查询。根据用户自己定义科目和不同的业务类型，系统可生成凭证并自动带出科目。

设置基本科目的操作步骤如下：

（1）初始设置科目录入，如图 10-16 所示。

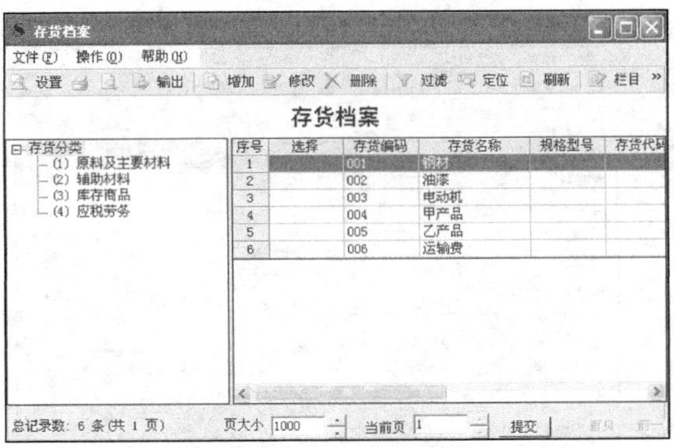

图 10-15　存货档案列表

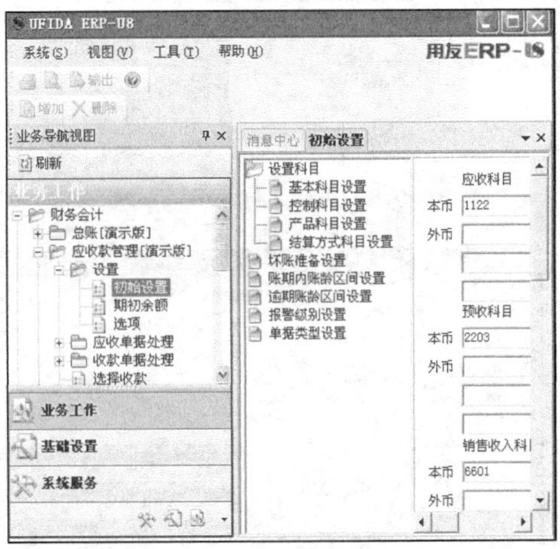

图 10-16　业务工作栏选择【初始设置】

（2）修改受控系统。

① 在【初始设置】中，将“1121 应收票据”“1122 应收账款”“2203 预收账款”的受控系统改为“应收系统”。

② 打开【会计科目】界面，如图 10-17 所示。会计科目一览表，如图 10-18 所示。

③ 利用【查找】查找出“1121 科目”，或者直接在会计科目中一次查找。如图 10-19 所示。

④ 鼠标单击会计科目“1121 应收票据”，单击【修改】按钮，如图 10-20 所示。

⑤ 会计科目修改界面，如图 10-21 所示。

⑥ 修改界面完成以后，单击【确定】按钮，如图 10-22 所示。

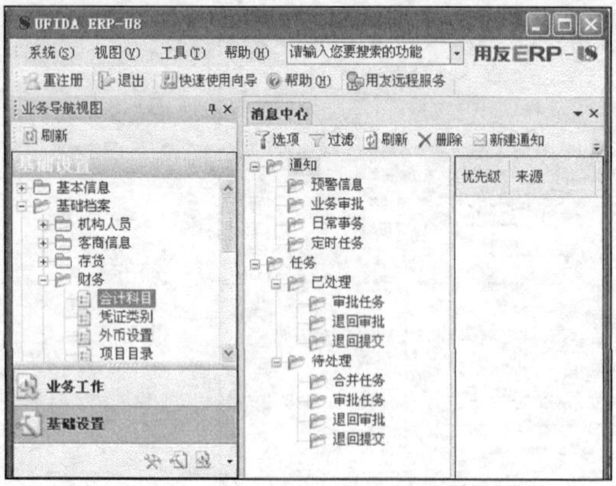

图 10-17 基础设置栏选择【会计科目】

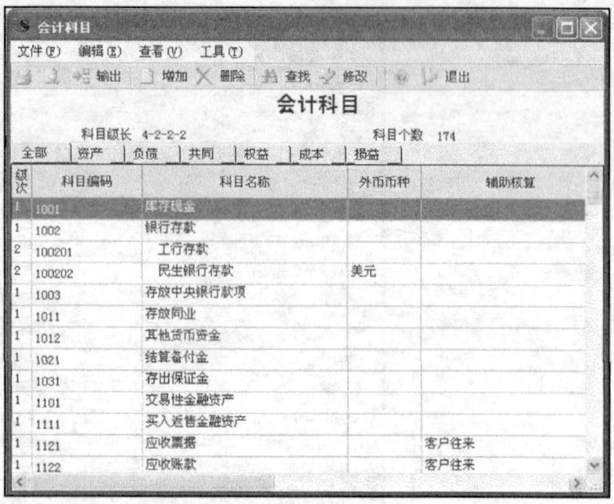

图 10-18 会计科目界面

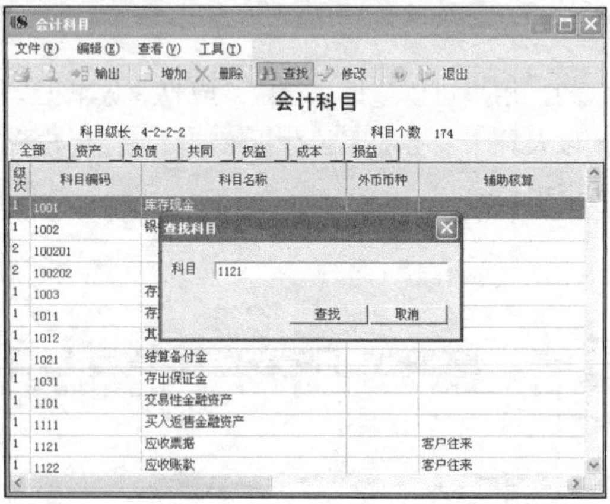

图 10-19 查找科目

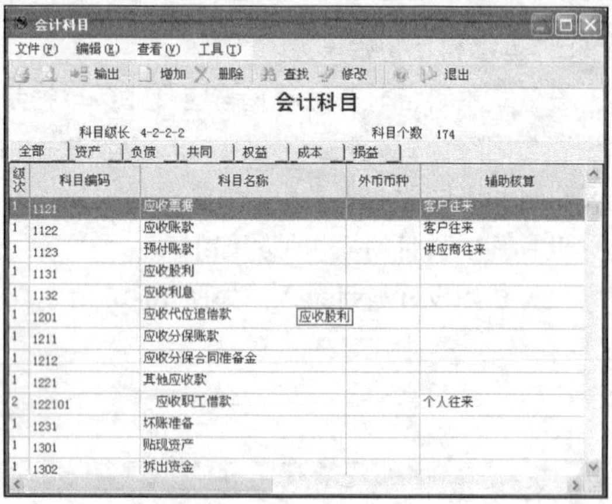

图 10-20 会计科目列表

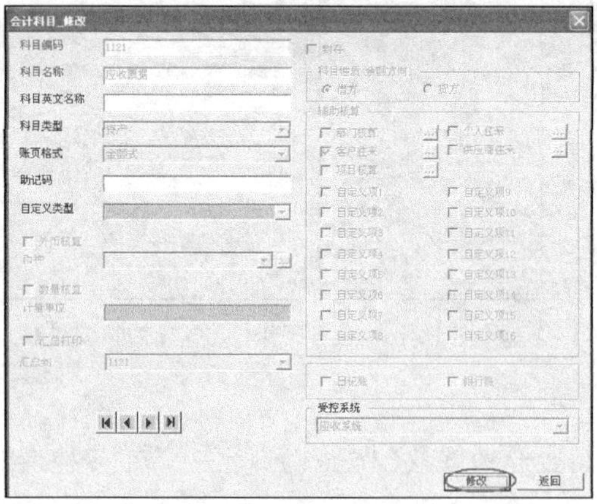

图 10-21 修改会计科目界面 1

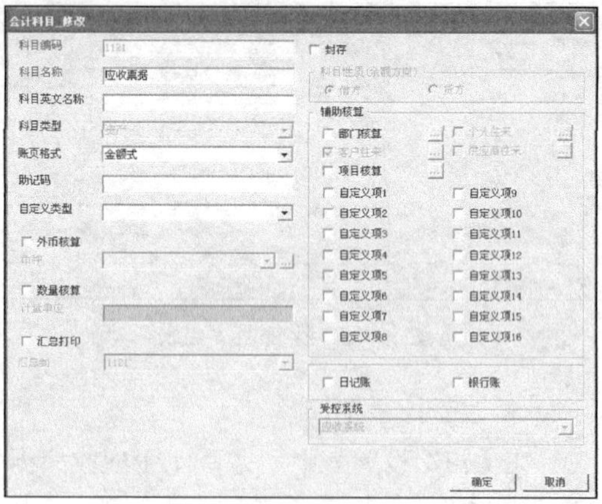

图 10-22 修改会计科目界面 2

（3）新增会计科目。

新增会计科目："222101—应交增值税""22210102—销项税额"。如图 10-23 所示。

① 在【会计科目】窗口，单击【增加】，如图 10-23 所示。

② 录入新增会计科目，如图 10-24 所示。

（4）设置应收系统基本科目。

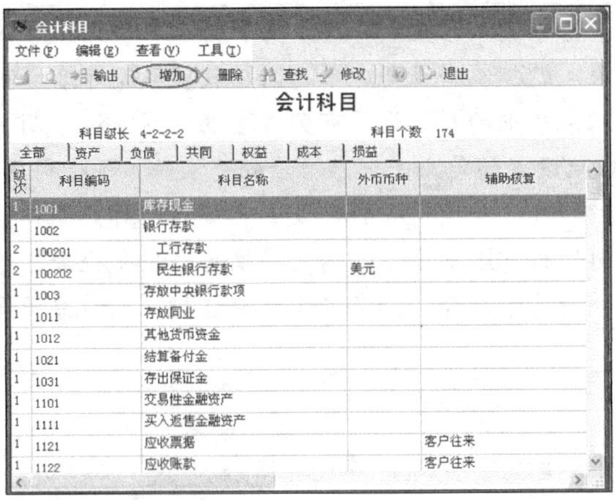

图 10-23　增加会计科目

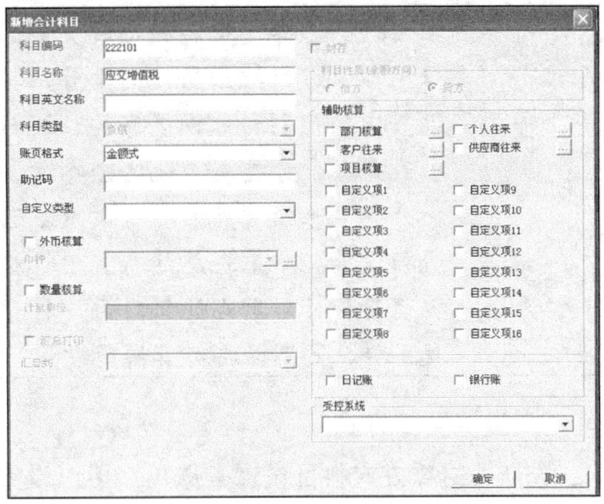

图 10-24　新增会计科目界面

① 打开初始设置应收系统界面，如图 10-25 所示。

表 10-3　　　　　　　　　　基本科目

应收科目—1122	预收科目—2203	销售收入—6601	税金科目—22210102
销售退回科目—6601	银行承兑科目—1121	商业承兑科目—1121	
现金折扣科目—6603	票据利息科目—6603	票据费用科目—6603	
收支费用科目—6601			

② 初始设置应收科目录入，如图 10-26 所示。

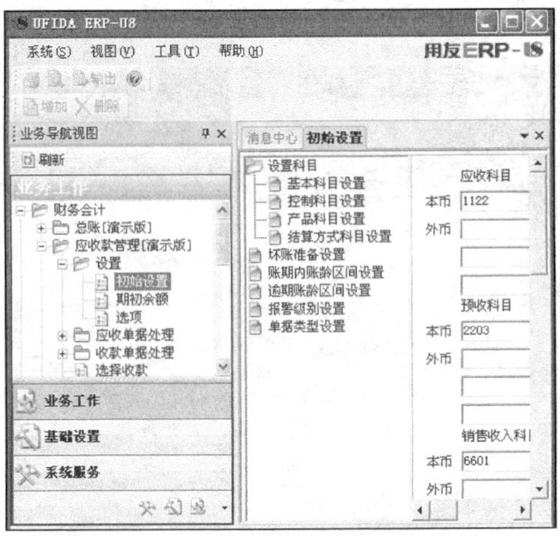

图 10-25　业务工作栏选择【初始设置】

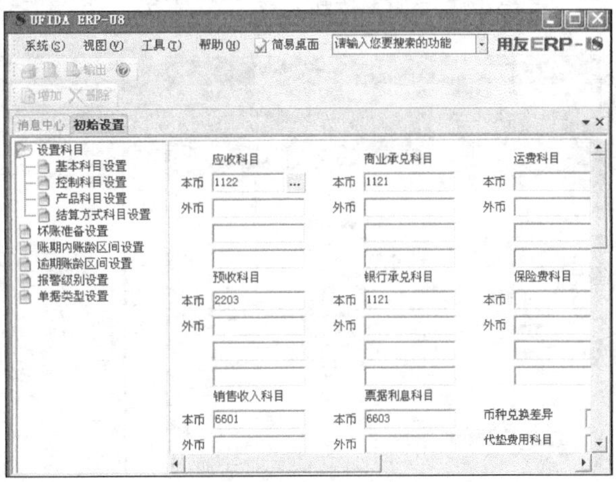

图 10-26　初始设置界面

提示

（1）在选择【基础科目设置】选项，即可进入【基本科目设置】对话框进行各个科目的设置，在文本框内选中文本框之后，单击出现的【参照标志】按钮，即可在选定的对话框中进行科目选择。

以上设置科目是在总账系统中已经设置了末级科目的科目，而对于应收科目、预收科目、银行承兑科目、商业承兑科目则必须是在总账系统中被设置【客户往来】辅助核算的会计科目。只有设置了银行承兑科目和商业承兑科目，才可以使用票据登记簿功能以及在起初余额中录入起初应收票据余额。

（2）选择【控制科目设置】选项，即可进入【控制科目设置】窗口，在该设置窗口中可以进行控制科目的设置，其中录入的控制科目与先前进入应收款系统账套参数设置中的控制科目设置有关，还与总账系统中的科目设置有关。当在总账系统中明细科目是客户分类或者地区分类时，则在此设置的是每一客户对应的是应收、预收科目。

（3）选择【产品科目设置】选项，即可进入【产品科目设置】窗口，对产品科目进行设置。如果在总账系统中针对不同的存货设置了不同的销售收入、应交税金、销售退货科目，则在此针对每一种存货进行具体设置。如果这几个科目与基本科目的设置一样，则不必再对其进行设置。

6. 设置结算方式

选择【结算方式科目设置】选项，可以设置不同的结算方式。如表10-4所示。

表10-4　　结算方式

结 算 方 式	币　种	科　目
1 现金	人民币	1001
2 现金支票	人民币	100201
3 转账支票	人民币	100201
4 信汇	人民币	100201
5 电汇	人民币	100201

可按以下步骤进行结算方式科目设置。

（1）打开【收付结算】界面，对结算方式进行录入基本科目，如图10-27所示。

（2）单击【增加】按钮，录入结算方式编码和名称，如图10-28所示。

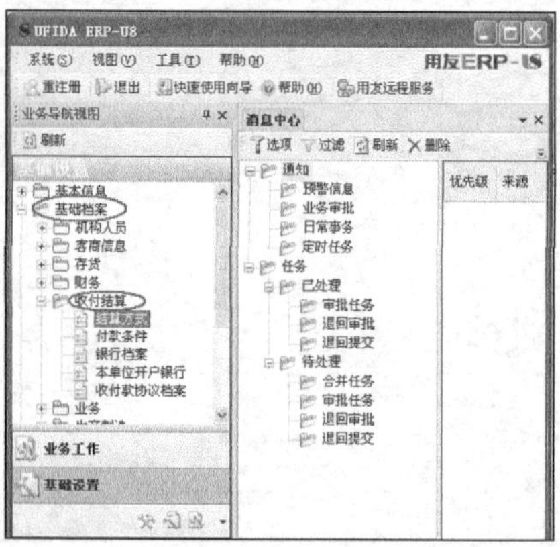

图10-27　打开【结算方式】界面

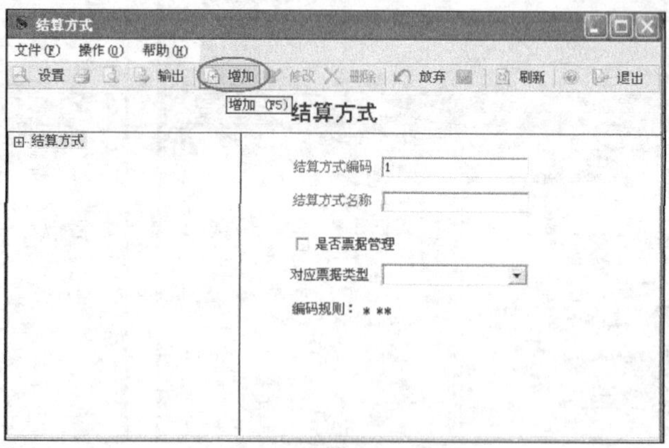

图10-28　增加结算方式界面

（3）结算方式录入完成界面，如图10-29所示。

7. 设置坏账准备

坏账准备设置用来解决用户定义计提坏账比率和设置坏账准备的期初余额。

（1）在【初始设置】的窗口中，单击【坏账准备设置】选项，依次录入如下坏账准备设置的内容。

提取比例：0.500%

坏账准备期初余额：0.00

坏账准备科目：1231

坏账准备对方科目：660205

录入完成后，单击【确认】按钮，即可将设置保存到系统中。

坏账准备设置的内容与前面设置的坏账处理方式有关。第一年使用该账套的应收款处理系统，坏账准备期初余额可以直接录入，以后可由系统自动生成。如果本年度已计提了坏账准备，则在此不能修改，进入下一年度后方可修改。

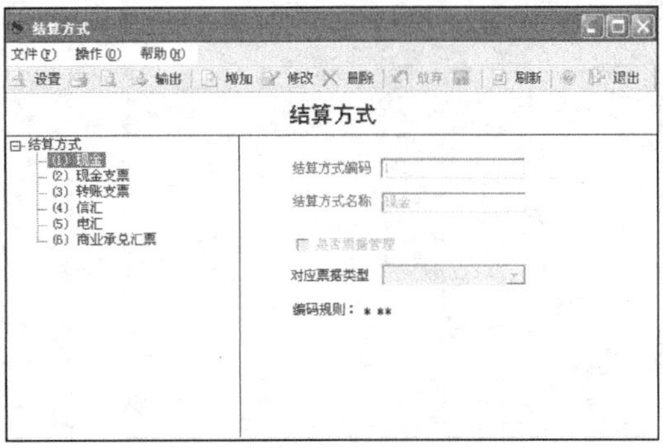

图 10-29　增加结算方式界面 2

（2）设置坏账准备，对初始设置进行录入，如图 10-30 所示。

（3）坏账准备的初始设置录入完成界面，如图 10-31 所示。

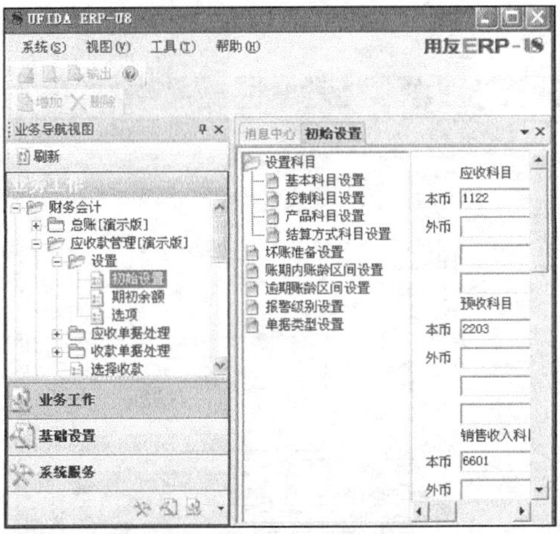

图 10-30　打开【初始设置】

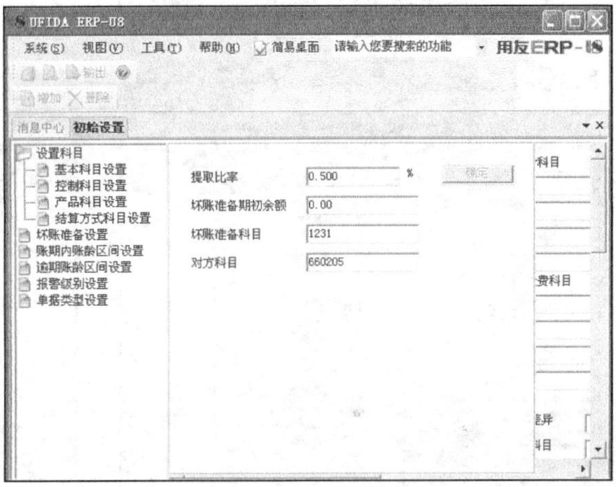

图 10-31　初始设置界面

8. 设置报警级别

可通过对报警级别设置，将客户按照欠款余额与其信用额度的比例分为不同的类型，以便于掌握各个客户的信用情况。可按表 10-5 针对客户设置报警级别。

表 10-5　报警级别

序　号	起止比率	总比率	级别名称
01	0～10%	10	A
02	10%～20%	20	B
03	20%～30%	30	C
04	30%～40%	40	D
05	40%～50%	50	E
06	50%以上		F

（1）设置报警级别，如图 10-32 所示。

（2）设置报警级别的比例，如图 10-33 所示。

9. 设置单据编号

企业应用平台中，执行【基础设置】→【单据设置】命令，进行以下操作。

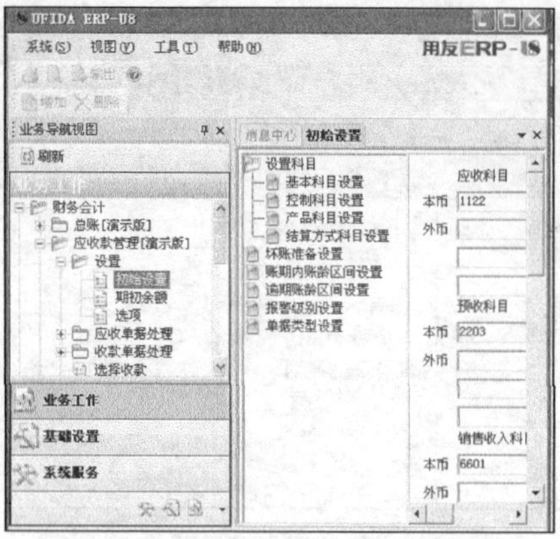

图 10-32　打开【初始设置】

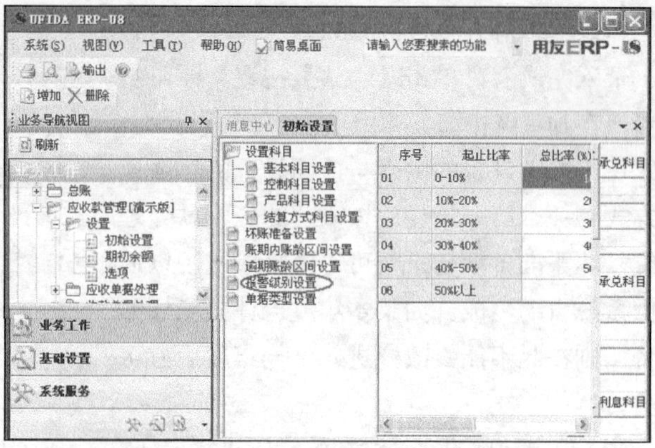

图 10-33　选择【报警级别设置】

（1）单据编码的设置，如图 10-34 所示。

（2）单据编码的类型，如图 10-35 所示。

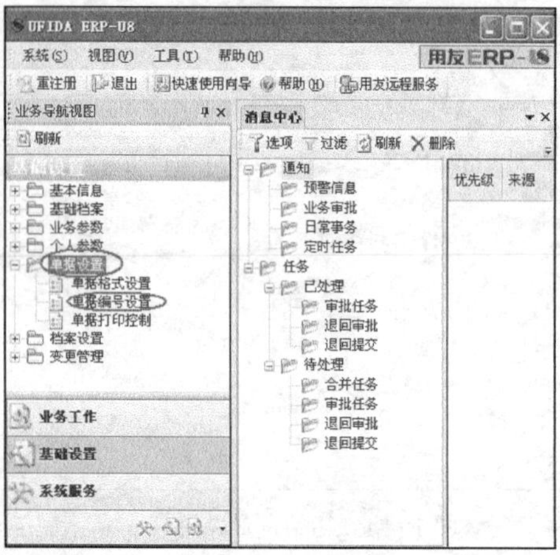

图 10-34　打开【单据编号设置】

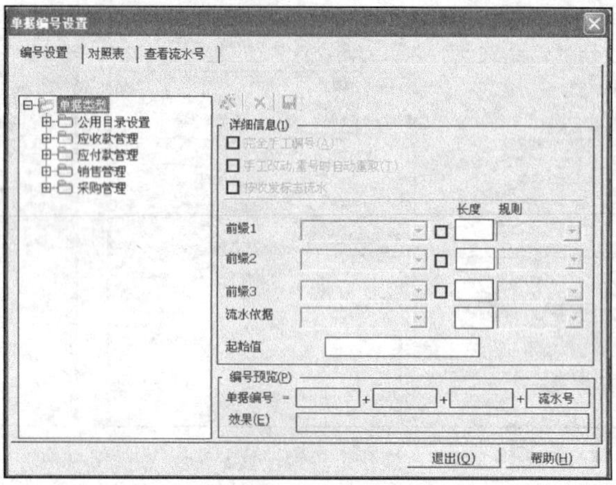

图 10-35　单据编号设置界面 1

（3）销售管理-销售专用发票，如图 10-36 所示。

（4）单据编码设置手工改动取消，如图 10-37 所示。

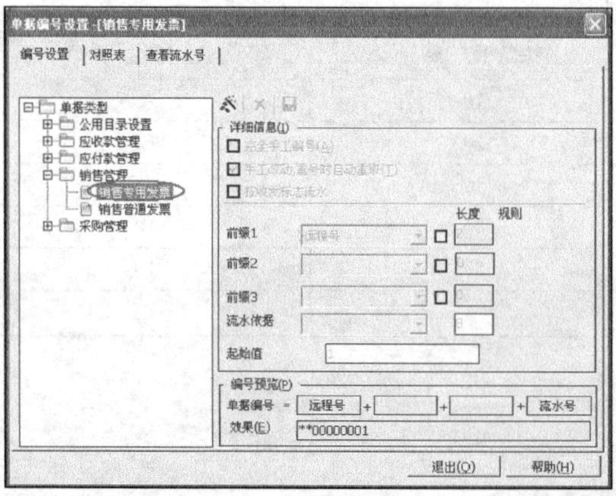

图 10-36　单据编号设置界面 2

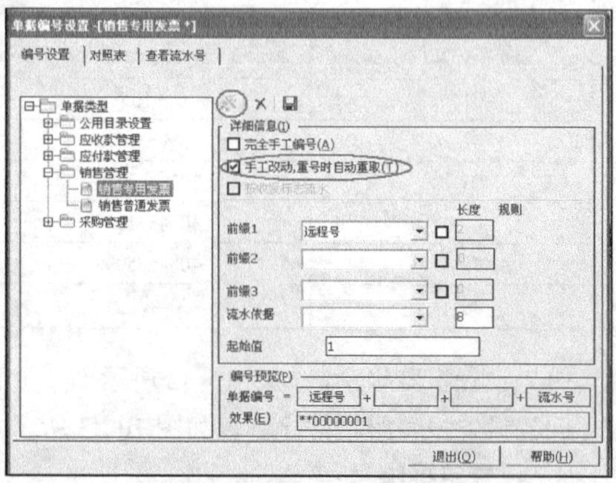

图 10-37　单据编号设置界面 3

10. 设置开户银行

（1）执行【基础设置】→【基础档案】→【收付结算】→【本单位开户银行】命令，如图 10-38 所示。

（2）【本单位开户银行】窗口单击【增加】，如图 10-39 所示。

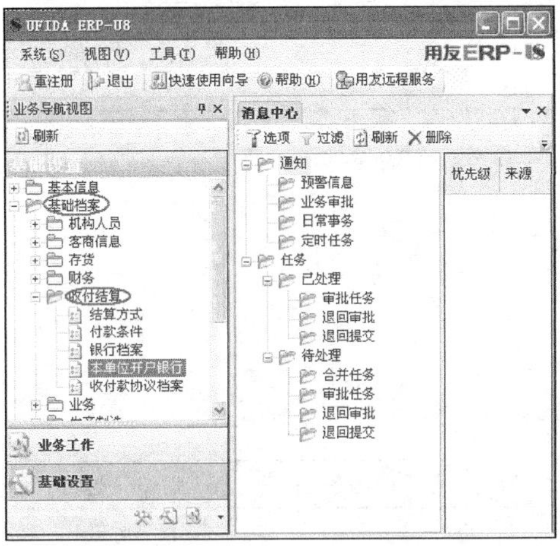

图 10-38 打开【本单位开户银行】窗口

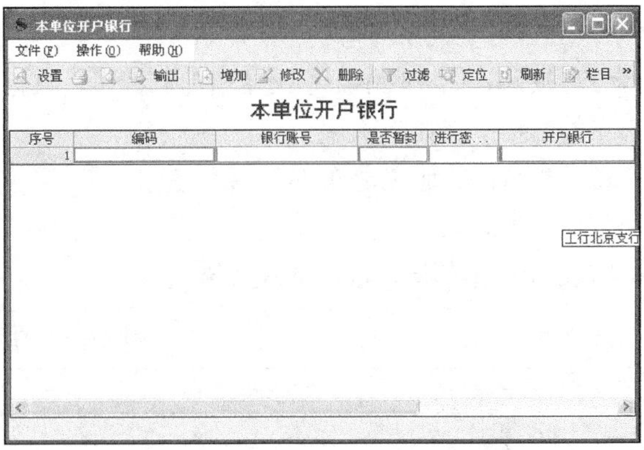

图 10-39 本单位开户银行界面

（3）【增加本单位开户银行】打开界面，如图 10-40 所示。

（4）增加本单位开户银行,内容的录入，如图 10-41 所示。

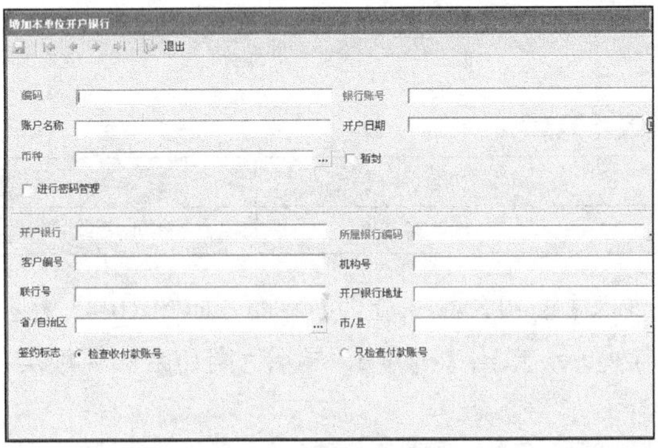

图 10-40 增加本单位开户银行界面 1

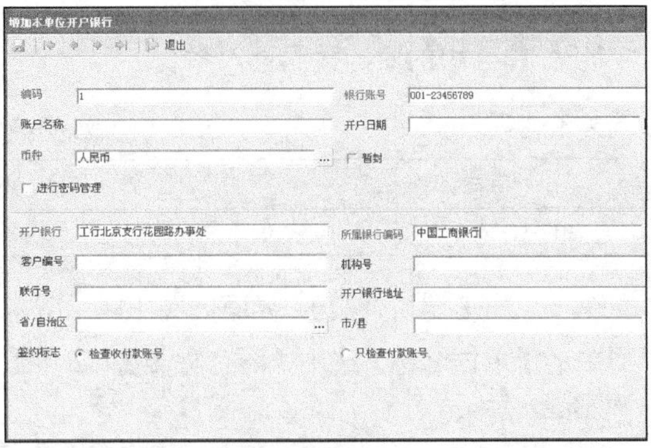

图 10-41 增加本单位开户银行界面 2

（5）本单位开户银行录入完成界面，如图 10-42 所示。

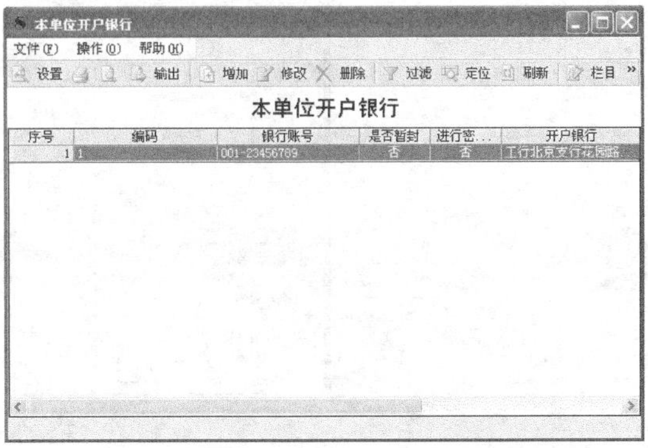

图 10-42 本单位开户银行界面

11. 录入期初销售发票、期初其他应收单、预收账单

应收系统中，执行【设置】→【期初余额】命令，进入期初余额明细表进行如下操作。

（1）录入期初销售发票。单击【增加】按钮，执行了【单据类别】命令。

单据名称：销售发票

单据类型：销售专用发票

方向：正向

将表10-6中的原始数据录入系统。

表10-6 销售发票原始数据

开票日期	票号	客户名称	货物名称	数量	无税单价
2012-11-12	78987	01	004	3	2 000
2012-11-18	78988	04	004	3	2 000
2012-11-22	78989	02	005	2	500

（2）录入其他应收单。单击【增加】按钮，执行【单据类别】命令。

单据名称：应收单

单据类型：其他应收单

方向：正向

将表10-7中的原始数据录入系统。

表10-7 应收单原始数据

单据日期	客户名称	金额	摘要
2012-11-22	04	500	代垫运费

（3）录入预收单。单击【增加】按钮，执行【单据类别】命令。

单据名称：预收单

单据类型：收款单

方向：正向

将表10-8中的原始数据录入系统。

表10-8 预收单原始数据

日期	客户	结算方式	金额	摘要
2012-11-26	06	5	30 000	预收货款

（4）单击【期初余额】，界面如图10-43所示，进入【期初余额—查询】界面，如图10-44所示；界面中的【单据名称】选中【所有种类】，如图10-45所示，单击【确定】，显示“期初余额明细类”，如图10-46所示。

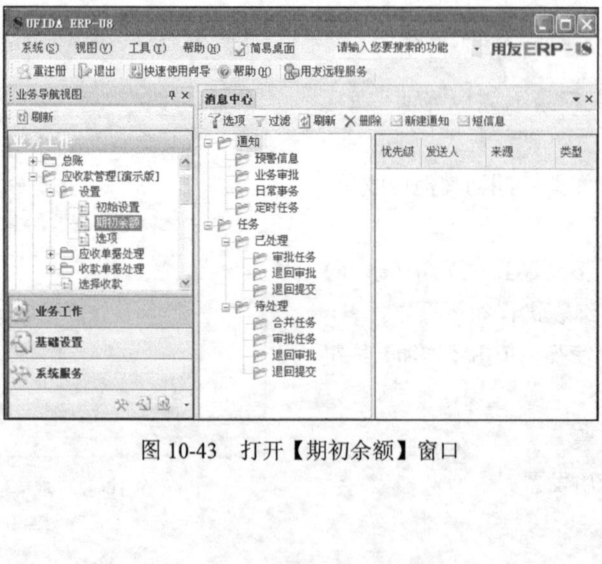

图10-43 打开【期初余额】窗口

图 10-44　期初余额查询界面 1

图 10-45　期初余额查询界面 2

（5）单击【对账】按钮，进行应收系统与总账系统的对账操作，界面如图 10-47 所示。只有与总账系统对账差异才能进行后续单据处理。

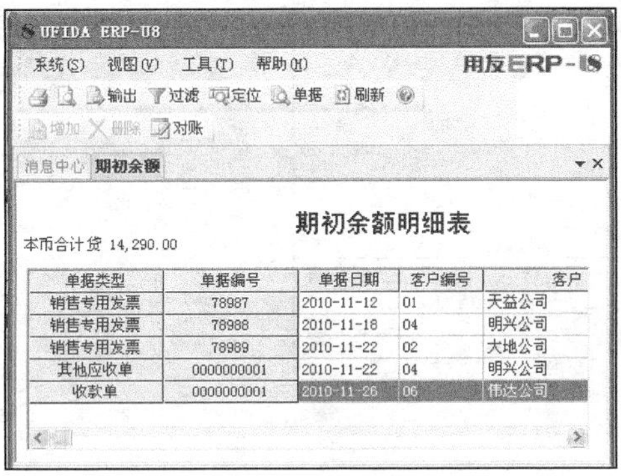

图 10-46　期初余额明细表

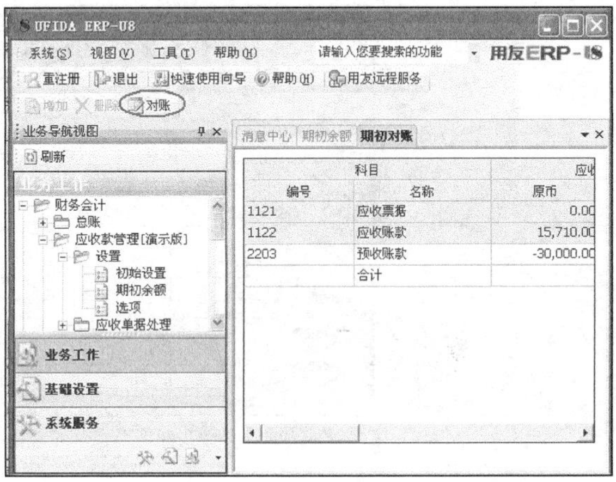

图 10-47　期初对账

10.4 应收款单据处理

10.4.1　应收款单据的设置

1. 应收单据处理

（1）进入企业应用平台，执行【单据设置】→【单据格式设置】→【销售管理】→【销售专用发票】操作，删除【销售分类】，单击【应收单据录入】，界面如图 10-48 所示。

（2）选择单据类型。如图 10-49 所示。

（3）销售专用发票的录入，填制【销售专用发票】、【应收单】。原始数据为：2012 年 1 月 16 日，向上海邦立公司销售乙产品 2 台，无税单价为 510 元，票号 5678900。以现金代垫运费 120 元；2012 年

1 月 16 日，向天益公司销售乙产品 1 台，无税单价为 520 元，票号 5678902。以现金代垫运费 120 元。

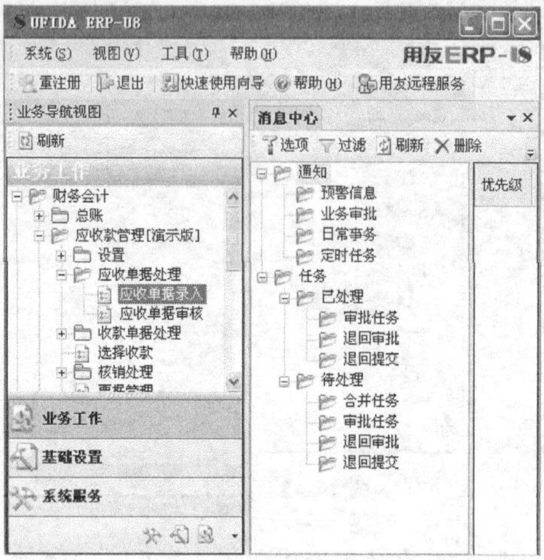

图 10-48 打开【应收单据录入】

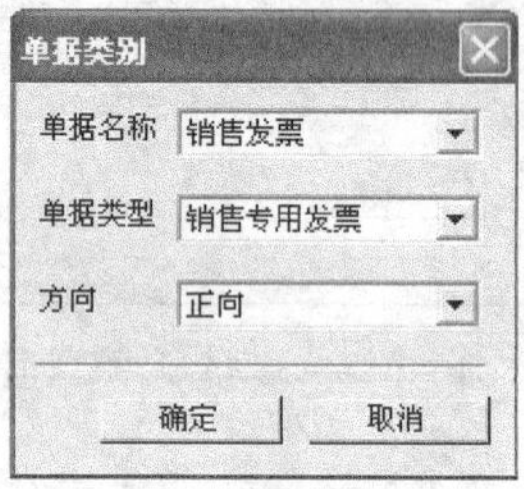

图 10-49 单据类别对话框

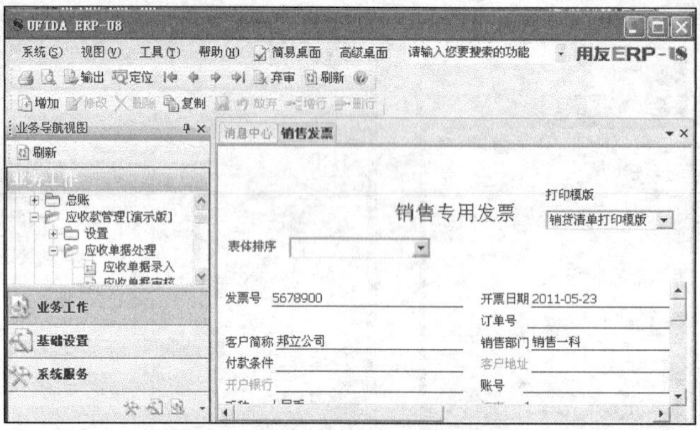

图 10-50 打开【销售发票】

（4）执行【应收单据处理】→【应收单据审核】→【全选】→【审核】操作，界面如图 10-51 所示。

（5）应收单据过滤条件选择。如图 10-52 所示。

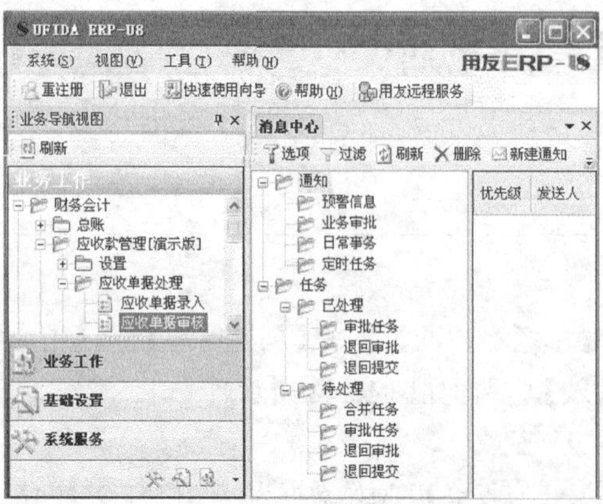

图 10-51 业务工作栏选择【应收单据】

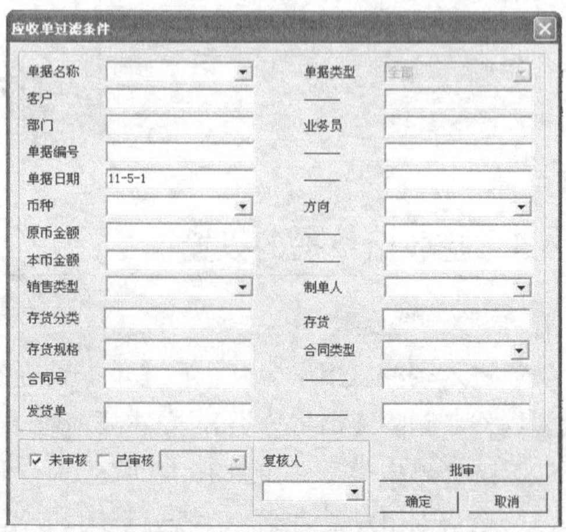

图 10-52 应收单过滤条件界面 1

（6）应收单据条件选择完成，单击【确定】。如图 10-53 所示。

（7）打开【应收单据处理列表】，如图 10-54 所示。

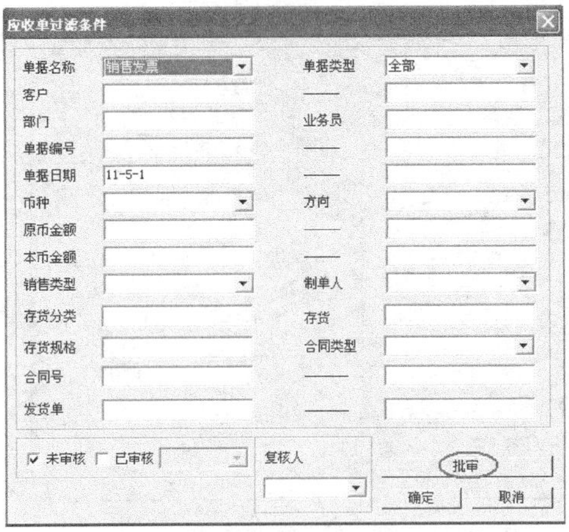

图 10-53　应收单过滤条件界面 2

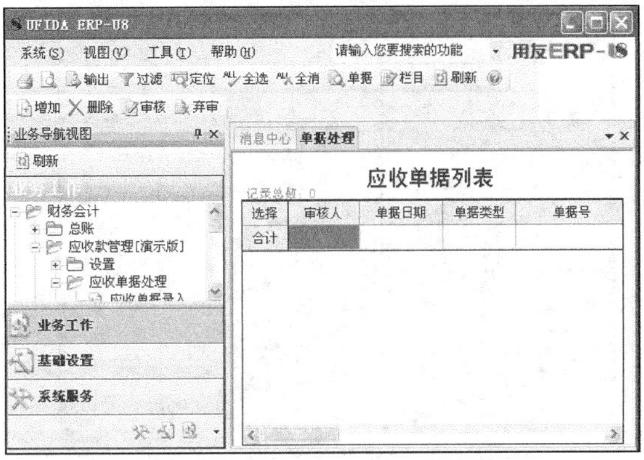

图 10-54　打开【应收单据列表】

（8）制单：执行【制单处理】→【发票制单】操作命令，如图 10-55 所示，进入【制单查询】界面，选中【应收单制单】，如图 10-56 所示。

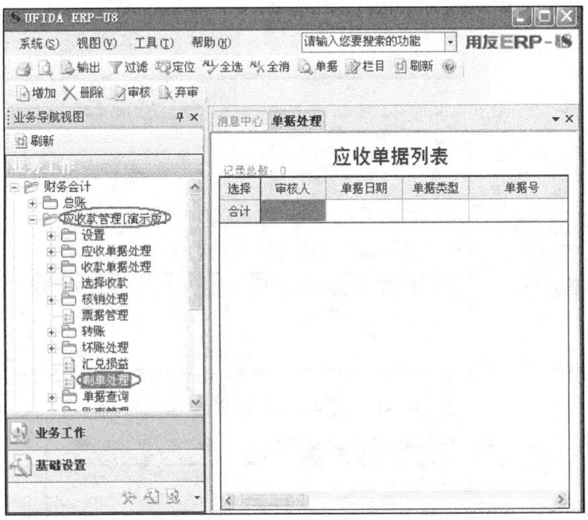

图 10-55　打开【制单处理】

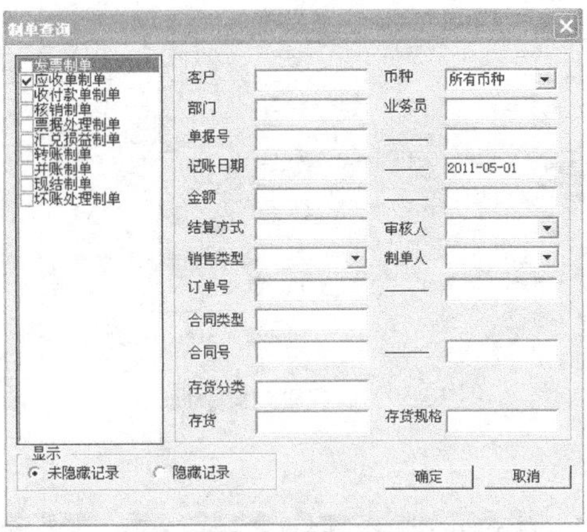

图 10-56　制单查询界面

2. 收款单据处理

公司的收款数据为：2012 年 1 月 22 日，收到上海邦立公司以信汇方式支付购买乙产品 2 台的货款及代垫运费款 1 313.4 元。

（1）录入收款单据。

① 进入企业应用平台，在“业务工作”界面中单击【收款单据录入】。如图 10-57 所示。

② 进入“应收款管理”界面，单击【收款单据处理】，打开【收款单据审核】。如图 10-58 所示。

③ 收款单过滤条件选择。如图 10-59 所示。

（2）核销收款单。单击【核销处理】，界面如图 10-60 所示，单击【手工核销】，如图 10-61 所示，单击【通用】选项卡，选择要核销处理的客户，如图 10-62 所示，单击【应付账单】选项卡，

【单据数据】选中【收款单】，如图 10-63 所示，单击【确定】按钮。单击【单据】选项卡，如图 10-64 所示。

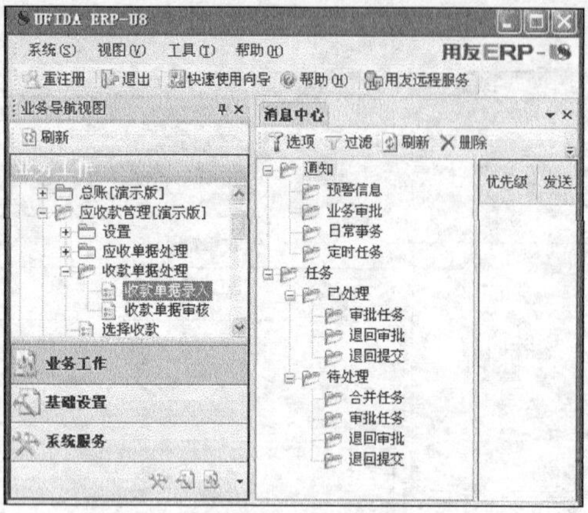

图 10-57 打开【收款单据录入】

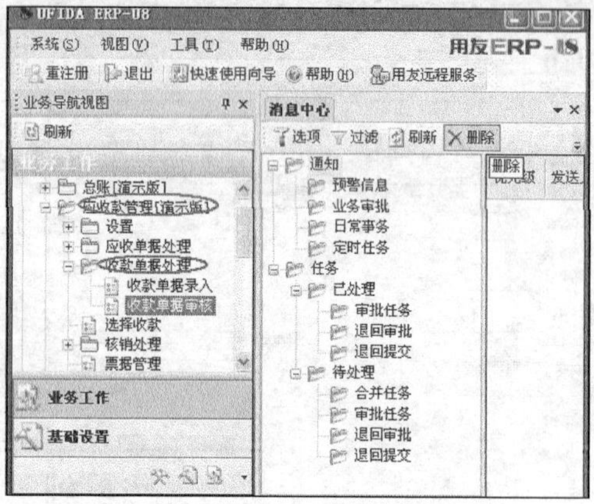

图 10-58 打开【收款单据审核】

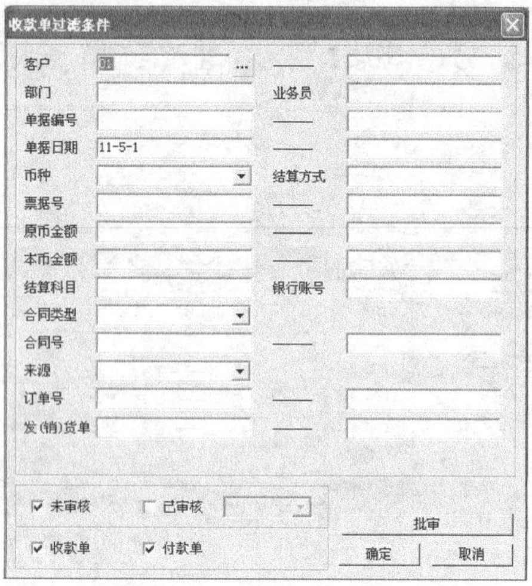

图 10-59 收款单过滤条件

币种	原币金额	原币余额	可享受折扣	本次折扣	本次结算
人民币	120.00	120.00	0.00	0.00	120.00
人民币	1,193.40	1,193.40	0.00	0.00	1,193.40
	1,313.40	1,313.40	0.00		1,313.40

图 10-60 核销收款单界面

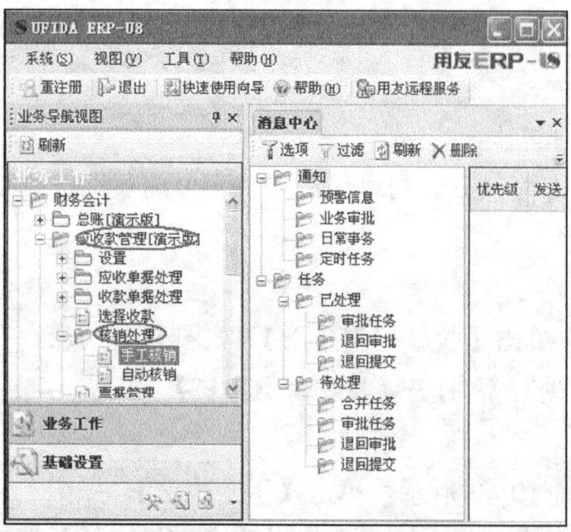

图 10-61 打开【手工核销】

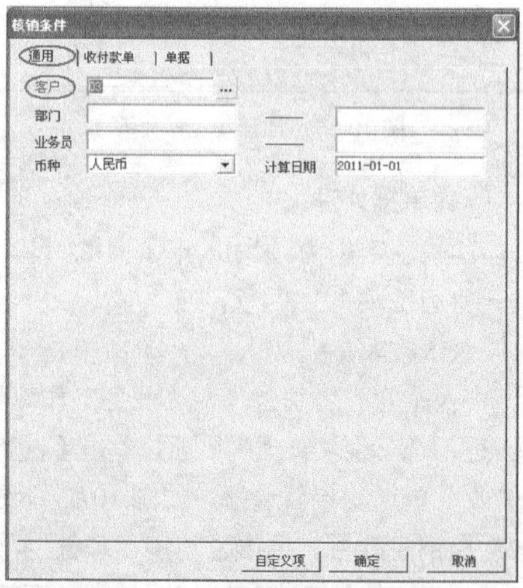

图 10-62 核销条件界面【通用】

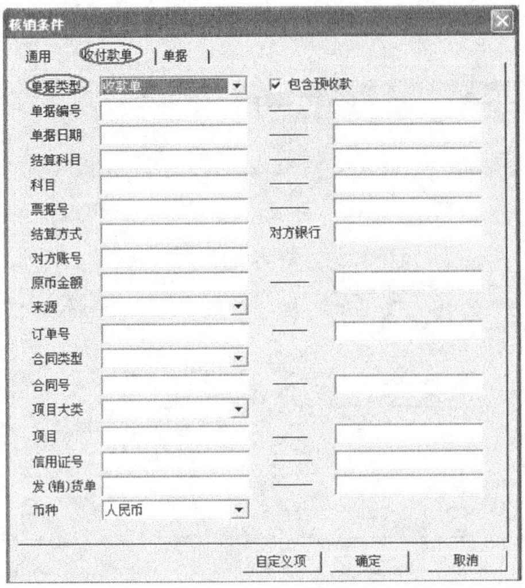

图 10-63 核销条件界面【收付款单】

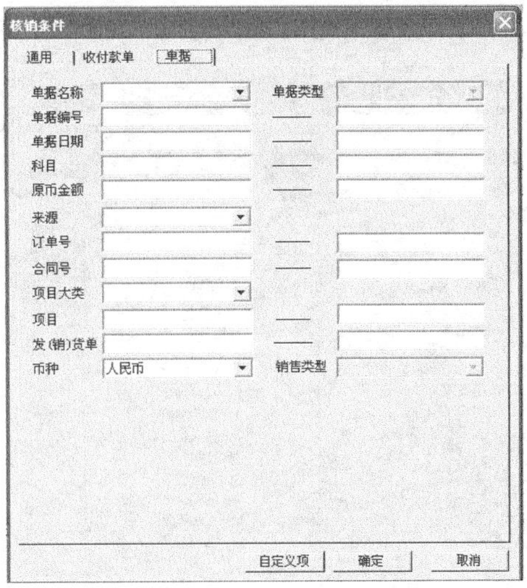

图 10-64 核销条件界面【单据】

10.4.2 票据管理

1. 日常票据处理方式

（1）增加结算方式，执行【基础设置】→【基础档案】→【收付结算】→【结算方式】命令，如图 10-65 所示。

（2）结算方式录入如图 10-66 所示，单击【商业承兑汇票】，增加"商业承兑汇票。"

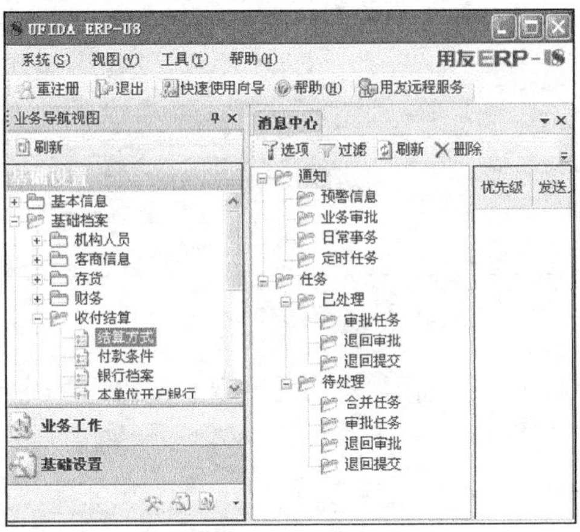

图 10-65 打开【结算方式】

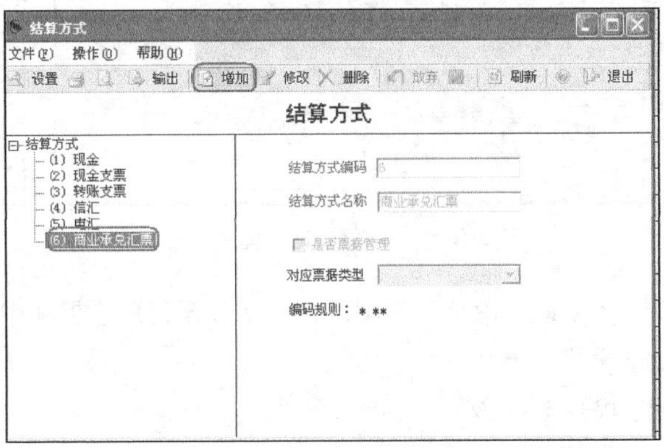

图 10-66 增加结算方式

2. 商业承兑汇票的填制

（1）填制商业承兑汇票。

公司商业承兑汇票原始数据如下：2012 年 1 月 2 日，收到北京天益公司签发并承兑的商业承兑汇票一张，票号 345612，面值为 7 020 元，到期日为 2011 年 3 月 2 日；2012 年 1 月 3 日，收到明兴公司签发并承兑的商业承兑汇票一张，票号 367809，面值为 7 020 元，到期日为 2012 年 1 月 23 日。应用系统中进行商业承兑汇票的增加需进行如下操作。

① 打开【票据管理】界面。如图 10-67 所示。

② 对票据管理过滤条件选择。如图 10-68 所示。

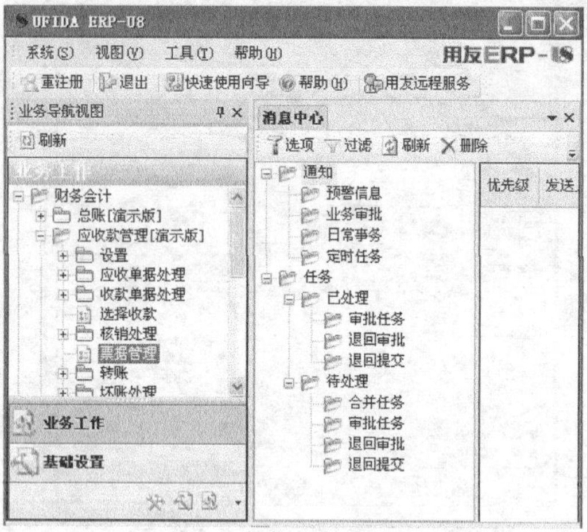

图 10-67　业务工作栏选择【票据管理】

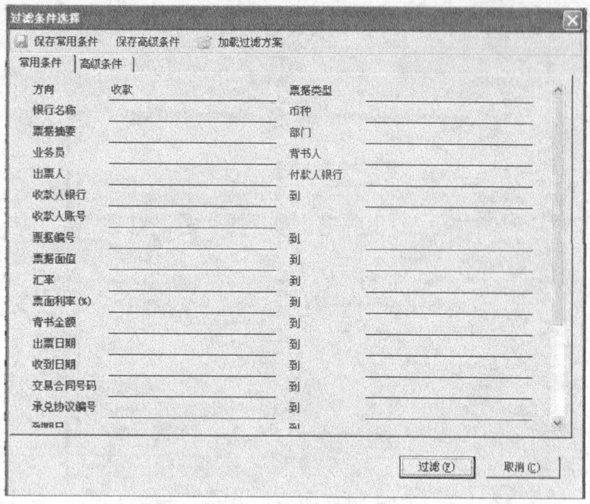

图 10-68　过滤条件选择界面

③ 票据管理单击【增加】按钮进行录入。如图 10-69 所示。

④ 录入商业汇票界面。如图 10-70 所示。

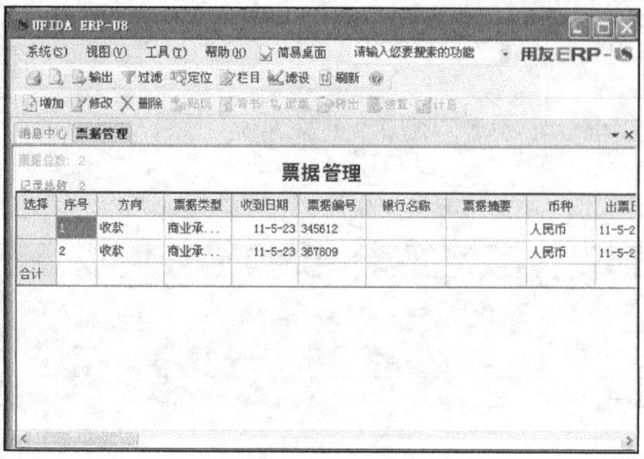

图 10-69　票据管理界面

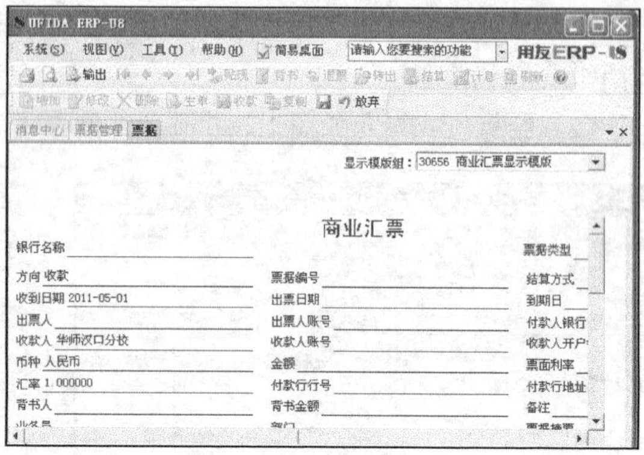

图 10-70　票据界面

（2）商业承兑汇票贴现。在【票据管理】界面中，选中 1 号票据，单击【贴现】按钮，并进入如下设置。

贴现率：6%

结算科目：100201

制单、保存

（3）商业承兑汇票结算。在【票据管理】中，选中 2 号票据，单击【结算】按钮，并进入如下设置。

结算日期：2012 年 1 月 23 日

结算金额：7 020

结算科目：100201

制单、保存

（4）审核收款单。执行【收款单据处理】→【收款单据审核】命令，并选中【全选】，单击【审核】按钮，完成该项操作。

（5）制单。在【制单处理】选中【收付款单制单】，并选中【全选】，单击【制单】按钮，完成该项操作。

10.4.3 转账处理

1. 应收冲应收

公司应收冲应收原始数据为：2012 年 1 月 31 日，经三方同意，将 1 月 16 日形成的应向“北京天益公司”收取的或税款及代垫费用款 728.4 元转为向“明兴公司”的应收账款。

（1）应收冲和应收界面。如图 10-71 所示。

（2）应收冲应收的录入界面。如图 10-72 所示。“转出户”中输入【天益公司】，“转入户”中输入【明兴公司】，单击【过滤】按钮，即完成“应收冲应收”操作，所得界面如图 10-73 所示。

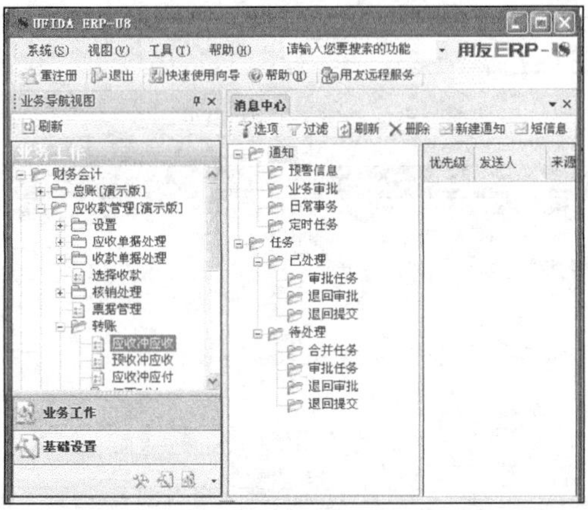

图 10-71 业务工作栏选择【应收冲应收】

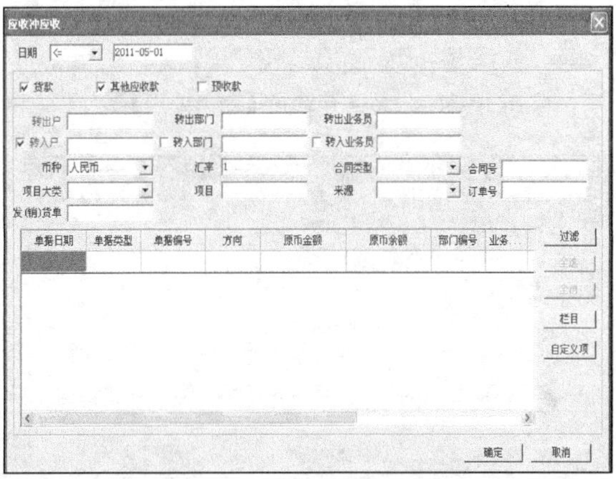

图 10-72 应收冲应收界面

提示 按照以上操作方法，可相继完成“预收冲应收入”、“应收冲应付”、“红票对冲”等操作。

2. 转账制单处理

（1）单击【制单处理】界面，如图 10-74 所示。

（2）制单发票凭证管理，然后【确定】按钮，如图 10-75 所示。

（3）对应收单凭证类别的选择，如图 10-76 所示。

项目	并账金额
	608.40
	120.00
	728.40
	0.00

图 10-73 应收冲应收操作界面

3. 坏账处理

公司发生以下坏账：2012 年 1 月 24 日，将 1 月 16 日形成的向光华公司收取的应收账款 728.4 元（其中货款 608.4 元，代垫运费 120 元）转为坏账。在应用平台中，进行坏账处理需以下操作。

（1）单击【坏账发生】按钮，如图 10-77 所示。

（2）输入坏账数据进入坏账列表，如图 10-78 所示。

（3）2012 年 1 月 31 日，收到银行通知（电汇），收回以作为坏账处理的应向明兴公司收取的应收款 728.4 元。这时，需进行坏账收回（增收款单），操作如下：执行【收款单据处理】【收款单据录入】命令，单击【坏账收回】按钮。界面如图 10-79 所示，单击【确定】按钮。在“摘要”中写入“已作坏账处理的应收账款又收回”，完成操作。

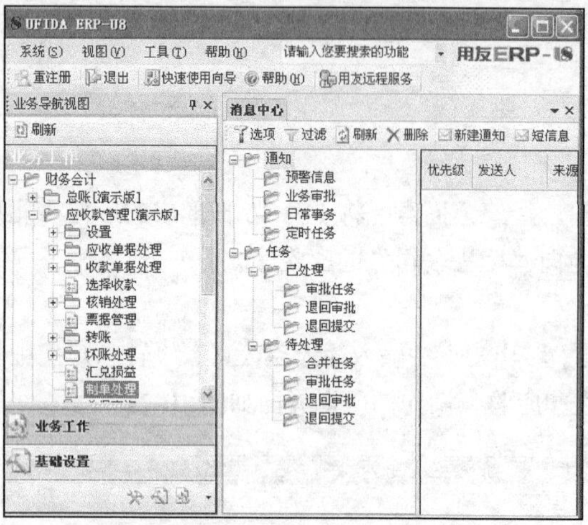

图 10-74 业务工作选择【制单处理】

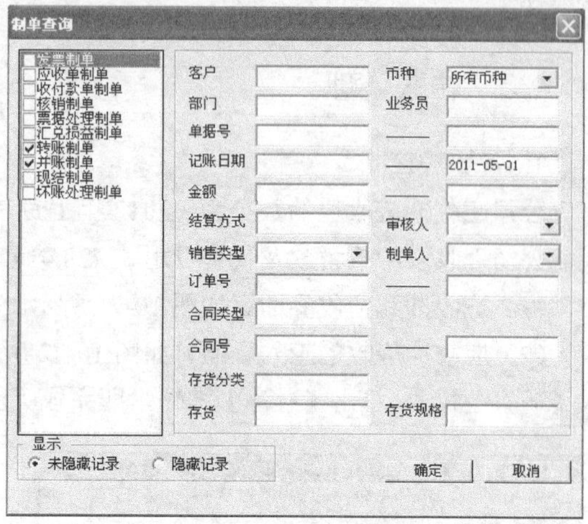

图 10-75 制单查询界面

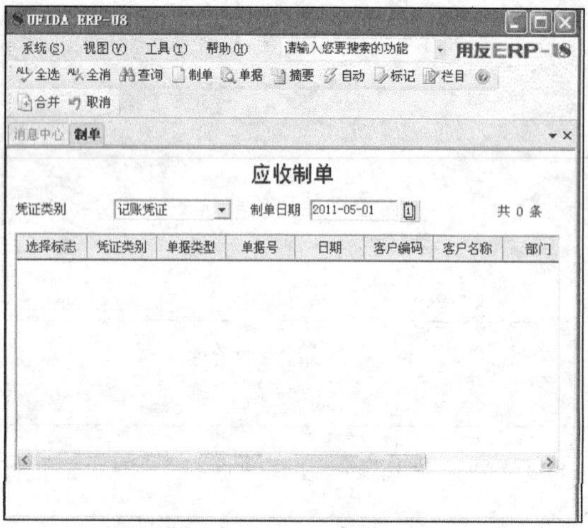

图 10-76 应收制单界面

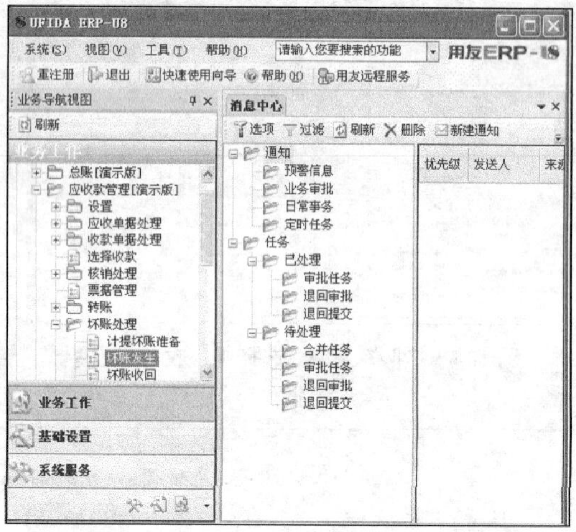

图 10-77 业务工作界面选择【坏账发生】

余　额	部　门	业 务 员	本次发生坏账金额
608.40	销售一科	刘红	608.40
7,020.00	销售一科	刘红	
500.00	销售一科	刘红	
120.00	销售一科	刘红	120.00
8,248.40			728.40

图 10-78 坏账列表

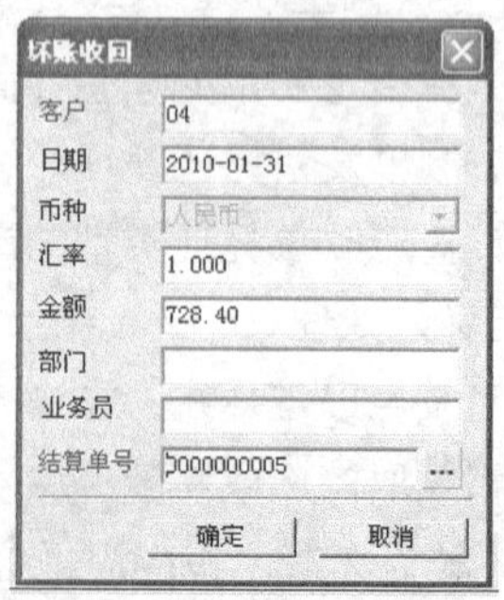

图 10-79 坏账收回窗口

（4）按照前文所列方式，完成审核、记账、结账操作。

上机实践

【实验目的】

1. 掌握应收款管理初始化的一般方法
2. 掌握应收款系统日常业务处理和主要内容和操作方法

【实验内容】

1. 应收款管理系统初始化
2. 应收单据处理
3. 票据管理
4. 转账处理
5. 坏账处理

【实验准备】

引入总账管理系统初始设置账套

1. 应收款管理系统初始化

将系统日期设定为“2012 年 1 月 31 日”，并以 001 主管的身份进入系统。

（1）设置系统参数

① 【常规】选项卡。

【坏账处理方式】选择【应收余额百分比法】。

② 【权限与预警】选项卡。

选中【启用客户权限】,【单据报警】选择【信用方式】,【提前天数】为【7 天】。

（2）设置存货分类

存货分类如表 10-9 所示。

表 10-9 存货分类表

存货分类编码	存货分类名称
1	原料及主要材料
2	辅助材料
3	库存商品
4	应税劳务

（3）设置计量单位

① 首先增加一个计量单位组，01 基本计量单位：1 吨；2 台；3 桶；4 公里，如表 10-10 所示。

② 增加这个计量单位组里的计量单位。

表 10-10 计算单位表

计量单位组	计 量 单 位	
基本计量单位（无换算率）	1	吨
	2	台
	3	桶
	4	公里

（4）设置存货档案

可按照表 10-11 所示内容设置存货档案。

表 10-11　存货档案

存货编码	存货名称	所属分类码	计量单位	税　率	存货属性
001	钢材	1	吨	17	外购、生产耗用
002	油漆	1	桶	17	外购、生产耗用
003	电动机	1	台	17	外购、生产耗用
004	甲产品	3	台	17	自制、内销、外销
005	乙产品	3	台	17	自制、内销、外销
006	运输费	4	公里	7	外购、销售、应税劳务

（5）设置基本科目

① 在【基础设置】中，将“1121 应收票据”“1122 应收账款”“2203 预收账款”的受控系统改为【应收系统】。

② 新增会计科目：222101—应交增值税　　22210102—销项税额

③ 设置应收系统基本科目。

可按表 10-12 所列内容设置应收系统科目。

表 10-12　应收系统基本科目

应收科目—1122	预收科目—2203	销售收入—6601	税金科目—22210102
销售退回科目—6001	银行承兑科目—1121	商业承兑科目—1121	
现金折扣科目—6603	票据利息科目—6603	票据费用科目—6603	
收支费用科目—6601			

（6）结算方式科目

可按表 10-13 所列内容设置结算方式科目。

表 10-13　结算方式科目

结算方式	币　种	科　目
1 现金	人民币	1001
2 现金支票	人民币	100201
3 转账支票	人民币	100201
4 信汇	人民币	100201
5 电汇	人民币	100201

（7）设置坏账准备

提取比例：0.500%

坏账准备期初余额：0.00

坏账准备科目：1231

坏账准备对方科目：660205

（8）设置账龄区间

账期内账龄区间设置总天数为 10 天、30 天、60 天、90 天；逾期账龄区间设置总天数为 30 天、60 天、90 天、120 天。

(9) 设置报警级别

可按表 10-14 设置坏账报警级别。

表 10-14 报警级别

序号	起止比率	总比率	级别名称
01	0～10%	10	A
02	10%～20%	20	B
03	20%～30%	30	C
04	30%～40%	40	D
05	40%～50%	50	E
06	50%以上		F

(10) 单据编号设置

在企业应用平台中，执行【基础设置】→【单据设置】→【单据编号设置】命令，分别在销售管理-销售专用发票、应收款管理-其他应收单、应收款管理-收款单界面中，选中【手工改动，重号时自动重取】。

(11) 设置开户银行

在企业应用平台中，执行【基础档案】→【收付结算】→【本单位开户银行】命令，并增制以下内容。

编码：1

银行账号：001-23456789

币种：人民币

开户银行：工行北京支行花园路办事处

所属银行编码：中国工商银行

(12) 录入期初销售发票、期初其他应收单、预收账单

在应收系统中，执行【设置】→【期初余额】命令，进入期初余额明细表。

① 录入期初销售发票。

单击【增加】按钮，选择【单据类别】并进行如下设置

单据名称：销售发票

单据类型：销售专用发票

方向：正向

将表 10-15 中的内容录入系统。

表 10-15 期初销售发票

开票日期	票号	客户名称	货物名称	数量	无税单价
2012-11-12	78987	01	004	3	2 000
2012-11-18	78988	04	004	3	2 000
2012-11-22	78989	02	005	2	500

② 录入其他应收单。

单击【增加】按钮，选择【单据类别】，并进行如下设置。

单据名称：应收单

单据类型：其他应收单

方向：正向

将表 10-16 中的应收单数据录入系统。

表 10-16　　应收单

单据日期	客户名称	金　额	摘　要
2012-011-22	04	500	代垫运费

③ 录入预收单。

单击【增加】按钮，选择【单据类别】，并进行如下设置

单据名称：预收单

单据类型：收款单

方向：正向

将表 10-17 中的预收单数据录入系统。

表 10-17　　预收单

日　期	客　户	结算方式	金　额	摘　要
2012-11-26	06	5	30 000	预收货款

（13）应收款系统与总账系统对账

在“期初余额明细表”界面中单击【对账】。

2. 单据处理

（1）应收单据处理

① 填制单据。

进入企业应用平台，执行【单据设置】→【单据格式设置】→【销售管理】→【销售专用发票】命令，删除【销售分类】。

按企业以下数据填制“销售专用发票”、“应收单”：2012 年 1 月 16 日，向上海邦立公司销售乙产品 2 台，无税单价为 510 元，票号 5678900。以现金代垫运费 120 元；2012 年 1 月 16 日，向天益公司销售乙产品 1 台，无税单价为 520 元，票号 5678902。以现金代垫运费 120 元。

② 审核单据。

③ 制单。

（2）收款单据处理

① 填制收款单。

按以下收款数据填制收款单：2012 年 1 月 22 日，收到上海邦立公司以信汇方式支付购买乙产品 2 台的货款及代垫运费款 1 313.4 元。

② 核销收款单

3. 票据管理

（1）增加结算方式

执行【基础设置】→【基础档案】→【收付结算】→【结算方式】命令，增加【商业承兑汇票】。

（2）填制商业承兑汇票

按以下数据填制商业承兑汇票：2012 年 1 月 2 日，收到北京天益公司签发并承兑的商业承兑汇票一张，票号 345612，面值为 7 020 元，到期日为 2011 年 3 月 2 日；2012 年 1 月 3 日，收到明兴公司签发并承兑的商业承兑汇票一张，票号 367809，面值为 7 020 元，到期日为 2012 年 1 月 23 日。

（3）商业承兑汇票贴现

在【票据管理】中，选中【1号】票据，单击【贴现】，并进行以下设置。

贴现率：6%

结算科目：100201

制单、保存

（4）商业承兑汇票结算

在【票据管理】中，选中【2号】票据，单击【结算】，并进行以下设置。

结算日期：2012年1月23日

结算金额：7 020

结算科目：100201

制单、保存

（5）审核收款单

（6）制单

4. 转账处理

（1）应收冲应收

需做应收冲应收操作的数据为：2012年1月31日，经三方同意，将1月15日形成的应向“北京天益公司”收取的或税款及代垫费用款728.4元转为向“明兴公司”的应收账款。

（2）预收冲应收

（3）应收冲应付

（4）红票对冲

（5）制单

5. 坏账处理

（1）发生坏账

2012年1月24日，将1月14日形成的向明兴公司收取的应收账款728.4元（其中货款608.4元，代垫运费120元）转为坏账。

（2）填收款单

2012年1月31日，收到银行通知（电汇），收回以作为坏账处理的应向明兴公司收取的应收款728.4元。这时，需填制收款单。

（3）坏账收回

第11章 应付款管理

【学习目标】

通过本章学习，学生可以了解应付款管理系统与其他系统的主要关系和业务处理流程，掌握应付款管理系统的初始设置及日常业务处理的操作方法。要求掌握单据处理、单据核销、应付转账、制单处理、票据管理等内容的操作流程。熟悉应付款月末处理业务。

11.1 系统概述及业务流程

11.1.1 应付款核算与系统概述

1. 应付款管理系统的功能

在用友 ERP-U872 管理软件中，应付款管理系统主要用于核算和管理供应商往来款项。

通过发票、其他应付单、付款单等单据的录入，记录采购、进口业务及其他业务所形成的对企业的往来账款。

应付款管理系统的功能:进行综合管理，及时、准确地提供供应商的往来账款余额资料，提供各种分析报表，如账龄分析表、欠款分析情况等，通过各种分析报表，帮助企业合理地进行资金的调配，提高资金的利用效率。

提示

- 与往来账有关的科目，如应付账款、应付票据、预付账款等在总账中不应再设立明细科目，而应设置为供应商往来辅助核算，通过设立供应商和存货等分类档案，集中在应付款系统中进行往来账款的管理。
- 在业务处理上，与往来账有关的凭证输入和款项的查询也在应付款系统中进行，总账系统不再进行与往来账有关的凭证填制的业务处理。应付系统生成的数据将通过凭证传输到总账系统，达到数据共享。

2. 应付款管理系统与其他系统的主要关系

（1）应付款管理系统与其他系统的主要关系如图 11-1 所示。

（2）采购管理系统向应付款管理系统提供已复核的采购发票、采购调拨单以及代垫费用单，在应付款管理系统中对采购发票进行审核并进行付款结算处理，生成凭证。应付款管理系统为采购管理系统提供各种单据的付款结算情况以及代垫费用的核算情况如下。

① 应付款管理系统和应收款管理系统之间可以进行转账处理。

② 应付款管理系统向总账管理系统传递凭证。

③ 应付款管理系统向专家财务评估系统提供各种分析数据。

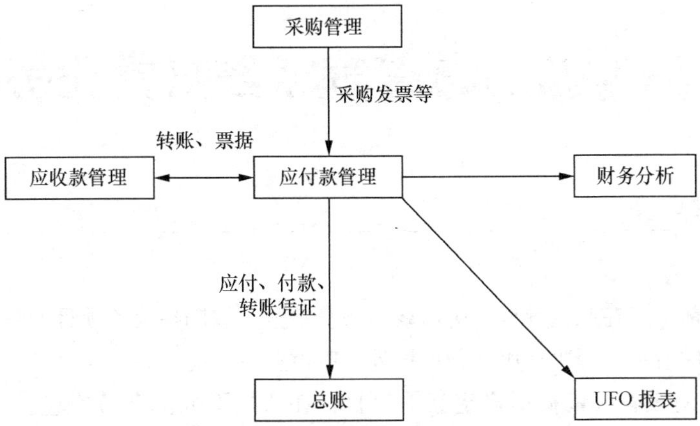

图 11-1 应付款管理系统与其他系统的主要关系

④ 应付款管理系统向 UFO 报表提供应用函数。

⑤ 应付款管理系统与网上银行进行付款单的导入和导出。

11.1.2 应付款管理系统的业务处理流程

应付款管理系统和采购与应付管理系统处理流程如图 11-2 所示。

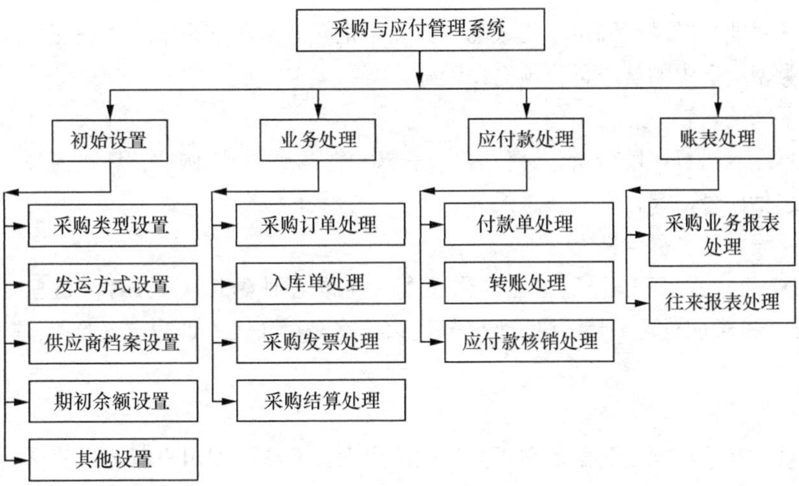

图 11-2 应付款管理和采购与应付管理系统流程图

11.1.3 系统的主要功能

应付款管理系统主要实现企业与供应商业务往来款项的核算与管理。在应付款管理系统中，以采购发票、其他应付单等原始单据为依据，记录采购业务及其他业务所形成的应付款项，处理应付款项的支付、冲销等业务；提供票据处理的功能，实现对应付票据的管理。

11.2 应付款管理系统日常业务处理

11.2.1 初始设置

1. 设置系统参数

在运行本系统前，应在此设置运行所需要的账套参数。控制参数各项目说明如下。

（1）单据类型的设置：解决使用何种单据处理应付业务的问题。

（2）凭证科目的设置：依据用户定义的科目，在依据不同的业务类型，生成凭证自动带出科目。

（3）账龄区间设置：解决用户定义查询或分析应付款账龄的区间，可随时掌握应付款的动态变化。

（4）报警级别的设置：提供用户进行报警级别的设置。

2. 设置基础信息

基础信息包括设置科目、设置账龄区间、设置报警级别、设置单据类型和设置单据格式等。其他公共信息（会计科目、部门档案、职员档案、外币及汇率、结算方式、付款条件、地区分类、客户分类及档案）已在系统管理和总账管理初始设置中完成。

（1）设置基本科目

如果企业应付业务类型较固定，生成的凭证类型也较固定，则为了简化凭证生成操作，可以在此处将各业务类型凭证中的常用科目预先设置好。

（2）账龄区间的设置

为了对应付账款进行账龄分析，评估客户信誉，并按一定的比例估计坏账损失，应设置账龄区间。设置内容包括序号、起止天数、总天数。

（3）供应商编码和名称定义

通常供应商的建立，可以登记企业与供应商发生的各种结算关系，考核供应商的信用程度。系统根据供应商和对应的会计科目处理每笔往来业务进行记账，通过其他辅助信息进行客户信用管理。

（4）付款条件设置

付款条件设置是系统确定到期日和折扣日期的依据，系统根据用户所选择的付款条件来确定在该笔交易中的折扣。设置内容包括付款条件编码、付款条件名称、信用天数、优惠方案。

3. 输入期初余额

初次使用应付款核算软件，需要录入期初数据，保证数据的连续性和完整性。操作时，不仅要输入各单位的期初余额，还要将之前未处理完的所有客户的应付账款、预付账款、应付票据等数据录入系统通过期初余额功能，用户可将正式启用账套前的所有应付业务数据录入到系统中，这样初始余额就变成了到目前为止所有单位的所有未达账项明细数据。以后计算机可以根据后续发生的往来数据结合期初余额进行自动勾对，清理往来账款。

提示

输入应付款管理系统的期初数据时应注意以下问题：

（1）发票和应付单的方向包括正向和负向，类型包括系统预置的各类型以及用户定义的类型。如果是预付款和应付票据，则不用选择方向，系统默认预付款方向为贷方，应付票据方向为贷方。

（2）单据日期必须小于该账套启用期间（第一年使用）或者该年度会计期初（以后年度使用）。如果在初始设置的基本科目设置中，设置了承兑汇票的入账科目，则可以录入该科目下期初应付票据，否则不能输入期初应付票据。单据中的科目栏目，用于输入该笔业务的入账科目。该科目可以为空。建议在输入期初单据时，最好输入科目信息，这样不仅可以执行总账功能，而且可以查询正确的科目明细账和总账。

11.2.2 日常处理

日常处理是应付款管理系统的主要组成部分，是经常性的应付业务处理工作。

日常处理主要完成企业日常的应付及付款业务录入，付款业务核销、应付并账等的处理，及时记录应付、付款业务的发生，为查询和分析往来业务提供完整、正确的资料，加强对往来款项的监督管理，提高工作效率。

11.2.3 期末处理

应付款期末处理包括汇兑损益和结账。

汇兑损益的计算用于计算外币单据的汇兑损益并对其进行相应的处理。在进行汇兑损益之前，应先在系统选项中选择汇兑损益的处理方法，系统提供两种汇兑损益的处理方法，可以根据不同的需要做出选择。

如果已经确认本月的各项处理已经结束，可以选择执行月末结账功能。当执行了月末结账功能后，该月将不能再进行任何处理。如果用户觉得某月的月末结账错误，可以取消月末结账。但取消月末结账操作只有在该月已结账时才能进行。

（1）如果上月没有结账，则本月不能结账。

（2）本月的单据（发票和应收单）在结账前应该全部审核。

（3）若本月的结算单还有未核销的，不能结账。

（4）如果结账期间是本年度最后一个期间，则本年度进行的所有核销、转账等处理必须制单，否则不能向下一个年度结转，而且对于本年度外币余额为 0 的单据必须将本币余额结转为 0，即必须执行汇总损益。

11.3 初始化账套及业务工作基础设置

11.3.1 初始化账套

1. 启动企业应用平台

（1）启用。有两种方法：一是在建账完毕后直接进入系统启用设置进行应付款管理系统的启用；

另一种方法是通过企业门户中的“基础信息”进入“系统启用”功能进行启用设置。

提示

① 各系统的启用会计期间必须大于等于账套的启用期间。

② 只有系统管理员和账套主管有系统启用权限。

（2）启动与注册。启动应付款管理系统时，可以选择从“开始”菜单启动；也可以先注册进入企业门户，然后通过企业门户进入应付款管理系统。

2. 应付款管理系统初始化

根据对供应商往来款项核算和管理的程度不同，系统提供了“详细核算”和“简单核算”两种供应商往来款项应用方案可供选择。

根据对供应商往来款项核算和管理的程度不同，系统提供了应付款详细核算和简单核算两种应用方案。应付款详细核算即应付账款在应付系统进行核算，包括记录应付账款的形成及偿还的全过程；简单核算即应付账款在总账进行核算制单，在应付款管理系统进行查询。若采购业务及应付账款业务繁多，或者您需要追踪每一笔业务的应付款、付款等情况；或者您需要将应付款核算到产品一级；那么可以选择“详细核算”方案，即应付款管理系统中核算并管理往来供应商的款项。该方案能够了解每一供应商每笔业务详细的应付情况、付款情况及余额情况，并进行账龄分析，进行供应商及往来款项的管理。根据供应商的具体情况，制定付款方案。

具体选择哪一种方案，可以在应付款管理系统中通过“应付账款核算模型”来设置。

初始设置的作用是建立应付管理的基础数据，确定使用哪些单据处理应付业务，确定需要进行账龄管理的账龄区间、确定各个业务类型的凭证科目。有了这些功能，用户可以选择使用自己定义的单据类型，进行单据的录入、处理、统计分析并制单，是应收业务管理更符合用户的需要。

11.3.2 业务工作基础设置

1. 设置系统参数

系统参数是一个系统的灵魂，它将影响整个账套的使用效果，有些选项在系统使用后就不能修改，所以在选择时要结合本单位实际情况，事先进行慎重选择。系统选项分为常规选项、凭证选项、权限和预警以及核销核算。参数设置在【设置】中的【选项】下进行。

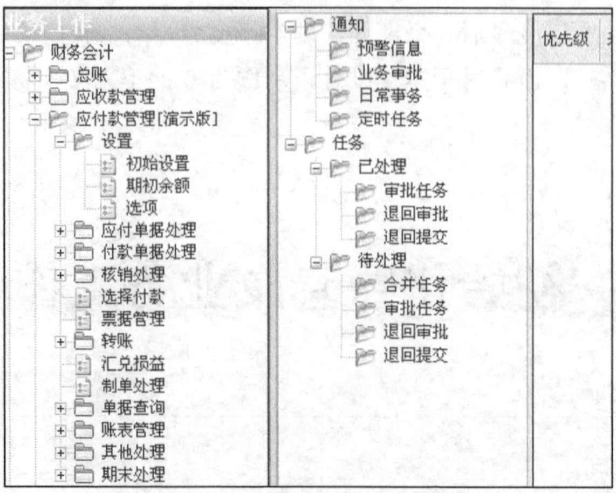

图 11-3 业务工作栏进行初始设置

（1）执行【业务工作】→【应付款管理】→【设置】→【选项】命令，如图 11-3 所示。

提示

在运行本系统前，应在此设置运行所需要的账套参数。以便系统根据用户所设定的选项进行相应的处理。

（2）单击【选项】命令，系统会弹出【账套参数设置】对话框，单击【编辑】按钮，即可对【常规】选项卡中的选择进行设置。

【账套参数设置】选项共有四个选项卡：常规、凭证、权限与预警、核销设置。

① 在【常规】选项卡中，用户可以设置图 11-4 所示的选项。

- 【单据审核日期依据】

【单据审核日期依据】，如图 11-5 所示。下拉列表框中有“单据日期”和“业务日期”两个选项，用于确认单据审核日期的依据。若选择“单据日期”，则在单据处理功能中进行单据审核时，系统自动将单据的审核日期（即入账日期）记录作为这张单据的单据日期；若选择“业务日期”，则在单据处理功能中进行的单据审核时，系统自动将单据的审核日期（即入账日期）记录作为当前业务的日期（即登录日期）。单据审核日期（入账日期），决定业务总账、业务明细账、余额表等的查询期间取值，一般建议选用“业务日期”。

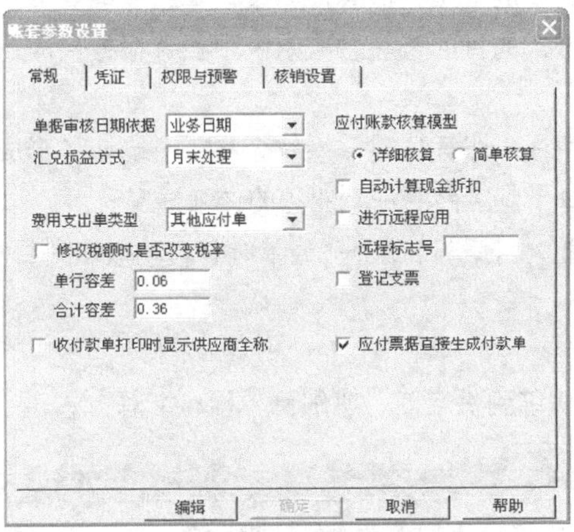

图 11-4　账套参数设置界面【常规】

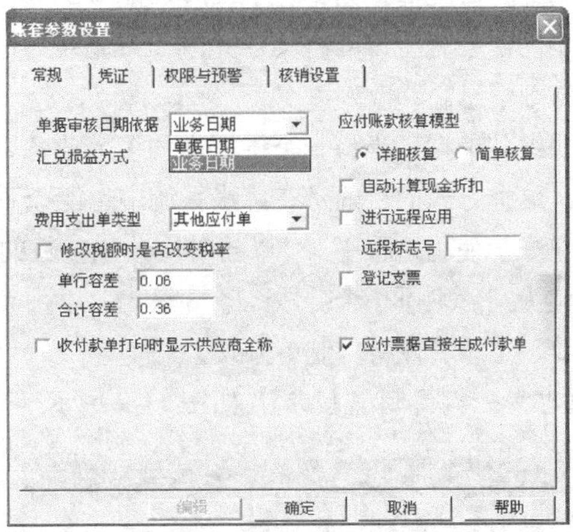

图 11-5　账套参数设置界面【单据审核日期依据】

- 【汇总损益方式】

系统提供了两种汇总损益方式。选择“月末处理”，系统将会在每个月的月末计算汇总损益，在计算汇总损益时，总是显示所有的外币余额不为 0 或本币不为 0 的外币单据；而选择“外币结算”时，则只要在某一种外币余额结算时才能计算汇总损益，且在计算损益时，仅仅显示外币余额为 0 且本币余额不为 0 的外币单据。

- 【现金折扣】

可以选择显示现金折扣和不显示现金折扣两种方式。在账套使用过程中您可以修改该参数。如果供应商为您提供了在信用期间内提前付款可以优惠的政策，您可以选择显示现金折扣，系统会在核销界面显示可享受折扣和本次折扣，并为您计算可享受的折扣；如果选择了不显示现金折扣，则系统既不计算也不显示现金折扣。若选择自动计算现金折扣，请通过单据核销界面中的【栏目】设置单据栏目，将可享受折扣和本次折扣栏目设为显示状态。

● 【是否进行远程应用】

如果选择了进行远程应用，则系统在后续处理中提供远程传输收付款单的功能。但必须在此填上远程标识号，远程标识号必须为两位 01-99。如果在异地有应付业务，则可通过远程应用功能，在两地之间，进行收付款单等的传递。如果选择了不进行远程应用，则系统在后续处理中将不提供远程传输收付款单的功能，且也不需要填上远程标识号。

提示

（1）因为单据审核后记账，故单据审核日期依据单据日期还是业务日期，决定业务总账、业务明细账、余额表等的查询期间取值。

（2）在账套的使用过程汇总，可以随时将选项从“单据日期”改成“业务日期”。而如果需要将选项从“业务日期”改成“单据日期”，则需要判断当前没有审核的单据中是否有有单据日期在已经结账月份中的，如果有则不允许修改，相反允许修改。

（3）在系统启用时或者还没有进行任何业务处理情况下才允许从简单核算改为详细核算；从详细核算改为简单核算随时可以进行，但此过程不可逆转。

---

② 在【凭证】选项中，用户可以设置如下选项。

● 【受控科目制单方式】

【受控科目制单方式】，如图 11-6 所示，有两种方式：可以明细到供应商或者明细到单据。

明细到供应商：当将一个供应商的多笔业务合并生成一张凭证时，如果核算这多笔业务的控制科目相同，系统将自动将其合并成一条分录。这种方式的目的是在总账系统中能够根据供应商来查询其详细信息。

明细到单据：当将一个供应商的多笔业务合并生成一张凭证时，系统会将每一笔业务形成一条分录。这种方式的目的是在总账系统中也能查看到每个供应商的每笔业务的详细情况。

在账套使用过程中，可以随时修改该参数的设置。受控科目在合并分录时若自动取出科目相同，辅助项为空，则不予合并成一条分录。

● 【非受控科目制单方式】

【非受控科目制单方式】，如图 11-7 所示，分为明细到供应商、明细到单据、汇总方式。

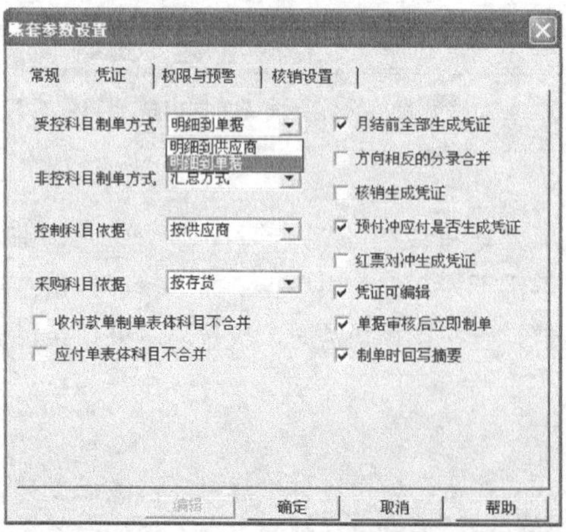

图 11-6　账套参数设置界面【受控科目制单方式】

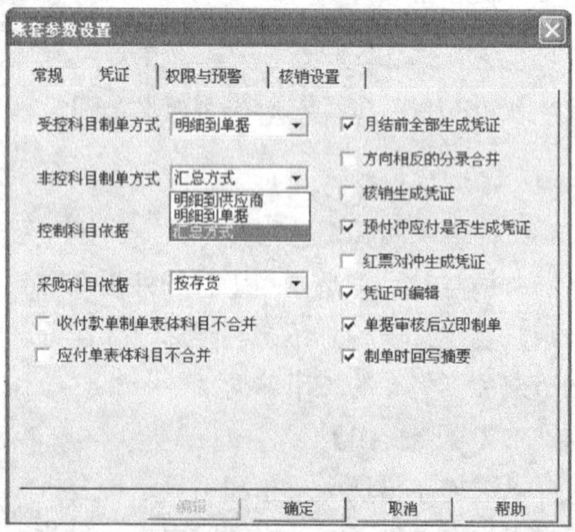

图 11-7　账套参数设置界面【非受控科目制单方式】

明细到供应商：当将一个供应商的多笔业务合并生成一张凭证时，如果核算这多笔业务的非控制科目相同、且其所带辅助核算项目也相同，则系统将自动将其合并成一条分录。这种方式的目的是在总账系统中能够根据供应商来查询其详细信息。

明细到单据：当将一个供应商的多笔业务合并生成一张凭证时，系统会将每一笔业务形成一条分录。这种方式的目的是在总账系统中也能查看到每个供应商的每笔业务的详细情况。

汇总方式：当将多个供应商的多笔业务合并生成一张凭证时，如果核算这多笔业务的非控制科目相同、且其所带辅助核算项目也相同，则系统将自动将其合并成一条分录。这种方式的目的是精简总账中的数据，在总账系统中只能查看到该科目的一个总的发生额。

在账套使用过程中，可以随时修改该参数的设置。非受控科目在合并分录时若自动取出的科目相同，辅助项为空，则不予合并成一条分录。

- 【控制科目依据】

【控制科目依据】，如图 11-8 所示，有 6 类分别是按供应商分类、按供应商、按地区、按采购类型、按存货分类、按存货。

按供应商分类设置：供应商分类指根据一定的属性将企业往来供应商分为若干大类，例如可以将供应商根据时间分为长期供应商、中期供应商和短期供应商。在这种方式下，可以针对不同的供应商分类设置不同的应付科目和预付科目。

按供应商设置：可以针对不同的供应商在每一种供应商下设置不同的应付科目和预付科目。这种设置适合特殊供应商的需要。

按地区分类设置：可以针对不同的地区分类设置不同的应付科目和预付科目。例如，可将供应商分为华东、华南、东北等地区，可以在不同的地区分类下设置科目。

按存货分类设置：存货分类是指根据存货的属性对存货所划分的大类，例如，可以将存货分为原材料、燃料及动力、在存货及产成品等大类。可以针对这些存货分类设置不同的科目。

按存货设置：如果存货种类不多，可以直接针对不同的存货设置不同的科目。

- 【采购科目依据】

【采购科目依据】，如图 11-9 所示，可按存货分类、按存货、按供应商分类、按供应商、按采购类型设置采购科目。在此设置的采购科目，是系统自动制单科目取值的依据。

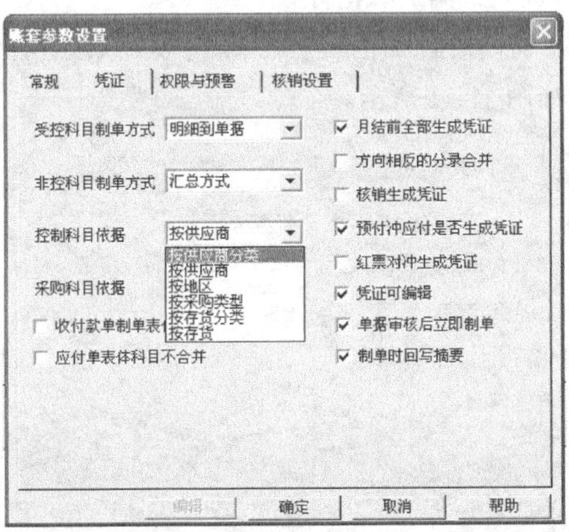

图 11-8　账套参数设置界面【控制科目依据】

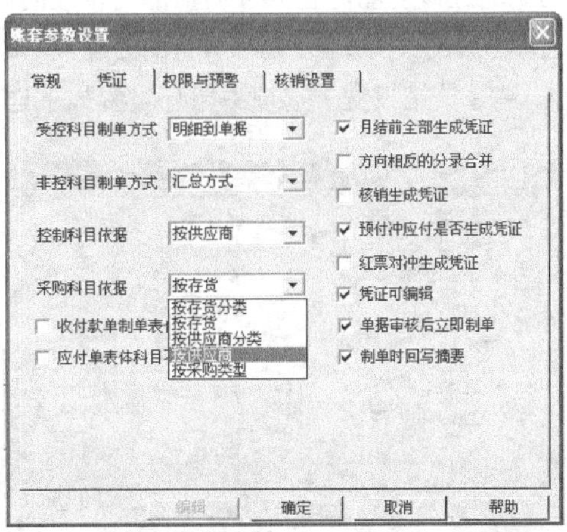

图 11-9　账套参数设置界面【采购科目依据】

- 【月末结账前是否全部生成凭证】

如果选择了月末结账前需要将全部的单据和处理生成凭证，则在进行月末结账时将检查截止到结账月是否有未制单的单据和业务处理。若有，系统将提示不能进行本次月结处理，但可以详细查看这些记录；若没有，才可以继续进行本次月结处理。

如果选择了在月末结账前不需要将全部的单据和处理生成凭证，则在月结时只是允许查询截止到结账月的未制单单据和业务处理，不进行强制限制。

提示　月末结账前是否需要全部生成凭证，在账套使用过程中可以修改该参数。

---

③ 在【权限与预警】选项中，用户可以设置如下选项，如图 11-10 所示。

- 【是否启用供应商权限】

只有在【企业门户控制台-数据权限控制设置】中对供应商进行记录及数据权限控制时该选项才可设置，账套参数中对供应商的记录及数据权限不进行控制时应付系统中不对供应商进行数据权限控制。

选择启用供应商权限：则在所有的单据录入、处理、查询中均需要根据该用户的相关供应商数据权限进行限制。操作员只能录入、处理、查询有权限的供应商的数据，没有权限的数据操作员无权处理与查询。通过该功能，企业可加强供应商管理的力度，提高数据的保密性。

选择不启用供应商权限：则在所有的处理、查询中均不需要根据该用户的相关供应商数据权限进行限制。

启用供应商数据权限，且在应付系统中查询包括对应客户数据时不考虑该用户是否对客户有权限，即只要该用户对供应商有权限就可以查询包含其对应客户的数据。

系统缺省不需要进行数据权限控制，该选项可以随时修改。

- 【是否启用部门权限】

只有在【企业门户控制台-数据权限控制设置】中对部门进行记录集数据权限控制时该选项才可设置，账套参数中对部门的记录及权限不进行控制时应付款管理系统中不对部门进行数据权限控制。

选择启用部门权限：则在所有的单据录入、处理、查询中均需要根据该用户的相关部门数据权限进行限制。操作员只能录入、处理、查询有权限的部门的数据，没有权限的数据操作员无权处理与查询。通过该功能，企业可加强部门管理的力度，提高数据的保密性。

选择不启用部门权限：则在所有的处理、查询中均不需要根据该用户的相关部门数据权限进行限制。

④ 在【核销设置】选项中用户设置如下选项，如图 11-11 所示。

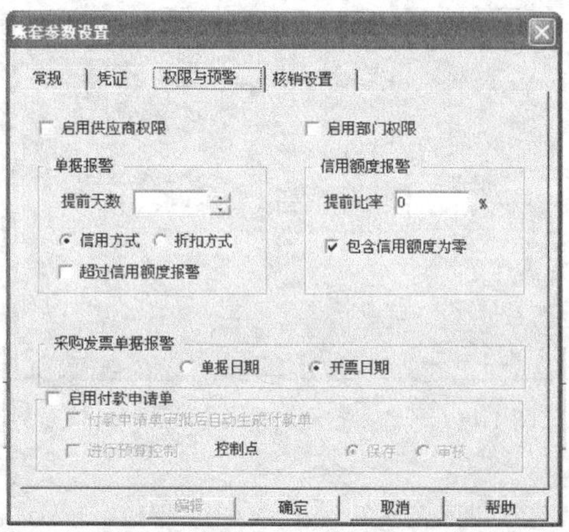

图 11-10　账套参数设置界面【权限与预警】

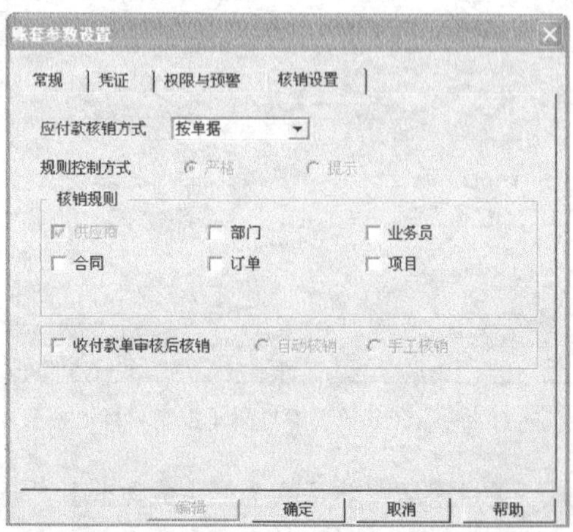

图 11-11　账套参数设置界面【核销设置】

- 【应付款核销方式】

在其下拉列表框中有“按单据”和“按产品”两个选项。当选择“按单据”选项时，系统将满足条件的未结算单据全部列出，由用户选择要结算的单据，根据用户所选择的单据要进行核销；选择“按产品”选项时，系统将满足条件的未结算单据按存货列出，由用户选择要结算的产品，根据用户所选择的存货再进行核销。如果企业收款时没有指定具体收取哪个存货的款项，则可以采用按单据核销。对于单位价值较高的产品，企业可以采用按产品核销，即为收款指定到具体的产品上。一般的企业使用“按单据”选项进行核销即可。

2. 初始设置

（1）科目设置。由于本系统业务类型较固定，生成的凭证类型也较固定，因此为了简化凭证生成操作，可以在此处将各业务类型凭证中的常用科目预先设置好。

选择【基本科目设置】选项，即可进入基本科目设置对话框进行各个科目的设置，在文本框内选中文本框之后，单击出现的参照标志按钮，即可在选定的对话框中进行科目选择。

以上设置科目是在总账系统中已经设置了末级科目的科目。而对于应收科目、预收科目、银行承兑科目、商业承兑科目，则必须是在总账系统中被设置“客户往来”辅助核算的会计科目。只有设置了银行承兑科目和商业承兑科目，才可以使用票据登记簿功能以及在期初余额中录入期初应收票据余额。

选择【控制科目设置】选项，即可进入控制科目设置窗口，在该设置窗口中可以进行控制科目的设置。其中录入的控制科目与先前进入应付款系统账套参数设置中的控制科目设置有关，还与总账系统中的科目设置有关。当在总账系统中明细科目是客户分类或者地区分类时，则在此设置的是每一客户对应的是应付、预付科目。

选择【产品科目设置】选项，即可进入产品科目设置窗口，对产品科目进行设置。如果在总账系统中针对不同的存货设置了不同的销售收入、应交税金、销售退货科目，则在此针对每一种存货进行具体设置，如果这几个科目与基本科目的设置一样，则不必再对其进行设置。

选择【结算方式科目设置】选项，可以设置不同的结算方式。

① 新增会计科目：222101 应交增值税，22210101 进项税额。

录入新增会计科目 222101 应交增值税，如图 11-12 所示。

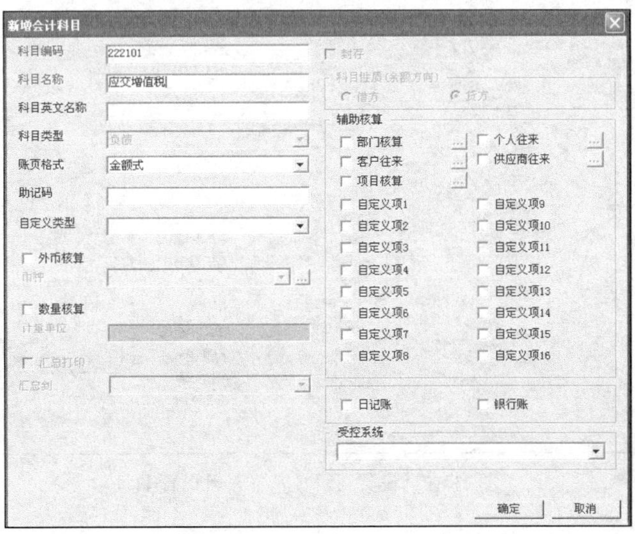

图 11-12 新增会计科目界面

② 修改会计科目，在“基础设置”中，将“2201 应付票据”“2202 应付账款”“1123 预付账款”的受控系统改为“应付系统”。

利用【查找】查找出 2201 科目，或者直接在会计科目中一次查找。如图 11-13 所示。

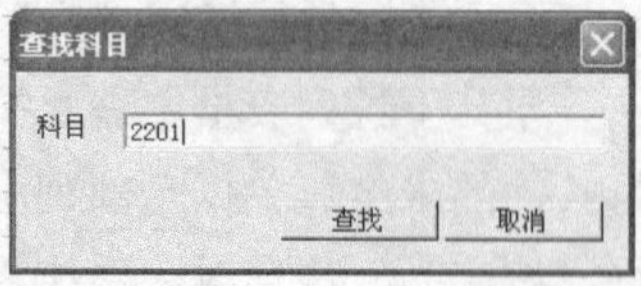

图 11-13　查找会计科目界面

鼠标单击会计科目 1121 应收票据单击修改，如图 11-14 所示。

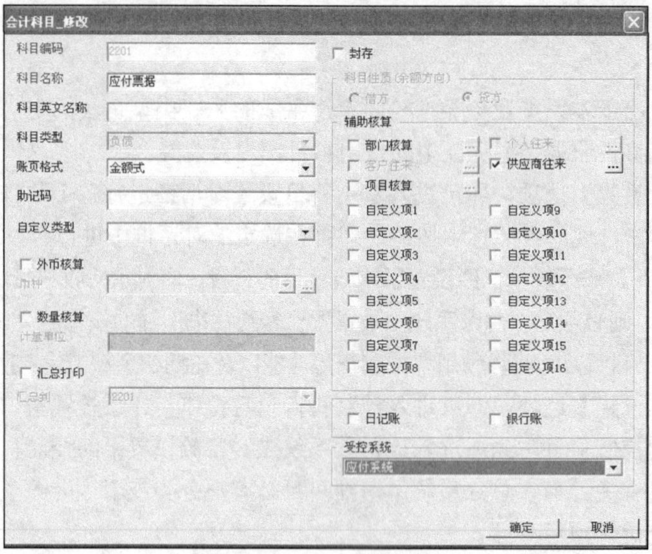

图 11-14　修改会计科目界面

修改界面完成以后，单击确定。

③初始设置科目录入，如图 11-15 所示。

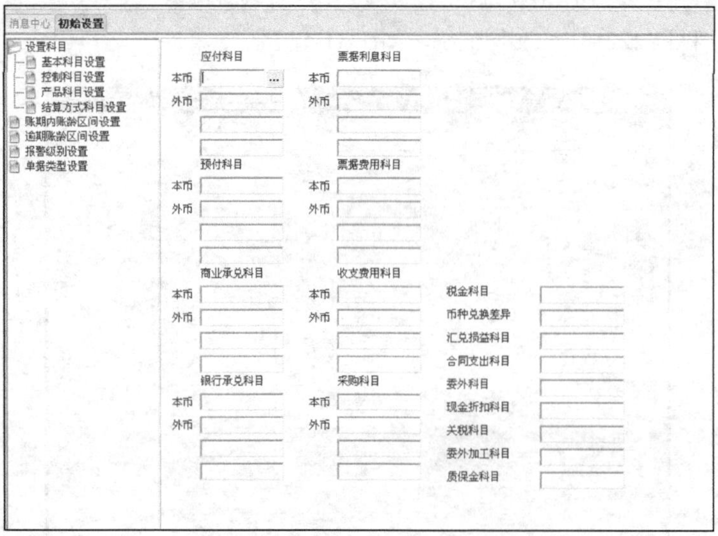

图 11-15　设置科目【基本科目设置】

表 11-1　　　　基本科目

应付科目—2202	预付科目—1123	采购科目—1405	税金科目—22210101
银行承兑科目—2201	商业承兑科目—2201		

具体操作步骤：

选择【设置科目】中的【基本科目设置】选项，即可进入【基本科目设置】对话框进行各个科目（见表 11-1）的设置，在文本框内选中文文本框后，单击出现的【参照标志】按钮，即可在选定的对话框中进行科目的选择。

以上设置的科目是在总账系统中已经设置了末级科目的科目，而对于应付科目、预付科目、银行承兑科目、商业承兑科目则必须是在总账系统中被设置了【供应商往来】辅助核算的会计科目。

注意

本系统只支持本位币票据。

④ 结算方式科目设置。

表 11-2　　　　结算方式

结算方式	币种	科目
现金	人民币	1001
现金支票	人民币	100201
转账支票	人民币	100201
信汇	人民币	100201
电汇	人民币	100201

选择【设置科目】中的【结算方式科目设置】选项，即可进入【结算方式科目设置】对话框，按表 11-2 分别录入。每输完一行，回车。结算方式录入完成界面，如图 11-16 所示。

图 11-16　设置科目【结算方式科目设置】

（2）账龄区间设置指用户定义应付账款或付款时间间隔的功能，它的作用是便于用户根据自己定义的账款时间间隔，进行应付账款或付款的账龄查询和账龄分析，清楚了解在一定期间内所发生的应付款、付款情况。

序号：序号由系统生成，从 01 开始。序号为 01 的区间由系统自动生成，不能修改、删除。

总天数：直接输入该区间的截止天数。

起始天数-截止天数：系统会根据输入的天数自动生成相应的区间。

账龄区间设置具体操作步骤如下：

执行【设置】→【初始设置】，单击“账龄区间设置”，如图 11-17 与图 11-8 所示。

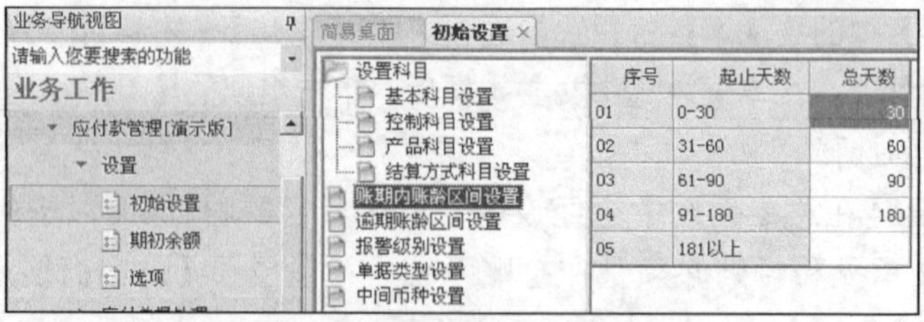

图 11-17　账期内账龄区间设置

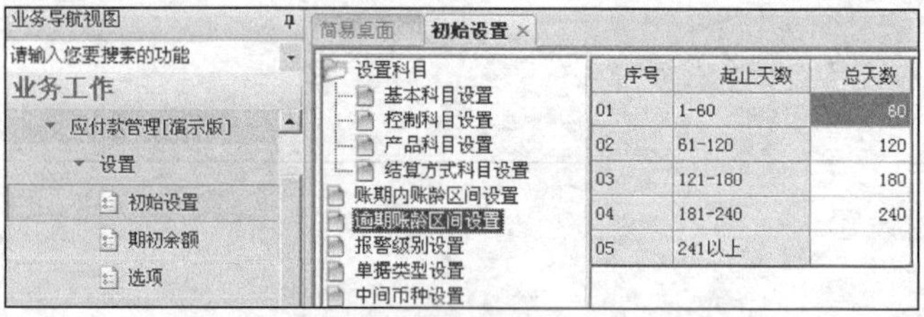

图 11-18　逾期账龄区间设置

注意

最后一个区间不能修改和删除。

（3）报警级别设置，如图 11-19 所示。可以通过对报警级别的设置，将供应商按照供应商欠款余额与其授信额度的比例分为不同的类型，以便于掌握各个供应商的信用情况。

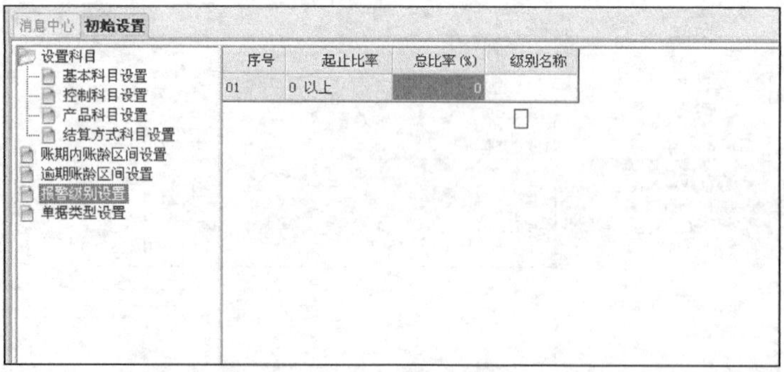

图 11-19　报警级别设置

各项目填写方法如下：

序号：序号由系统生成，从 01 开始。序号为 01 的区间由系统自动生成，不能修改、删除。

级别名称：可直接输入级别名称。可以采用编号或者其他形式，但要注意名称最好能够上下对应。

比率：可直接输入该区间的比率。

起止比率：系统会根据输入的比率自动生成相应的区间。

（4）单据类型设置，如图 11-20 所示。单据类型设置指用户将自己的往来业务与单据类型建立对应关系，达到快速处理业务以及进行分类汇总、查询、分析的效果。用户可以在此设置单据的类型。

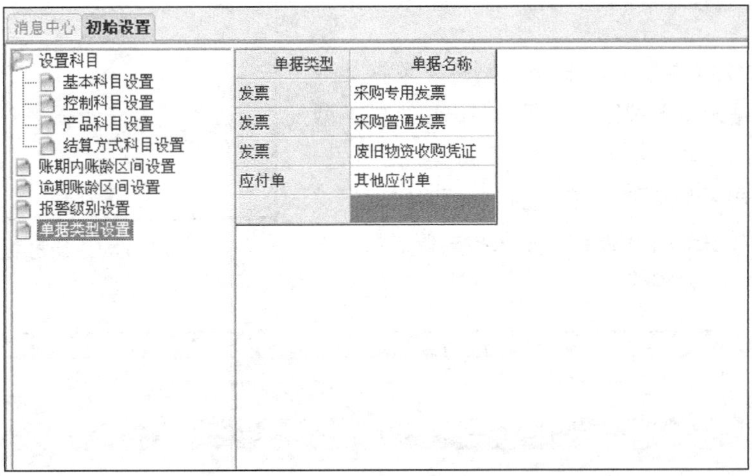

图 11-20　单据类型设置

系统提供了发票和应付单两大类型的单据。

应付单记录采购业务之外的应付款情况。在本功能中，可以将应付单划分为不同的类型，以区分应付货款之外的其他应付款。例如，可以将应付单分为应付费用款、应付利息款、应付罚款、其他应付款等。应付单的对应科目可自由定义。

> **注意** 只能增加应付单的类型，应付单中的其他应付单为系统默认类型，不能删除、修改。发票的类型是固定的，不能修改、删除。也不能删除已经使用过的单据类型。

3. 期初余额

通过期初余额功能，用户可将正式启用账套前的所有应付业务数据录入到系统中，作为期初建账的数据，系统即可对其进行管理。这样既保证了数据的连续性，又保证了数据的完整性。当用户初次使用本系统时，要将上期未处理完全的单据都录入到本系统，以便于以后的处理。当用户进入第二年度处理时，系统自动将上年度未处理完全的单据转成为下一年度的期初余额。在下一年度的第一个会计期间里，用户可以进行期初余额的调整。

（1）增加期初余额。【增加期初余额】单据类型有 4 种：期初发票、期初应付单、期初预付单、期初票据。

期初发票是指还未核销的应付账款，在系统中以单据的形式列示，已核销部分金额不显示。

期初应付单是指还未结算的其他应付单，在系统中以应付单的形式列示，已核销部分金额不显示。

期初预付单是指提前支付给供应商的款项，在系统中以付款单的形式列示。

期初票据是指还未结算的票据。

录入期初余额的具体操作说明如下。

① 选择【设置】菜单下的【期初余额】选项，单击【确定】按钮，进入期初余额查询界面，有四种类型的单据，包括采购发票、应付单、预付款、应付票据，如图 11-21 所示。选好查询条件后，进入期初余额明细表。

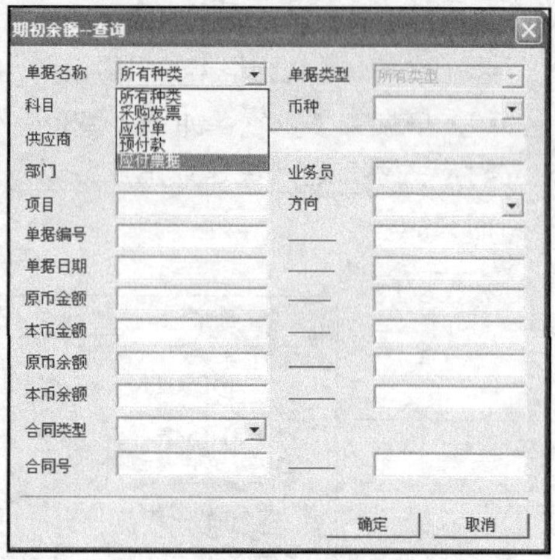

图 11-21 期初余额-查询

② 单击【增加】按钮，选择单据名称、单据类型和方向，再单击【确定】按钮，屏幕即会出现不同类型单据的界面，如图 11-22 所示。

- 录入期初采购发票：在“期初余额明细表”窗口，选择采购发票-采购专用发票，录入相关信息后，单击【保存】，如图 11-23 所示。

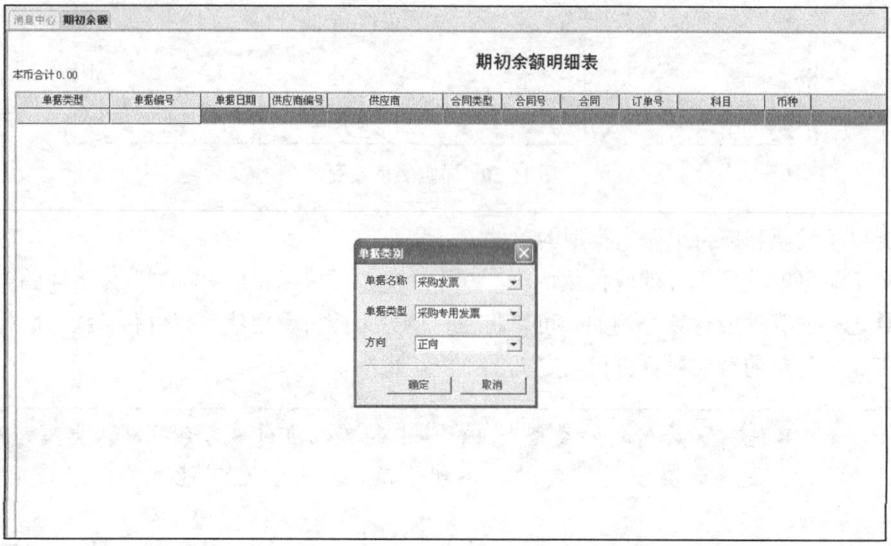

图 11-22 期初余额-录入

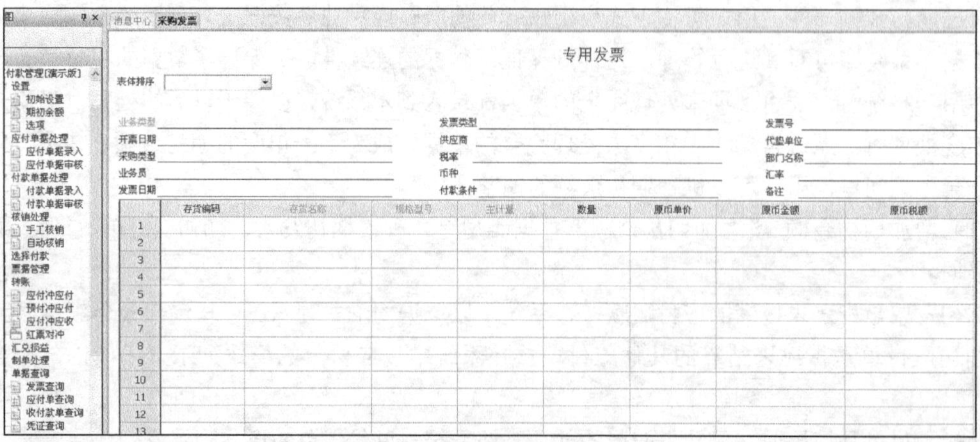

图 11-23 期初采购发票录入

◎ 录入期初应付单：在“期初余额明细表”窗口，选择应付单-其他应付单，录完相关信息，单击【保存】，如图 11-24 所示。

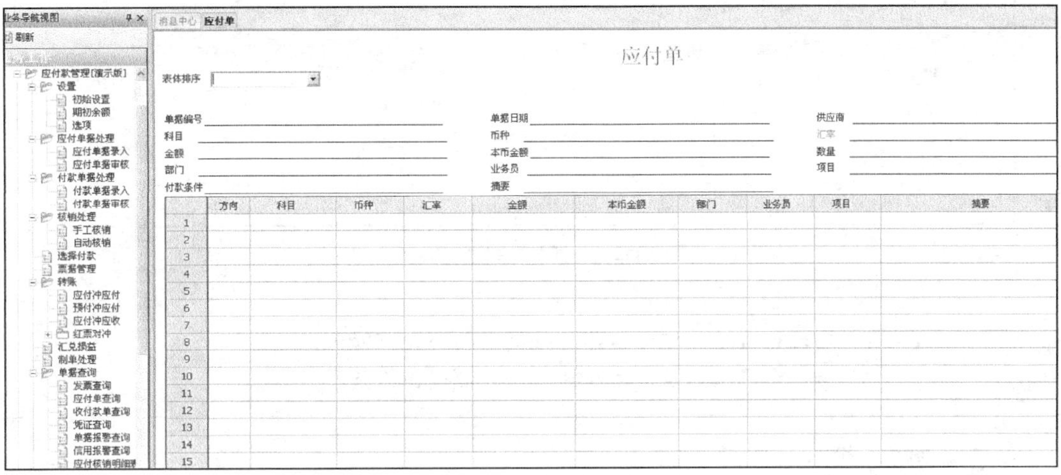

图 11-24　期初应付单录入

◎ 录入期初预付款：在“期初余额明细表”窗口，选择预付款-付款单，录完相关信息，单击【保存】，如图 11-25 所示。

图 11-25　期初预付款-付款单录入

◎ 在“期初余额明细表”窗口，选择应付票据-商业承兑汇票，录完相关信息，单击【保存】，如图 11-26 所示。

（2）修改期初余额。

① 如果当前在期初余额主界面，则首先选中要修改的单据，然后双击鼠标，则可以进入该单据的界面。

② 当进入某张单据界面后，单击【修改】按钮，修改当前单据。

③ 修改完成后，单击【保存】按钮，保存当前修改；单击【放弃】按钮取消此次修改。

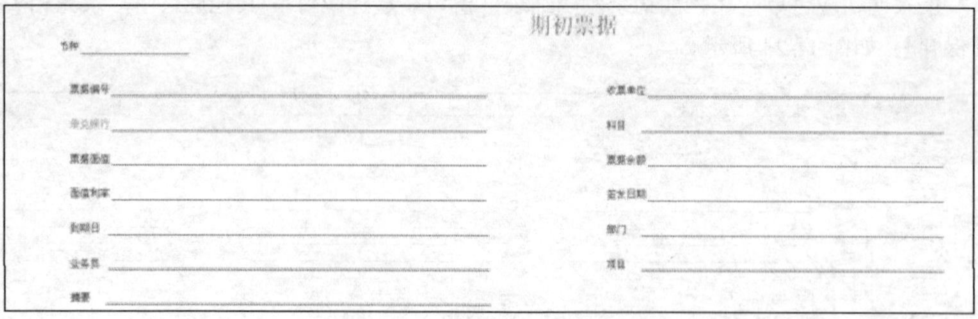

图 11-26　期初应付票据录入

> **提示**
> （1）已进行后续处理如转账、核销等的不允许修改。
> （2）第一个月结账后，不允许增加、删除、修改。

（3）删除期初余额。

① 如果当前在期初余额主界面，则首先选中要删除的单据，然后单击【删除】按钮，则可以进入该单据的删除界面。

② 如果当前已经处于某张单据的界面，则可以直接单击【删除】按钮，删除当前单据。

> **提示**
> （1）已进行后续处理如转账、核销等的期初余额不允许删除。
> （2）第一个月结账后，不允许增加、删除、修改。

（4）查询期初余额。在期初余额主界面中单击【过滤】按钮。输入查询的条件后，单击【确认】按钮，系统会将满足条件的数据全部列示出来。

（5）与总账对账。在期初余额主界面中单击【对账】按钮。屏幕中列出的是应付系统的各控制科目与总账的对账情况。

应付系统只有与总账系统对账才能进行后续单据处理。

11.4　应付单据处理

11.4.1　应付单据的设置

1. 应付单据处理

（1）应付单据录入是本系统处理的起点。应付单据的录入包括采购发票的录入和应付单的录入。采购发票是从供货单位取得的进项发票及发票清单。应付单是记录非采购业务所形成的应付款情况的单据。

① 采购发票。

- 采购发票录入。

若启用采购系统，则采购发票不在应付款管理系统中录入，应在采购管理系统录入，并传递给应付系统，在应付系统进行审核。

若未启用采购系统，则应在【应付单据录入】录入采购业务中的各类发票，以及采购业务之外的应付单。

采购发票包括采购专用发票、采购普通发票等。

单击【日常处理】→【应付单据处理】→【应付单据录入】，选择新增单据的单据名称-采购发票，单击【增加】按钮，即可进行采购发票的录入，如图 11-27 所示。

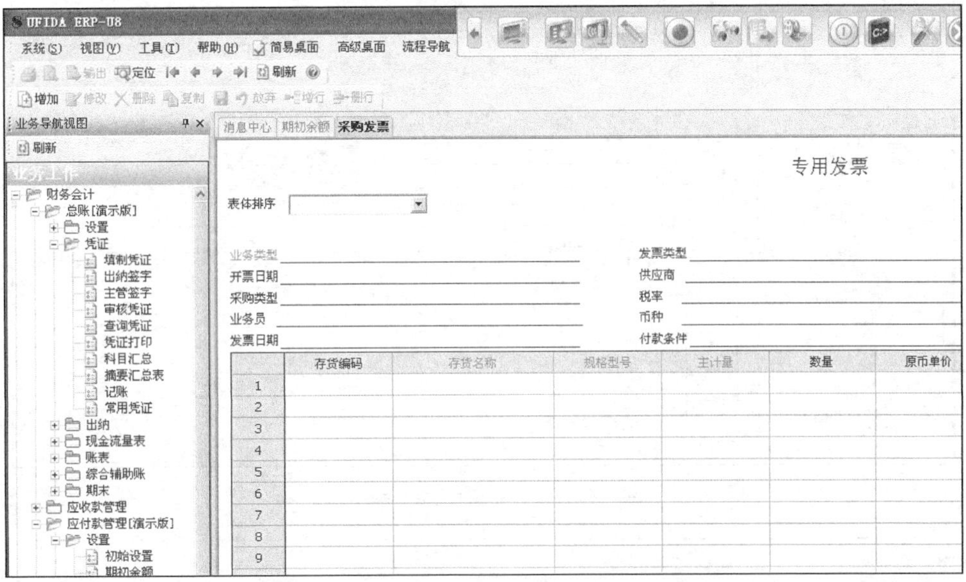

图 11-27　采购发票录入

● 修改采购发票。找到要修改的单据，单击【修改】按钮，修改后再单击【保存】按钮即可。如图 11-28 所示。

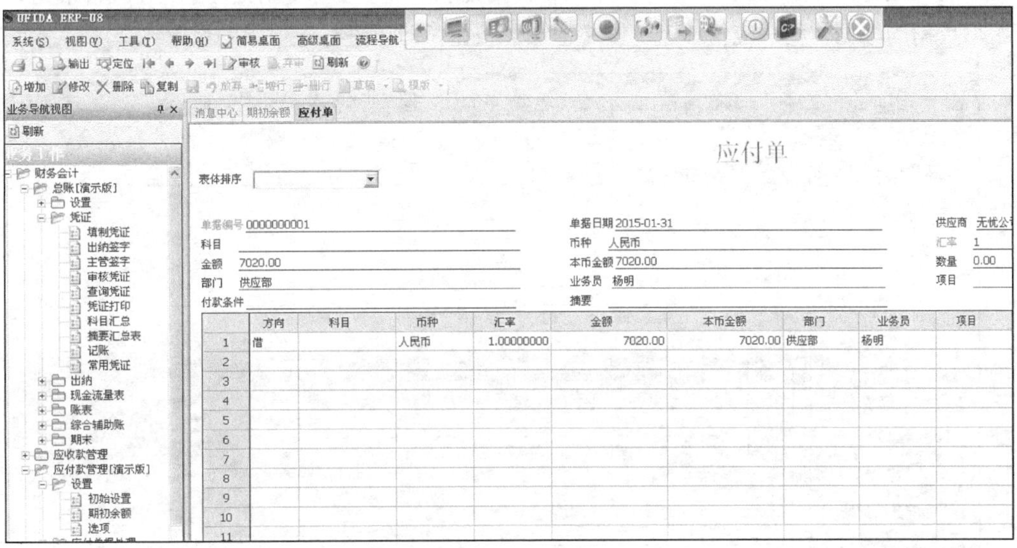

图 11-28　采购发票修改

提示

（1）单据的名称和类型不能修改。

（2）已审核的单据不能修改。

（3）已生成凭证或进行过核销的单据在单据界面不再显示。

- 删除采购发票，如图 11-29 所示。找到要删除的单据，单击【删除】按钮，即可。

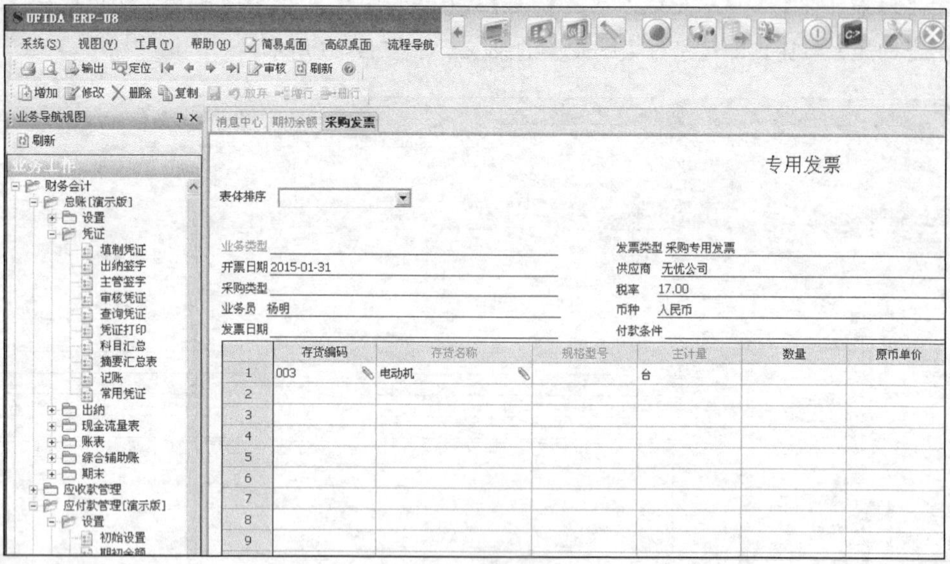

图 11-29 采购发票删除

提示

从采购系统传入的单据不允许删除；已审核的单据不能删除。

② 应付单。

- 录入应付单，如图 11-30 所示。单击【日常处理】→【应付单据处理】→【应付单据录入】，选择新增单据的单据名称→应付单，单击【增加】按钮，即可进行应付单的录入。

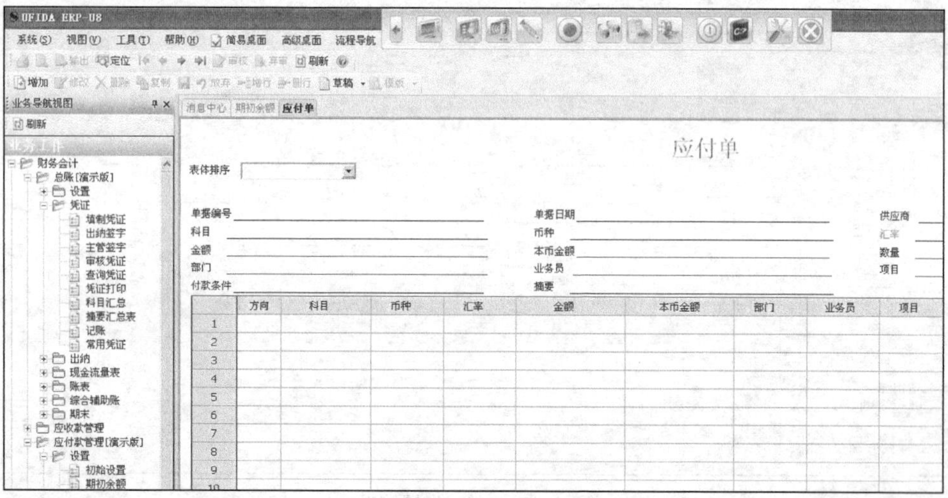

图 11-30 应付单录入

◎ 修改应付单，如图 11-31 所示。会计主管进入应付单录入界面，找到要修改的应付单，单击【修改】按钮，录入要修改的内容，单击【保存】按钮，即可。

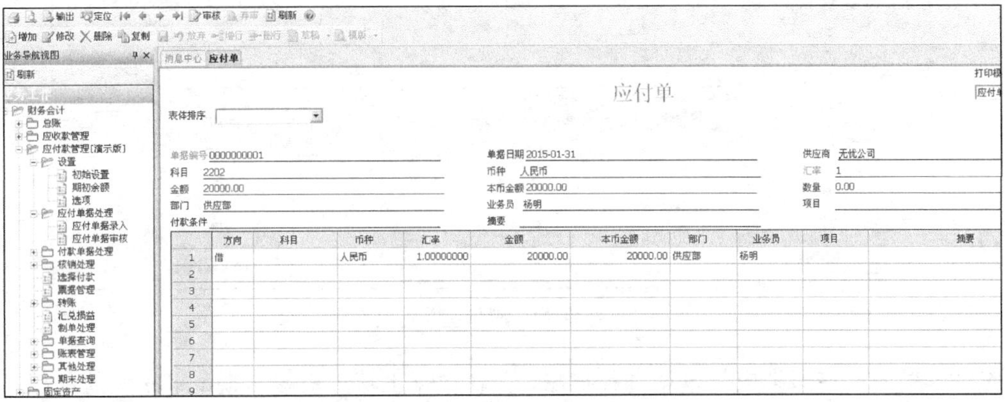

图 11-31　应付单修改

◎ 删除应付单，如图 11-32 所示。会计主管进入应付单录入界面，找到要删除的应付单，单击【删除】按钮，删除要删掉的应付单，单击【保存】按钮，即可。

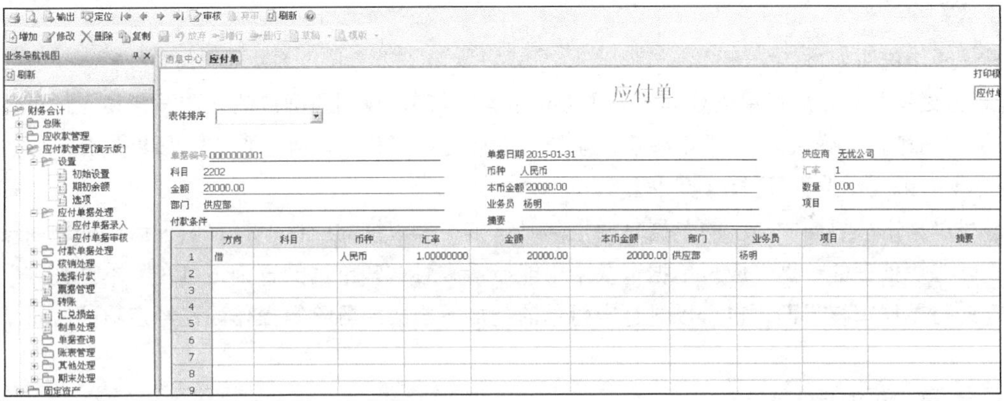

图 11-32　应付单删除

（2）应付单据审核，如图 11-33 与图 11-34 所示。

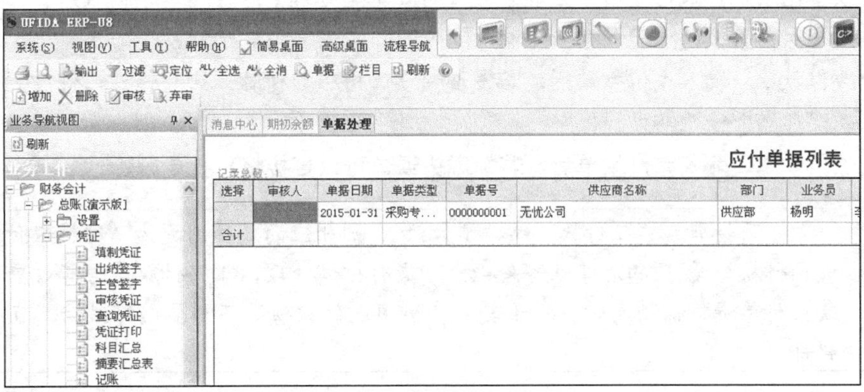

图 11-33　采购发票审核

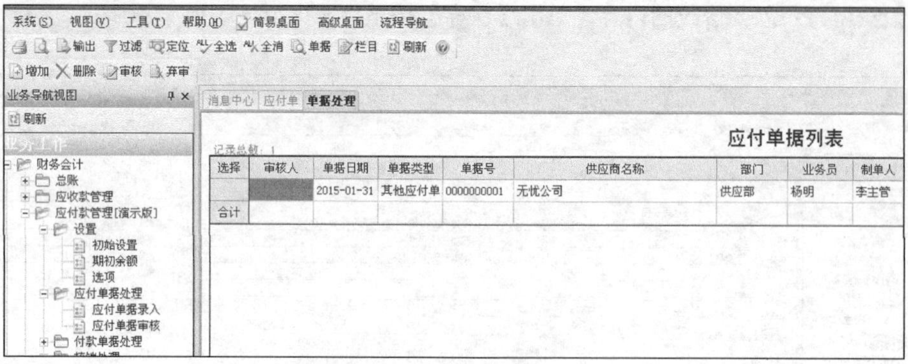

图 11-34　应付单审核

应付单据的审核即把应付单据进行记账，并在单据上填上审核日期、审核人的过程。已审核的应付单据不允许修改及删除了。不能在已结账月份中进行审核处理；不能在已结账月份中进行弃审处理。已经审核过的单据不能进行重复审核；未经审核的单据不能进行弃审处理。已经做过后续处理（如核销、转账、汇兑损益等）的单据不能进行弃审处理。可在单据录入完成后直接审核；也可选择“日常处理→应付单据处理→应付单据审核”中对应付单据进行批量审核。

具体操作说明如下：

【日常处理】→【应付单据处理】→【应付单据审核】，找到要确认的采购发票和应付单，单击【审核】按钮进行【确认】。单据审核后，系统自动以当前操作员填列审核人。如果放弃审核，双击“相应单据”或【全选】，进行【弃审】。

应付单据审核界面中显示的单据包括全部已审核、未审核的应付单据。做过后续处理如核销、制单、转账等处理的单据在应付单据审核中不能显示。对这些单据的查询，可在“单据查询”中进行。在应付单据审核界面，也可以进行应付单的增加、修改、删除等操作。已经审核的应付单可以弃审。

2. 付款单据处理

付款单据处理主要是对结算单据（付款单、收款单即红字付款单）进行管理，包括付款单、收款单的录入与审核，以及单张结算单的核销。

（1）付款单据录入。执行【日常处理】→【付款单据处理】→【付款单据录入】命令，输入相关信息，单击【保存】按钮才能保存当前输入的内容，如图 11-35 所示。

（2）修改付款单。输入完付款单后，若发现错误，可以对付款单进行修改，修改后，单击【保存】按钮才能保存当前修改结果。

（3）删除付款单。输入完付款单后，若发现错误，可以直接将付款单删除。

提示

款项类型为“应付款”或“预付款”，则相应的款项用途为“冲销应付款”或“形成预付款”，款项的后续业务处理：可进行核销处理，即将付款单与其对应的采购发票或应付单进行核销勾对。对于其他费用用途的款项则不需要进行核销，直接计入费用科目。

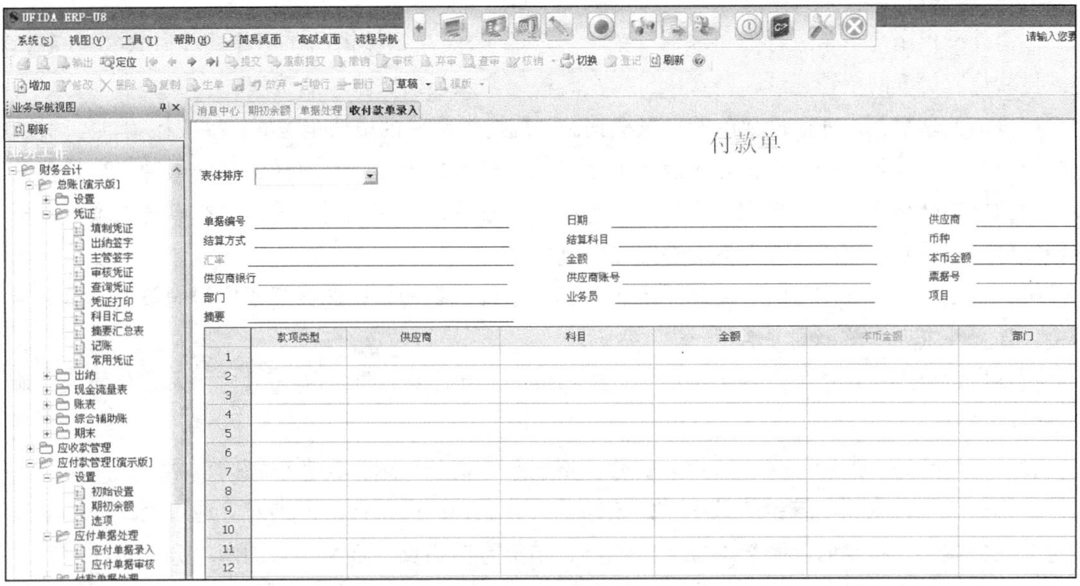

图 11-35 付款单录入

（4）付款单审核。系统用审核来确认付款业务的成立。审核有三个含义，其一确认付款；其二是对单据输入的正确与否进行审查；第三记入应付明细账。付款单的审核即把付款单据进行记账，并在单据上填上审核日期、审核人的过程。已审核的付款单据不允许修改及删除了。

注意

- 不能在已结账月份中进行审核处理；不能在已结账月份中进行弃审处理。
- 已经审核过的单据不能进行重复审核；已经审核过的单据不能进行重复审核；未经审核的单据不能进行弃审处理；已经做过后续处理（如核销、制单等）的单据不能进行弃审处理。

找到要确认付款单，单击【审核】按钮，弹出审核对话框。输入审批结果和批注，确定后即完成对这张单据的审核，如图 11-36 所示。

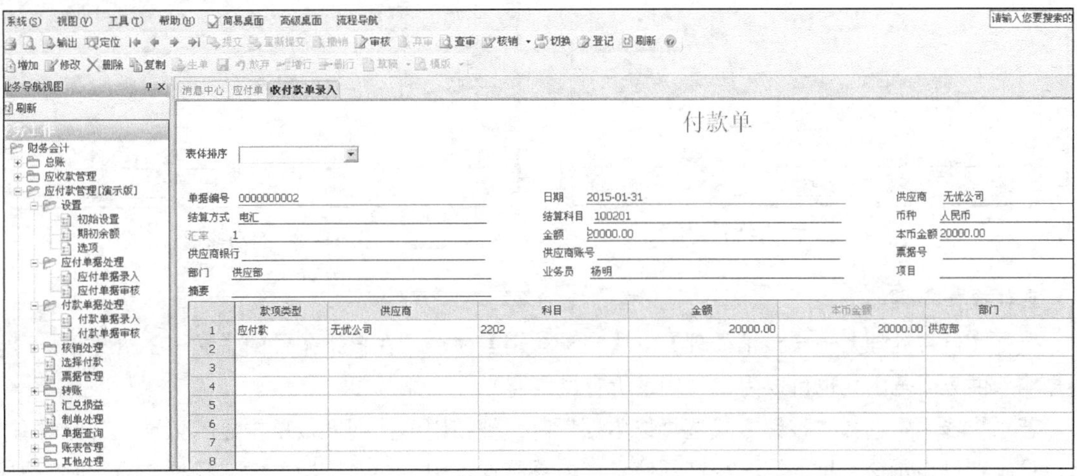

图 11-36 付款单审核

3. 核销处理

核销处理指用户日常进行的付款后核销应付款的工作。单据核销的作用是处理付款核销应付款，建立付款与应付款的核销记录，监督应付款及时核销，加强往来款项的管理。

在核销处理界面，进行付款单的批量核销。系统提供两种批量核销方式，手工核销、自动核销。在批量核销处，显示的应付单据与付款单据都必须是已审核单据，且只能进行同币种的批量核销，异币种的核销处理在“付款单据录入”中进行处理。批量核销完成后，若用户在系统选项中选择了核销制单，则可到“制单处理”界面进行核销制单。

（1）手工核销，如图 11-37 所示。手工核销可以根据查询条件选择需要核销的单据，然后手工核销，加强往来款项核销的灵活性。

执行日常处理→核销处理→手工核销，选择供应商和计算日期，【确认】在“本次结算”栏输入数据并回车。

（2）自动核销，如图 11-38 所示。自动核销根据查询条件选择需要核销的单据，然后系统进行匹配核销，加强往来款项核销的效率性。核销方式有三种：一是业务号勾对。通过用户在制单过程指定的业务编号。核销时，系统对业务号相同、借贷方向相反、金额一致的两笔分录自动勾对；二是逐笔勾对。系统按照金额一致、方向相反的原则自动勾对同一往来户的往来款项；三是总额勾对。对于同一往来户，只要存在借方或贷方的某项合计等于对方科目的某几项合计，无论业务编号是否相同的往来款进行勾对。

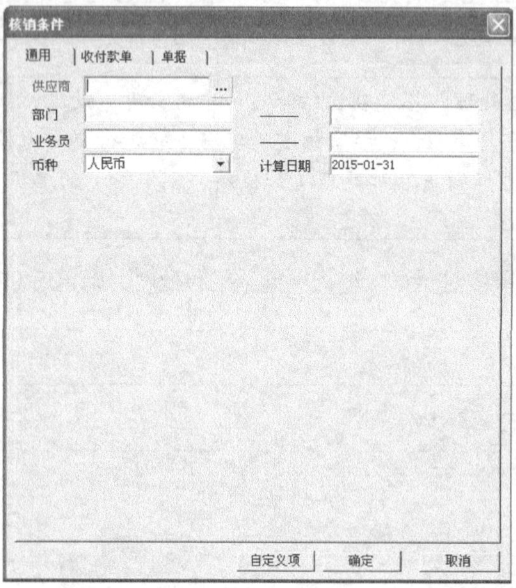

图 11-37　手工核销

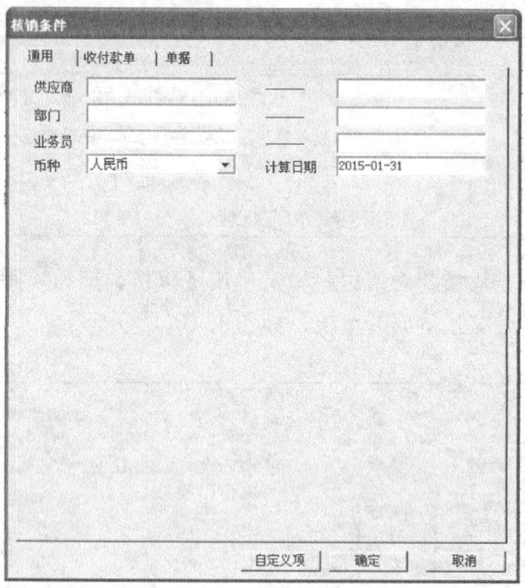

图 11-38　自动核销

具体操作步骤如下。

执行【日常处理】→【核销处理】→【自动核销】命令，在核销条件的【通用】页签下，可以选择输入供应商范围、也可以为空（代表所有供应商）。

若系统选项中选择“核销方式选择按单据”时，被核销单据列表按单据显示记录，若此时有产品栏目，则只显示该单据的第一个产品信息；若系统选项中选择“核销方式选择按产品”时，被核销单据列表明细到产品显示记录，产品栏目中显示每条记录对应的产品信息。

11.4.2 票据管理

票据管理主要是对商业承兑汇票和银行承兑汇票进行日常的业务处理，所有涉及票据的开具、结算、转出等处理都应该在票据管理中进行。

1. 增加票据

增加票据，如图 11-39 所示。用鼠标单击【日常处理】→【票据管理】，弹出票据查询对话框，输入各种条件后，单击【确认】按钮进入主界面，单击工具条上的【增加】按钮，屏幕会出现票据增加的界面。按照各栏目的说明输入各栏目，输入完成后，单击【确认】按钮，保存当前票据，则系统会生成一张付款单，可以在【付款单据录入】部分进行查询。可将付款单进行核销、制单等操作。

如果对当前输入的结果不满意，用鼠标单击【取消】按钮，可取消当前的操作。

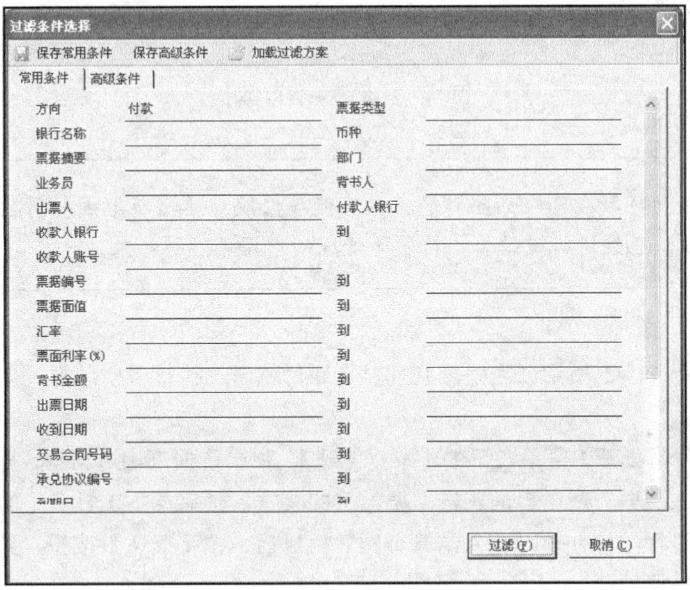

图 11-39 增加票据

提示

（1）保存一张票据的结果是系统自动增加了一张付款单。票据生成的付款单不能进行修改。

（2）商业承兑汇票不能有承兑银行，银行承兑汇票必须有承兑银行。

2. 删除票据

删除票据，如图 11-40 所示。用鼠标单击【日常处理】→【票据管理】，弹出票据查询对话框，输入各种条件后，单击【确认】按钮进入主界面。选中要删除的票据，单击工具栏中的【删除】按钮，则当前票据被删除。

注意

收到日期在已经结账月的票据不能被删除；票据所形成的付款单已经核销的不能被删除；已经进行过计息、结算、转出等处理的票据不能被删除。

3. 修改票据

修改票据，如图 11-40 所示。用鼠标单击【日常处理】→【票据管理】，弹出票据查询对话框，输入各种条件后，单击【确认】按钮进入主界面。选中要修改的票据，单击工具栏中的【修改】按钮，则当前票据被修改。

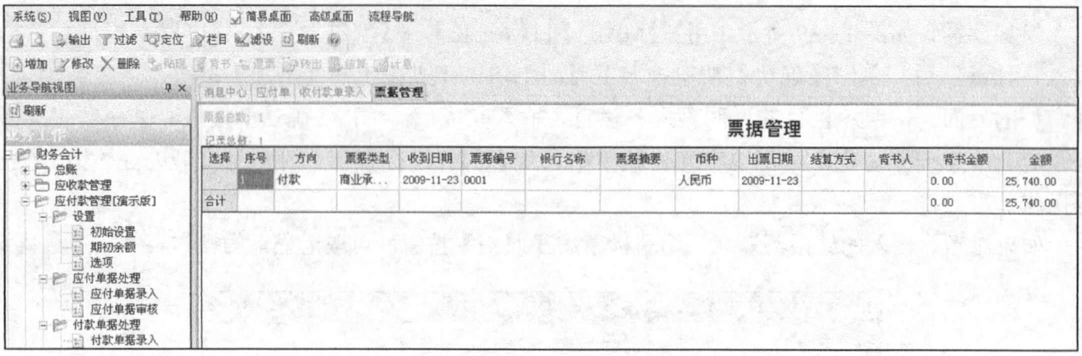

图 11-40　删除、修改票据

注意

收到日期在已经结账月的票据不能被修改；票据所形成的付款单已经核销的不能被修改；已经进行过结算、转出等处理的票据不能被修改。

4. 票据结算

票据结算，如图 11-41 所示。当票据到期，持票付款时，执行票据结算。票据结算表明企业支付票据。

用鼠标单击【日常处理】菜单条下的【票据管理】，弹出票据查询对话框，输入各种条件后，单击【确认】按钮进入票据管理主界面。选中要结算的票据，然后单击工具条上的【结算】按钮，就可以对当前的票据进行结算处理。输入结算金额等栏目后，按【确认】按钮，结算完成，未全额结算的票据，可进行其他处理。

栏目说明如下。

结算日期是对票据进行结算的时间。结算日期的输入方法有直接输入或根据日历参照输入的方法。

结算金额：直接输入结算金额。

利息：如果应付票据为带息票据，直接在此输入利息。如果是不带息票据，也可以保持此栏为空。

费用：在进行结算单据时所发生的相关费用，可以直接输入。如果没有发生费用，可以保持此栏为空。

结算科目：票据结算时的对应科目，一般为银行存款科目。该栏目可以为空，若输入，在制单时自动带出。

提示

结算金额减去利息加上费用的金额要小于等于票据余额，即票据余额+利息-费用≥结算金额。票据结算后，不能再进行其他与票据相关的处理。

5. 票据转出

票据转出，如图 11-42 所示。由于某种原因导致票据不能如期支付，需要重新恢复应付账款。

将应付票据转入应付账款。

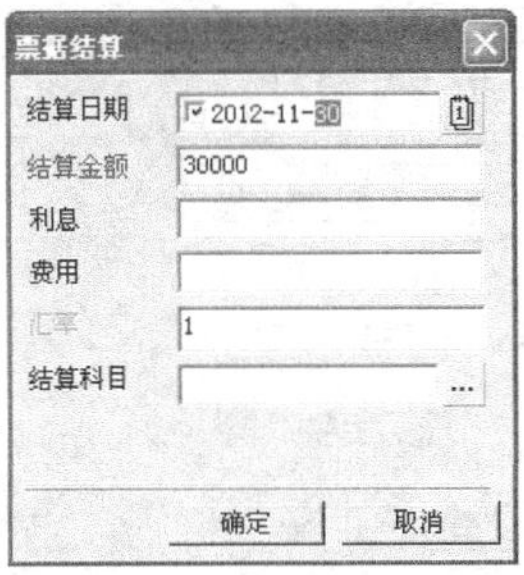

图 11-41　票据结算

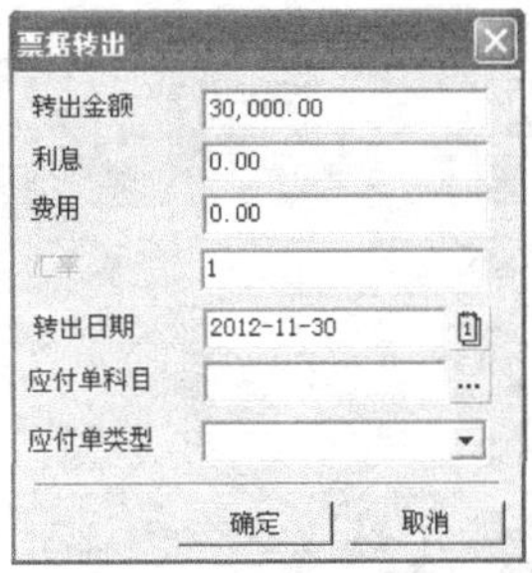

图 11-42　票据转出

用鼠标单击【日常处理】菜单条下的【票据管理】，弹出票据查询对话框，输入各种条件后，单击【确认】按钮进入票据管理主界面。选中要转出的票据，然后单击工具条上的【转出】按钮，就可以对当前的票据进行转出处理。输入完毕后，单击【确认】按钮，可保存前述的操作。票据转出后，将不能再对其进行其他处理。

栏目说明如下。

转出日期：可以直接输入或根据系统提供的日历参照输入。

转出金额：输入转出的金额。

利息：如果转出金额大于票据余额，系统自动将其差额作为利息。不能自行修改。

费用：如果转出金额小于票据余额，系统自动将其差额作为费用。不能自行修改。

应付单类型：选择票据转为应付款的类型。

应付款科目：输入票据要转入的科目。

注意

票据执行转出后，系统自动生成已审核的一张“应付单”。

6. 查询票据

用鼠标单击【票据管理】菜单。输入查询条件。通过单击【确认】按钮，系统将符合条件的票据进行显示。

操作说明如下。

（1）系统提供查询到期票据功能，首先进入票据查询主界面。

（2）在查询界面中，选择“只显示到期票据”，并且输入报警提前期。

（3）屏幕显示即将到期票据，其到期日必须满足如下条件：票据到期日-报警提前日 <=当前注册日期。

11.4.3　转账处理

1. 应付冲应付

应付冲应付，如图 11-43 所示。应付冲应付是指将一家供应商的应付款转给另一家供应商。解决应付款业务在不同供应商间转账或并账的问题。

执行【日常处理】→【转账】→【应付冲应付】，输入日期、转出户、转入户等，单击【过滤】

按钮，在“并账金额”栏输入数据并回车。

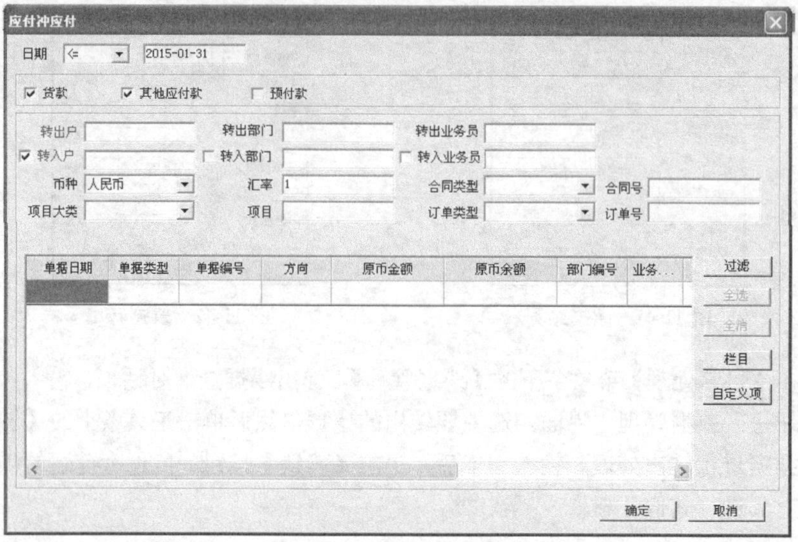

图 11-43　应付冲应付

提示

（1）每一笔应付款的转账金额不能大于其余额。

（2）每次只能选择一个转入单位。

2. 预付冲应付

预付冲应付，如图 11-44 所示。预付冲应付处理供应商的预付款（红字预付款）与该供应商的应付款（红字应付款）之间的核销业务。

执行【日常处理】→【转账】→【预付冲应付】，在【预付款】选项卡下，先选供应商，单击【过滤】按钮，再在“转账金额”栏输入数据并回车。在【应付款】选项卡下，在“转账金额”栏输入数据并回车。

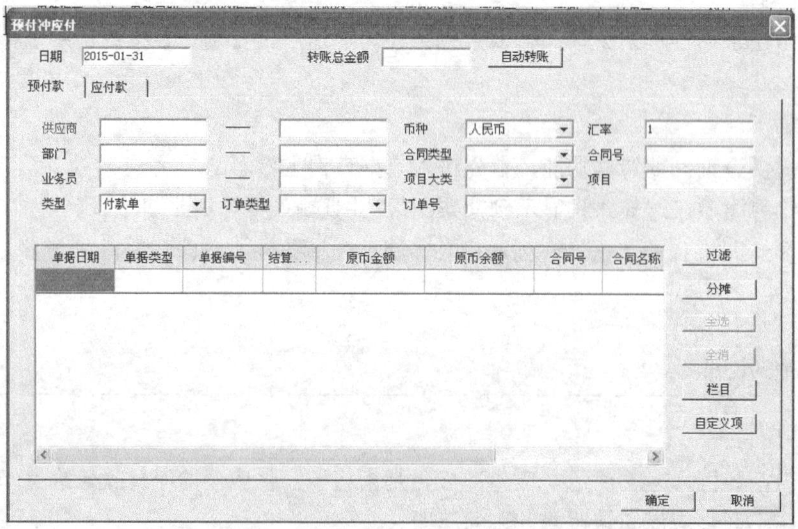

图 11-44　预付冲应付

提示

（1）每一条记录的转账金额不能大于其余额。

（2）应付款的转账金额合计应该等于预付款的转账金额合计。

（3）如果是红字预付款和红字应付单进行冲销，要把过滤条件中的“类型”选为“收款单”。

3. 应付冲应收

应付冲应收，如图 11-45 所示。

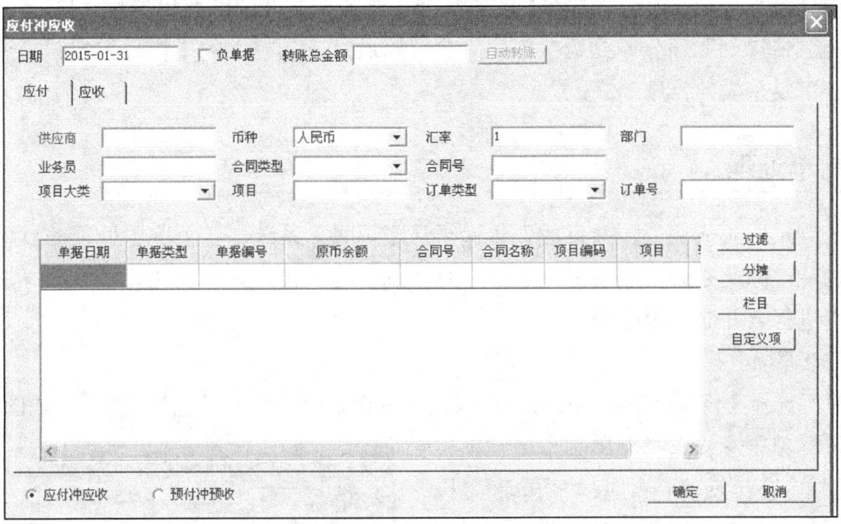

图 11-45 应付冲应收

用供应商的应付账款来冲抵客户的应收款项。将应付款业务在供应商和客户之间进行转账，实现应付业务的调整，解决应收债权与应付债务的冲抵。

执行【日常处理】→【转账】→【应付冲应收】，与“预付冲应付”类似。

4. 红票对冲

红票对冲，如图 11-46 所示。

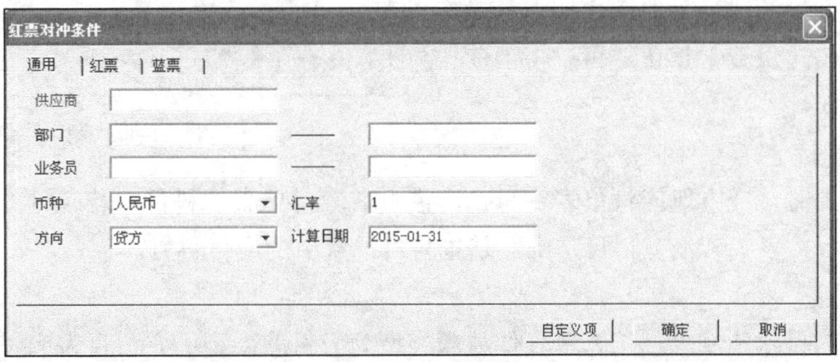

图 11-46 红票对冲

可实现供应商的红字应付单据与其蓝字应付单据、收款单与付款单之间进行冲抵的操作。两种处理方式：自动对冲和手工对冲。

操作说明如下。

（1）自动红票对冲。输入有关的栏目，如日期、供应商、币种、红票的过滤条件和蓝票的过滤条件。输入后，单击【确定】按钮，系统将自动进行红蓝票对冲。

（2）手工红票对冲。输入日期、币种、供应商、红票的过滤条件和蓝票的过滤条件。输入后，单击【过滤】按钮，屏幕会显示该供应商所有满足条件的红字和蓝字单据。选择需要冲销的单据，可以在对冲金额中输入要对冲的金额或通过【分摊】按钮，将红票金额进行分摊。完成后，单击【保存】按钮，保存所做的操作。

（3）自动分摊。在【手工红票对冲】的主界面，选择要对冲的红蓝单据后，单击【分摊】按钮，将红票对冲金额依排列顺序分摊到蓝票中。用户可以通过工具栏上的【栏目】按钮，进行单据显示栏目的设置，以及单据的排序顺序。

11.4.4 制单处理

应付系统制单即生成凭证，并将凭证传递至总账记账。系统在各个业务处理的过程中都提供了实时制单的功能；除此之外，系统提供了一个统一制单的平台，您可以在此 快速、成批生成凭证，还可依据规则进行合并制单等处理。

具体操作步骤如下。

（1）用鼠标选择【日常处理】菜单项下的【制单处理】项，进入制单查询界面，如图 11-47 所示。

（2）用鼠标单击左边选择制单类型，制单类型包括发票制单和应付单制单、收付款单制单核销制单、票据处理制单、汇兑损益制单、转账制单、并账制单、现结制单。可根据自己的实际需要选取需要制单的类型。

（3）输入完查询条件，单击【确定】。系统会将符合条件的所有未制单已经记账的单据全部列出。

（4）选择完所有的条件后，单击【制单】按钮，进入凭证界面，在凭证界面操作如下。操作完毕，用鼠标单击【保存】按钮，可以将当前凭证传递到总账系统。

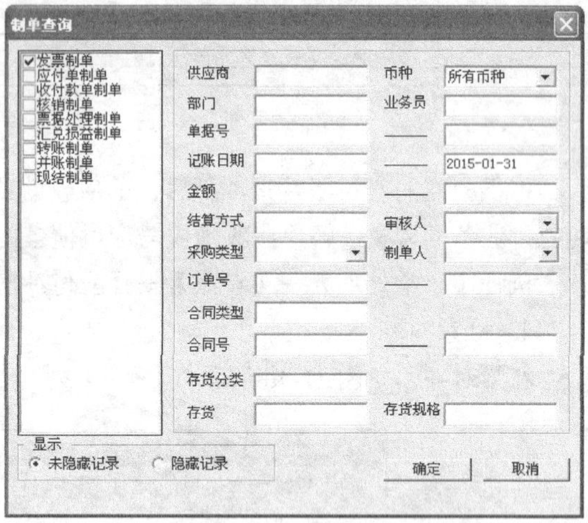

图 11-47　制单查询

【应付单制单】

对应付单制单时，贷方取应付单表头科目，借方取应付单表体科目，若应付单上没有科目，则需要手工输入科目，表头若没有科目，则取基本科目设置中的应付科目。

【付款单制单】

应付系统中的付款单制单，结算单表体款项类型为应付款，则借方科目为应付科目；款项类型为预付款，则借方科目为预付科目；款项类型为其他费用，则借方科目为费用科目；贷方科目为结算科目，取表头金额。

【核销制单】

结算单核销制单当核销双方的入账科目不相同的情况下需要进行核销制单。同时，该功能受系统初始选项的控制，若选项中选择核销不制单，则即使入账科目不一致也不制单。

【票据处理制单】

应付票据制单，借方取【基本科目】设置中的应付票据科目，贷方取【产品科目设置】设置中的采购科目及税金科目，若在【基本科目】设置中没有设置采购科目及税金科目，则需要手工输入科目。

票据利息制单，借方取【结算方式科目设置】中的结算科目，贷方取【基本科目】设置中的票据利息科目。

提示

（1）应付款管理系统的控制科目可在其他系统进行制单，在其他系统制单则会造成应付款管理系统与总账系统对账不平。

（2）制单日期系统默认为当前业务日期。制单日期应大于等于所选的单据的最大日期，但小于等于当前系统日期。制单日期≤业务日期（登录日期）≤系统日期

（3）如果同时使用了总账系统，且总账选项要求制单序时，所输入的制单日期应该满足制单日期序时要求：即大于同月同凭证类别的最大日期。

（4）一张原始单据制单后，将不能再次制单。

11.4.5 账表查询及期末处理

1. 单据查询

（1）凭证查询，如图 11-48 所示。可以通过凭证查询来查看、修改、删除、冲销应付款系统传到账务系统中的凭证。用鼠标选择【单据查询】下的【凭证查询】。输入完条件后，单击【确认】按钮，查询结果按所选的月份列示。在查询结果界面，可对其进行相关操作，如图 11-48 显示。

提示

（1）如果凭证已在总账中记账，又需要对形成凭证的原始单据进行修改，则可以通过冲销方式冲销凭证，然后对原始单据进行其他操作后再重新生成凭证。

（2）如果要删除一张凭证，该凭证的凭证日期不能在应付系统的已结账月内。一张凭证被删除后，它所对应的原始单据及操作可以重新制单。

（3）只有未审核、未经出纳签字的凭证才能删除。

（2）发票、应付单、收付款单查询，如图 11-49、图 11-50、图 11-51 所示。

图 11-48　凭证查询

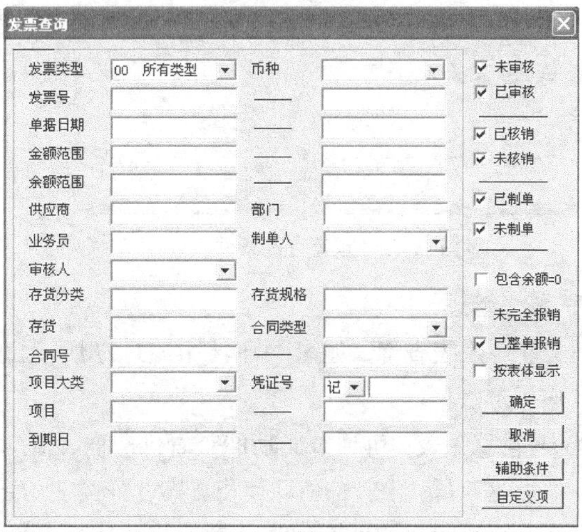

图 11-49　发票查询

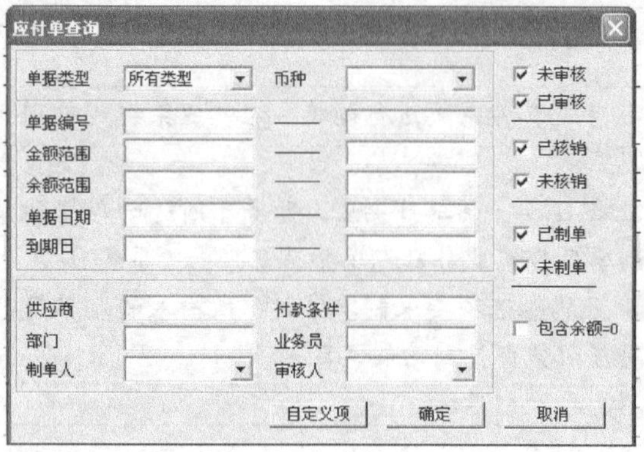

图 11-50 应付单查询

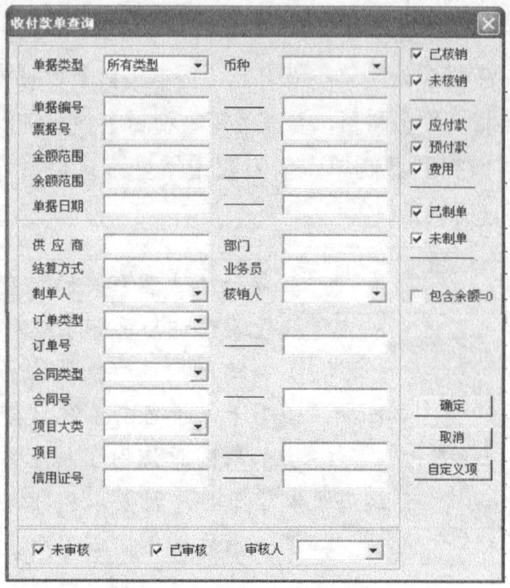

图 11-51 收付款单查询

（3）单据报警查询，如图 11-52 所示。单据报警查询包括两种方式：

① 自动报警（每次进入应付款系统时）。

② 人工查询（单据查询 | 单据报警查询）。

（4）信用报警查询，如图 11-53 所示。信用有金额信用和账期信用。可以在供应商档案中的信用标签录入信用额度。在应付选项中设置预警的方式，各个供应商就能进行信用报警查询。

图 11-52 报警查询条件

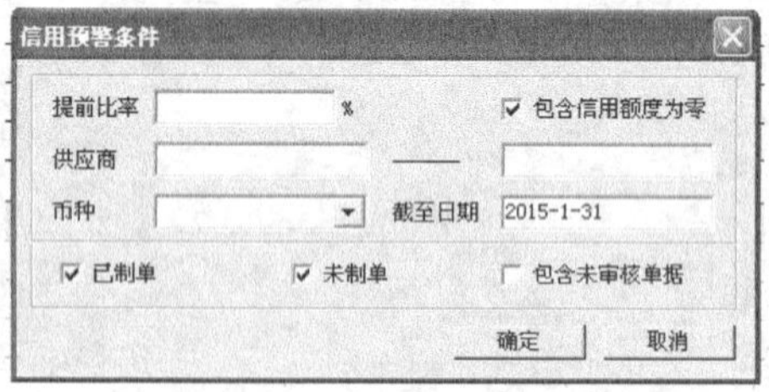

图 11-53 信用报警查询

2. 账表管理

（1）业务账表查询，如图 11-54～图 11-57 所示。业务账表包括应付总账、应付余额表、应付明细账、应付对账单。

① 应付总账表。可通过此功能查看供应商、供应商分类、地区分类、部门、业务员、供应商总公司、主管业务员、主管部门、存货、存货分类在一定月份期间所发生的应付、付款以及余额情况。应付业务总账既可以完整查询既是供应商又是客户的单位信息，又可以包含未审核单据查询，还可以包含未开票已出库发货单（含期初发货单）、暂估采购入库单的数据内容。如图 11-54 所示。

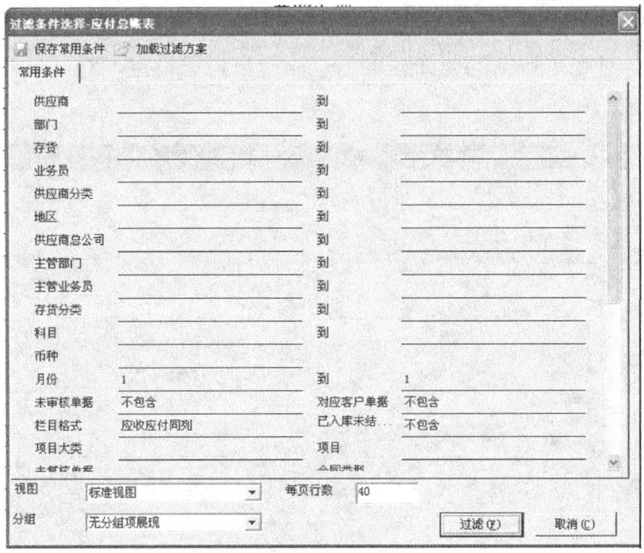

图 11-54 应付总账

② 应付余额表。可通过此功能查看供应商、供应商分类、供应商总公司、地区分类、部门、主管部门、业务员、主管业务员、存货、存货分类在一定期间所发生的应付、付款以及余额情况。应付业务余额表，既可以完整查询既是供应商又是客户的业务单据信息，又可以包含未审核单据查询，还可以包含未开票已出库发货单（含期初发货单）、暂估采购入库单的数据内容。如图 11-55 所示。

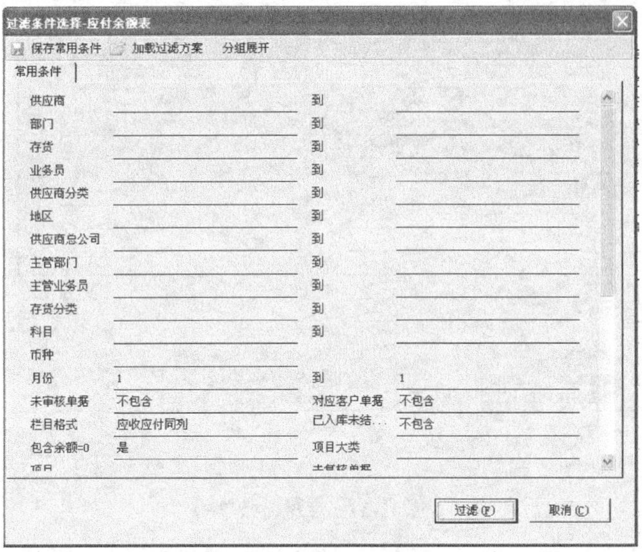

图 11-55 应付余额表

③ 应付明细账查询可以在此查看供应商、供应商分类、供应商总公司、地区分类、部门、主管部门、业务员、主管业务员、存货分类、存货在一定期间内发生的应付及付款的明细情况。应付业务明细账既可以完整查询既是供应商又是客户的业务单据信息，又可以包含未审核单据查询，还可以包括未开票已出库发货单（含期初发货单）、暂估采购入库单的数据内容。如图 11-56 所示。

④ 应付对账单查询可以获得一定期间内各供应商、供应商分类、供应商总公司、部门、主管部门、业务员、主管业务员的对账单。应付对账单既可以完整查询既是客户又是供应商的业务单据信

息，又可以包含未审核单据查询，还可以包含未开票已出库发货单（含期初发货单）、暂估采购入库单的数据内容。另外，对账单数据的明细程度可以由用户自己设定，对账单打印的表头格式可以自行设置。如图 11-57 所示。

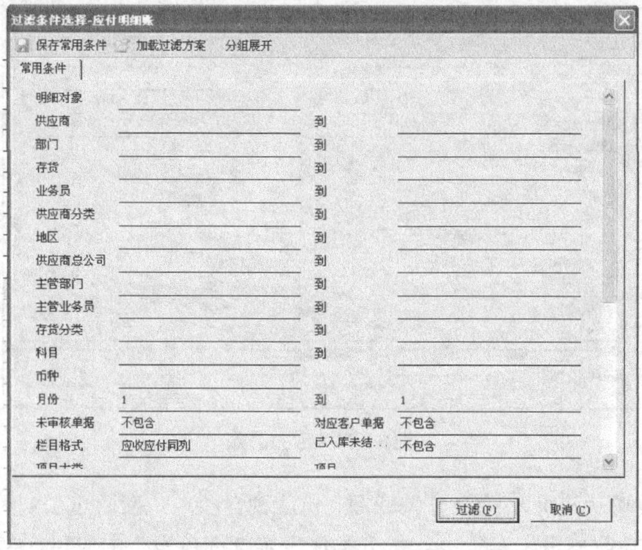

图 11-56　应付明细账

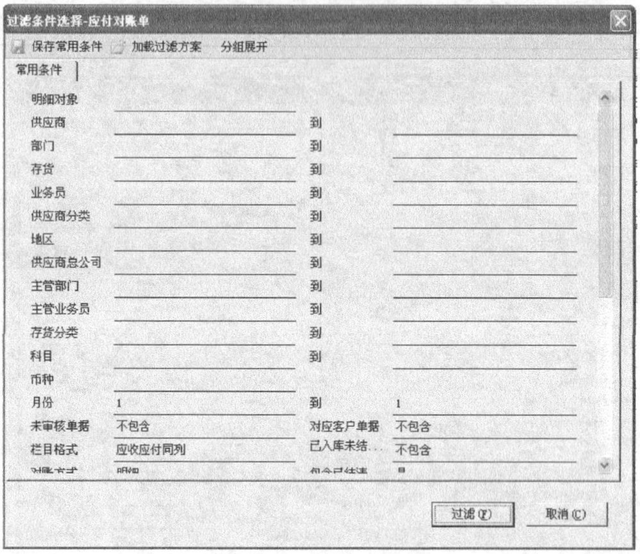

图 11-57　应付对账单

（2）统计分析，如图 11-58～图 11-61 所示。统计分析包括应付账龄分析、欠款分析、付款账龄分析、付款预测。

① 应付账龄分析。可以通过此功能分析供应商、存货、业务员、部门或单据的应付款余额的账龄区间分布。同时，可以设置不同的账龄区间进行分析。既可以进行应付款的账龄分析，也可以进行预付款的账龄分析。如图 11-58 所示。

② 欠款分析。可以在此分析截至某一日期，供应商、部门或业务员的欠款金额，以及欠款组成情况。如图 11-59 所示。

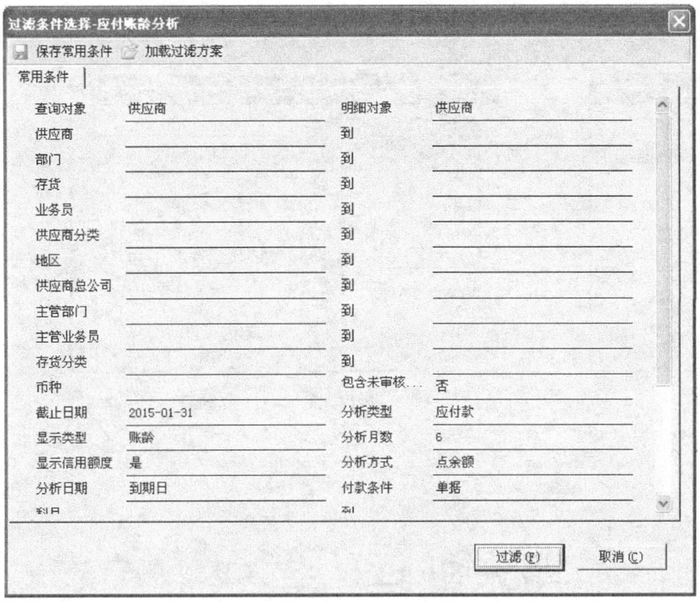

图 11-58　应付账龄分析

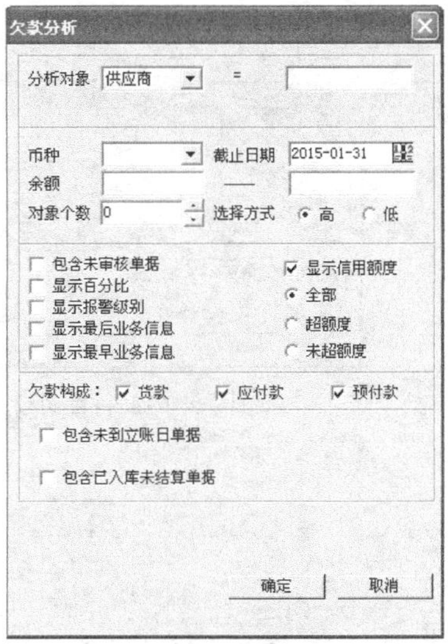

图 11-59　欠款分析

③ 付款账龄分析。可以在此分析供应商、产品、单据的付款账龄。如图 11-60 所示。

④ 付款预测。可以在此预测一下将来的某一段日期范围内，供应商、部门或业务员等对象的付款情况，而且提供比较全面的预测对象、显示格式。如图 11-61 所示。

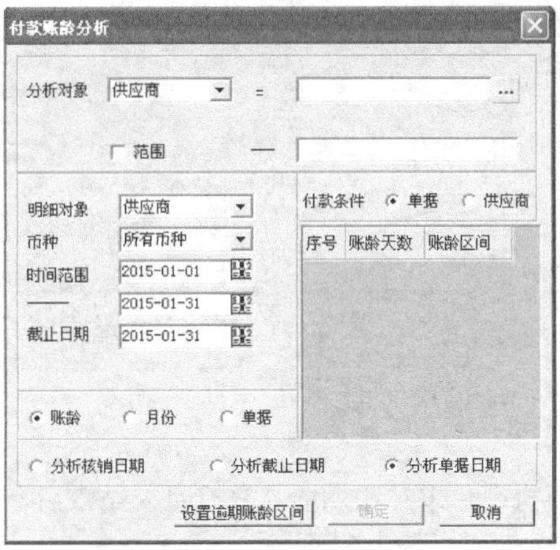

图 11-60　付款账龄分析

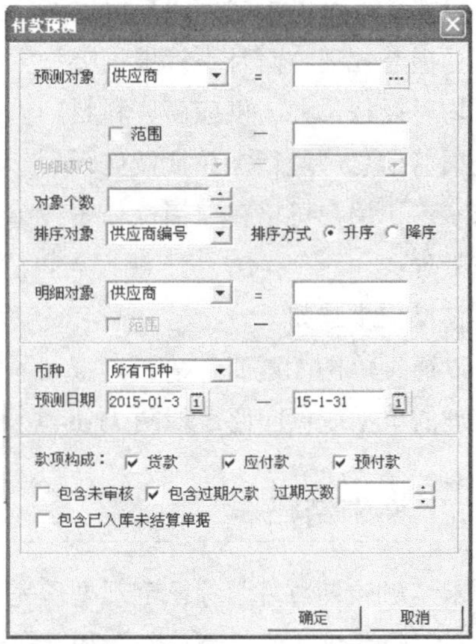

图 11-61　付款预测

（3）科目账查询如图 11-62、图 11-63 所示。科目账查询包括科目明细账、科目余额表的查询。

① 科目明细账查询用于查询供应商往来科目下各个往来供应商的往来明细账。包括科目明细表、供应商明细账、三栏式明细账、多栏式明细账，供应商分类明细账、业务员明细账、部门明细账、项目明细账、地区分类明细账 9 种查询方式。如图 11-62 所示。

② 科目余额表查询：用于查询应付受控科目各个供应商的期初余额、本期借方发生额合计、本期贷方发生额合计、期末余额。它包括科目余额表、供应商余额表、三栏式余额表、业务员余额表、供应商分类余额表、部门余额表、项目余额表、地区分类余额表 8 种查询方式。如图

11-63 所示。

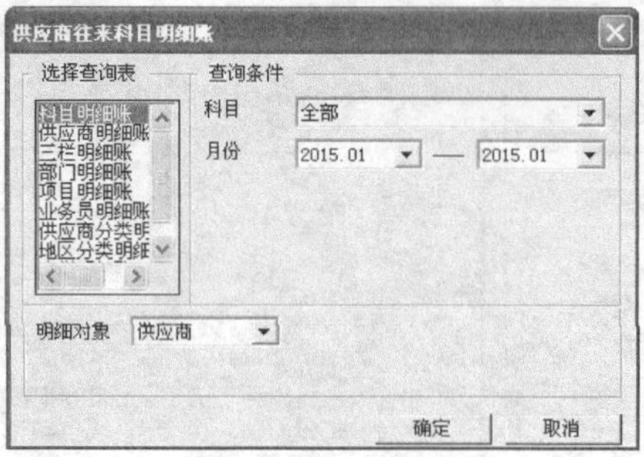

图 11-62 科目明细账

图 11-63 科目余额表

11.5 期末处理

11.5.1 汇兑损益

如果企业有外币往来，则首先在系统选项中选择汇兑损益的方式，月末计算或单据结清时计算。发生外币往来，可以根据用户自己的选择来完成汇兑损益的处理，如可以完成根据科目、币种分别进行汇兑损益处理，而且不管根据哪种方式进行损益处理，均可以按币种、供应商、科目、单据查询相应的汇兑损益信息。进行汇兑损益处理后，若需要恢复处理前状态，用户可以在取消操作中按单据取消其汇兑损益处理。

具体操作步骤如下。

可以通过单击【过滤】按钮，查询需要进行汇兑损益处理的单据或供应商，如图 11-64 所示。

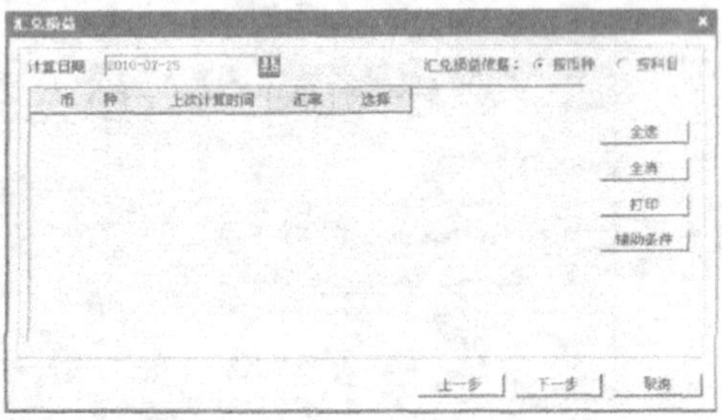

图 11-64 汇兑损益

11.5.2 期末结账

期末结账如果当月业务已全部处理完毕，就需要执行月末结账功能，只有月末结账后，才可以开始下月工作。包括“月末结账”和“取消结账”处理。

1. 月末结账

如果已经确认本月的各项处理已经结束，可以选择执行月末结账功能。当您执行了月末结账功能后，该月将不能再进行任何处理。用鼠标选择【其他处理】→【期末处理】→【月末结账】。选择结账月份，双击结账标志一栏，标志选择该月进行结账。

2. 取消结账

本功能帮助用户取消最近月份的结账状态。在菜单条上选择【其他处理】→【期末处理】→【取消月结】。选择需要取消结账月份，双击结账标志一栏，单击【确认】按钮，系统执行取消结账功能。

具体操作步骤如下。

（1）双击【期末处理】菜单下【月末结账】，在弹出窗口中选择结账月份，双击结账标志栏选择该月进行结账。如图 11-65 所示。

（2）单击【下一步】按钮，列示月末结账的检查结果。双击其中任意一项，可以检查其详细信息。如图 11-66 所示。

（3）单击【取消】按钮，可取消结账操作；单击【完成】按钮，执行结账功能。如图 11-67 所示。

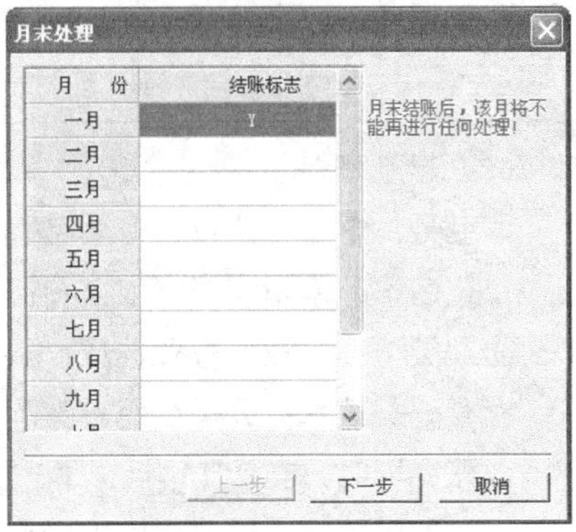

图 11-65　月末处理

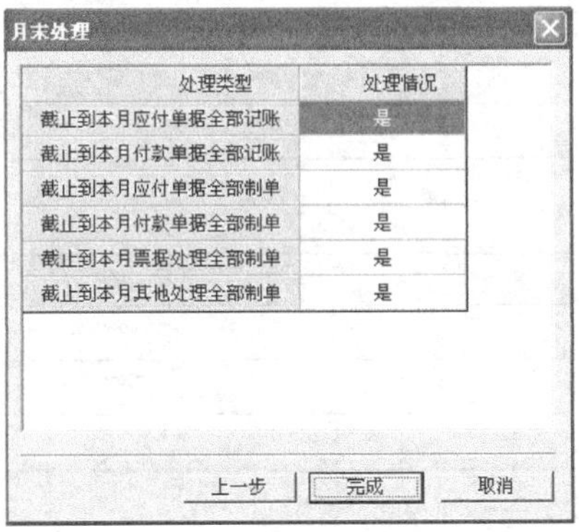

图 11-66　月末处理

图 11-67　月末结账

上机实践

【实验目的】

1．掌握应付款管理初始化的一般方法

2．掌握应付款系统日常业务处理和主要内容和操作方法

【实验内容】

1．应付款管理系统初始化

2．应付单据处理

3．付款单处理

4．转账处理

5．月末结账

【实验准备】

引入总账管理系统初始设置账套。

【实验资料】

1．建账及初始设置

（1）操作员及权限

操作员编码	操作员姓名	口令	权　限
001	王南	1	账套主管
002	张小芳	2	公用目录设置、应付款管理系统

（2）建账资料

账套号：学号后三位；账套名称：南阳物资有限公司；启用日期：2015 年 1 月 1 日。

单位名称：南阳物资有限公司；单位简称：南阳公司；税号：321765617165655。

企业类型：工业；行业性质：新会计制度科目；账套主管：王南；按行业性质预置会计科目。存货分类核算；分类编码方案均按默认值。

建账完毕时，在 2015 年 1 月 1 日启用总账、应付系统。

（3）部门档案（以下由王南操作）

部门编码	部门名称
1	办公室
2	财务部
3	市场部

（4）职员档案

职员编码	职员姓名	所属部门
101	周军	办公室
201	莫南	财务部
202	张小芳	财务部

（5）供应商档案

供应商编号	供应商简称	税号	开户银行	银行账号
001	宏发公司	12311231345345	工商银行	987456
002	浩翔公司	12355653123321	工商银行	654123

（6）存货分类

存货分类编码	存货分类名称
01	原材料
02	产成品

（7）计量单位（先添加分组，再添加单位）

单位组编码	计量单位组别	单位编码	单位名称	计量单位组类别
01	基本计量	01	吨	无换算
01	基本计量	02	件	无换算
01	基本计量	03	台	无换算

（8）存货档案

存货编码	存货名称	主计量单位	存货分类	存货属性
101	A 材料	吨	01	外购、生产耗用
102	B 材料	件	01	外购、生产耗用
103	运费	吨	01	应税劳务
201	甲产品	台	02	自制、销售
202	乙产品	台	02	自制、销售

（9）修改会计科目

科目编码	科目名称	核算账类	受控系统
1002	银行存款	银行科目	
1131	应收账款	客户往来	应收系统
1151	预付账款	供应商往来	应付系统
2121	应付账款	供应商往来	应付系统
2131	预收账款	客户往来	应收系统

（10）凭证类别：记账凭证

（11）结算方式

结算方式编码	结算方式名称	票据管理标志
1	现金	否
2	支票	是
3	银行汇票	否
4	汇兑	否

（12）应付款管理系统初始设置

选项设置：默认设置

基本科目设置：应付科目为2121，预付科目为1151，采购科目为1403，税金科目为22210101。

结算方式科目设置：现金结算对应1001，支票结算、汇票结算、其他结算对应1002。

录入期初余额——采购专用发票：2008年12月30日，向浩翔公司购进B材料600件，单价75元，计45 000元，增值税额7 650元，共计52 650元，材料未收到。

2. 日常业务处理

南阳公司2015年1月份发生下列经济业务：

（1）1月3日，收到宏发公司2014年12月28日发来A材料的专用发票，列A材料5吨，单价3 200元，税额2 720元，共计18 720元。

操作向导：由张小芳在应付款系统审核应付单据并进行发票制单。

（2）1月4日，以汇兑方式清偿浩翔公司货款52 650元。

操作向导：由张小芳在应付款系统录入付款单据，审核后制单并进行核销操作。

（3）1月6日，开出银行汇票，支付宏发公司货款18 720元。

操作向导：由张小芳在应付款系统录入付款单据，审核后制单并进行核销操作。

（4）1月24日，收到宏发公司专用发票，货款31 000元，税款5 270元，共计36 270元。

（5）1月16日，汇给宏发公司货款36 270元。

操作向导：由张小芳在应付款系统录入付款单据，审核后制单并进行核销操作。

3. 月末处理

（1）张小芳进行应付款管理系统月末结账。

（2）王南对应付款管理系统传递到总账系统的凭证进行审核、记账、对账后进行结账。

（3）将账套数据输出并保存起来。

第12章 薪资管理

【学习目标】

通过本章学习，学生应该理解薪资管理系统的概述，掌握薪资管理系统的初始化设置操作步骤，掌握薪资管理的日常业务处理、薪资凭证处理以及薪资月末处理。

12.1 薪资管理系统概述

12.1.1 薪资管理系统功能

人力资源的核算和管理是企业管理的重要组成部分，其中对于企业员工的业绩考评和薪酬的确定正确与否更是关系到企业每一个职工的切身利益，对于调动每一个职工的工作积极性、正确处理企业与员工之间的经济关系具有重要意义。薪资，即工资，又称为薪资，指根据有关法规、合同，以法定的方式，在一定时间内因使用职工的知识、技能、时间和精力而支付给本单位职工的劳动报酬，是企业计提有关费用的依据。薪资核算是每个企事业单位财务部门最基本的任务之一，其不仅关系到每个职工的切身利益，也直接影响到产品成本核算的质量。但是手工核算薪资通常占用财务人员大量的时间和精力，出错率也比较高，而采用计算机核算薪资可以有效地提高核算的准确性和及时性。

1. 薪资类别管理

薪资管理系统提供处理多个工资类别的功能。如果单位按周或一月多次发放工资，或者是单位中有多种不同类别（部门）的人员，那会因工资发放项目的不同，导致的工资计算公式的不同。因为，为了进行统一的工资核算管理，薪资管理系统应选择建立多个工资类别。

2. 人员档案管理

薪资管理系统可以设置人员的基础信息并可对人员变动进行调整，另外系统也提供了设置人员附加信息的功能。

3. 薪资数据管理

薪资管理系统数据，可以根据不同企业的需要设计工资项目和计算公式；管理所有人员的工资数据，并对平时发生的工资变动进行调整；自动计算个人所得税，结合工资发放形式进行扣零处理或向代发工资的银行传输工资数据；自动计算个人所得税，结合工资发放形式进行扣零处理或向代发工资的银行传输工资数据；自动计算、汇总工资数据；自动完成工资分摊、计提转账业务。

另外，薪资报表管理提供多层次、多角度的工资数据查询。

12.1.2 薪资管理系统与其他系统的主要关系

薪资管理系统与系统管理共享基础数据；薪资管理系统向成本核算系统传送相关费用的合计数据。

12.2 薪资管理系统初始化设置

首次使用薪资系统前，应通过“系统管理”建立账套，输入有关信息。只有建立账套，在企业门户中已经进行了启用薪资管理系统的操作后，才可以启动薪资系统。启动薪资系统后，需要进行初始设置，如部门设置、工资项目及计算公式、职工工资、个人所得税以及各种表样的定义等。

1. 建立工资账套

建立工资账套时可以根据建账向导分 4 步进行，即参数设置、扣税设置、扣零设置、人员编码，需注意以下几方面。

（1）进行编码方案设置。

（2）在修改编码方案时候，一定要从末级开始修改。

（3）在设置数据精度的时候鼠标一定要单击【确定】按钮，然后按取消键。

（4）在启用薪资模块时，要选择所要启用的薪资日期，然后再单击【确定】按钮。

（5）当启动工资管理系统，操作员注册后，如果首次使用所选账套，系统将自动进入建账向导系列窗口。

2. 建立工资账套参数设置

（1）参数设置。选择本账套处理的工资类别个数：单个或多个。当核算单位工资按周发放或一个月多次发放或单位中有多种类别（部门）的人员时，工资发放项目不尽相同，计算公式也不尽相同，但因为要进行统一工资核算管理，所以应选择“多个”。如果单位中所有人员的工资统一管理，而人员的工资项目、工资计算公式全部相同，这时选择“单个”可提高系统的运行效率，如图 12-1 所示。

选择该账套工资的核算币种和“是否核算计件工资”。系统提供币别参照供用户选择，若选择账套本位币以外其他币别，则还须在工资类别参数维护中设置汇率。系统根据此参数判断是否显示计件工资核算的相关信息。

（2）扣税设置。扣税设置是指选择“是否从工资中代扣个人所得税”。选择此项，工资核算时系统会根据输入的税率自动计算个人所得税额。核算单位需为职工代扣代缴个人所得税的，应在该项选择方框打上勾，如图 12-2 所示。

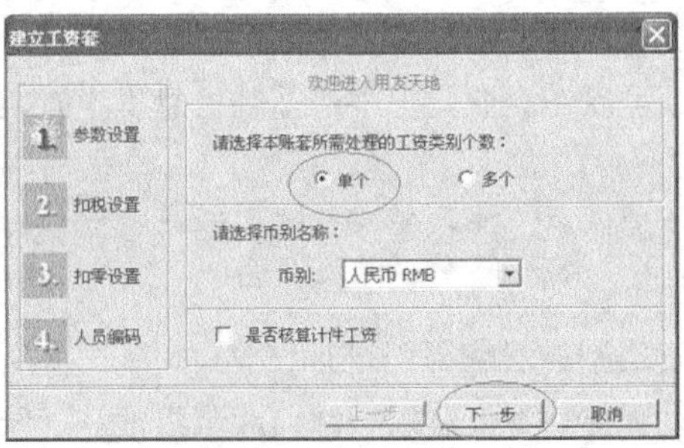

图 12-1 薪资类别选择“单个”

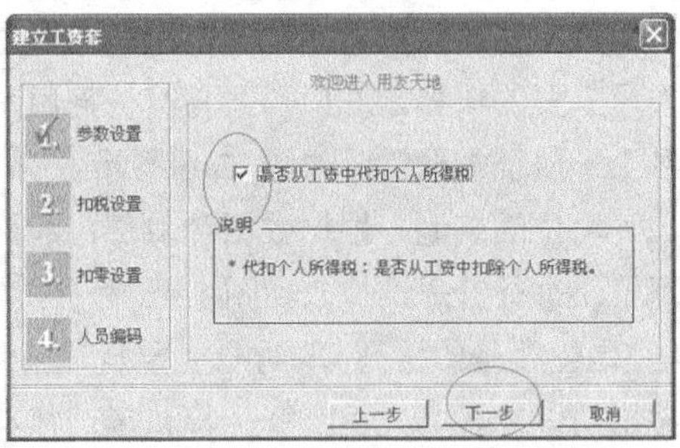

图 12-2 薪资账套参数设置

（3）扣零设置。扣零设置是指系统在每次发放工资时依据扣零类型（扣零至元、扣零至角、扣零至分）将零头扣下，积累取整，于下次发放时补上。选择该项，系统自动在固定工资项目中设置有关扣零处理的计算公式。“应发合计”中不用包括“上月扣零”，“扣款合计”中不用包括“本月扣零”，如图 12-3 所示。

（4）人员编码。人员编码即单位人员编码长度，以数字表示。该项应结合企业部门设置和人员数量进行定义，但总长不能超过 10 位字符，如图 12-4 所示。

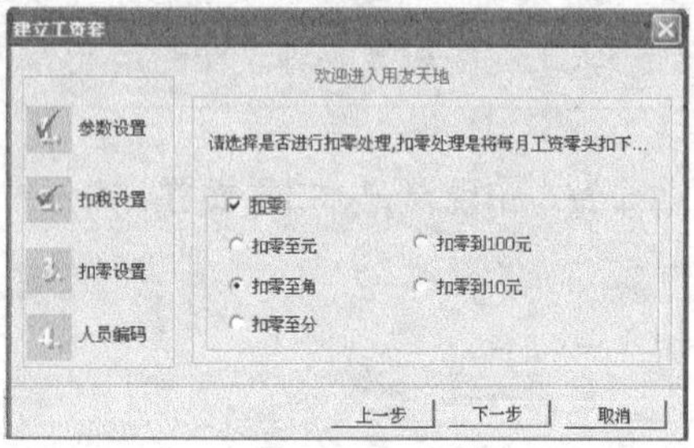

图 12-3　扣零设置

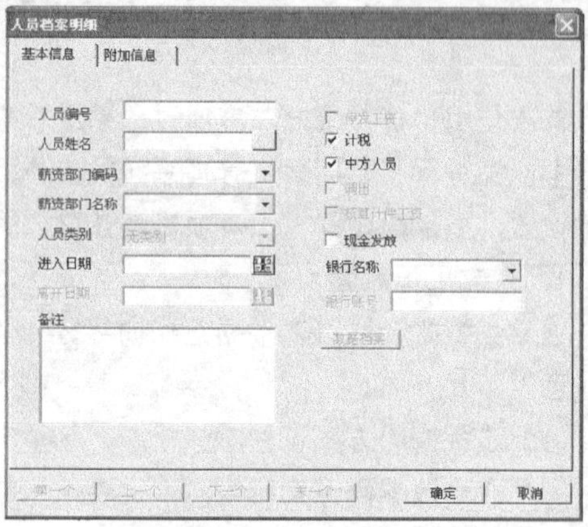

图 12-4　人员编码

提示

（1）薪资账套和企业账套概念有所不同，企业核算账套在系统管理中建立，针对用友 ERP 系统，但工资账套只针对用友 ERP 系统中的薪资管理子系统，可以说薪资账套是企业核算账套的一个组成部分。

（2）如果单位有多种不同类别的人员，且薪资发放项目不同，计算公式也大不相同，那为了要进行统一薪资核算管理，应选择多个薪资类别。如果单位中所有人员薪资标准按统一进行管理，而人员薪资项目、薪资计算公式全部相同，那么就应该选择单个薪资类别。

（3）一旦设置了人员档案，人员编码长度就不能再做修改，所以在处理人员编码长度时，一定要考虑以后人数的增加情况。

（4）扣零处理是指每次发放工资时将零头扣下，积累取整，在下次发放工资时补上，系统在计算机工资时将依据扣零进行核算。

（5）建账完以后，部分建账参数能在设置或者选项中进行修改。

3. 基础信息设置

（1）部门档案设置。设置部门档案是设置人员工资信息的基础，其提供部门核算资料，有利于各类人员工资的核算。部门档案与其他部门是共享的，可以在企业门户中的基础信息里设置，也可以在各个子系统中设置，如图 12-5 所示。

（2）岗位的编制。根据数据计算部门和岗位的超缺编信息，进行编制分析。岗位编制只能在编制管理模块进行管理维护，如图 12-6 所示。

（3）岗位序号的排列。本功能主要是对当前打开工资类别的对应部门进行设置（如图 12-8 所示），以便按部门核算各类人员工资，提供部门核算资料。设置部门不仅可以按部门或班组汇总、统计、领款、分发职工工资，而且可以按部门将这些下发的工资计入账簿，最终达到分部门管理工资的目的，如图 12-7 所示。

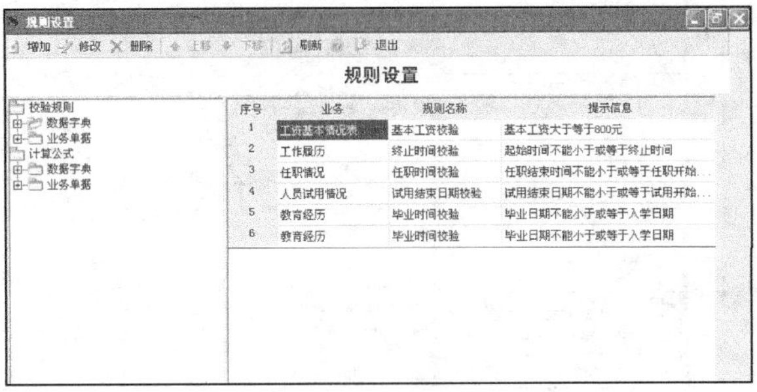

图 12-5　规则设置

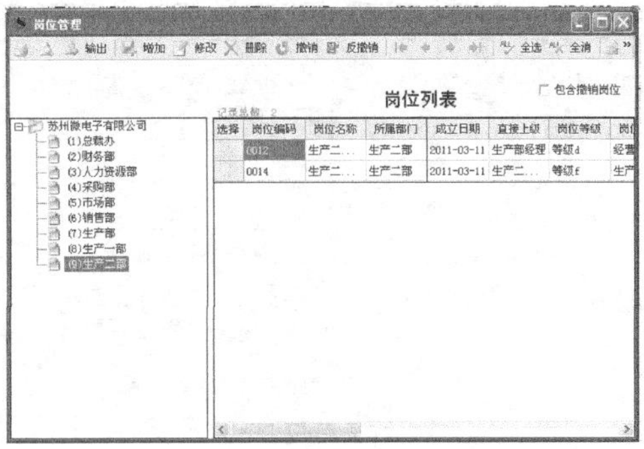

图 12-6　岗位管理

提示

（1）已经使用的凭证类别不能删除，也不能修改类别字。

（2）如果直接录入科目编码，那么编码间的标点符号应为英文状态下的标点符号，否则系统会提示科目编码有错误的提示。

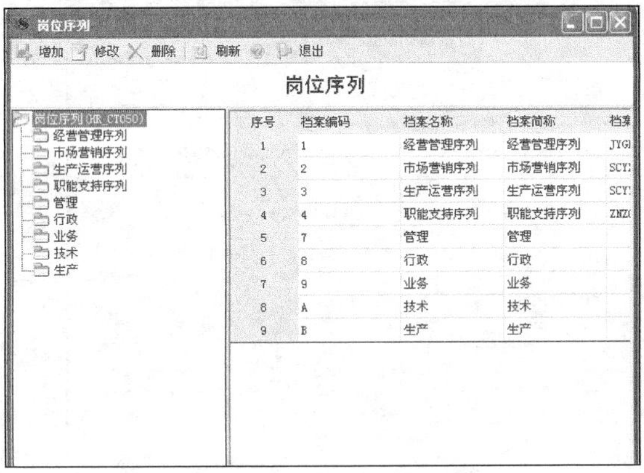

图 12-7　岗位序列

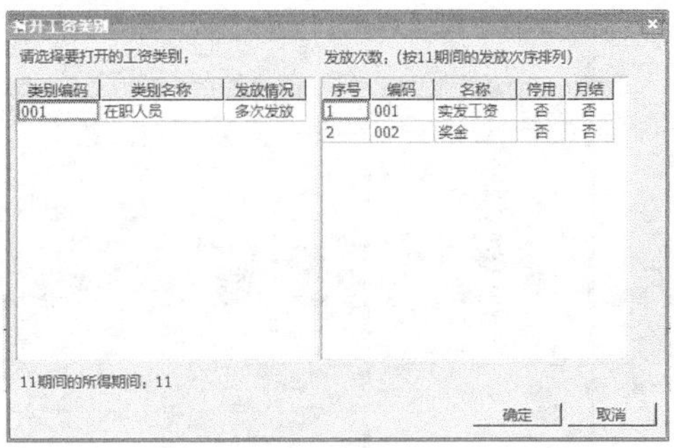

图 12-8　工资类别

具体的操作步骤如下：选择【企业应用平台】窗口左下角的【设置】选项卡，如图 12-9 所示，切换到【基础信息】窗口，执行【基本档案】→【机构人员】→【部门档案】命令，进入【部门档案】界面，单击【增加】、【修改】和【删除】按钮，进行相应地操作。

（4）人员类别设置。

① 设置人员类别便于企业按人员类别进行工资汇总计算，以实现在同一个账套内跨越各个部门按人员各类别的不同进行综合汇总。通过【设置】下的【人员类别设置】，系统弹出【人员类别设置】窗口。人员类别名称长度不得超过 10 个汉字或 20 位字符。系统默认的【无类别】选项是针对不进行人员类别划分的单位在设置人员档案时使用，如图 12-10 所示。

② 薪资档案基础设置，具体的操作步骤如下。

a. 在【业务工作】窗口中，执行【人力资源】→【薪资管理】→【设置】→【人员附加信息设置】，打开【人员附加信息设置】对话框。

b. 单击【增加】按钮，在【信息名称】文本框中输入人员附加信息的名称，或从【栏目参照】

下拉列表框中选择相应项目。薪资档案如图 12-11 所示。

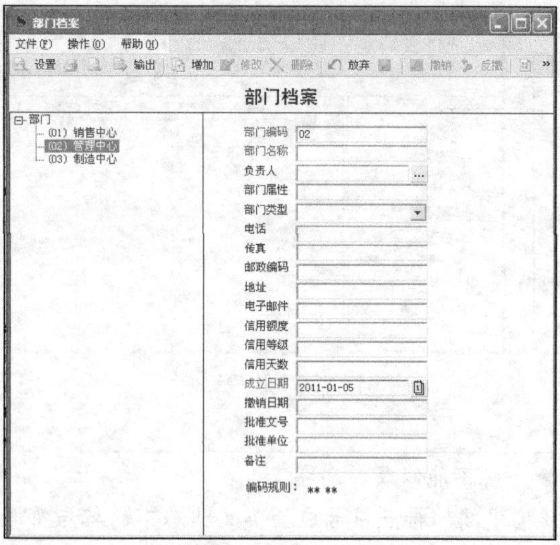

图 12-9　部门档案

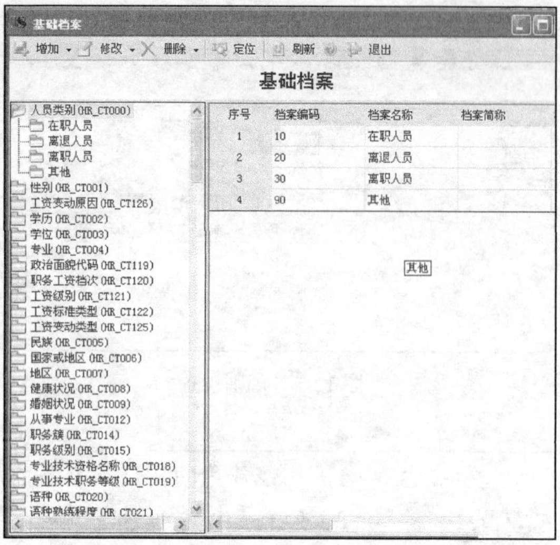

图 12-10　基础档案

图 12-11　薪资档案

c. 在【人员附加信息设置】对话框中，若需要增加信息名称的参照值，则先选中相应的信息名称，再选中【是否参照】复选框，单击【参照档案】按钮，进入相应的参照档案对话框。在【参照档案】文本框内输入相应的信息，单击【增加】按钮将其添加到“参照档案”中。

③ 单击【修改】、【删除】按钮可修改、删除选中的信息。完成设置后，利用列表右侧的上下箭头可调整项目的先后顺序或单击【确认】按钮，返回【人员附加信息设置】对话框。单击【取消】按钮则放弃本次操作。人员附加信息设置时，为了便于对人员进行更加有效的管理，丰富人员档案的内容，除了人员编号、人员姓名、所在部门、人员类别等基本信息外，还需要填写一些辅助管理信息，如可增设人员的性别、民族、婚否、学历等，如图 12-12 所示。

④ 在【人员附加信息设置】对话框中，单击【对应设置】按钮，进入【人员信息同步设置】对话框。双击人员附加信息设置对应的人事信息项目空白栏，在显示的下拉列表框中选择人事信息项目，如家庭住址、家庭电话等。设置完毕后单击【确定】按钮返回【人员附加信息设置】对话框，

单击【取消】按钮则放弃本次操作，如图 12-13 所示。

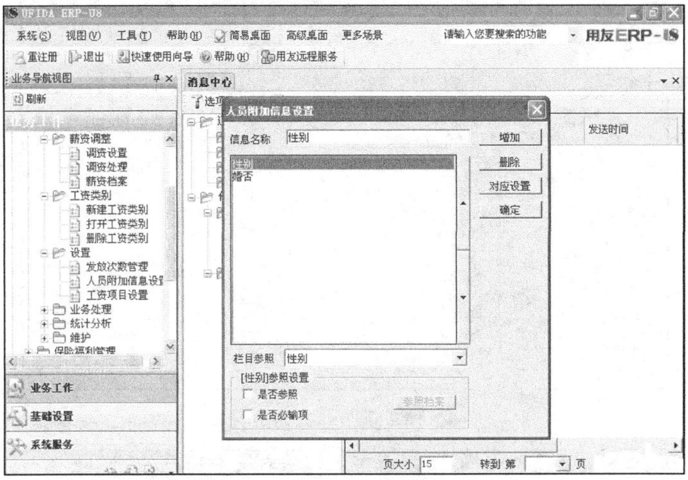

图 12-12 人员附加信息设置

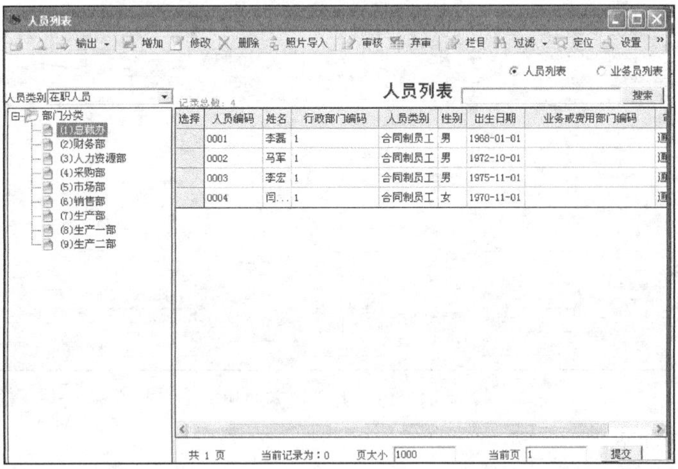

图 12-13 人员列表

⑤ 【人员附加信息设置】对话框中，单击【删除】按钮，经过确认后可删除光标所在行的附加信息项目，但已经使用过的人员附加信息不可删除，只能修改。设置完成后，利用列表右侧的上下箭头可调整项目的先后顺序或单击【确定】按钮，即可返回【薪资管理】界面，执行其他操作，如图 12-14 所示。

（5）人员档案设置。人员档案的设置用于登记工资发放人员的姓名、职工编号、所在部门、人员类别等信息。此外，员工的增减变动也必须在本功能中处理。

只有人员档案设置完成后，才能对工资项目及计算公式进行定义。如图 12-15 显示的是人员档案增加时的界面。

（6）工资项目设置。工资项目的设置和建立是工资核算子系统运行的基础，同时也是体现管理者对工资信息需求的主要方式。不同的企业可以根据自身工资核算的特点，灵活地设置工资项目，并进行工资数据的汇总、查询和统计。

工资项目设置即定义工资项目的名称、类型、宽度、小数、增减项等。用户可以根据需要自由设置工资项目，如基本工资、岗位工资、奖金等。

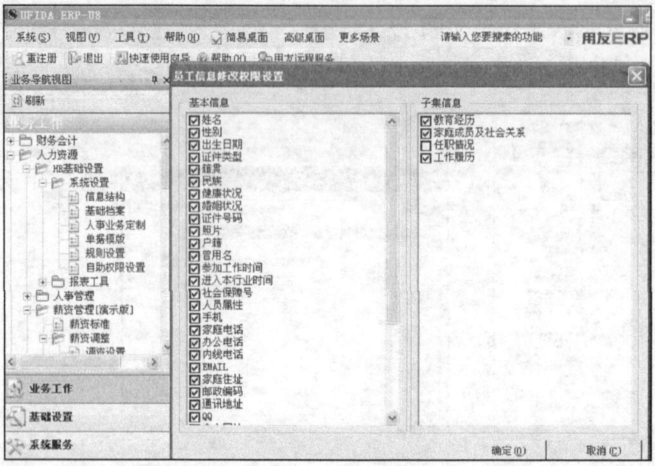

图 12-14　员工信息修改设置

图 12-15　人员档案增加

具体的操作步骤如下。

① 在【业务工作】窗口中，执行【人力资源】→【薪资管理】→【设置】→【工资项目设置】命令，打开【工资项目设置】窗口，选中【扣零设置】，如图 12-16 所示。

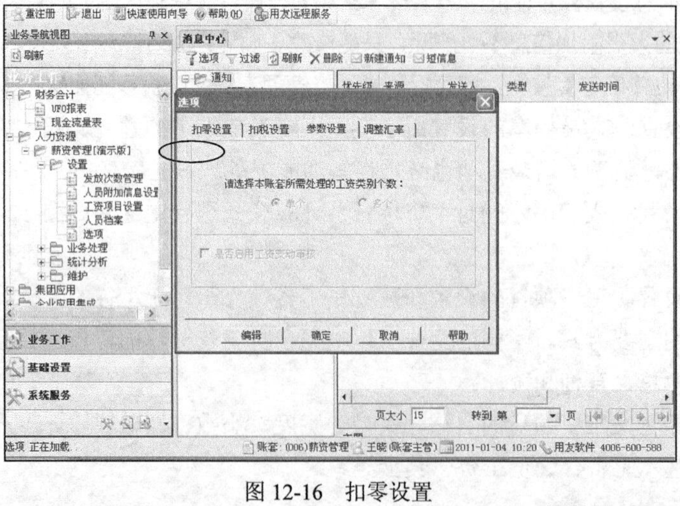

图 12-16　扣零设置

② 在【工资项目设置】界面中，单击【增加】按钮，在光标所在行输入新增的工资项目名称，然后依次双击工资项目的类型、长度、小数位数和增减项等单元格，通过出现的下拉按钮来设置相应各栏目，如图 12-17 所示。

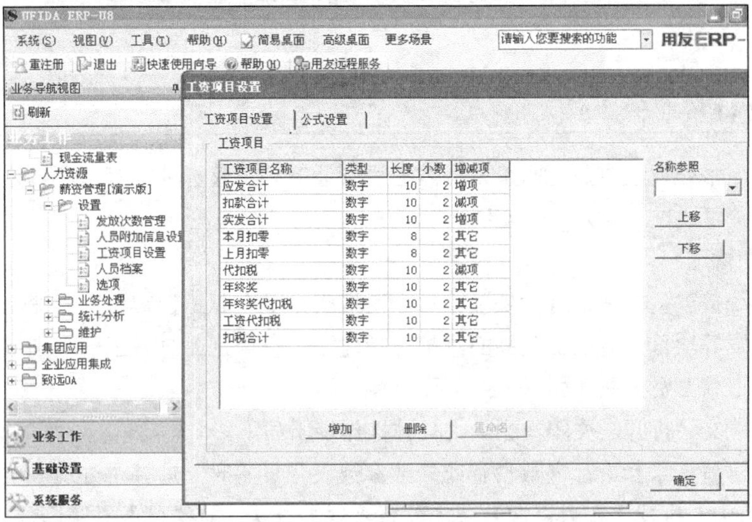

图 12-17 工资项目设置

提示

在【工资项目设置】界面中，单击【工资项目】列表框右侧的【上移】和【下移】按钮，调整工资项目的排列顺序。单击【重命名】或【删除】按钮可以修改或删除所选中的工资项目。单击【确定】按钮，保存设置并返回“薪资管理”界面，单击【取消】按钮则放弃本次设置。

（7）银行名称的设置。银行名称设置即设置发放工资的银行。发放工资的银行可按需要设置多个或单个。当企业发放工资采用银行代发的形式时，需要确定银行的名称及账号的长度，系统默认的银行名称的账号长度为 11 位，如图 12-18 所示。

图 12-18 银行档案

12.3 薪资日常业务处理

12.3.1 薪资日常业务工作

工资核算的日常处理主要是对职工工资数据进行计算和调整，其中有些项目是一次输入，有些是每月录入，有些可通过计算公式来实现。

1. 工资类别管理

薪资管理系统按工资类别来进行处理。每个工资类别下有职工档案、工资变动、工资数据、报税处理、银行代发等项目。对工资类别的维护包括建立工资类别、打开工资类别、删除工资类别、关闭工资类别和汇总工资类别（如图 12-19 所示）。

工资类别的建立、打开、关闭及删除的具体操作步骤如下。

（1）如果在对薪资账套进行参数设置或修改参数设置页签时，选择了处理多个工资类别，则在【业务工作】窗口中，执行【人力资源】→【薪资管理】→【工资类别】→【新建工资类别】命令，打开【新建工资类别】对话框，输入新建工资类别的名称，单击【下一步】按钮，然后单击【选定全部部门】按钮或逐个单击需要选择新建工资类别所包含的部门，最后单击【完成】按钮，完成新建工资类别操作，如图 12-19 所示。

（2）在【业务工作】窗口中，执行【人力资源】→【薪资管理】→【工资类别】命令打开【工资类别】对话框，从中选择要打开的工资类别，单击【确定】按钮，即可打开所需工资类别。执行【工资类别】→【关闭工资类别】命令，即可关闭已经打开了的工资类别，如图 12-19 所示。

（3）如果不需要某种工资类别，且以后不想再恢复，则可在关闭工资类别的情况下，执行【人力资源】→【薪资管理】→【工资类别】→【删除工资类别】命令，然后单击【确定】按钮即可通过反结账操作完成，如图 12-20 所示。

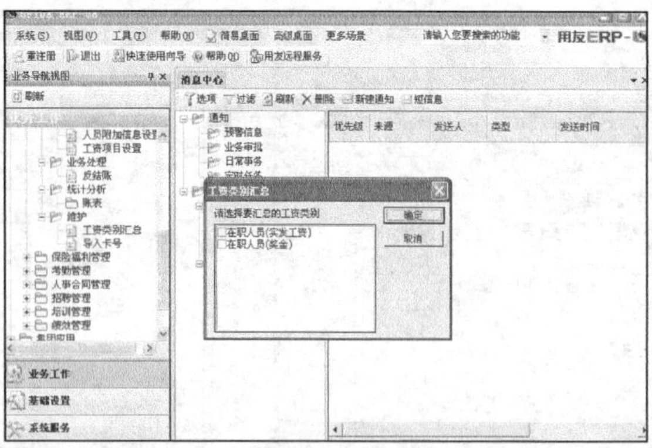

图 12-19　工资类别汇总

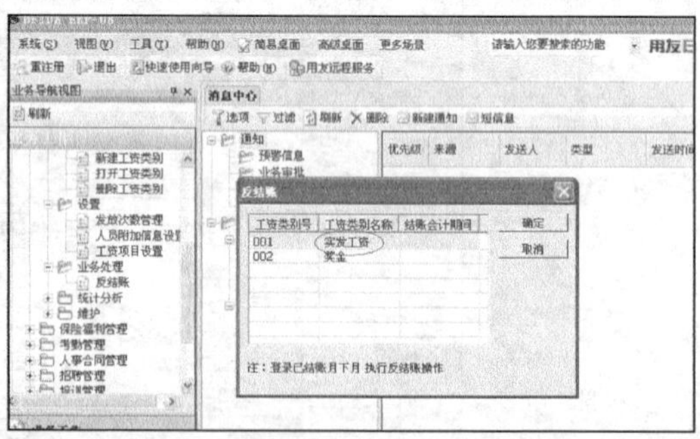

图 12-20　反结账

提示

只有账套主管才能删除工资类别，且工资类别在删除后数据将不可恢复。

2. 工资变动管理

第一次使用薪资管理系统必须将所有人员的基本工资数据录入计算机，平时每月发生工资数据的变动也应在此进行调整。为了快速准确地录入工资数据，系统提供以下功能。

（1）筛选和定位。如果对部分人员的工资数据进行修改，最好采用数据过滤的方法：先将所要修改的人员过滤出来，然后进行工资数据修改。修改完毕后进行“重新计算”和“汇总”。这部分功能可通过调资设置达成，如图 12-21 所示。

（2）编辑。在工资变动窗口提供了“编辑”按钮，可以对选定的个人进行快速录入。这部分功能可通过调资处理达成，如图 12-22 所示。

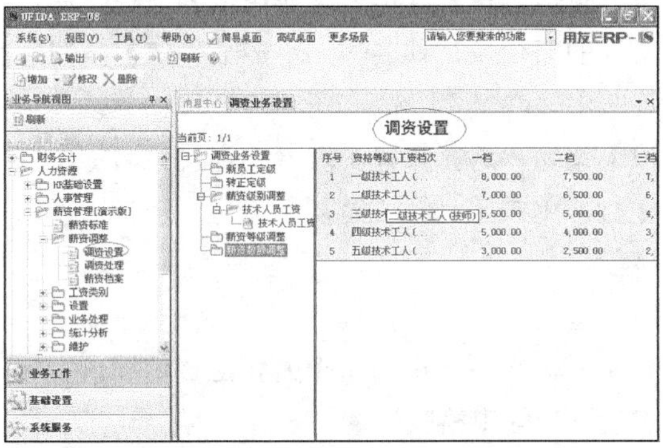

图 12-21　调资设置

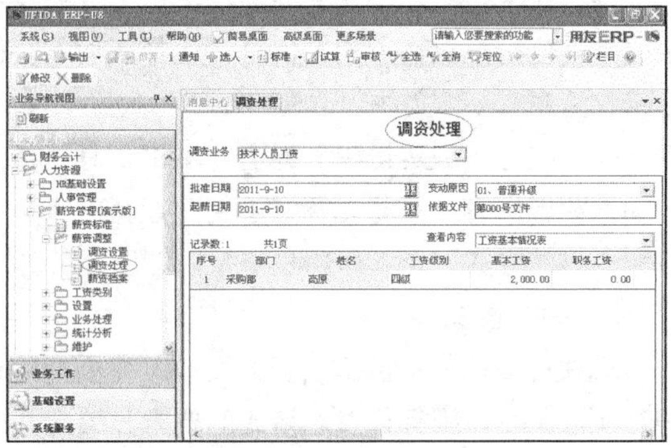

图 12-22　调资处理

（3）替换。将符合条件的人员的某个工资项目的数据，统一替换成某个数据。

（4）过滤器。如果只对工资项目中的某一个或几个项目修改，可将要修改的项目过滤出来。

3. 工资分钱清单

工资分钱清单适用于现金发放工资的单位，是按单位计算的工资发放分钱票面额清单。会计人员根据此表从银行取款并发给各部门。系统提供了票面额设置的功能，用户可根据单位需要自由设置。系统根据实发工资项目分别自动计算出按部门、按人员、按企业各种面额的张数。

工资分钱清单包括部门分钱清单、人员分钱清单和工资发放取款单三个部分，具体设置步骤如下。

（1）在薪资管理菜单下，单击【业务管理】→【工资分钱清单】，在弹出的【票面额设置】对话框选择分钱月份和要统计的票面额，系统根据实发工资项目自动计算各种票额的张数。

（2）设置完票面金额，单击【确定】按钮，即可按照部门、按照人员进行分钱清单的统计显示，以及工资发放取款单的统计显示。

（3）如果想改变票面额的设置，单击【设置】按钮，即可在弹出的【票面额设置】对话框重新进行面额的设置，再进行相应的分类统计显示，如图 12-23 所示。

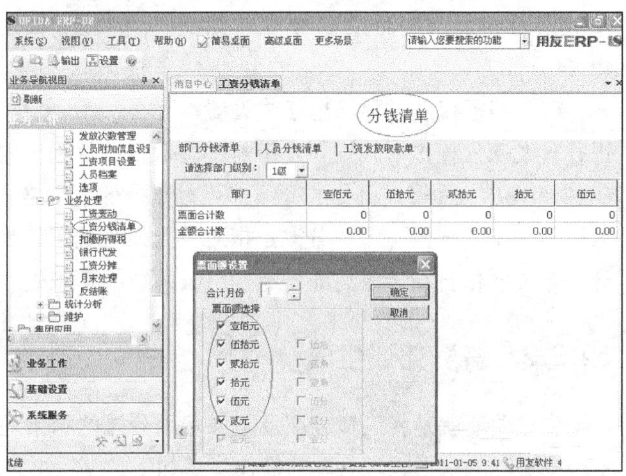

图 12-23　分钱清单

4. 个人所得税的计算与申报

鉴于许多企事业单位计算职工工资薪金所得税的工作量较大，本系统提供个人所得税的自动计算功能。用户只需要定义好个人所得税的税前费用扣除额（起征点）和税率，系统就会自动计算个人所得税。具体的操作步骤如下。

（1）在薪资管理菜单下，单击【业务处理】和【扣缴所得税】，弹出【栏目选择】界面。如果用户需要反映其他栏目，可在“可选栏目”前的方框打钩，但用户不能自定义栏目。

（2）在【扣缴所得税】界面，单击工具栏【税率】按钮，弹出【税率表】对话框，可以设置【基数】和【附加费用】以及增加或删除【计算公式】。

（3）在【扣缴所得税】界面，单击工具栏【申报】按钮，进入【地方纳税申报】窗口。用户可按照本单位的报税输入相关信息，选择或输入存储文件的路径及文件名称，单击【确定】按钮，在指定位置生成.csv 文件。

（4）在【扣缴所得税】界面，单击工具栏【定位】按钮，选择按人员编号或人员姓名定位方式并输入相应内容，即将光标置于用户选择的人员所在行，单击工具栏【过滤】按钮，选择按部门或按税率过滤方式，个人所得税申报表即以相应方式显示。

5. 银行代发

现在许多单位把员工工资的发放工作委托给银行来做，之后，由员工个人凭工资信用卡直接去银行领取工资。银行代发对格式的要求分为文件格式设置和输出格式设置。

（1）银行代发文件格式设置。银行代发文件格式设置是指对银行代发一览表栏目的设置及其栏目类型、长度和取值的定义。通常系统默认设置有单位编号、人员编号、账号、金额和录入时间等栏目，用户可根据需要进行增删修改。操作步骤为：单击薪资管理下的【设置】按钮，再单击【人员附加信息设置】按钮后对【人员档案明细】录入，并选择发放银行和发放银行的账号等。如图12-24 所示。

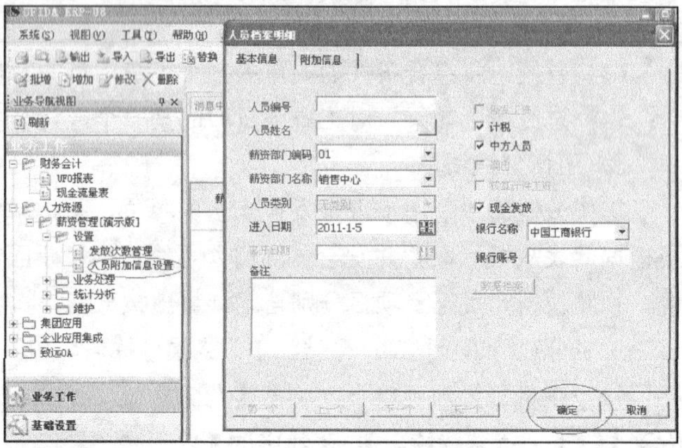

图 12-24　人员档案明细

（2）银行代发磁盘输出格式设置。银行代发磁盘输出格式设置是指对工资数据文件输出的格式进行设置，也即文件方式设置，有 TXT、DAT、DBF 三种格式可供选择，并可对数据的显示格式进行定义。

（3）工资分摊。工资分摊是指对当月发生的工资费用进行工资总额的计算、分配及各种经费的计提，并制作自动转账凭证传递到总账系统供登账处理。

12.3.2　薪资凭证生成

生成凭证就是将工资分配及附加费用分摊的结果通过凭证的形式传递到总账系统，避免在总账系统中进行二次录入。具体的操作步骤如下。

（1）打开【工资分摊】窗口，在【计提费用类型】选项中选择要分析的费用。

（2）选择参与核算的部门。

（3）选择计提费用的月份与计提分配方式。

（4）选择【费用是否明细到工资项目】，如果选中该项，则在【应付工资一览表】窗口中显示借、贷方科目，否则不予显示。

（5）单击【确定】按钮，打开“应付工资一览表”窗口。在该窗口中，根据需要选择“合并科目相同、辅助项相同的分录”复选框。

（6）单击【制单】按钮，生成工资分摊的凭证。

（7）对凭证的类别、辅助核算项目进行修改录入，然后保存，系统自动显示“已生成”红色字样。

12.3.3 期末处理

在会计期末，用户需要对工资核算进行相应的处理，以将当期的工资数据结转到下一期，并自动生成下期新的工资明细表。

如果要对多个工资类别进行管理，就需要打开多个工资类别，逐个进行期末处理。如果当期的工资数据未汇总，系统将不允许进行月期处理。同时，如果进行了月末处理，就不能再对工资数据进行修改。其中，期末处理包括月末结转和年末结转。

1. 月末结转

月末处理是将经过处理后的当月数据结转至下月。每月工资数据处理完毕后均可进行月末结转。在工资项目中，有的项目是变动的，即每月的数据均不相同，因此在每月工资处理时，均需将其数据清为0，而后输入当月的数据。此类项目即为清零项目。如果不进行清零操作，则下月项目将完全继承当月数据。

月末结转的具体操作步骤如下：在【工资】系统窗口中执行【业务处理】→【月末处理】命令，打开【月末处理】对话框，单击【确认】按钮，在系统弹出的提示框中单击【是】按钮，打开【选择清零项目】对话框，根据实际需要选择清零项目，选择完毕单击【确认】按钮，在弹出的“月末处理完毕”提示框中单击【确定】按钮。

2. 年末结转

年末结转是将经过处理后的工资数据结转至下年。进行年末结转后，新年度账将自动建立新账目。

12.3.4 薪资报表处理

1. 工资报表数据生成

工资业务处理完成后，相关工资报表数据同时生成。薪资管理系统提供了多种形式的报表，以反映工资核算的结果。报表中的项目由系统按照一定的格式设定，如果系统默认报表提供的固定格式无法满足要求，用户可利用修改、新建表功能进行修改、新建。

（1）我的账表。我的账表主要功能是对工资系统中所有的报表进行管理，有工资表和工资分析表两种类型。

（2）工资表。工资表用于本月工资的发放和统计，主要完成查询和打印各种工资表的工作。工资表包括工资发放签名表、工资发放条、工资卡、部门工资汇总表、人员类别工资汇总表、条件汇总表、条件统计表、条件明细表、工资变动明细表、工资变动汇总表等由系统提供的原始表。具体的操作步骤如下。

① 在【薪资管理】窗口中，执行【统计分析】→【账表】→【工资表】命令，即可打开【工资表】对话框，如图12-25所示。

② 选择需要查看的工资表后，单击【查看】按钮，如图12-26所示，即可打开【工资发放签名表】对话框。

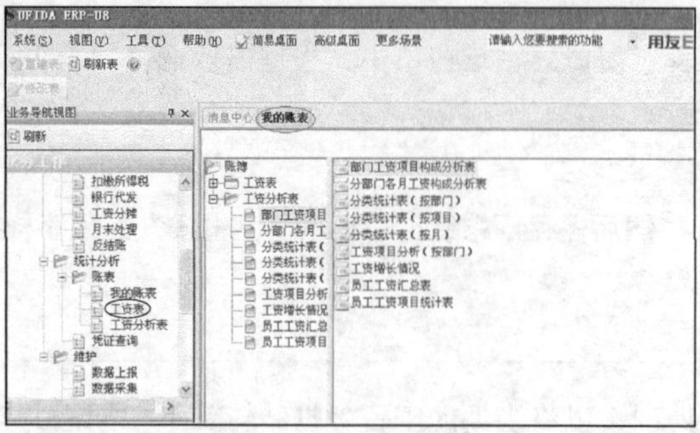

图12-25　工资表界面

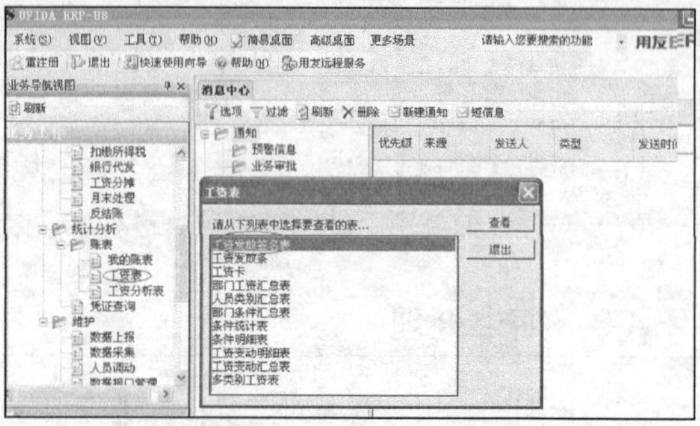

图12-26　选择工资表

③ 在该对话框中选择要查看的部门之后，单击【确定】按钮，即可显示相应的工资表。

2．工资分析表

工资分析表以工资数据为基础，对部门、人员类别的工资数据进行分析和比较，产生各种分析表，供决策人员使用。工资分析表包括分部门各月工资构成分析表、分类统计表（按部门、按项目、按月）、工资项目分析（按部门）、工资增长情况、部门工资项目构成分析表、员工工资汇总表、员工工资项目统计表等。

上机实践

【实验目的】

1．掌握薪资管理系统初始化

2．掌握日常业务处理

3．掌握工资分摊及月末处理的操作

【实验内容】

1．薪资系统初始化

2．工资初始设置

3．日常业务处理

4．月末结账

【实验准备】

工资管理系统单独用一个账套处理

【实验资料】

应用方式一：工资管理系统单独用一个账套处理

1．初始化工作：进行操作员管理和账套管理

（1）增加操作员：以Admin身份注册后，增加以下操作员100王晓。

（2）建立账套：我们在先前已建立过了，大家可自己建一个，账套相关参数自己确定。

（3）进行该账套的各模块的启用设置。

（4）设置权限：检查【用户：王晓】是否是该账套的主管；以Admin身份注册后，在【系统管

理→权限→权限】菜单中选择相关账套、选择用户王晓，设置权限：王晓：账套主管（只有 Admin 才能设置账套主管）。

（5）检查备份计划，确定该账套是否设置了备份计划，或被列入备份计划中。

应用方式二：工资管理系统同总账共用一个账套

2. 初始化工作：工资管理系统的启用设置

（1）在系统管理中：增加操作员：以 Admin 身份注册后，增加操作员 100 王晓（王晓是该账套工资系统的操作人员）。

（2）设置权限：以 Admin 身份注册后，选择相关账套、选择用户王晓，设置权限：王晓是账套主管（只有 Admin 才能设置账套主管）。

（3）只有以账套主管的身份注册，才能在企业门户中检查该账套的工资模块的启用设置。

3. 工资初始设置

（1）工资账套初始化。

① 工资账套参数设置：双击进行到工资管理系统中。

② 选择本账套处理的工资类别的个数：建议选择多个工资类别核算，不核算计件工资。

③ 选择本账套工资的核算币种，单击【下一步】按钮。

④ 确定是否【代扣税】，要扣税，单击【下一步】按钮。

⑤ 确定是否【扣零】处理，不扣零，单击【下一步】按钮。

⑥ 确定【人员编码】长度，人员编码设置为 5，单击【完成】按钮。

⑦ 如果选择了多个工资类别，提示建立工资类别，单击【取消】按钮。

（2）设置基础档案。

① 在【系统菜单→设置→部门设置】菜单中录入部门档案：若单独启用工资系统需要在此录入（已经在总账初始化中录入现在不需再录入）。部门级别如表 12-1 所示。

表 12-1 部门级别

一级部门	二级部门
销售中心	“销售一部”“销售二部”
管理中心	“财务部”“人力资源部”
制造中心	“一车间”“二车间”“运输处”“机修处”

② 在【系统菜单→设置→银行名称设置】菜单下修改代发银行名称为【工商银行】，银行账号定长为 19 位。

③ 在【系统菜单→设置→工资项目设置】菜单中录入工资项目如表 12-2 所示。

表 12-2 工资项目

工资项目	类型	长度	小数点	增减及其他
基本工资	数字	10	2	增项
岗位工资	数字	10	2	增项
津贴	数字	10	2	增项
住房补贴	数字	8	2	增项
交补	数字	8	2	增项
加班工资	数字	8	2	增项
应发合计	数字	10	2	增项

续表

工资项目	类型	长度	小数点	增减及其他
病假天数	数字	3		其他
病假扣款	数字	8	2	减项
事假天数	数字	3		其他
事假扣款	数字	8	2	减项
扣公积金	数字	8	2	减项
扣款合计	数字	8	2	减项
扣税基础	数字	8	2	其他
实发合计	数字	10	2	增项

（3）工资业务流程的处理。

① 新建工资类别。

新建管理人员类别，所属部门为所有部门，启用时期为“2012 年 1 月 1 日”。

新建生产人员类别，所属部门为销售一部、销售二部启用时期为“2012 年 1 月 1 日”（以上日期可以根据实际情况调整）。

② 分别进入不同的工资类别，进行初始化基础档案设置。

在【系统菜单→工资类别→打开工资类别】菜单选择【管理人员工资类别】后：

a．在【系统菜单→设置→人员档案】菜单下设置人员档案如表 12-3 所示。

表 12-3　　人员档案

编号	姓名	所属部门	银行账号	编号	姓名	所属部门	银行账号
01001	杨明	总经理办	123450	01005	刘勇	财务部	123454
01002	王刚	总经理办	123451	02001	赵斌	市场部	123455
01003	肖波	财务部	123452	02002	周悦	市场部	123456
01004	李燕	财务部	123453	02003	宋佳	市场部	123457

b．在【系统菜单→设置→工资项目设置】菜单中设置工资项目及公式定义如下。

工资项目：增加选择所有工资项目，到相应的工资类别中

公式定义：扣税基础 = 基本工资 + 岗位工资 + 津贴 + 住房补贴 + 加班工资

病假扣款 = 病假天数*5　　　　事假扣款 = 事假天数*15

病假扣款 = 病假天数*5　　　　事假扣款 = 事假天数*15

c．管理人员工资数据录入。

在【系统菜单】→【工资类别】→【打开工资类别】菜单选择【管理人员工资类别】后，在【系统菜单】→【业务处理】→【工资变动】中录入管理人员类工资表如表 12-4 所示。

表 12-4　　管理人员类工资表

姓名	基本工资	岗位工资	津贴	住房补贴	交通补贴	病假天数	病假扣款	事假天数	事假扣款	扣公积金
刘宏	1500	280	320	158	30	4	20	2	30.00	36.80
李 刚	1800	290	320	195	30	4	20	2	30.00	39.20
张 丽	3200	295	320	195	30	4	20			39.80
王 燕	900				30			2	30.00	39.00
刘 勇	4600	295	320	195	30					68.20

续表

姓名	基本工资	岗位工资	津贴	住房补贴	交通补贴	病假天数	病假扣款	事假天数	事假扣款	扣公积金
陈红	810				30					18.50
周 冰	4200	295	320	195	30					96.20
谭华	3900	295	320	195	30					69.20

注：其他未列出工资项目为自动计算出来，无需输入。

③ 生产人员基础档案设置。

a. 在【系统菜单】→【工资类别】→【打开工资类别】菜单选择【生产人员工资类别】后，在【系统菜单】→【设置】→【人员档案】菜单下设置人员档案如表12-5所示。

表12-5　　人员档案

人员编号	姓名	所属部门	银行账号	人员编号	姓名	所属部门	银行账号
03001	吴燕	销售一部	023450	03003	周冰	销售二部	023453
03002	杨新	销售一部	023451	03004	赵亮	销售二部	023454

b. 在【系统菜单】→【设置】→【工资项目设置】菜单中设置工资项目及公式定义如下。

工资项目：选择所有工资项目

公式定义：扣税基础＝基本工资＋岗位工资＋津贴＋住房补贴+加班工资+计件工资

c. 在【系统菜单】→【工资类别】→【打开工资类别】菜单选择【生产人员工资类别】后，在【系统菜单】→【业务处理】→【工资变动】中录入生产人员类工资表如表12-6所示。

表12-6　　生产人员类工资表

姓名	基本工资	岗位工资	计件工资	津贴	住房补贴	交通补贴	病假天数	病假扣款	事假天数	事假扣款	扣公积金
孙健	1800	200	200	100	50	30	1				68
杨兰	1200	100	200	100	50	30			2		50
刘兵	1500	200	150	100	50	30			1		68
赵亮	1000	100	240	100	50	30	2				50

注：其他未列出工资项目为自动计算出来，无需输入。

4. 日常业务（以介绍流程为主）

（1）人员的变动。

（2）工资数据的变动。

（3）重新计算与汇总。

（4）查询与打印。

5. 月末处理

（1）计算个人所得税：

① 在【系统菜单】→【业务处理】→【扣缴所得税】菜单中，将第一个对话框内的对应工资项目修改为“扣税基数”。

② 将【个人所得税扣缴申报表】界面中的税率菜单下的基数修改为1200元。

③ 计算个人所得税，然后到【工资变动】中重新计算工资项目。

（2）代发（进入具体类别）：将计算机中的数据传递给银行。

（3）打印工资报表：（进入具体类别）重算工资并打印工资表及工资条。

（4）汇总工资类别：关闭所有工资类别后，在【系统菜单】→【维护】→【工资类别汇总】菜单中，选择“管理人员”“生产人员”两种工资类型汇总生成汇总工资类别。

（5）工资相关凭证的制作：打开【汇总工资类别】在【系统菜单】→【业务处理】→【工资分摊】菜单下，在按应发合计数的 14%计提福利费，进行工资分摊，并生成相关凭证如下。

工资分摊凭证：借：生产成本/A1 软件产品　　4 060.00
　　生产成本/B2 软件产品　　3 550.00
　　管理费用/总经理办公室　　4 923.00
　　管理费用/财务部　　10 410.00
　　管理费用/市场部　　10 620.00
　　贷：应付工资　　33 563.00

计提福利费凭证：借：生产成本/A1 软件产品　　568.40
　　生产成本/B2 软件产品　　497.00
　　管理费用/总经理办公室　　689.22
　　管理费用/财务部　　1 457.40
　　管理费用/市场部　　1 486.80
　　贷：应付福利费　　4 698.82

提示

生成凭证前，必须先设置完成总账的会计科目和凭证类别。

（6）月末结账。要求：将“病假天数”“事假天数”“病假扣款”“事假扣款”“计件工资”设为清零项，将其他项目保持不变。

为什么要做月末结账？月末处理是将当月数据经过处理后结转至下月。每月工资数据处理完毕后均可进行月末结转。在工资项目中，有的项目是变动的，在每月工资处理时，均需将其数据清为零，而后输入当月的数据，因此，上类项目即为清零项目。具体操作步骤如下。

① 单击【月末处理】。

② 选择“月末处理”。

③ 单击【确认】按钮。

④ 提示“选择清零项目”。

⑤ 选择清零项目。

⑥ 系统自动生成数据后，提示“结转完毕”。

提示

（1）月末处理只有在会计年度的 1 月至 11 月进行。

（2）月末工资分摊只有在当月工资数据处理完毕后才可进行。

（3）若为处理多个工资类别，则应打开工资类别，分别进行月末结账。

（4）若本月工资数据未汇总，系统将不允许进行月末工资分摊。

（5）若本月无工资数据，用户进行月末处理时，系统将给予操作提示。

（6）进行月末处理后，当月数据将不再允许变动。

（7）月末处理功能只有主管人员才能执行。

（8）相关会计科目的部门核算等辅助核算要到总账中去设置。

供应链管理 第13章

【学习目标】

学习本章，学生应该了解供应链管理系统的主要功能以及业务处理流程，掌握采购管理系统、销售管理系统、库存管理系统、存货核算系统的初始设置及日常业务处理操作方法。

13.1 供应链管理系统概述

13.1.1 供应链功能概述

供应链管理是用友 ERP-U8 管理软件的重要组成部分。它突破了会计核算软件单一财务管理的局限，实现了从财务管理到企业财务业务一体化的全面管理，实现了物流、资金流管理的统一。

供应链管理系统包括采购管理、销售管理、库存管理和存货核算等模块。其中每个模块既可以单独应用，也可以与相关子系统联合应用。

1. 采购管理的主要功能

采购管理系统帮助企业对采购业务的全部流程进行管理，提供请购、订货、到货、入库、开票、采购结算的完整流程。该系统可以进行采购订单的处理，动态掌握采购订单的执行情况，具体包括输入采购发票和发货单，实现采购报账（结算）工作。同时，系统能够输入付款单，实现采购付款业务，并根据采购发票确认采购入库成本。

采购模块相关的操作人员为采购核算员、库房管理员。

2. 销售管理的主要功能

销售管理系统提供了报价、订货、发货、开票的完整销售流程，支持普通销售、委托代销、分期收款、直运、零售等多种类型的销售业务，并可对销售价格和信用进行实时监控。销售管理的主要功能具体包括：输入销货发票和发货单，实现库存商品的对外销售业务；输入收款单，实现销售收款业务。

销售管理模块相关的操作人员为销售核算员、库存管理员。

3. 库存管理的主要功能

库存管理对采购到货业务进行检验，处理销售发货、生产车间领用材料、半成品、产成品入库、调拨和盘点等工作，提供仓库库位管理、批次管理、出库业务跟踪、可用量管理等业务的应用，相关操作人员为库房管理员。

4. 存货核算的主要功能

存货核算是从资金的角度管理存货的出入库业务，主要用于：核算企业的入库成本、出库成本、结余成本；反映和监督存货的收发、领退和保管情况；反映和监督存货资金的占用情况。具体的业务处理包括对各种出入库业务进行入库成本及出库成本的核算，对各种收付款业务生成一系列的相关凭证，并传递到总账中。

存货核算相关操作人员为财务人员、材料会计。为了保证系统数据的安全与保密，系统管理员提供操作员权限集中管理。在启用新账套时，应根据企业的实际情况和业务要求，整理出一份基础资料，按这些资料要求录入到系统中，然后完成初始化建账工作。

13.1.2 供应链管理系统的业务处理流程

在企业的日常工作中，采购供应部门、仓库、销售部门、财务部门等都涉及购销存业务及其核算的处理。各个部门的管理内容是不同的，而工作间的延续性是通过单据在不同部门间的传递来完成，那么这些工作在软件中是如何体现的？计算机环境下的业务处理流程与手工环境下的业务处理流程肯定存在差异，如果缺乏对购销存系统业务流程的了解，就无法实现部门间的协调配合，从而影响系统的效率。购销存业务流程图如图 13-1 所示。

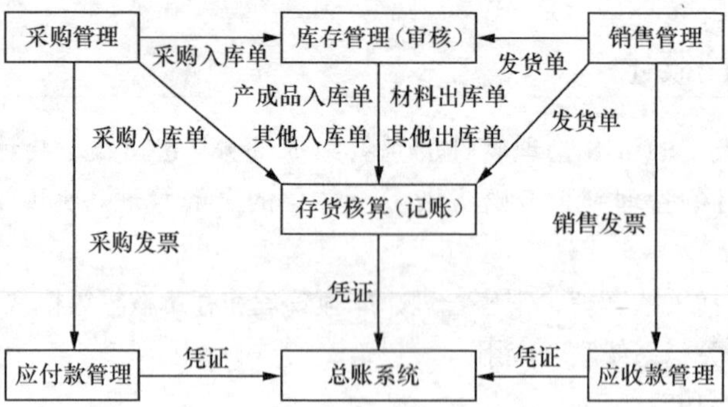

图 13-1　购销存业务流程图

13.2 供应链管理系统设置

供应链管理系统初始化包括供应链管理系统建账、基础信息设置及期初数据录入等。

13.2.1 系统建账

企业建账过程在系统管理一章已有描述，这里只需启用相关子系统即可。

13.2.2 基础信息设置

在前面几章设计的实验中，都有基础信息的设置，但基本限于与财务相关的信息。除此以外，购销存系统还需要增设与业务处理、查询统计、财务连接相关的基础信息。

1. 基础档案信息

使用购销存系统之前，应做好手工基础数据的准备工作，如对存货合理分类、准备存货的详细档案、进行库存数据的整理及账面数据的核对等。供应链管理系统需要增设的基础档案信息包括存货分类、存货档案、收发类别、采购类型、销售类型等。

（1）存货分类。如果企业存货较多，就需要按照一定的方式进行分类管理。存货分类是指按照存货固有的特征或属性将存货划分为不同的类别，以便于分类核算与统计。工业企业可以将存货划分为原材料、产成品、应税劳务三类，商业企业一般可以将存货分成商品、应税劳务两类。企业可以根据自身的需要设置相应的存货分类，也可以在此基础上进行明细分类。

采购业务经常伴有采购费用的发生，如运输费、装卸费等，如果需要将该费用计入采购成本，则在系统中需要将劳务费用也视为一种存货，为了与企业正常存货分开管理、统计，通常将其单独列为一类。

存货分类的具体操作如下。

① 启用系统管理。

② 创建账套。

③ 增加操作员。

④ 编码方案的设置。

⑤ 启用相关的系统模块、业务基础设置等内容参照第 2 章的企业应用平台的基础设置。

提示

参照前面内容第 2 章图 2-14 至图 2-19 所示内容。

（2）存货档案。在“存货档案”窗口中包括 4 个选项卡：基本、成本、控制和其他。

“基本”选项卡中的各项目说明如下。

① 存货编号：存货编号必须唯一。存货编号可以用数字 0-9 或者字母 A-Z 表示；和号“&”、双引号“″”、单引号“'”、分号“;”、减号“−”等禁止使用。

② 存货代码：存货代码必须唯一。存货代码可以用数字 0-9 或者字母 A-Z 表示；和号“&”、双引号“"”、单引号“'”、分号“;”、减号“−”等禁止使用。

③ 存货名称：可以使用汉字或者英文字母。存货名称最多可以使用 30 个汉字或者 60 个半角字母。

④ 规格型号：可以是汉字或者英文字母。规格型号最多可以使用 15 个汉字或者 30 个半角字母。

⑤ 计量单位：企业中存货种类繁多，不同的存货存在不同的计量单位。同一种存货用于不同的业务，计量单位也可能不同。因此，需要在企业开展日常业务前定义存货的计量单位。计量单位可以用任何汉字或者字符表示，如“千克”“平方米”“kg”等，但需要注意的是，计量单位必须录入。

设置计量单位的具体的操作步骤如下：打开【计量单位】窗口，单击【增加】按钮，输入相关的存货计量单位，如图 13-2 所示。输入完毕后，即可浏览所输的所有计量单位，如图 13-3 所示。

在【控制】选项卡中，有以下三个复选框。

- 是否批次管理：对存货是否按批次进行出入库管理。该项必须在库存系统账套参数中选中【有批次管理】后，方可设定。
- 是否保质期管理：有保质期管理的存货必须有批次管理。因此，该项也必须在库存系统账套参数中选中【有批次管理】后，方可设定。
- 是否需要最高最低库存报警：指在录入单据时，如果存货当前现存量小于最低库存量或大于最高库存量，是否需要系统报警。

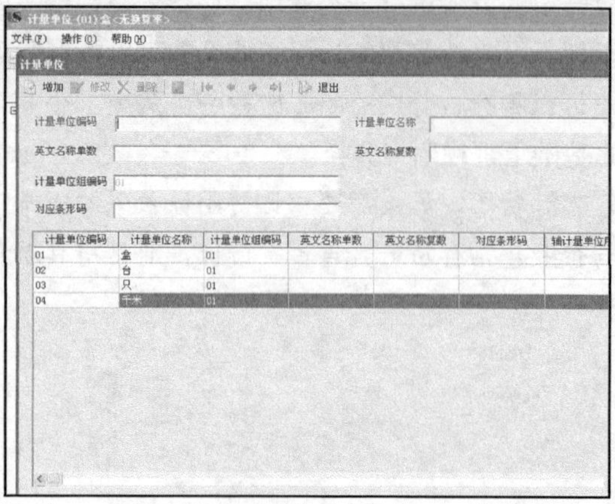

图 13-2　计量单位

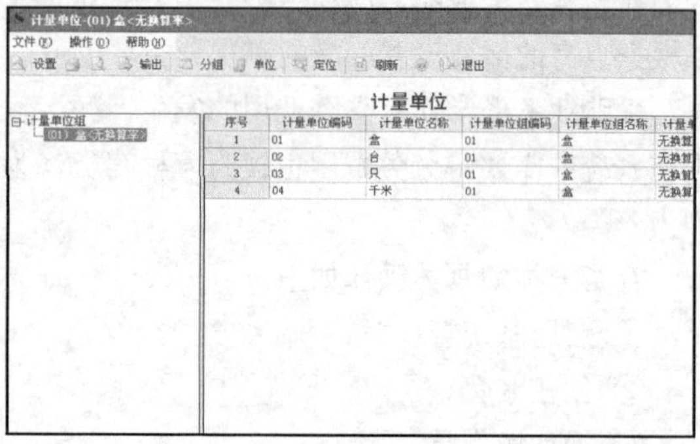

图 13-3　计量单位界面

各选项设置好，建立存货档案具体的操作步骤如下。

① 【基础设置】中单击【存货】菜单下的【存货档案】。如图 13-4 所示。

② 双击【存货档案】，进入【增加存货档案】界面，如图 13-5 所示。

③【增加存货档案】中存货属性有以下 6 种：

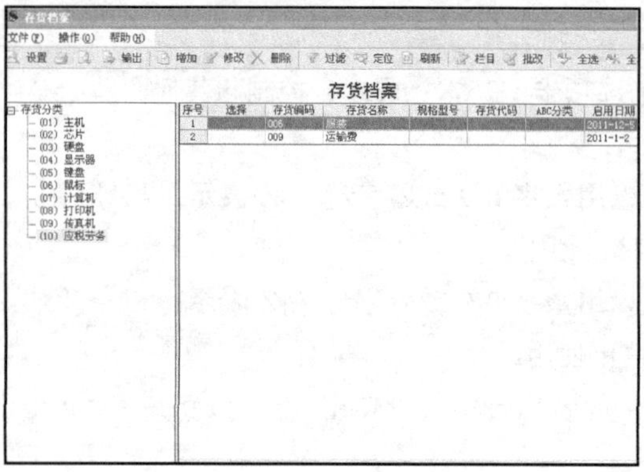

图 13-4　存货档案

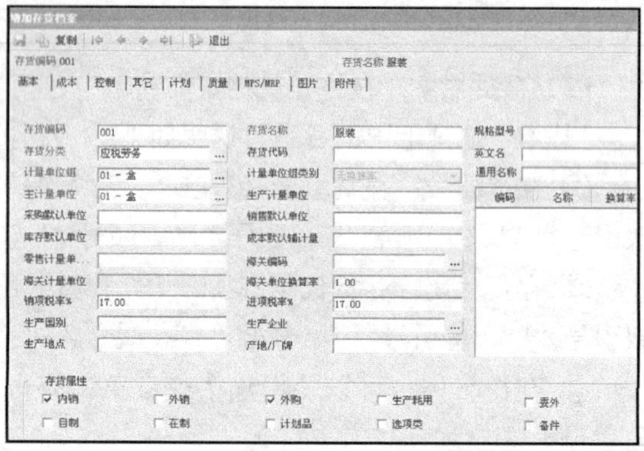

图 13-5　增加存货档案

销售：具有这项属性的存货一般是本企业生产的产品，也可以是采购的材料。设置【销售】属性的存货可以用于销售业务的处理。发货单、销售发票、销售出库单等和销售有关的单据参照录入存货时，参照的都是具有这项属性的存货。发货单或者发票上的应税劳务，也应该设置【销售属性】，否则在开发货单或者开发票时无法参照。

外购：具有这项属性的存货一般都是通过采购进入仓库的。设置【外购】属性的存货可以用于采购业务的处理。以采购订货单、采购发票、采购入库单等与采购有关的单据为参照录入存货时，参照的都是具有【外购】属性的存货。开在采购专用发票、采购普通发票、运费发票等票据上的采购费用，也应该设置为【外购】属性，否则录入时无法使用参照方法。

生产耗用：具有这项属性的存货一般是原材料和辅助材料。设置【生产耗用】属性的存货可以是用于库存业务的处理。以材料出库单等和材料领用有关的单据为参照入库存货时，参照的都是具有“生产耗用”属性的存货。

自制：由企业生产自制的存货，如产成品、半成品等，主要用于在开具产成品入库单时参照。

在制：指尚在制造加工的存货。

劳务费用：指在采购发票上开具的运输费、包装费等采购费用及开具在销售发票或发货单上的应税劳务、非应税劳务等。

（3）仓库档案。因为存货一般是存放在仓库保管的，需要进行核算管理，所以必须建立仓库档案。仓库档案设置就是把本企业使用的所有仓库的信息录入到系统中，以备在库存业务处理中随时调用。

具体的操作步骤如下：在【基础设置】中单击【购销存】菜单下的【仓库档案】。如图 13-6 所示。

提示

（1）仓库编码、仓库名称必须输入。

（2）仓库编码必须选择一种计价方式。系统提供 6 种计价方式，其中，工业企业为计划价法、全月平均法、移动平均法、先进先出法等。

（4）收发类别。收发类别表示存货的出入库类型，便于对存货的出入库情况进行分类、汇总和统计。

具体的操作步骤如下：执行【基础设置】→【业务】→【收发类别】命令，打开【收发类别】对话框，输入相关的收发类别的编码及名称，并选择收发标志，如图 13-7 所示。

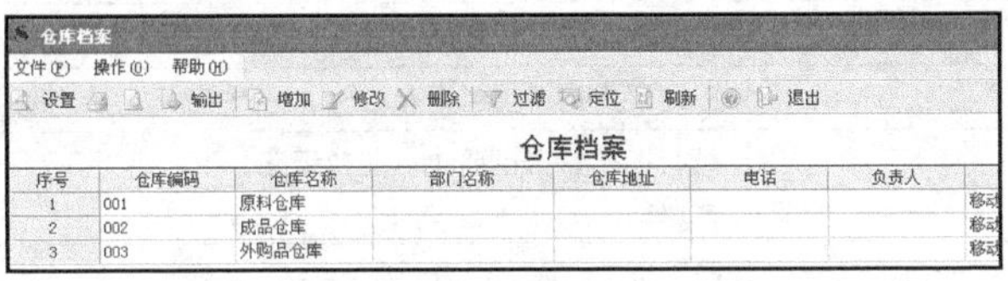

图 13-6 仓库档案

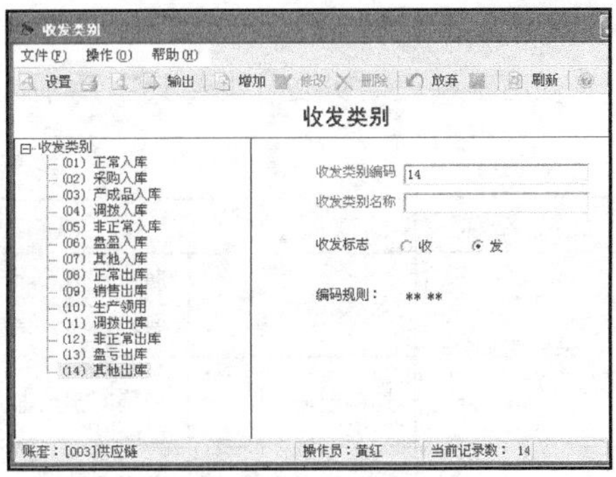

图 13-7 收发类别

（5）采购/销售类型。采购/销售类型是对采购/销售业务的分类，用户可以根据企业的实际需要，自行设定。

① 定义采购类型的具体的操作步骤如下。

执行【基础设置】→【业务】→【采购类型】命令，输入相应的采购类型编码及名称，并选择入库类型为“采购入库”，如图 13-8 所示。

② 定义销售类型的操作步骤如下：执行【基础设置】→【业务】→【采购类型】命令，输入相应的采购类型编码及名称，并选择入库类型为“销售出库”，如图 13-9 所示。

（6）产品结构。产品结构用来定义产品的组成，包括组成成分和数量关系，以便用于配比出库、组装拆卸、消耗定额、产品材料成本、采购计划、成本核算等引用。

（7）费用项目。销售过程中有很多不同的费用发生，如代垫费用、销售支出等，在系统中将其设置为费用项目，以方便记录和统计。其操作步骤为：在【基础设置】中单击【购销存】菜单中的【费用项目】。

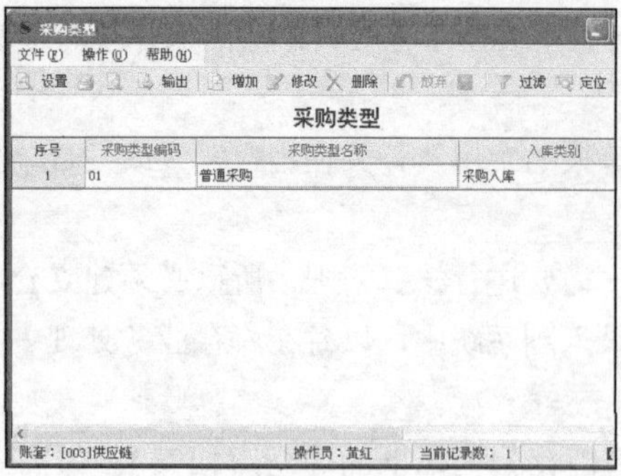

图 13-8　采购类型

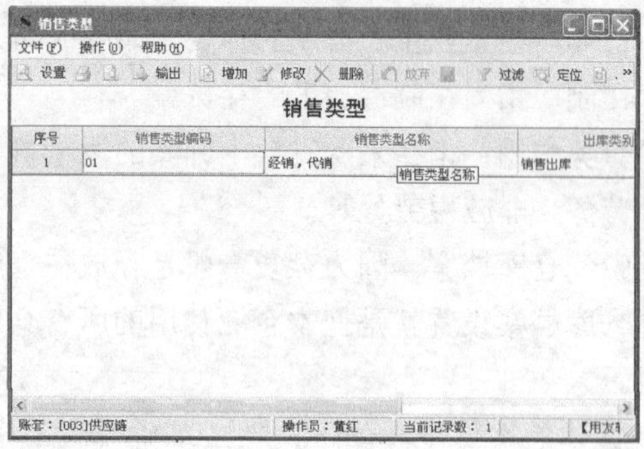

图 13-9　销售类型

2. 设置存货系统业务科目

存货核算系统是供应链管理系统与财务系统联系的桥梁，各种存货的购进、销售及其他出入库业务，均在存货核算系统中生成凭证，并传递到总账管理系统。为了快速、准确地完成制单操作，应事先设置凭证上的相关科目。

（1）设置存货科目。存货科目是设置生成凭证所需要的各种存货科目和差异科目。存货科目既可以按仓库也可以按存货分类分别进行设置，只需在核算模块下单击【科目设置】菜单中的【存货】科目即可。

（2）设置对方科目。对方科目是设置生成凭证所需要的存货对方科目，可以按收发类别设置：在核算模块下单击【科目设置】菜单中的【存货对方】科目。

3. 供应链管理系统期初数据

供应链管理期初数据如表 13-1 所示。

表 13-1　　供应链管理系统期初数据

系统名称	操　作	内　容	说　明
采购管理	录入	期初暂估入库	暂估入库是指货到票未到
		期初在途存货	在途存货是指票到货未到
	期初记账	采购期初数据	没有期初数据也要执行期初记账，否则不能开始日常业务
销售管理	录入并审核	期初发货单	已发货、出库，但未开票
		期初委托代销发货单	已发货未结算的数量
		期初分期收款发货单	已发货未结算的数量
库存	录入（取数）	库存期初余额	库存和存货共用期初数据
	审核	不合格品期初数据	未处理的不合格品结存量
存货	录入（取数）	存货期初余额	
	记账	期初分期收款发出商品余额	

13.3 采购管理系统

13.3.1　系统概述

采购处于企业供应链的开始环节，是企业的输入端，为企业的生产、销售以及日常运作提供了必备的物料。采购的基本职能，也是基本目标，就是为企业在需要的时候提供最合适的物料，同时要降低采购成本。

采购的主要活动涉及供应商管理、采购计划、采购订货、采购到货、采购入库、供应商开票、付款以及采购成本核算等。

1. 功能概述

采购管理系统是用友 ERP-U8 供应链管理系统的一个子系统，主要包括以下几个方面功能。

（1）采购管理系统初始化。采购系统初始设置包括设置采购管理系统业务处理所需要的采购参数、基础信息和采购期初数据。

（2）采购订单管理。采购订单是指企业与供应商签订的采购合同、协议等。采购管理系统的订单管理功能主要包括：订单的录入、修改、审核、删除，订单执行情况查询和采购订货统计查询，根据采购订单生成供应商催货函。

（3）采购入库单管理。采购入库单管理包括入库单的录入、修改与删除等。系统可以根据采购订单和采购发票自动生成采购入库单，也可以由用户根据实际到货数量手工输入入库单。同时，采购系统还支持退货负入库和冲单负入库，并可处理采购期初退货业务。生成的入库单交由库存管理系统审核，由存货系统制单并记账。

① 产成品入库单。具体操作步骤如下：执行【业务工作】→【入库业务】→【产成品入库单】命令，打开【产成品入库单】窗口，输入相应的产成品的入库信息，如图 13-10 所示。

② 其他入库单。具体的操作步骤如下：执行【业务工作】→【入库业务】→【其他入库单】命令，打开【其他入库单】窗口，输入相应的其他入库信息，如图 13-11 所示。

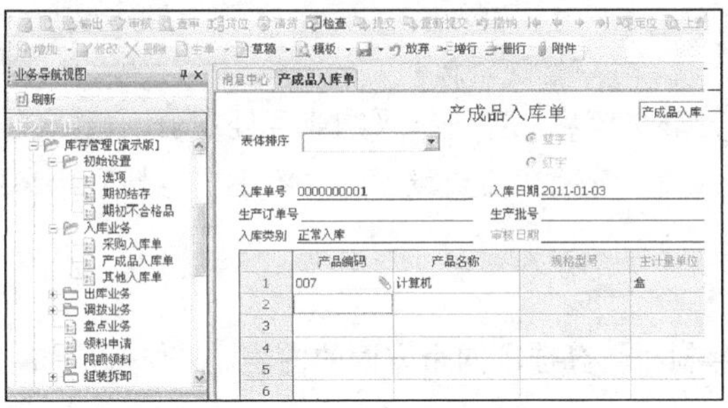

图 13-10 产成品入库单

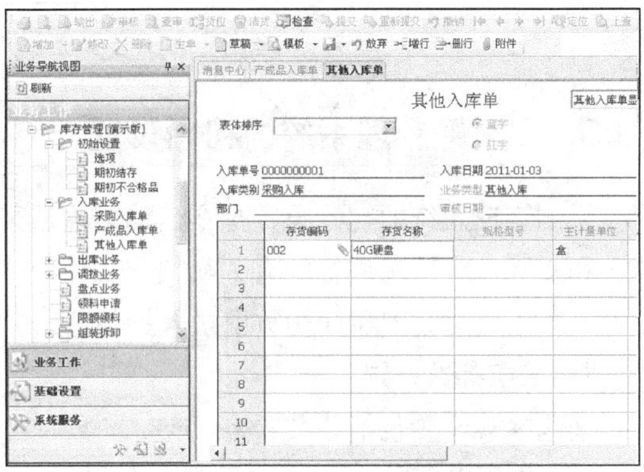

图 13-11 其他入库单

（4）采购发票管理。采购发票管理包括各种发票（专用发票、普通发票、运费发票等）的输入、修改、删除和审核，并支持现付功能。发票可以由采购订单、采购入库单生成，也可以由用户手工输入。经审核的采购发票，由应付款系统制单。

（5）采购结算。采购结算也叫采购报账，是指采购核算人员根据采购入库单、采购发票核算采购入库成本。采购结算的结果是采购结算单，其是记载采购入库单和采购发票对应关系的结算对照表。

（6）采购账表。采购系统主要提供下述账表供用户查询、统计和分析：货到票未到统计表、货到票未到明细表、票到货未到明细表、费用明细表、结算统计表、结算明细表、存货采购余额一览表、存货采购明细表、增值税发票抵扣明细表、采购综合统计表。

（7）期末处理。采购管理系统的期末处理是将本期的单据数据封存，并将当期的采购数据记入有关账表中，具体包括月末结账、结转上年度数据和取消结账功能。

2. 采购管理系统的业务流程

（1）填制采购发票，可手工填制，也可参照单据生成。

（2）财务部门通过《应付款管理》对采购发票审核并登记应付明细账，并回填采购发票审核人。

（3）采购结算会计对采购入库单和采购发票进行采购结算处理。

（4）由于材料不合格或其他原因，企业如果发生退货业务，且发票已付款或对应的入库单已记账，则应输入红字发票进行冲销。若发票未付款或对应的入库单未记账，则您可通过取消结算，修改发票即可。

（5）通过统计账表查询各采购发票的有关信息。

3. 采购管理系统的业务流程与其他系统的主要关系

采购管理系统的业务流程与其他系统的主要关系如图 13-12 所示。

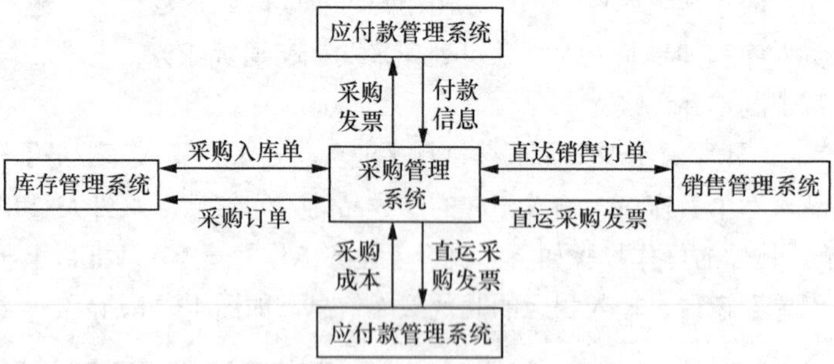

图 13-12　采购管理系统业务的流程及与其他系统的关系

13.3.2　采购管理系统的初始设置

采购管理系统的初始设置是在启动与注册采购管理系统后，在进行采购业务处理前，根据核算要求和实际业务情况进行的有关初始化工作。采购管理系统期初需要设置的内容主要包括采购参数设置、基础信息设置和期初数据录入三部分。

1. 采购参数设置

采购参数设置包括公共参数、应付参数、业务控制和结算选项四个方面的内容。具体操作如下。

（1）在采购菜单中单击【采购业务范围】设置。

（2）按要求选择相应参数，单击【公共参数】选项卡进行相应的设置。

（3）按要求选择相应参数，单击【结算选项和应付参数】选项卡进行相应的设置。

2. 基础信息设置

采购管理系统的基础信息设置与前述几个系统基本一致。

3. 期初余额录入

采购管理系统的期初数据包括期初暂估入库、期初在途存货、期初受托代销商品。

（1）期初暂估入库。期初暂估入库是将启用采购管理系统前没有取得供货单位采购发票，不能进行采购结算的入库单输入系统，以便取得发票后进行采购结算。

（2）期初在途存货。期初在途存货是将已取得供货单位的采购发票，但货物没有入库，而不能进行采购结算的发票输入系统，以便货物入库填制入库单后进行采购结算。

（3）期初记账。期初记账是将采购期初数据记入有关采购账、代销商品采购账中。期初记账后，期初数据不能增加、修改，除非取消期初记账。

13.3.3 采购管理系统日常业务处理

1. 采购订单管理

采购订单是企业与供应商之间签订的一种协议，主要包括采购什么货物、采购多少、由谁供货、到货时间、到货地点、运输方式、价格、运费等。采购管理系统对采购订单的管理主要包括采购订单的录入、修改、审核和关闭等，同时，提供供应商催货函功能。

2. 采购入库单管理

采购入库单是根据采购到货签收的实收数量填制的单据。该单据按进出仓库方向划分为入库单、退货单，按业务类型划分为普通业务入库单、受托代销入库单。采购入库单可以直接录入，也可以由采购订单或采购发票产生。

3. 采购发票管理

采购发票是从供货单位取得的进项发票及发票清单。在收到供货单位的发票后，如果没有收到供货单位的货物，可以对发票进行压单处理，待货物到达后，再录入计算机进行报账结算处理，也可以先将发票输入计算机，以便实时统计在途货物。

采购发票按发票类型分为专用发票、普通发票、运费发票，按业务性质分为蓝字发票、红字发票。

4. 采购结算

采购结算也叫采购报账，是针对【一般采购】业务类型的入库单，根据发票确认采购成本。采购结算从操作处理上分为自动结算、手工结算两种方式，从单据处理上分为正数入库单与负数入库单结算、正数发票与负数发票结算、正数入库单与正数发票结算，费用发票单独结算等方式。

5. 自动结算

进行自动结算的具体操作如下。

（1）执行【采购】→【采购结算】→【自动结算】命令。

（2）输入自动结算条件。

（3）单击【确认】按钮，系统自动列出结算关联表。

6. 手工结算

进行手工结算的具体操作如下。

（1）执行【采购】→【采购结算】→【手工结算】命令。

（2）单击【过滤】按钮，出现【输入结算范围】窗口，输入结算范围。

（3）单击【入库单】按钮，选择相应入库单，单击【发票】按钮，选择对应发票。

（4）单击选中【按数量分摊】，此时，运费发票金额按采购存货的数量分摊至存货成本中。

（5）单击【结算】按钮，完成操作。

13.3.4 采购管理系统的月末处理

1. 月末结账

采购管理系统月末结账是逐月将每月的单据数据封存，并将当月的采购数据记入到有关账表中。

只有月末结账后，才可以开始下月工作。具体操作步骤如下。

（1）选择【业务】菜单下的【月末结账】，系统显示【月末结账】窗口。

（2）选择结账月份，单击【结账】按钮，完成操作。

2. 取消结账

在采购管理系统结账后，若发现操作有误，可执行取消结账功能：在【月末结账】窗口中，单击【取消结账】按钮即可。

13.4 销售管理系统

13.4.1 系统概述

销售管理系统是供应链管理系统的重要组成部分，提供了报价、订货、发货、开票的完整销售流程，支持普通销售、委托代销、分期收款、直运、零售、销售调拨等多种类型的销售业务，并可对销售价格和信用进行实时监控。用户可以根据实际情况对系统进行定制，构建自己的销售业务管理平台。

1. 功能概述

（1）销售业务管理。销售业务管理主要处理销售报价、销售订货、销售发货、销售开票、销售调拨、销售退回、发货折扣、委托代销、零售业务等工作，并根据审核后的发票或发货单自动生成销售出库单，处理随同货物销售所发生的各种代垫费用，以及在货物销售过程中发生的各种销售支出。

在销售管理系统中，可以处理普通销售、委托代销、直运销售、分期收款销售、销售调拨及零售业务等业务类型。

（2）销售账簿及销售分析。销售管理系统可以提供各种销售明细账、销售明细表及各种统计表。销售管理系统还提供各种销售分析及综合查询统计分析。

2. 销售管理系统与其他系统的主要关系

销售管理系统与其他系统的主要关系如图 13-13 所示。

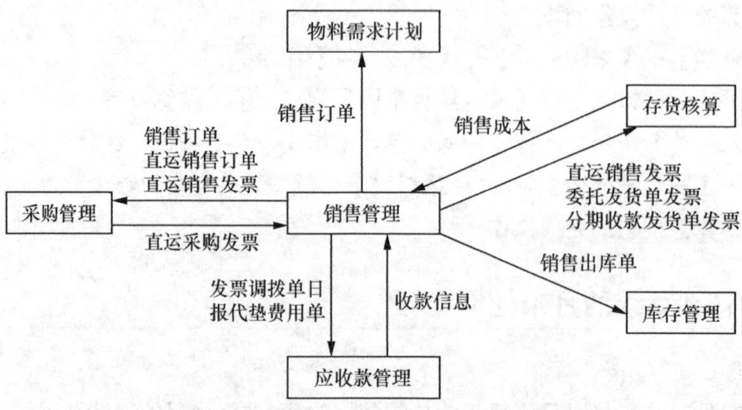

图 13-13 销售管理系统与其他系统的主要关系

13.4.2 销售管理系统的初始设置

销售管理系统的初始设置是在【启动与注册】销售管理系统后，在进行销售业务处理前，根据核算要求和实际业务情况进行的有关初始化工作。

销售管理系统期初需要设置的内容主要包括三个方面。

（1）账套参数设置：可在第一次使用销售管理系统时的【建账向导】窗口中设置，或进入销售管理系统后，在【设置】菜单下的【选项】中进行设置。销售参数设置包括业务范围、业务控制、系统参数、价格管理、应收核销和打印参数六个方面的内容。

具体操作如下。

① 在【销售】菜单中单击【业务范围】选项卡。

② 按要求选择相应参数，单击【业务控制】选项卡，进入【业务控制设置】窗口。

③ 其他参数设置的操作与上述类似，这里不再赘述。

（2）基础信息设置：包括分类体系设置、编码档案设置、其他设置（如开户银行、采购类型、付款条件、发运方式、结算方式、外币、费用项目及成套件等）和单据设计。

（3）期初数据的录入。期初数据的录入操作与前述类似，这里不再赘述。

13.4.3 销售管理系统日常业务处理

销售管理系统日常业务处理功能包括销售订单管理、普通销售业务处理、退货业务处理、销售账表查询和月末结账等。

1. 销售订单管理

销售订单是反映由购销双方确认的客户购货需求的单据。对于追求对销售业务进行规范化、计划化管理的工商企业而言，销售业务的进行，必须经历一个由客户询价、销售业务部门报价及双方签订购销合同（或达成口头购销协议）的过程。订单作为合同或协议的载体而存在，是销售发货的日期、货物明细、价格、数量等事项的依据。企业根据销售订单组织货源，并对订单的执行进行管理、控制和追踪。在先发货后开票业务模式下，发货单可以根据销售订单开具。在开票直接发货业务模式下，销售发票可以根据销售订单开具。

（1）录入销售订单，具体操作步骤如下。

① 在【销售】菜单中单击【销售订单】。

② 单击【增加】按钮。

③ 在订单表头输入订单日期、销售类型、客户名称、销售部门等。

④ 在订单表头输入货物名称、数量、单价等。

⑤ 单击【保存】按钮。

（2）修改销售订单有两种方法：在录入订单过程中，通过【上张】、【下张】按钮找到需要修改的订单，然后单击【修改】按钮直接修改；通过【销售订单列表】查找需要修改的单据并进行修改。其中，第二种方法的操作步骤如下。

① 在【销售】菜单中打开【销售单据列表】，选择【销售订单列表】。

② 在【条件生成器】对话框中选择错误订单的查找条件：销售类型=批发。

③ 单击【条件加入】按钮。

④ 单击【确认】按钮。

⑤ 双击需要修改的销售订单，屏幕显示【销售订单录入】窗口。

⑥ 单击【修改】按钮，即可进行修改。

（3）审核销售订单。对于订单、发货单、委托代销发货单等单据，在单据保存之后，再经过审核，相关数据才能记入有关的统计表，同时，生成与该单据有关联的其他单据。如果发现单据的审核有误，还可以弃审。

销售订单的审核有两种方法：①保存完销售订单后，立刻在【销售订单】窗口中单击【审核】按钮进行审核；②从“销售订单列表”查找需要审核的销售订单，然后在销售订单窗口中审核。

（4）销售订单弃审。如果发现已审核的销售订单有误，先执行弃审功能，再进行修改。

（5）查询订单。执行销售菜单中销售单据列表下的销售订单列表，即可查看相关的销售订单。

2. 普通销售业务处理

企业的销售形式有多种，如先发货后开票、先开票后发货、委托代销等。

普通销售业务支持两种业务模式，即先发货后开票业务模式和开票直接发货业务模式。

普通销售业务模式适用于大多数企业的日常销售业务，其与其他系统一起提供对销售报价、销售订货、销售发货、销售开票、销售出库、结转销售成本、销售收款结算全过程处理。

（1）销售报价是企业向客户提供的货品、规格、价格和结算方式等信息。双方达成协议后，销售报价单转为有效力的销售合同或销售订单。企业可以针对不同客户、不同存货和不同批量提出不同的报价和折价，也可根据业务的实际需要来决定是否使用销售报价业务。

（2）销售订货处理是指企业与客户签订销售合同，在系统中体现为销售订单。若客户经常采购某产品，或客户是企业的经销商，则销售部门无需经过报价环节即可输入销售订单。如果之前已有对客户的报价，也可以参照报价单生成销售订单。在销售处理流程中，订货环节也是可选的。

（3）销售发货是企业执行与客户签订的销售合同或销售订单，将货物发往客户的行为，是销售业务的执行阶段。发货单是销售方作为客户发货的凭据，是销售发货业务的执行载体，是销售管理系统的核心单据。发货单可以手工增加，也可以参照销售订单填制。

（4）销售开票是在销售过程中由企业向客户开具销售发票及所附清单的过程。它是销售收入确认、销售成本计算、应交销售税金确认和应收账款确认的依据，是销售业务重要环节。销售发票是在销售开票过程中企业所开具的原始销售单据，包括增值税专用发票、普通发票及其所附清单。销售发票可以手工加工，也可以根据销售订单、销售发货单生成。

（5）销售出库是销售业务处理的必要环节。在库存管理系统用于存货出库数量核算，在存货核算系统用于存货出库成本核算。

根据参数设置的不同，销售出库单可在销售系统生成，也可以在库存管理系统生成。如果由销售管理系统生成出库单，只能一次销售全部出库，而由库存管理系统生成销售出库单，可实现一次销售分次出库。

① 销售出库，具体的操作步骤如下：执行【业务工作】→【出库业务】→【销售出库单】命令，打开【销售出库单】窗口，输入相应的出库存货的相关信息，如图 13-14 所示。

② 材料出库，具体的操作步骤如下：执行【业务工作】→【出库业务】→【材料出库单】命令，打开【材料出库单】窗口，输入相应的出库材料的相关信息，如图 13-15 所示。

（6）出库成本确认。销售出库后，要进行出库成本的确认。对于先进先出、后进先出、移动平均、个别计价这 4 种计价方式的存货，在存货核算系统进行单据记账时，需进行出库成本核算。全月平均、计划/售价法计价的存货，在期末处理时，需进行出库成本的核算。

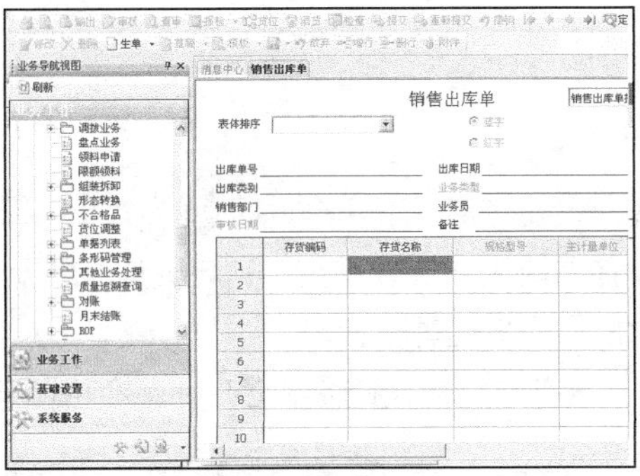

图 13-14 销售出库单

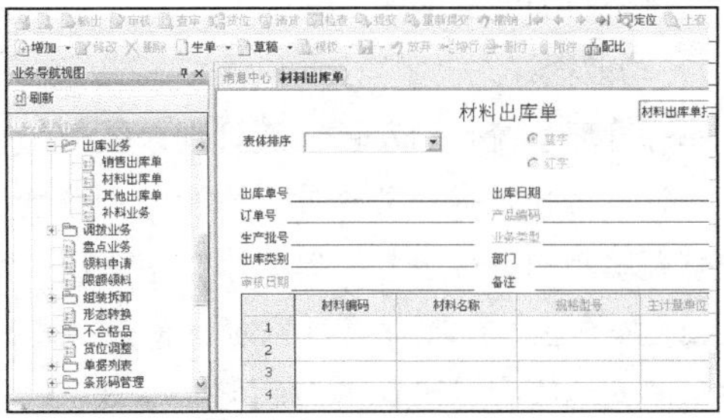

图 13-15 材料出库单

（7）应收账款确认及收款处理。及时进行应收账款确认及收款处理是财务核算工作的基本要求。这些工作由应收款管理系统完成。应收款管理系统主要完成对经营业务转入的应收款项的处理，提供各项应收款项的相关信息，以明确应收账款款项来源，有效掌握收款核销情况，提供适时的催款依据，提高资金周转率。

3. 退货业务处理

货物质量、品种、数量不符合要求时，可能发生退货业务。针对退货业务发生的不同时机，系统采用了不同的解决方法：如果退货时还没有开具发票，直接修改或删除发货单即可；如果已经根据销售发货单开具发票，则要先录入退货单，经审核后根据退货单开具红字销售发票。

4. 销售账表查询

在【销售】菜单下的销售明细账、销售明细表、销售统计表中，都可以对销售账表进行查询。

13.4.4 销售管理系统的月末处理

销售管理系统结账只能每月进行一次，且一般在当前的会计期间终了时进行。结账后本月不能再进行发货、开票、委托代销、销售调拨、零售、代垫费用等业务的增删改审等处理。如果用户觉得某月的月末结账有错误，可以取消月末结账。

1. 月末结账

具体操作为：

（1）单击【业务】菜单中的【月末结账】。

（2）选择结账月份，单击【月末结账】按钮。

2. 取消结账

具体操作为：在业务菜单中单击【取消结账】按钮，选择“最后一个已结账月份”，单击【确认】按钮即可。

13.5 库存管理系统

13.5.1 系统概述

库存管理系统能够满足采购入库、销售出库、产成品入库、材料出库、其他出入库、盘点管理等业务需要，提供仓库货位管理、批次管理、保质期管理、出库跟踪入库管理、可用量管理、序列号管理等全面的业务应用。

1. 功能概述

库存管理系统是用友供应链管理系统的一个子系统，主要包括以下几个方面功能。

（1）日常收发存业务处理。库存管理系统的主要功能是对采购管理系统、销售管理系统及库存管理系统填制的各种出入库单据进行审核，并对存货的出入库情况进行管理。

（2）库存控制。库存管理系统支持批次跟踪、保质期管理、委托代销商品管理、不合格品管理、现存量、安全库存管理，并对超储、短缺、呆滞积压、超额领料等情况进行报警。

（3）库存账簿及统计分析。库存管理系统可以提供出入库流水账、库存台账、受托代销商品备查簿、委托代销商品备查簿、呆滞积压存货备查簿供用户查询，同时提供各种统计汇总表。

2. 库存管理系统的业务处理流程

库存管理系统的业务处理流程如图13-16所示。

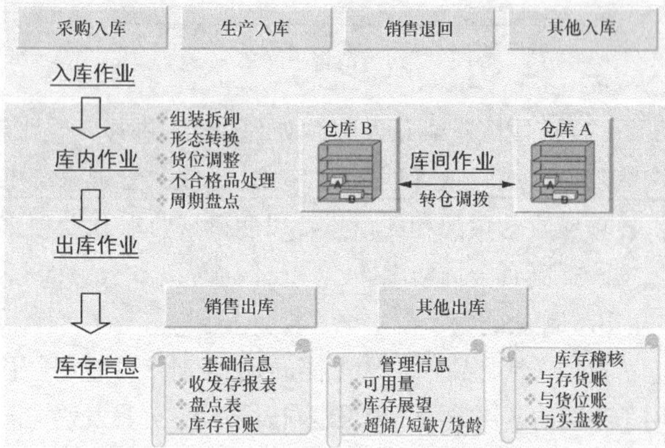

图 13-16　库存管理系统的业务流程

3. 库存管理系统与其他系统的关系

库存管理系统与其他系统的关系如图 13-17 所示。

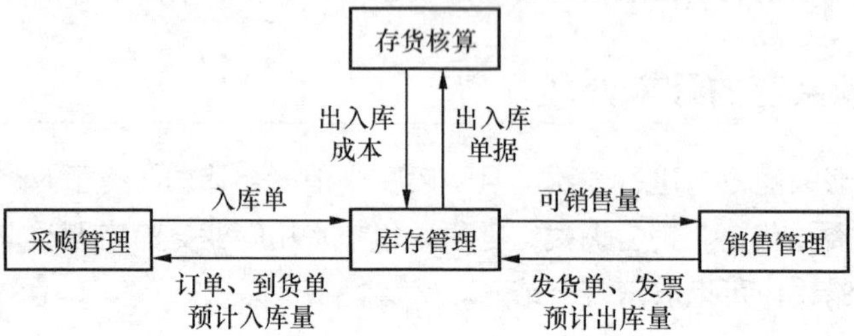

图 13-17　库存管理与其他系统的关系

13.5.2 库存管理系统的初始设置

库存管理系统的初始设置是在启动与注册库存管理系统后，在进行出入库业务处理前，根据核算要求和实际业务情况进行的有关初始化工作。库存管理系统的初始设置主要包括账套参数设置、基础信息设置和期初数据录入三部分。

1. 账套参数设置

具体的操作步骤如下：执行【业务工作】→【供应链】→【库存管理】→【初始设置】→【选项】命令，打开【库存选项设置】对话框，选择相应参数，单击【确定】按钮，如下图 13-18 所示。

下面对主要参数进行说明。

（1）有无组装拆卸业务。某些存货既可以单独出售，也可以与其他存货组装在一起销售。

组装是指将多个散件组装成一个配套件的过程。

拆卸是指将一个配套件拆卸成多个散件的过程。

用户在组装拆卸之前应先进行产品结构定义，否则无法进行拆卸和组装。

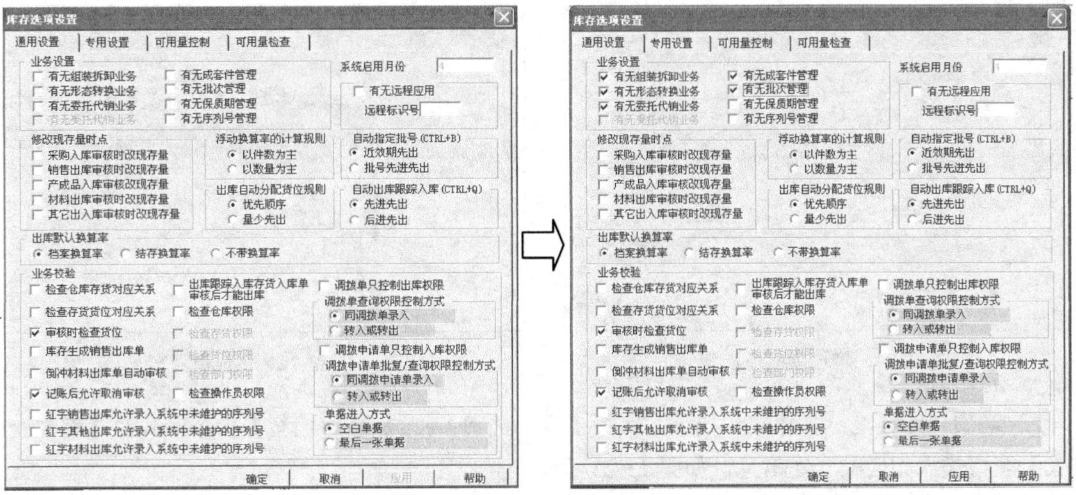

图 13-18　库存选项的设置

（2）有无形态转换业务。自然条件或其他因素的影响，某些存货会由一种形态转换成另一种形态，从而引起存货规格和成本的变化，因此库存管理员应根据存货的实际状况填制形态转换单（又称规格调整单），报请主管部门批准后进行调账处理。

（3）有无批次管理。批次管理是指对存货的收发存进行批次跟踪，可统计某一批次所有存货的收发存情况或某一存货所有批次的收发存情况。如果用户需要管理存货的保质期或对供货单位进行跟踪，即查询该存货每个供应商的供货数量、销售数量、退货数量、结存数量等信息，以便考核供应商的供货质量或商品的畅销情况，可通过批次管理实现。

2. 基础信息设置

库存管理系统的基础信息设置包括：确定分类体系，如供应商分类、存货分类等。

（1）确定分类体系。

① 供应商分类，具体操作步骤如下：打开【供应商分类】的窗口，输入相应的供应商信息，如图 13-19 所示。

② 存货分类，具体操作步骤如下：打开【存货分类】的窗口，输入存货的分类编码、分类名称及对应的条形码，如图 13-20 所示。

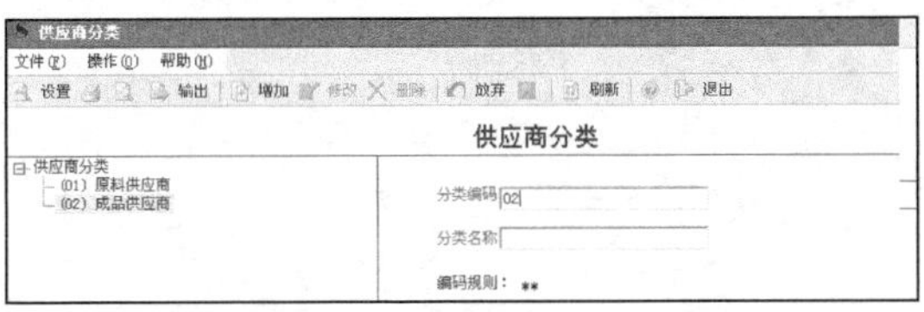

图 13-19　供应商分类

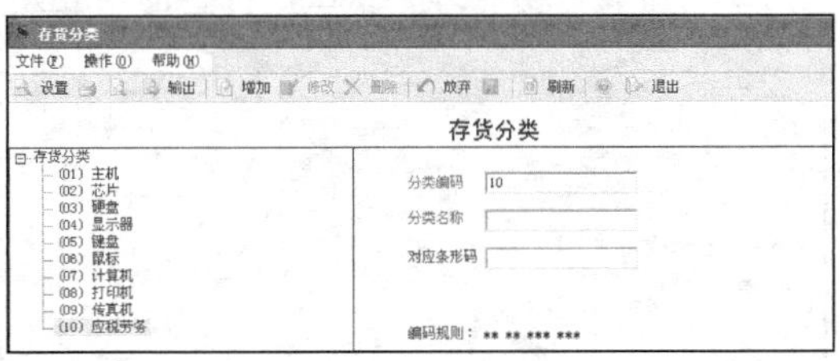

图 13-20　存货分类

（2）建立编码档案。

① 增加供应商档案，具体操作如下：打开【增加供应商档案】的窗口，输入相应的供应商的信息，如图 13-21 所示。供应商档案输入完毕后，再次打开【供应商档案】的窗口，即可浏览输入的供应商的相关信息，如图 13-22 所示。

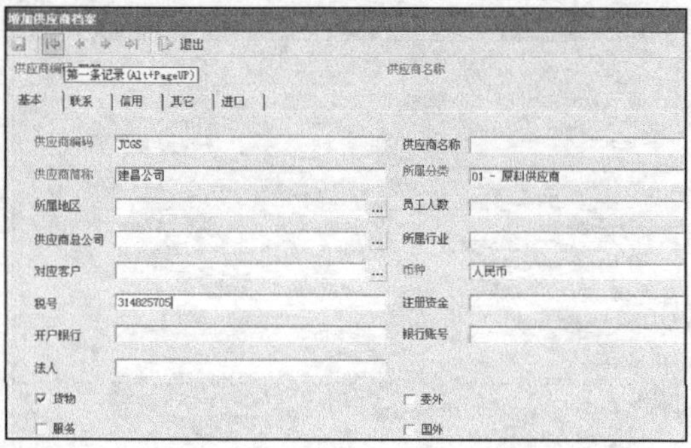

图 13-21　增加供应商档案

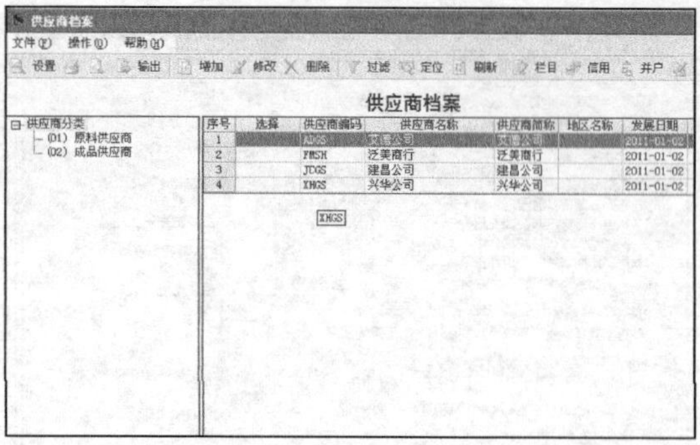

图 13-22　供应商档案

② 增加仓库档案，具体操作如下：执行【仓库档案】【增加仓库档案】命令，并在【增加仓库档案】窗口输入相应的仓库信息，如图 13-23 所示。

③ 增加部门档案，具体操作如下：打开【部门档案】的窗口，输入相应的部门档案，如图 13-24 所示。

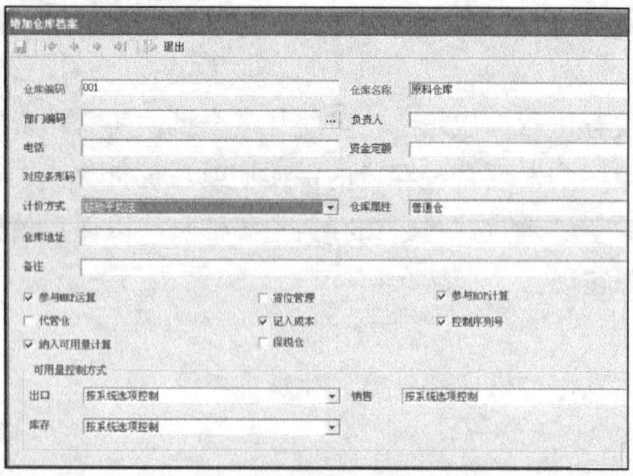

图 13-23　增加仓库档案界面

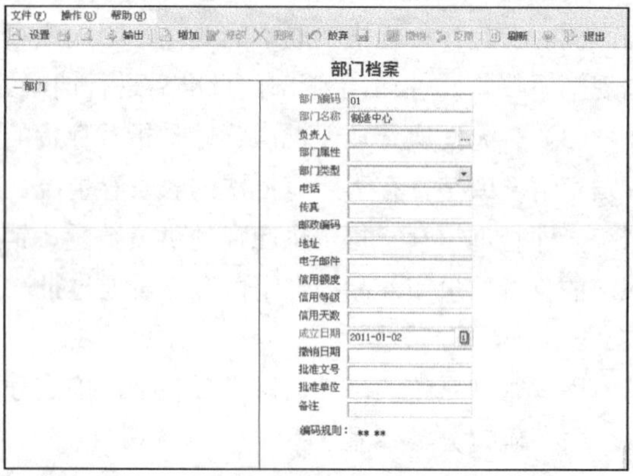

图 13-24　部门档案界面

（3）增加人员档案。

① 打开【人员档案】窗口，输入相应的人员信息，如图 13-25 所示。

② 打开【职务管理】窗口，可查询相应人员的职务信息，如图 13-26 所示。

图 13-25　人员档案界面

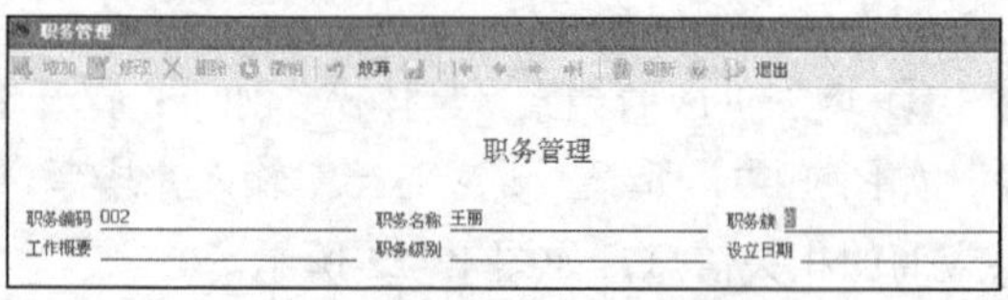

图 13-26　增加职务管理

3. 期初余额

库存管理系统的期初数据是指企业期初存货的数量。如果库存系统和存货核算系统同时使用，新用户在录入期初数据之前，应将库存的结存数与存货核算的结存数核对一致，然后再统一录入。

具体的操作步骤如下。

（1）执行【库存管理】→【初始设置】→【期初结存】命令，打开【库存期初数据录入】窗口，如图 13-27 所示。

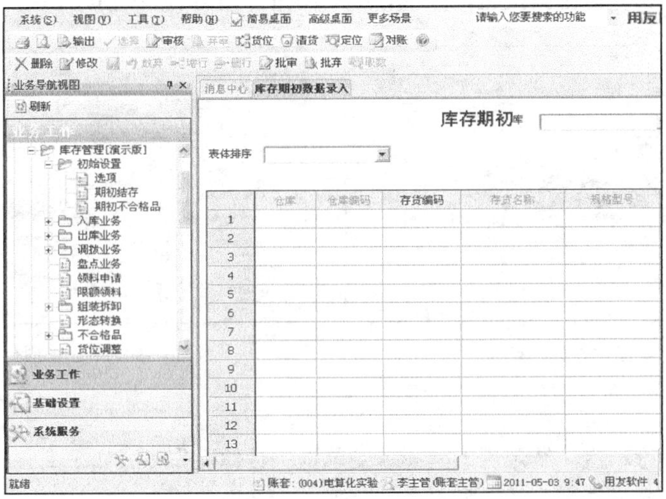

图 13-27　库存期初数据录入

（2）输入相应的期初库存数据，单击工具栏上的【保存】按钮，完成期初库存数据的录入。

13.5.3　库存管理系统的日常业务处理

1. 入库

仓库收到采购或生产的货物，仓库保管员将验收货物的数量、质量、规格型号等确认验收无误后入库，并登记库存账。入库单业务单据主要包括采购入库单、产成品入库单和其他入库单。

2. 出库

出库是指仓库进行销售出库、材料出库和其他出库的业务。销售出库单是销售出库业务的主要凭据，在库存管理系统中用于存货出库数量核算，在存货核算系统中用于出库成本的核算。

3. 调拨

调拨单是指用于仓库之间存货的转库业务或部门之间的存货调拨业务的单据。同一张调拨单上，如果转出部门和转入部门不同，则表示部门之间的调拨业务；如果转出部门和转入部门相同，但转出仓库和转入仓库不同，则表示仓库之间的转库业务。

4. 盘点

为了保证企业库存资料的完整和安全，做到账实相符，企业必须对存货进行定期或不定期的清查，查明存货盘盈、盘亏、毁损的数量以及造成的原因，并据以编制存货盘点报告表。

13.5.4　库存管理系统的月末处理

库存管理系统月末处理主要包括月末对账及月末结账。

1. 库存与存货对账

库存管理与存货核算对账的内容为某月份各仓库各存货的收发存数量。

具体的操作步骤如下：执行【业务工作】→【对账】→【库存与存货对账】命令，进行对账，对账完成后，单击【确定】按钮，完成操作，如图 13-28 所示。

2. 库存账与货位账对账

具体的操作步骤如下：执行【业务工作】→【对账】→【库存与货位账对账】命令，进行库存管理的对账工作，单击【确定】按钮，完成相应的操作，如图 13-29 所示。

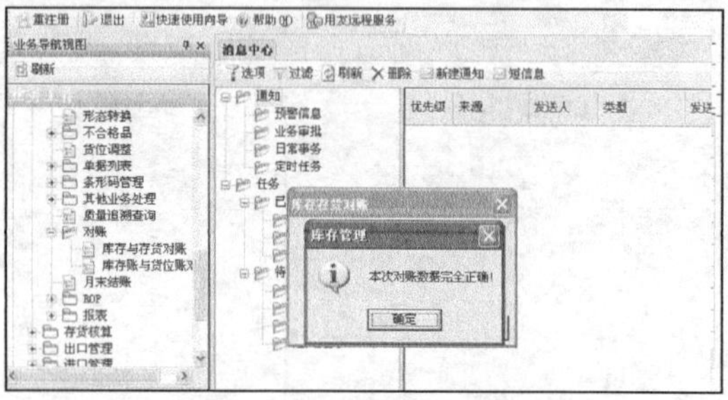

图 13-28　库存管理提示框 1

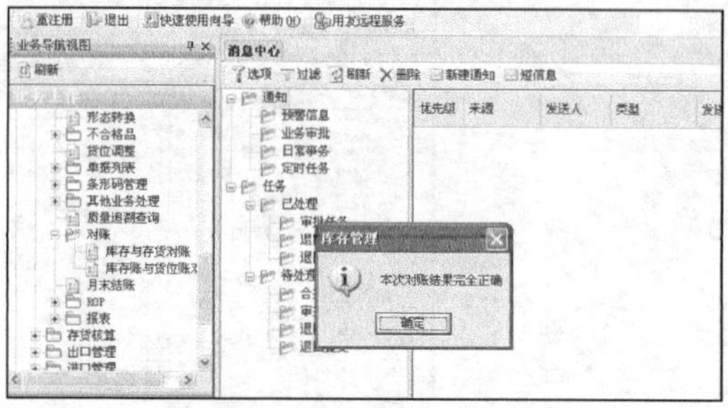

图 13-29　库存管理提示框 2

3. 月末结账

结账只能每月进行一次，结账后不能再填制单据。具体操作步骤如下。

（1）执行【库存】→【月末结账】→【结账处理】命令。

（2）单击【结账】按钮，系统开始进行合法性检查。

（3）如果检查通过，系统立即进行结账操作。如果检查未通过，系统会提示不能结账的原因。

13.6 存货核算系统处理

13.6.1 系统概述

存货是指企业在生产经营过程中为销售或耗用而储存的各种资产，包括商品、产成品、半成品、在产品以及各种材料、燃料、包装物、低值易耗品等。

存货核算是企业会计的一项重要内容，是从资金的角度管理存货的出入库业务，主要用于核算企业的入库成本、出库成本、结余成本，并反映和监督存货的收发、领退和保管情况及存货资金的占用情况。

1. 功能概述

存货核算是用友供应链管理系统的一个子系统，主要功能包括存货出入库成本的核算、暂估入库业务处理、出入库成本的调整、存货跌价准备的处理等。

2. 存货核算系统的业务处理流程

存货核算系统的业务处理流程如图 13-30 所示。

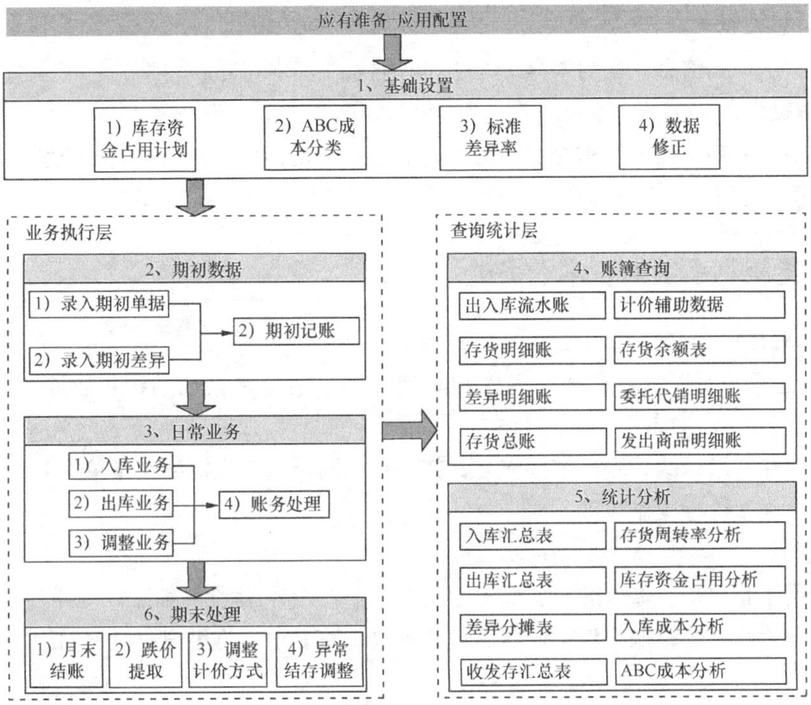

图 13-30　存货核算系统的业务流程

3. 存货核算系统与其他系统的关系

存货核算系统与其他系统的关系如图 13-31 所示。

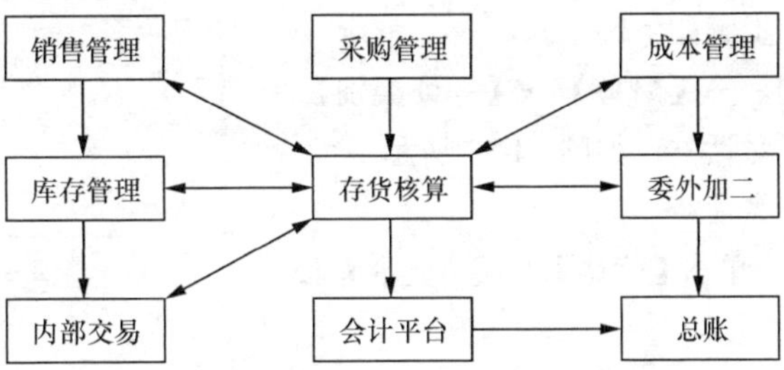

图 13-31　存货核算系统与其他系统的关系

13.6.2　存货核算系统的初始设置

存货核算系统的初始设置是在【启动与注册】存货核算系统后，在进行存货业务处理前，根据核算要求和实际业务情况而进行的有关初始化工作。存货核算系统期初需要设置的内容主要包括账套参数设置、基础信息设置和期初数据录入三部分。

1. 账套参数设置

具体操作步骤如下。

（1）在【核算】而菜单中单击【核算业务范围】设置。

（2）设置好公共参数，单击【核算方式】、【控制方式】、【最高最低控制和供应商】、【客户往来】选项卡，可以进行各业务范围的设置。

（3）选择相应参数，单击【确定】按钮。

2. 基础信息设置

存货核算系统基础信息设置的内容与方法和其他系统基本相同。

3. 期初数据录入

存货核算系统的期初数据是指企业期初存货的数量。期初数据录入及记账方法与库存管理系统相同。

13.6.3 存货核算系统的日常业务处理

1. 出入库处理

入库业务包括入库采购、产成品入库和其他入库，出库单据包括销售出库、材料出库和其他出库。

出（入）库单的增、改、删、审操作与其他系统相同，用户只需要在【单据】菜单中选择相应的出（入）库单类型进行操作即可。

2. 单据记账

单据记账用于将用户所输入的单据登记存货明细账、差异/差价明细账、受托代销商品明细账、受托代销商品差价账。若记账有误，还可通过【恢复记账】功能将用户已登记明细账的单据恢复到未记账状态。

3. 生成凭证

生成凭证用于对本会计月已记账单据生成凭证，并可对已生成的所有凭证进行查询。生成的记账凭证传递至总账系统，由总账系统进行审核、记账。

生成凭证的具体操作步骤如下。

（1）执行【基础设置】→【财务】→【凭证类别】命令，打开【凭证类别】对话框，如图13-32所示。

（2）选择相应的凭证类别。

（3）录入相关信息后，单击【确认】按钮，显示【未生成凭证单据一览表】。

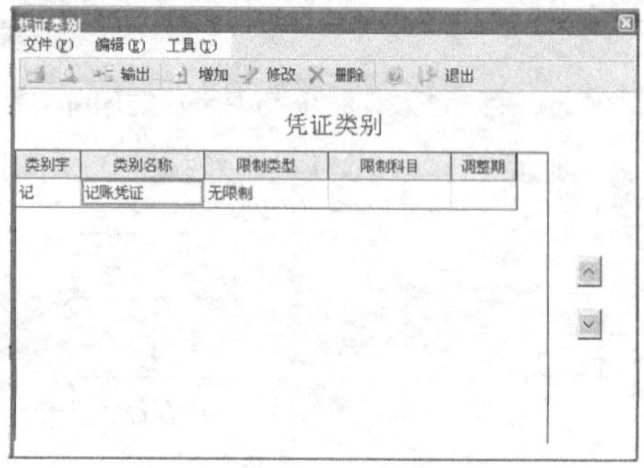

图13-32 凭证类别

（4）选择要生成凭证的记录，单击【生成】按钮，显示【生成凭证】窗口。

（5）单击凭证上的【保存】按钮，完成操作。

13.6.4 存货核算系统的月末处理

存货核算系统的月末处理工作包括期末处理和结账两部分。

1. 期末处理

当存货核算系统日常业务全部完成后，进行期末处理。这时系统自动计算全月平均单价及本会计月出库成本，自动计算差异率以及本会计月的分摊差异，并对已完成日常业务的仓库/部门做处理标志。

2. 月末结账

存货核算系统期末处理完成后，就可以进行月末结账。如果是集成应用模式，必须采购管理、销售管理、库存管理全部结账后，存货核算系统才能结账。

3. 与总账系统对账

如图 13-33 所示，为保证业务与财务数据的一致性，需要对账，即存货核算系统记录的存货明细账数据要与总账管理系统存货科目和差异科目的结存金额和数量进行核对。

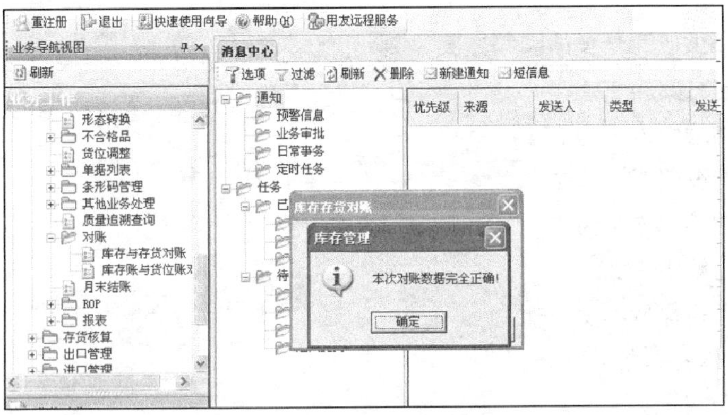

图 13-33 库存管理提示框

上机实践

【实验目的】

1. 掌握供应链管理系统初始化设置
2. 理解供应链管理系统业务处理流程
3. 掌握期初余额录入及对账

【实验内容】

1. 核算体系的建立
2. 各系统启用
3. 基础档案的设置
4. 设置基础科目
5. 期初余额录入
6. 对账

【实验准备】

引入总账管理系统初始设置账套。

【实验资料】

在进入系统前，将系统时间修改为 2012 年 1 月 30 日。

1. 核算体系的建立

（1）启动系统管理，以“Admin”的身份进行注册。

（2）增设三位操作员：111 李林，222 王晶，333 刘晓。

（3）建立账套信息。

① 账套信息：账套号自选，账套名称为【购销存练习】，启用日期为 2012 年 1 月。

② 单位信息：单位名称为“用友软件公司”，单位简称为“用友”，税号为3102256437218

③ 核算类型：企业类型为“工业”，行业性质为“新会计制度科目”并预置科目，账套主管选“黄红”。

④ 基础信息：存货、客户及供应商均分类，有外币核算。

⑤ 编码方案

- 客户分类和供应商分类的编码方案为2
- 部门编码的方案为22
- 存货分类的编码方案为2233
- 收发类别的编码级次为22
- 结算方式的编码方案为2
- 会计科目的编码为22
- 其他编码项目保持不变

⑥ 数据精度：保持系统默认设置。

（4）分配操作员权限。

操作员张晶：拥有【共用目录设置】、【应收】、【应付】、【采购管理】、【销售管理】、【库存管理】、【存货核算】中的所有权限。

操作员王平：拥有【共用目录设置】、【库存管理】、【存货核算】中的所有权限。

2. 各系统的启用

（1）启动企业门户，以账套主管身份进行注册。

（2）启用【采购管理】、【销售管理】、【库存管理】、【存货核算】、【应收】、【应付】、【总账】系统。启用日期为2012-01-01。

3. 定义各项基础档案

可通过企业门户中的基础信息，选择“基础档案”，来增设下列档案。

（1）定义部门档案：企业分制造中心、营业中心、管理中心三个部门。

制造中心下分：一车间、二车间

营业中心下分：业务一部、业务二部

管理中心下分：财务部、人事部

（2）定义职员档案：李平（属业务一部）、王丽（属业务二部）。

（3）定义客户分类：批发、零售、代销、专柜。

（4）定义客户档案按照表13-2所示内容定义客户档案。

表13-2 客户档案

客户编码	客户简称	所属分类	税号	开户银行	账号	信用额度	信用期限
HHGS	华宏公司	批发	310003154	工行	112		
CXMYGS	昌新贸易公司	批发	310108777	中行	567	100000	30
JYGS	精益公司	专柜	315000123	建行	158	150000	60
LSGS	利氏公司	代销	315452453	招行	763		

（5）定义供应商分类：供应商分为原料供应商、成品供应商两类。

（6）定义供应商档案：录入表13-3所示内容，成为供应商档案。

表 13-3　　供应商档案

供应商编码	供应商简称	所 属 分 类	税　号
XHGS	兴华公司	原料供应商	310821385
JCGS	建昌公司	原料供应商	314825705
FMSH	泛美商行	成品供应商	318478228
ADGS	艾德公司	成品供应商	310488008

（7）定义存货分类。

原材料：主机、芯片、硬盘、显示器、键盘、鼠标

产成品：计算机

外购商品：打印机、传真机

应税劳务

（8）定义计量单位：录入表 13-4 所示内容。

表 13-4　　计量单位

计量单位编号	计量单位名称	所属计量单位组	计量单位组类别
01	盒	无换算关系	无换算
02	台	无换算关系	无换算
03	只	无换算关系	无换算
04	千米	无换算关系	无换算

（9）定义存货档案：录入表 13-5 所示内容。

表 13-5　　存货档案

存 货 编 码	存 货 名 称	所 属 类 别	计 量 单 位	税　率	存 货 属 性
001	P4 芯片	芯片	盒	17	外购，生产耗用
002	80G 硬盘	硬盘	盒	17	外购，生产耗用，外销、内销
003	17 寸显示器	显示器	台	17	外购，生产耗用，外销、内销
004	键盘	键盘	只	17	外购，生产耗用，外销、内销
005	鼠标	鼠标	只	17	外购，生产耗用，外销、内销
006	计算机	计算机	台	17	自制，外销、内销
007	1600K 打印机	打印机	台	17	外购，外销、内销
008	运输费	应税劳务	千米	7	外销，应税劳务

（10）设置会计科目：应收账款、预收账款设为【客户往来】；应付账款、预付账款设为【供商往来】。

（11）选择凭证类别为【记账凭证】。

（12）定义结算方式：定义现金结算、支票结算、汇票结算三种结算方式。

（13）定义本企业开户银行：开户银行为工行淮海路分理处，账号为 765848980001。

（14）定义仓库档案：录入如表 13-6 所示内容。

（15）定义收发类别：录入如表 13-7 所示内容。

表 13-6　　仓库档案

仓库编码	仓库名称	计价方式
001	原料仓库	移动平均
002	成品仓库	移动平均
003	外购品仓库	全月平均

表 13-7　　收发类别

正常入库	采购入库	产成品入库	调拨入库
非正常入库	盘盈入库	其他入库	
正常出库	销售出库	生产领用	调拨出库
非正常出库	盘亏出库	其他出库	

4. 设置基础科目

（1）根据存货大类分别设置存货科目：按照表 13-8 所示内容进行存货科目设置。

（2）根据收发类别确定各存货的对方科目：按照表 13-9 所示内容进行对方科目确定。

表 13-8　　存货科目

存货分类	对应科目
原材料	原材料（1403）
产成品	库存商品（1405）
外购商品	库存商品（1405）

表 13-9　　收发类别及对应科目

收发类别	对应科目	暂估科目
采购入库	物资采购（1401）	物资采购（1401）
产成品入库	基本生产成本（500101）	
盘盈入库	待处理流动财产损益（190101）	
销售出库	主营业务成本（6401）	

（3）设置应收系统中的常用科目。

① 基本科目设置：应收为 1122，预收科目为 2203，销售收入科目为 6001，应交增值税科目为 22210101（销项税）。

② 结算方式科目设置：现金结算对应 1001，支票结算对应 1002，汇票结算对应 1002。

③ 调整应收系统的选项：将坏账处理方式设置为【应收余额百分比法】。

④ 设置坏账准备期初：坏账准备科目为 1231，期初余额为 10000 元，提取比率为 0.5%。

（4）设置应付系统中的常用科目。

① 基本科目设置：应付为 2202，预付科目为 1123，采购科目为 1401，应交增值税进项税科目为 22210102（进项税）。

② 结算方式科目设置：现金结算对应 1001，支票结算对应 1002，汇票结算对应 1002。

5. 期初余额的整理录入

（1）录入总账系统各科目的期初余额。

录入表 13-10 所列数据。

表 13-10　　期初余额

科目编码	科目名称	方　向	期初余额
1131	应收账款	借	25 000
1201	物资采购	借	−80 000
1211	原材料	借	1 004 000
1243	库存商品	借	2 544 000
2121	应付账款	贷	5 000
3131	本年利润	贷	3 478 000
1141	坏账准备	贷	10 000

说明

应收账款的单位为华宏公司，应付账款的单位为兴华公司。

（2）期初货到票未到数的录入。

将如下数据录入：2012 年 12 月 12 日收到兴华公司提供的 80G 硬盘 100 盒，单价为 950 元，商品已验收入原料仓库，至今尚未收到发票。

（3）期初发货单的录入。

录入事件中涉及的数据：2012 年 12 月 13 日业务一部向昌新贸易公司出售计算机 10 台，报价为 7 500 元，由成品仓库发货。该发货单尚未开票。

（4）进入存货核算系统，录入各仓库期初余额。

将表 13-11 所示内容作为各仓库期初余额录入。

表 13-11　　仓库期初余额

仓库名称	存货名称	数量	结存单价
原料仓库	P4 芯片	700	1200
原料仓库	80G 硬盘	200	820
成品仓库	计算机	380	4800
外购品仓库	1600K 打印机	400	1800

（5）进入库存管理系统，录入各仓库期初库存。

将表 13-12 所示内容作为各仓库期初库存录入。

表 13-12　　各仓库期初库存

仓库名称	存货名称	数量
原料仓库	P4 芯片	700
原料仓库	80G 硬盘	200
成品仓库	计算机	380
外购品仓库	1600K 打印机	400

6. 与存货系统进行对账

参考文献

［1］石道元. 会计电算化原理与应用[M]. 上海：上海财经大学出版社，2006.

［2］刘重. 会计信息系统理论与实务[M]. 大连：东北财经大学出版社，2007.

［3］王明炜 吕志明. 会计信息系统与实验[M]. 北京：清华大学出版社，北京交通大学出版社，2006.

［4］黄嫦娇 张翔. 电算化信息系统[M]. 天津：天津大学出版社，2010.

［5］孙永尧. 企业内部会计控制——关键控制点设计[M]. 北京：经济管理出版社，2007.

［6］李连华，张蕾. 中国内部会计控制规范——阐释与应用[M]. 上海：立信出版社，2007.

［7］汪路明，孙国萍. 会计电算化[M]. 北京：中国市场出版社，2008.

［8］赵合喜，孙义. 会计电算化[M]. 北京：电子工业出版社，2008.

［9］任晓红. 会计电算化实务与实训[M]. 大连：东北财经大学出版社，2010.

［10］章文光，曹光四. 审计学[M]. 上海：立信会计出版社，2005.

［11］常士剑. 会计电算化应用[M]. 大连：东北财经大学出版社，2005.

［12］秦荣生，卢春泉. 审计学[M]. 北京：中国人民大学出版社，2006.

［13］任秀英. 会计电算化对审计的影响[J]. 财会信报，2006(5).

［14］唐艳艳. 会计电算化审计的风险及其防范[J]. 当代经济，2006(9).

［15］幺艳. 浅谈会计电算化对审计的影响[J]. 中国农业会计，2006(1).

［16］邵春. 会计电算化对审计的影响及对策[J]. 会计之友（上）. 2006(2).

［17］胡晓翔，李宗快. 会计电算化审计现状及其完善[J]. 商业时代，2009(15).

［18］李想. 浅谈会计电算化下的审计风险及其对策[J]. 中国商界，2009(7).

［19］黄体云. 会计电算化对审计的影响[J]. 审计与理财，2009(2).

［20］魏庆辉. 我国会计电算化对审计的影响[J]. 产业与科技论坛，2007(1).

［21］吴志强. 初级会计电算化教程[M]. 厦门：厦门大学出版社，2007.

［22］孙娟，潘玉香. 企业会计实务实验教程[M]. 北京：经济科学出版社，2008.

［23］史红. 会计电算化[M]. 北京：中国财政经济出版社，2011.

［24］梁毅炜. 会计电算化[M]. 北京：中国人民大学出版社，2011.

［25］孙义. 会计电算化[M]. 北京：北京大学出版社，2011.